Allgemeines
praktisches

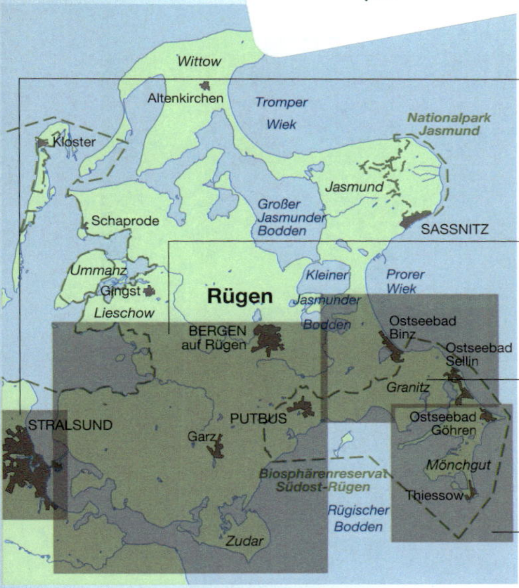

Stralsund

Rügens Süden
und Bergen

Granitz

Mönchgut

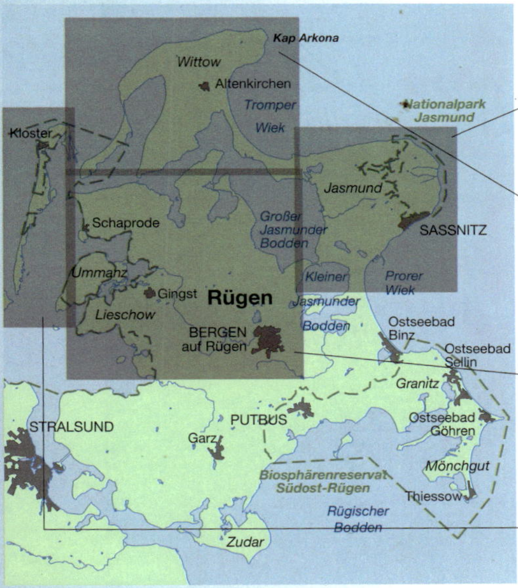

Jasmund

Wittow

Rügens Westen

Hiddensee

Text und Recherche: Sven Talaron
Lektorat: Silke Möller, Horst Christoph
Redaktion und Layout: Dirk Thomsen
Karten: Hana Gundel, Judit Ladik, Carlos Borell, Gárbor Sztrecska
Fotos: s. Fotoverzeichnis S. 6
Covergestaltung: Karl Serwotka
Covermotive: oben: Die Seebrücke in Sellin (Sven Talaron)
unten: Kreideküste im Nationalpark Jasmund (Sven Talaron)
Seite 1: Das Kurhaus in Binz (Sabine Becht)
Seite 7: Am Bollwerk von Baabe (Sven Talaron)

Vielen Dank für die zahlreichen Tipps und Hinweise an: Siegfried Albrecht, Monika Börner, Cristiana und Ralf Galliazzo, Susanne Hohmann, Marlies und Hayco Jänisch, Ulla Jöckel und Familie, Sabine Kadelke, Norbert Kueß, Claudia Ladek, Susanne Linke, Tschuppi Meyer-Wanke und Susa Wanke, Susanne und Stephan Mitterwieser Gerd-Heiner Müller, Sandra Pixberg, Hans-Jürgen Schmanns, Andreas Schwarz, Sonja Studtrucker, Peter Völker, Hildburg und Peter Walter.

Herzlicher Dank geht an Jeannette Brussig, Klaus Grünewald und Ulrich Lußky von der Tourismuszentrale Rügen (Bergen) sowie an Andrea Herrmann und Jörg Matuschat von der Tourismuszentrale der Hansestadt Stralsund für die wertvolle Unterstützung und die freundliche Bereitstellung von Fotomaterial. Ein Dankeschön auch an alle Mitarbeiter der Informationsbüros vor Ort.

Des Weiteren herzlichen Dank an das Hotel Bernstein in Sellin (insbesondere an Herr und Frau Dorissen) und an das Hotel Moritzdorf (Herr und Frau Simanowski) für die freundliche Unterstützung.

Besten Dank auch an Dirk Thomsen für die Textbeiträge zu Caspar David Friedrich und den Schinkel-Turm.

Besonderer Dank gilt Sabine Becht für ihre unschätzbare Hilfe bei der Erstellung dieses Reisehandbuches, für die Unterstützung bei der Recherche, für ausdauerndes Wandern sowie für zahlreiche Textbeiträge und Fotos.

ISBN 978-3-89953-385-9

2. überarbeitete und aktualisierte Auflage 2008

RÜGEN

Stralsund • Hiddensee

Sven Talaron

INHALT

Fotoverzeichnis

Sabine Becht: 1, 8, 15, 34, 36, 37, 51, 53, 54/55, 70, 83, 101, 118, 131, 173, 174, 179, 181, 195, 197, 201, 215, 224, 237, 238, 239, 241, 243, 251, 255, 261

Sven Talaron: 7, 10, 12, 13, 16, 19, 21, 26, 30, 33, 39, 40, 42, 45, 47, 48, 58, 65, 68, 71, 73, 78, 81, 87, 88, 90, 95, 99, 105, 112, 115, 117, 120, 123, 126, 127, 128, 137, 138, 141, 145, 149, 155, 156, 158, 159, 160, 162, 163, 165, 169, 171, 187, 191, 193, 198, 202, 205, 209, 216, 217, 219, 220, 223, 228, 229, 231, 233, 244, 246, 247, 257, 258, 262. 263

Hotel Hanseatic/Göhren: 14, 151

Tourismuszentrale der Hansestadt Stralsund: 56, 61, 67, 69, 75, 77, 80, 82

Tourismuszentrale Rügen: 18, 22, 27, 109, 130, 135, 183, 200, 211, 226

Was haben Sie entdeckt?

Welches Gasthaus hat Ihnen besonders gut gefallen? In welcher Unterkunft haben Sie sich wohl gefühlt? Haben Sie einen schönen Wanderweg oder einen idyllischen Strandabschnitt entdeckt?

Wenn Sie Anregungen, Empfehlungen oder auch Kritikpunkte haben, lassen Sie es uns bitte wissen. Schreiben Sie an:

Sven Talaron
Stichwort „Rügen – Stralsund – Hiddensee“
c/o Michael Müller Verlag
Gerberei 19
91054 Erlangen
s.talaron@michael-mueller-verlag.de

UNDINE

Kartenverzeichnis

Zeichenerklärung für die Karten und Pläne

Bundestraße	Erhebung	Kloster	Museum
Hauptstraße	Felsen	Schloss/Burg	Taxistandplatz
Landstraße	Aussichtspunkt	Kirche	Bushaltestelle
Piste	Leuchtturm	Sehenswürdigkeit	Flughafen
Fußweg	Turm	Hügelgrab	Parkplatz
Wanderung	Haus	Windgenerator	Tankstelle
Fähre	GPS-Punkt	Fährhafen	Information
Naturschutzgebiet	Badestrand	Sporthafen	Post
Nationalparkgrenze	Wasserfall	Campingplatz	Krankenhaus

Verzeichnis der Wanderungen

GPS Mittels **GPS kartierte Wanderungen**
Waypoint-Dateien zum Downloaden unter:
www.michael-mueller-verlag.de/gps/homepage.html

Kilometerlange Sandstrände an Rügens Ostküste

RÜGEN – Stralsund – Hiddensee

Zwischen zergliederten Boddenufern, endlosen Sandstränden und spektakulärer Steilküste erstreckt sich eine vielgestaltige Landschaft, die stets mit neuen Naturschönheiten überrascht. Im Inselinneren verbinden kilometerlange Alleen mondäne Ostseebäder mit beschaulichen Dörfern. Kulturelles Highlight ist die traditionsreiche Hansestadt Stralsund, das „Tor zu Rügen". Ruhesuchende zieht es dagegen zur Nachbarinsel Hiddensee, die ihren Beinamen „Perle der Ostsee" zu Recht trägt.

Eigentlich wäre Rügen besser als Inselgruppe beschrieben und weniger als zusammenhängende Insel, doch die Natur und der Mensch haben mit Nehrungen und Geröllwällen vom „Inselkern" Rügens Brücken zu den Nachbarinseln geschlagen: Den ländlichen, von Alleen durchzogenen Süden verbinden Landengen mit den einsamen Halbinseln Drigge und Zudar. Im Südosten hängen sich die zergliederten Küsten des Mönchguts an, das sich wie ein verkleinertes Spiegelbild Rügens zwischen Bodden und Ostsee aus dem Wasser erhebt. Die Landengen Schmale Heide und der Lietzowdamm reichen in nordöstlicher Richtung nach Jasmund, dessen wunderbarer Buchenwald hart über den berühmten Kreidefelsen abbricht. Schließlich ist die Halbinsel Jasmund ihrerseits über eine enge, lange Nehrung namens Schaabe mit Wittow verbunden, dem flachen „Windland", dessen Leuchtturm bewehrtes Kap weit in die Ostsee ragt.

Während die stille Insel Ummanz durch eine Brücke mit dem Westen Rügens verbunden ist, hat sich Hiddensee seine exklusive Insellage erhalten. Doch auch sie wäre längst ein Teil der großen Schwester Rügen, würde man die Fahrrillen z. B. zwischen dem Hiddenseer Haken Neubessin und dem Wittower Bug nicht regelmäßig frei baggern, um den Schiffen die Durchfahrt zu ermöglichen.

Von allen meist ohnehin überkommenen Vorurteilen hat sich Rügen schon längst lässig verabschiedet: keine Nudisten-Ghettos, die dem Durchreisenden in Textil einen Zeltplatz verwehren; keine angestaubte Kurbadatmosphäre, wo man abgewandt hüstelt statt zu grüßen; keine bärbeißigen Pommern, die den Mund nicht mal beim Zahnarzt aufmachen. Näher kommen der Insel oftmals „jüngere Klischees": Inline-Skater, die ihre Runden zwischen den Spaziergängern auf den Bäderpromenaden drehen; Segler, die in schicken Bars ihren nächsten Törn planen; entspannte Familien, die während einer Radtour einen ausgiebigen Badestopp einlegen.

Rügen in Kürze

Daten ...

Fläche: 976 qkm gesamt, davon 926 qkm Rügen (somit die größte deutsche Insel), 20 qkm Ummanz und 18,6 qkm Hiddensee

Ausdehnung: Nord-Süd 51,4 km, West-Ost 42,8 km

Küstenlänge: 574 km, davon **Badestrände**: 85,8 km

Maximaler Abstand zur Küste: ca. 7 km

Höchste Erhebung: Piekberg auf Jasmund (161 m)

Einwohner: ca. 72.000 Einwohner (in 4 Städten und 39 Gemeinden)

Größte Stadt der Insel: Kreisstadt Bergen auf Rügen mit ca. 15.000 Einwohnern; die übrigen Städte sind Sassnitz, Putbus und Garz

Größte Stadt Vorpommerns: Stralsund, ca. 58.000 Einwohner

Seebäder: 6 (vier davon mit **Seebrücke**)

(Sport-)Häfen: 22 (inkl. Hiddensee)

... und Highlights

Der markante Kreidefelsen auf *Jasmund*: **Königsstuhl**

Die **Leuchttürme** am *Kap Arkona*

Die **Seebrücke** in *Sellin*

Bäderarchitektur entlang der Strandpromenade von *Binz*

Die **feinsandigen Strände** von *Binz/Prora* sowie zwischen *Sellin* und *Thiessow*

Putbus mit seinem klassizistischem Stadtbild und herrlichem **Schlosspark**

Die Inselkapitale *Bergen*

Das Naturschutzgebiet der Insel *Vilm*

Zahlreiche **Alleen**

Die Schmalspurbahn **Rasender Roland**

Das **Jagdschloss** Granitz

Die Perle der Ostsee: **Insel Hiddensee**

Schließlich Anfang und Ende der Rügenreise: **Stralsund**, die prächtige Hansestadt

Kreide und Meer

Fotomotiv Nr. 1 der Insel und spektakuläre Naturkulisse sind die Kreidefelsen des Nationalparks Jasmund, allen voran der *Königsstuhl*, der Touristenmagnet schlechthin, den wohl kein Rügen-Besucher verpassen will. Der Maler *Caspar David Friedrich* verhalf ihnen zu Weltruhm und schuf gleichzeitig der Deutschen Lieblingsblick auf die Romantik. Doch die Kreide von Rügen kann mehr: Ihre heilende Wirkung hat man schon Anfang des 20. Jh. erkannt, heute kommt sie in den Kureinrichtungen der Insel zur Linderung von Haut- und Gelenkserkrankungen zum Einsatz. Und auch in den Wellness-Abteilungen der Luxushotels erfreut sich die Heilkreide mit ihrer tiefenreinigenden Wirkung großer Beliebtheit.

Auf Hiddensee: der Dornbusch nördlich von Kloster

Ostseestrände und Boddenküste

Mehr Sonnenstunden als irgendwo sonst in Deutschland, feinsandige, breite Strände an lang gezogenen Buchten, die flach ins Meer abfallen, dazu eine ausgezeichnete Wasserqualität: Rügen ist ein Badeparadies. Die endlosen Sandstrände der Insel erstrecken sich entlang Rügens Ostseeküste. Berühmt ist der weite Strand bei Prora, beliebt sind die Hausstrände der Ostseebäder Thiessow, Göhren, Baabe, Sellin und Binz, beschaulicher geht es am abgelegenen Sandstrand der Schaabe zwischen den Halbinseln Jasmund und Wittow zu. Vielgestaltig und schilfgesäumt zeigen sich hingegen Binnen-, Süd- und Westküste Rügens an den Rändern zahlloser Bodden.

Ostseebäder

Schneeweiße Holzbalkone mit filigranen Ornamenten, ein Stockwerk tiefer eine ausladende Veranda an der Strandpromenade – die im späten 19. Jh. auf Rügen entstandene Bäderarchitektur ist einzigartig. Vor allem in den Orten Binz, Sellin, Göhren und Baabe hat man keine Kosten und Mühen gescheut, die Villen im Stil der alten Zeit wieder herzurichten – das Ergebnis kann sich sehen lassen. In Sellin beeindruckt zusätzlich die nach historischem Vorbild wieder aufgebaute Seebrücke mit ihren Aufbauten, heute eines der berühmtesten und – nach den Kreidefelsen – meist geknipsten Fotomotive der Insel.

Rügen sportlich

Zahllose Möglichkeiten bietet die Insel in sportlicher Hinsicht. Der Schwerpunkt liegt natürlich auf dem Wassersport. Vom betulichen Ruderboot bis zum athletischen Kite-Surfen ist alles möglich. Aber Rügen ist nicht minder bekannt als Angler-, Reit-, Wander-, Radfahr- und Badeparadies; Letzteres gilt übrigens auch ganzjährig dank diverser wohltemperierter Erlebnisbäder.

Rügen kulturell

Rund 30 Museen zählt man auf der Insel, darunter Kuriositäten wie das Uhrenmuseum in Putbus, aber auch das hochmoderne Multi-Media-Zentrum des Nationalparks Jasmund. Die meisten Ausstellungen sind auch für Familien mit Kindern bestens geeignet. Nur selten stößt man auf endlose Vitrinenreihen mit angestaubten Kleinfunden und gähnendem Museumswärter. Wer im Juli und August hier ist, sollte sich ein anderes kulturelles Highlight nicht entgehen lassen: Die „Störtebeker Festspiele" auf der Naturbühne von Ralswiek, allabendlich mit Seeschlacht und Feuerwerk. Sicher auch für Kinder nicht zum Einschlafen.

Sauer macht lustig: Sanddorn und Hering

Die Zitrone des Nordens, so wirbt man hier für die auf Rügen stark verbreitete Frucht, die an dornigen Sträuchern wächst. Und in der Tat: auch Sanddorn ist ordentlich sauer. Außerdem ist er eine wahre Vitamin-C-Bombe. Es gibt ihn als Saft, Wein, Schnaps, Marmelade, Kompott, Tee ... Auch eher säuerlich, zumindest wenn er eingelegt wurde, kommt die zweite typische Inselspezialität daher: der Hering. Ihn findet man in allen nur denkbaren Variationen auf wirklich jeder Speisekarte zwischen Stralsund und dem Kap Arkona.

Vor der Tür: Stralsund

Die Stadt am Strelasund ist eines der bedeutenden und sehenswerten Zentren an der Küste Mecklenburg-Vorpommerns und unbedingt einen Besuch wert. Eine traditionsreiche und lebendige Hansestadt, die ihre spröde Eleganz und eines der prächtigsten Ensembles Norddeutscher Backsteingotik bis heute bewahrt hat. Gleichzeitig verleihen spektakuläre und architektonisch gelungene moderne Großprojekte der Stadt neuen Glanz: Die neue Rügenbrücke wurde Ende 2007 fertig gestellt, und das Ozeaneum, der Museumsneubau des Deutschen Meeresmuseums am Hafen, wird 2008 eröffnen. Und last but not least wird auch die Renovierung des Stralsunder Theaters 2008 abgeschlossen sein.

Beliebte Nachbarin: Hiddensee

Die winzige Nachbarinsel mit Weltruhm, „Perle der Ostsee" und Urlaubsinsel berühmter Nobelpreisträger wie Gerhart Hauptmann, Thomas Mann und Albert Einstein; relaxt haben hier auch Sigmund Freud, Franz Kafka und Bertolt Brecht. Ein wirklich überdurchschnittlicher Auflauf an Prominenz für ein schmales Eiland mit 13 Kilometern Sandstrand und herrlicher Heidelandschaft, aber gerade mal drei Dörfern mit jeweils einer Hand voll Häusern. Die wunderbar entspannende Insel ist erfreulicherweise autofrei geblieben.

Im Hafen von Stralsund

Kreideküste im Nationalpark Jasmund

Geographie und Landschaft

Hinweise auf ihre erdgeschichtliche Entstehung sind auf der Insel überall präsent: sei es das Wahrzeichen Rügens, die Steilküste der Stubbenkammer, die Kreidepackungen der Wellness-Tempel oder die niemals weit entfernte Boddenküste.

Am Anfang war das Meer. Vor etwa 70 Millionen Jahren bedeckte ein riesiges Meer Teile Nordeuropas. Sedimente, die von den kalkhaltigen Schalen der Kleinstbewohnern des Urmeeres stammten, verfestigten sich im Laufe von Millionen Jahren zu einer dicken *Kreideschicht*. Dazwischen mischten sich die Überreste anderer Lebewesen, wie z. B. der Kieselalge. Daraus entstand *Feuerstein*, der sich heute in Bändern durch die Kreideabhänge zieht oder sogar ganze Felder bildet (wie im Norden der Schmalen Heide). Mit der Eiszeit (vor ca. 2 Mio. Jahren) begannen gigantische Gletscher, die Sedimentschichten aufzureißen und gewaltige Geröllmassen zu bewegen. Die Gletschergrenze der letzten Eiszeit verlief quer über Rügen, am Rand des sich vor- und zurückschiebenden Gletschers entstanden *Endmoränen* – eine geologische Grenzlinie, die sich von Hiddensees Dornbusch über Bergen bis Putbus verfolgen lässt und Hoch- von Niederrügen trennt.

Eine weitere Hinterlassenschaft der Gletscherbewegungen sind die *Findlinge*, die von den Eisriesen aus Skandinavien herangetragen wurden und nach dem Rückzug der Gletscher liegen geblieben sind. Nachdem die Gletscher zum Ende der Eiszeit abgeschmolzen waren (vor etwa 10.000 Jahren), füllte das schmelzende Eis die Ostsee, wobei der Wasserstand bis zu 100 Meter über dem heutigen gelegen haben dürfte. Durch den Abbau von Gletschern in Skandinavien kam es aber schließlich auch zu einer Hebung der Landmassen im Ostseeraum, da nun weniger Gewicht auf ihnen lastete. Aus der nach-eiszeitlichen Ostsee begann allmählich die Insel Rügen herauszuragen, besser gesagt eine Inselgruppe – bestehend aus den Inseln Wittow, Jasmund, Granitz und dem „Archipel Mönchgut". Rügen ist demnach eine sehr junge Insel, erdgeschichtlich betrachtet, zumal sich die Küstenlinien immer noch ständig verändern.

Rügens Küste ist auch heute noch eine Landschaft in Bewegung. Winter für Winter führen die Steilküstenabbrüche das wieder deutlich vor Augen – spektakulär mit dem Abbruch der Wissower Klinken im Frühjahr 2005, zuletzt 2008, als Teile der slawischen Wallanlage am Kap Arkona abrutschten (zu den Frostsprengungen → S. 187). Was die Gletscher vor Jahrtausenden aus tiefen Erdschichten gekratzt und hervorgehoben haben, wird seither von Wind, Wetter und Strömung umgeformt. Die geologische Dynamik entlang der Küstenlinien tritt übrigens nicht nur bei schwerer See auf, sondern besteht stetig. Schwerer Sturm aus Nordost und eventuell folgende Sturmfluten beschleunigen lediglich die Entwicklung. Regenerosion, Frostbrüche und Sturmfluten nagen an den *Steilufern* und tragen Kalk, Lehm und Sand ab. Das Material wird von der Strömung mitgenommen und anderorts angelandet. An den „Rändern" der Strömung, im Strömungsschatten, bereichert das Material die Sandstrände oder bildet Bänke und *Sandhaken*, die vom Ufer hervorspringen können (schönstes Beispiel: Alt- und Neubessin im Norden Hiddensees). Festigt sich ein Sandhaken, vor allem durch genügsame Vegetation, bilden sich aus den Ablagerungen so genannte *Nehrungen*, die Buchten vom Meer abschließen, Inseln verbinden und damit die typische vielgestaltige *Boddenküste* formen. Auf diese Art und Weise ist u. a. die Schaabe entstanden, eine geologisch sehr junge Landbrücke, welche die Halbinsel Wittow (ehemals gänzlich vom Meer umschlungen) mit der Halbinsel Jasmund verbindet und damit gleichzeitig den Großen Jasmunder Bodden von der Ostsee abtrennt. Da zwischen Bodden und Meer nur kleine Wasserstraßen bestehen und die Gezeiten in der Ostsee ohnehin nur schwach ausgeprägt sind, gelangt kaum Meerwasser in die Wasserzirkulation der Bodden. Dank der Regenwasserzufuhr sinkt der Salzgehalt stetig ab. Das wiederum hat zur Folge, dass eine Vegetation Fuß fassen kann, die einerseits an das *Brackwasser* angepasst ist, und die sich andererseits durch die Nehrungen vor Strömung und schwerem Wetter geschützt entfalten kann.

Idyllisch: Boddenküste im Mönchgut

Stimmungsvoll: Waldteich nahe dem Herthasee im Nationalpark Jasmund

Flora und Fauna

Ein Großteil Rügens ist landwirtschaftlich geprägt. Ausgedehnte Waldgebiete erstrecken sich über die Halbinsel Jasmund und die Granitz. Artenreichtum findet man vor allem an den Rändern der Insel – Boddenufer und Feuchtgebiete bieten teils seltenen Vogelarten ein ideales Rückzugsgebiet.

Rügens Wälder bestehen in erster Linie aus Rotbuchen, zwischen denen sich gelegentlich pittoreske Moorgebiete erstrecken. Auf den kargeren Böden wie beispielsweise der Schaabe wachsen dagegen vor allem Kiefern. Außergewöhnlich ist die große Anzahl an Alleen, die sich an den Feldern entlang von Dorf zu Dorf oder von Hof zu Hof ziehen. Überwiegend im 19. Jh. gepflanzt, spannen sich Linden, Buchen, Kastanien, Pappeln, Ulmen usw. über die teils kopfsteingepflasterten Straßen und formen im Sommer ein Schatten spendendes, grünes Dach. Da viele landwirtschaftliche Betriebe inzwischen auf ökologische Produktion umgestellt haben, sieht man heute vermehrt in den Weizenfeldern auch wilden Mohn und Kornblumen, die zur Blütezeit eine farbenprächtige Kulisse bilden.

Zu den Besonderheiten der Flora auf Rügen und Hiddensee zählen zwei gegensätzliche Naturräume: Da gibt es zum einen die genügsame Vegetation, die sich in karge Böden wie Kreidefelsabbrüche krallt, in denen auch zahlreiche Orchideen wachsen, oder sich auf sandigem Boden zu *Dünenheide* entwickelt oder aber sich als so genannter *Trockenrasen* über sanfte Hügel erstreckt. Zum anderen findet man auf Rügen einen Naturraum, der weder Land noch Meer ist, die so genannten *Salzwiesen* (Näheres → S. 146). Sie bilden sich in Sumpfgebieten nahe dem Meer, wobei Meerwasserüberschwemmungen für einen konstant hohen Salzgehalt sorgen.

Die Feuchtgebiete entlang der Boddenküsten bieten zahlreichen, darunter sehr seltenen Vogelarten ein ideales Rückzugs- und Brutgebiet. Man trifft auf diverse Möwen- und Schwalbenarten, Rohrammern oder Haubentaucher. Besonders beeindruckend gestaltet sich der Zwischenstopp der grauen Kraniche im Frühjahr oder

Herbst, z. B. auf Ummanz. Auch Kormorankolonien gibt es auf der Insel, beispielsweise auf Zudar, und wer Glück hat, kann sogar einige Seeadlerpaare beobachten.

Der Wildbestand auf Rügen umfasst vor allem Dam- und Rotwild sowie Wildschweine. Acht geben sollte man beim Wandern, z. B. über Hiddensees Heide, auf die giftige Kreuzotter.

Natur und Umwelt

Ostsee: Noch in den 70er Jahren galt die Ostsee als das schmutzigste Meer der Welt. Um das Meer vor dem Kollaps zu bewahren, taten sich 1974 die Anrainerstaaten über alle ideologischen Grenzen hinweg in der Helsinki-Kommission zusammen und vereinbarten den Schutz der Ostsee. Seither ist viel geschehen: Städte, Mülldeponien, Raffinerien, Fabriken und Metallhütten leiten ihre Abwässer nicht mehr ungeklärt in das Baltische Meer. Ein Anzeichen für die Erholung des angeschlagenen Meeres (mit praktischem Nutzen) ist, dass das Wasser der meisten Küstenabschnitte zumindest Badequalität hat. Aber es ist längst nicht alles im Reinen, denn die Ostsee ist ein höchst sensibler Meeresraum. Grund dafür ist ihr Tiefenrelief. Das Becken der Ostsee fällt zwar auf etwa 250 Meter (Gotlandtief) und stellenweise bis zu 450 Meter ab, die Wasserstraßen aber, die die Nord- mit der Ostsee verbinden, sind verhältnismäßig flach (v. a. an der Darßer Schwelle), so dass kaum Wasseraustausch stattfinden kann. Das wird deutlich am durchschnittlichen Salzgehalt, 3,5 % in der Nordsee stehen 1,6 % bis 0,2 % in der Ostsee gegenüber. Das eigentliche Problem aber, das ebenfalls mit dem Salzgehalt zusammenhängt, ist der Mangel an Sauerstoffzufuhr auf Grund der unzureichenden Wasserbewegungen. Lediglich spezifische Wetterkonstellationen (starker Ostwind, der das Wasser aus der Ostsee bläst, gefolgt von einem Sturm aus West, der große Wassermassen zurückbefördert) bringen frisches, sauerstoff- und salzreiches Meerwasser in die Ostsee. Hinzukommt, dass die globale Klimaerwärmung die Ostsee nicht ausnimmt, im Gegenteil: Studien zufolge wird sich der Ostseeraum schneller erwärmen als das durchschnittliche Erdklima. Die langfristigen Folgen für das Ökosystem Ostsee sind unabsehbar.

Naturschutz: Ein umweltpolitisches Husarenstück bescherte Rügen und Hiddensee den nachhaltigen Schutz ihrer zauberhaften Landschaften. In den letzten Tagen der DDR gelang es Michael Succow, Hannes Knapp, Lebrecht Jeschke und Matthias Freude, im Handstreich zahlreiche Landstriche unter verschärften Naturschutz zu stellen. Zunächst markierten sie mit grobem Strich auf der Landkarte, welche Gegenden sie schützen wollten, und machten sich dann mit einem Engagement an die Umsetzung, das andere ansteckte und Verbündete schuf. Darunter war auch der damalige Umweltminister der Bundesrepublik Klaus Töpfer, der das Unternehmen, das er später „Tafelsilber der deutschen Einheit“ nannte, unterstützte. Auf der letzten Ministerratssitzung der DDR wurde die Schaffung von einem Dutzend Schutzgebieten beschlossen. Succow und seine Mitstreiter hatten in wenigen Monaten erreicht, wozu im vereinigten Deutschland Jahre, wenn nicht Jahrzehnte nötig gewesen wären.

Auf Rügen entstanden der kleinste Nationalpark Deutschlands, der *Nationalpark Jasmund*, der die Kreidefelsen, die Stubnitz und den Küstenstreifen umfasst (siehe auch S. 181), und das *Biosphärenreservat Südost-Rügen*, das die Granitz bis hinüber nach Putbus und das Mönchgut unter Schutz stellt. Hiddensee und Teile von Ummanz und Westrügen gehören zum *Nationalpark Vorpommersche Boddenlandschaft*. Die Nationalparks bestehen zum Großteil aus *Kernzonen*, in deren natürliche Abläufe der Mensch nicht mehr aktiv eingreift. Über das restliche Gebiet erstrecken sich die *Pflegezonen*, in denen Pflanzenbestände aktiv bewahrt werden. Auch im Biosphärenreservat gibt es Kernzonen, doch fallen die deutlich kleiner aus. Nachhaltige ökologische Landwirtschaft, Fischerei, Tourismus etc. stehen hier im Vordergrund.

Klima und Reisezeit

Klima: In kaum einer anderen Gegend in Deutschland scheint die Sonne öfter als auf Rügen und Hiddensee, im Schnitt über 1800 Stunden im Jahr. Dabei fällt gleichmäßig über das Jahr verteilt, aber von Halbinsel zu Halbinsel stark abweichend, vergleichsweise wenig Regen: Auf Jasmund regnet es mit 680 mm im Durchschnitt am häufigsten, während der Süden des Mönchguts mit knapp 500 mm die trockenste Gegend Rügens ist. Umso höher ist die Luftfeuchtigkeit, die zusammen mit dem hohen Salzgehalt der Luft und den stetigen Winden meist aus West ein gemäßigtes Reizklima ergeben. Im Sommer beträgt die mittlere Höchsttemperatur um 20 Grad Celsius, Temperaturen über 30 Grad stellen aber keine Seltenheit dar. Die Ostsee ist im Sommer im Schnitt 18 Grad warm, an geschützten flachen Buchten auch bis 20 Grad und in den Bodden bis 22 Grad. Zum Inselklima gehört natürlich auch der plötzliche Wetterwechsel, der am Morgen verhangene Himmel kann mittags strahlend blau sein (bzw. leider auch umgekehrt). Verantwortlich dafür sind die oft launischen Ostseewinde. Abschließend noch eine griffige Bauernregel, die vor allem Badeurlauber interessieren wird: Schaltjahr ist Kaltjahr – selbstverständlich ohne Gewähr ...

Reisezeit: Die Inseln sind zu jeder Jahreszeit eine Reise wert. Im Frühling wird es etwas langsamer warm als auf dem Festland, und mit der ersten Blüte schwankt das Wetter zwischen Frühjahrsstürmen und milden Tagen. Hauptsaison ist natürlich die Badezeit und damit der Sommer. Im Herbst fallen mit den Temperaturen auch die Zimmerpreise, die ideale Reisezeit für teils stürmische Strandspaziergänge. Besonders schön präsentieren sich die Alleen und Buchenwälder, wenn sich das Laub verfärbt. Im Winter wird es ruhig, viele Hotels haben geschlossen, die wenigen Urlauber suchen die Wellness-Angebote auf – oder ihre Ruhe. Aber Achtung: Zwischen Weihnachten und der ersten Januar-Woche kehrt die Hauptsaison (inklusive Andrang und Preissteigerung) zurück.

Auch im Winter eine Reise wert

Steinalt: die Großsteingräber bei Lancken-Granitz

Geschichte

Vorgeschichte: Mit dem Zurückweichen der Gletscher kamen wahrscheinlich die ersten Menschen nach Rügen (*Altsteinzeit*) bzw. auf das Archipel, das Rügen damals noch war. Es waren Rentierjäger, die in der aus der Eiszeit erwachenden Tundra jagten. Die frühesten Funde, natürlich Jagdgerät, stammen möglicherweise aus dem 9. Jahrtausend v. Chr. Für den Übergang von der Nomaden- zu einer siedelnden Kultur in der *mittleren Steinzeit* gibt es auf Rügen ein eindrucksvolles Beispiel: Bei Lietzow auf der Halbinsel Jasmund wurden zahllose bearbeitete Feuersteine entdeckt. Der Verdacht liegt nahe, dass es sich hier um eine Feuerstein-„Schmiede", also eine Art Werkzeug-Manufaktur gehandelt hat, die auf die Sesshaftwerdung der steinzeitlichen Kultur verweist (4000–3000 v. Chr.). Auf Grund der beträchtlichen Funde ist zuweilen auch von der Lietzow-Kultur die Rede. Außerdem sind Relikte aus der Bestattungskultur der *Jungsteinzeit* (ab 3000 v. Chr.) in immenser Dichte vorhanden, auch wenn ein Großteil der Grabanlagen nicht überdauert hat. Die Großsteingräber bestehen aus meist tonnenschweren Findlingen, teils aufrecht stehend in einem Trapez angeordnet, teils mit Deckstein als Dolmen (die sehenswertesten Beispiele befinden sich südlich von Lancken-Granitz und bei Nobbin auf Wittow). Mit der *Bronzezeit* (ab etwa 1500 v. Chr.) änderte sich nicht nur das bevorzugte Material für Werkzeug und Waffen, sondern auch die Bestattungsart. In riesigen, künstlich aufgeschütteten Grabhügeln wurden nun Urnen beigesetzt. Der größte erhaltene Grabhügel liegt südlich von Sagard. Der Dobberworth ist bei einem Durchmesser von 50 Metern über 10 Meter hoch. Etwas kleiner sind die Grabhügel der Woorker Berge, dafür gibt es dort gleich 13 Stück auf einmal. Die Anlage ist damit das größte Grabhügelfeld Norddeutschlands. Noch immer sind viele Grabmonumente, ob stein- oder bronzezeitlich nicht ausgiebig erforscht –

eine Einladung für Grabräuberei, wie jüngst auf Jasmund geschehen. Die Funde, die bislang gerettet werden konnten, sind in den Museen von Bergen und Stralsund zu sehen.

Germanen: Die *Rugier*, ein germanischer Stamm, der möglicherweise aus Südnorwegen eingewandert war, siedelte etwa ab 600 v. Chr. auf der Insel. Der römische Geschichtsschreiber *Tacitus* (1. Jh. n. Chr.) berichtet in seinem Werk über die Geschichte Germaniens von dem Volk an der Küste, dass sich vor allem durch kurze Schwerter, kleine Rundschilde und unbedingten Gehorsam auszeichnete.

Slawische Zeit (7.–13. Jh. n. Chr.): Ob die germanischen Rugier von den Slawen, die der Sog der Völkerwanderung an die Ostsee brachte, vertrieben oder assimiliert wurden, oder bereits lange zuvor die Insel verlassen hatten, ist ungeklärt. Ebenso unklar ist, ob der Name des slawischen Stammes, *Ranen*, mitgebracht oder von den Vorgängern übernommen wurde. Die Herkunft des Inselnamens, ob germanisch oder slawisch, wird sich demnach wohl auch nie zweifelsfrei klären lassen.

Ironischerweise hat sich genauere Kenntnis von den Ranen erst durch den Anfang vom Ende ihrer Kultur erhalten: Im Zuge der (militärisch vorbereiteten) Christianisierung der Slawen (ab 1168) kam der dänische Geschichtsschreiber *Saxo Grammaticus* nach Rügen, dessen „Reise-Bericht" über die Ranen Aufschluss gibt. Die beiden wichtigsten Tempelburgen waren *Arkona* und *Charenza* (Garz). Die Jaromarsburg am Kap Arkona war das religiöse, Garz das verwaltungstechnische Zentrum der Insel – erhalten sind v. a. die imposanten Wallanlagen, auf denen einst die hölzernen Palisaden und Festungen thronten. Dem entsprach auch die politische Ordnung, die sich im Laufe der Jahrhunderte entwickelte: An der Seite eines Fürsten stand eine mächtige Priesterschaft. Die dritte bedeutende Siedlung lag in gewisser Weise auf „halbem Weg" zwischen den beiden Burgen: In Ralswiek befand sich das Handelszentrum der Ranen – hier fand man u. a. die Überreste eines Bootes aus slawischer Zeit. Die beiden wichtigsten Gottheiten der Slawen waren der Hauptgott *Svantevit*, dessen vierköpfiges Standbild in Arkona verehrt wurde, und der Kriegsgott *Rugievit*, dessen hölzerne Statue in Charenza ihn mit sieben Gesichtern, sieben Schwertern am Gürtel und einem erhobenen Schwert in der Hand gezeigt haben soll.

Im Bericht des Saxo Grammaticus wird dem Fall dieser Heiligtümer (aus der Sicht des christlichen Chronisten: Götzenbilder) besondere Beachtung geschenkt. Die **Christianisierung** der Ranen gelang jedoch erst verhältnismäßig spät. Im Jahr 1168 landete eine dänische Armee unter der Führung *Absalons* (geb. um 1128, gest. 1201), Bischof von Roskilde, auf Rügen, belagerte und zerstörte die Tempelburg von Arkona und brach damit den slawischen Widerstand. Es ist allerdings zweifelhaft, ob das Engagement des dänischen Königs *Waldemar I.* (1131–1182) auch christlich motiviert war. Wahrscheinlicher ist, dass die kriegerischen Ranen, deren Plünderungsaktionen von See aus ihnen den Beinamen „slawische Wikinger" einbrachten, aus sicherheitspolitischen Gründen ausgeschalten werden sollten.

Dänische Zeit: Der Fürst der Ranen machte das Beste aus der Niederlage: *Jaromar I.* begab sich unter die dänische Lehenshoheit, ließ sich taufen und stiftete zur Bekräftigung Kirchen und Klöster. Dadurch wurde nach dem Fall der Tempelburg und des Svantevit-Heiligtums zum einen Rügen friedlich christianisiert, zum anderen konnte der Ranenfürst, obschon Untertan der dänischen Krone, weitgehende Unabhängigkeit bewahren. Deutlich mehr Einfluss als die Dänen nahmen die niederdeutschen Siedler, die sich im Zuge der ersten Klostergründungen auf Rügen nie-

Quer gelegt: möglicherweise der Grabstein Jaromars (Altenkirchen)

derließen, z. B. in Bergen oder dem Mönchgut, dort gab es eine Dependance des Zisterzienserklosters von Eldena. Im Laufe der folgenden Generationen wuchsen Alt- und Neusiedler zusammen, wobei die slawische Sprache und Kultur mehr und mehr zurückgedrängt wurde. Nachdem das ranische Fürstenhaus 1325 mit *Witzlaw III.*, seinerzeit ein bekannter Minnesänger, ausgestorben war, wurde Rügen ein Teil Pommerns, dessen Herrscherhaus sich auf Grund seines roten Wappentiers stolz die *Greifen* nannte. Die Insel stand zwar zunächst weiterhin unter dänischer Lehenshoheit, doch der Einfluss Kopenhagens nahm allmählich ab. Die politische Wirklichkeit des 14. Jh. sah im Ostseeraum ohnehin anders aus.

Unter dem Greifenbanner und der Aufstieg der Hanse: Stralsund, das Tor zu Rügen, hatte 1234 von *Witzlaw I.* die Stadtrechte erhalten und sich in den folgenden Jahren zu einem Flaggschiff der berühmten *Hanse* entwickelt. Die junge Stadt wurde schnell zum Umschlagplatz für die landwirtschaftliche Produktion des Umlandes, allen voran die Erzeugnisse der Insel Rügen (womit sich auch die Motivation Witzlaws erklärt, Stralsund das Stadtrecht zu verleihen). Außerdem profitierte Stralsund von seiner günstigen Lage an den Handelsstraßen von West nach Ost. Zwischen Flandern und Nowgorod entstand im 13. Jh. via Nord- und Ostsee ein florierender Wirtschaftsraum. Die Rohstoffe kamen aus dem Norden und Osten: Pelze, Wachs, Teer und Honig aus Nowgorod, Hering und Erz aus Schweden, Holz und Getreide aus den neuen deutschen Kolonien. Auf umgekehrtem Weg lieferten die Händler Gewerbeprodukte wie Werkzeug und flandrisches Tuch oder Importe wie Wein in den Osten und Norden.

Die Hanse war aus dem Zusammenschluss norddeutscher Kaufleute entstanden, die ihren Fernhandel gemeinsam organisierten. Flottenverbände wurden zum Schutz gegen Piraten zusammengestellt, Handelsprivilegien erworben und überwacht sowie Zölle verhandelt. Aus der Fernfahrergemeinschaft der Kaufleute

Auf der Bühne: Klaus Störtebeker und Gödecke Michels

entwickelte sich im 13. Jh. ein Städtebündnis, das neben den ökonomischen Interessen auch die Sicherung der städtischen Freiheiten gegenüber den Territorialfürsten zum Ziel hatte. Das Bündnis, dem anfangs die Städte Lübeck, Wismar, Rostock, Greifswald und Stralsund angehörten, musste bald seinen ersten Härtetest bestehen. Dem dänischen König *Erich IV. Menved* war die Macht der Städte ein Dorn im Auge. 1310 führte er erfolgreiche Kriegszüge gegen Rostock und Wismar, während deren Bundesgenossen tatenlos zusahen. 1316 belagerten die Dänen Stralsund, doch hier wurden sie in die Flucht geschlagen. In der Folge konnte sich die Hanse wieder konsolidieren. Eine Generation später kam es unter dem dänischen König *Waldemar IV.* erneut zum Konflikt, der aber dank einer schlagkräftigen hanseatischen Flotte zu Gunsten der Hanse ausging. Bei Friedensverhandlungen in Stralsund im Jahre 1370 musste der dänische König die Handelsprivilegien der Hanse bestätigen, Reparationszahlungen leisten und dem Städtebündnis ein Mitspracherecht bei der dänischen Thronfolge zugestehen. Die Hanse befand sich auf dem Höhepunkt ihrer Macht.

Das pommersche Rügen profitierte wirtschaftlich von der Nähe zur mächtigen Hansestadt, doch der Fürst von Pommern geriet machtpolitisch mit der Hanse zuweilen in Konflikt. Wie komplex das Mächteverhältnis im Ostseeraum war, zeigt sich besonders deutlich im Erbfolgegerangel nach dem Tod Waldemars IV. Seine Tochter *Margarete* übernahm die Macht und bestimmte ihren Großneffen *Erich von Pommern* zu ihrem Kronprinzen (1388 wählten ihn die Norweger, 1389 die Dänen zu ihrem König). Nur *Albrecht*, König von Schweden und Herzog von Mecklenburg, war damit nicht einverstanden. Die Hansestädte Rostock und Wismar schlugen sich auf Albrechts Seite, während Stralsund, zwar mit hanseatischer Freiheit gesegnet, aber dennoch auf pommerschem Boden gelegen, sich aus diesem Konflikt herauszuhalten versuchte. Es entbrannte der dänisch-mecklenburgische

Krieg, der schließlich zu Gunsten Margaretes und Erichs ausging und in der *Kalmarer Union* mündete, welche die Macht Dänemarks im 15. Jh. zumindest sicherte und Pommern für kurze Zeit wieder enger an Dänemark band.

Während dieses Krieges tat sich ein Mann hervor, von dem es heißt, er sei auf Rügen geboren, und dessen Name synonym für den „Piraten der Ostsee“ steht: Klaus Störtebeker.

Piraten der Ostsee – Klaus Störtebeker und Gödecke Michels

Klaus Störtebeker gehört zu den historischen Personen, die man gar nicht erst versuchen sollte, rein historisch zu erfassen. Zu dünn sind die Quellen, zu ausufernd die Sagen, die sich um den legendären Freibeuter ranken. So viel weiß man von ihm: Er wurde geboren, möglicherweise auf Rügen, er war ein begnadeter Pirat, der nicht wusste, wann er aufhören sollte, und er starb, aufgebracht von einer hanseatischen Flotte, durch das Schwert des Hamburger Henkers. Im Zusammenhang mit seinem Tod beginnt bereits das Sagenhafte: Sein letzter Wunsch, so die berühmteste Legende um Störtebeker, sei es gewesen, als Erster geköpft zu werden, während sich seine Mannschaft vor ihm aufstellen sollte. Die Männer, an denen er – enthauptet – vorbeilaufen könnte, sollten frei gelassen werden. Und sein kopfloser Körper lief, bis ihm ein Henkersknecht einen Klotz zwischen die Beine warf, und eine Hand voll Männer – oder waren es 17?, oder gar die Hälfte seiner Mannschaft? – war frei.

Die Karriere Störtebekers, dessen Name – *Stürz-den-Becher* – einem Piraten angemessen ist, begann vor Stockholm. Er war einer der *Vitalienbrüder*, die das im dänisch-mecklenburgischen Konflikt belagerte Stockholm (1389) mit Lebensmitteln, „Viktualien“, versorgten, indem sie die dänische Seeblockade brachen. Die Freibeuter waren zudem von der Hanse mit Kaperbriefen ausgestattet worden, die es ihnen „gestatteten“, feindliche Schiffe aufzubringen und deren Ladung zu übernehmen, im Fachjargon „Prise zu machen“. Der Akt der Piraterie konnte recht gesittet ablaufen – der fremde Kapitän fragte die enternden Freibeuter höflich nach ihrem Kaperbrief und übergab nach Einsicht der Dokumente die Ladung. Die Übernahme konnte aber auch damit enden, dass die eine Hälfte der Mannschaft niedergemetzelt wurde und der Rest die Reise in Fässer gesperrt fortsetzte.

Nachdem der dänisch-mecklenburgische Konflikt unter Vermittlung der Hanse beigelegt war, wurden konsequenterweise die Kaperbriefe wieder eingezogen. Einige der Freibeuter aber dachten nicht daran aufzuhören, schließlich ließen sich die Aktionen nun auf „fette“ hanseatische Schiffe ausdehnen. Auch die berühmtesten Vitalienbrüder, Godecke Michels und Klaus Störtebeker, begannen nun jedes Schiff zu jagen, das ihren Kurs kreuzte, bevorzugt natürlich die Koggen der hanseatischen „Pfeffersäcke“. Die Piraten, die auch *Likedeeler*, „Gleichteiler“, genannt wurden, legten bald den gesamten Ostseehandel lahm. Die Hanse sah sich zu drastischen und kostenintensiven Gegenmaßnahmen gezwungen. Nachdem die Freibeuter aus der Ostsee vertrieben waren, ihre Tätigkeit aber in der Nordsee ungehindert fortsetzten, stellten hanseatische Flotten die Piraten. Nacheinander wurden Gödecke Michels und Klaus Störtebeker um 1400 gefangen genommen und hingerichtet.

Die politische Vorherrschaft Dänemarks über die Ostsee konnte aber nicht darüber hinwegtäuschen, dass die eigentliche Herrin des *mare balticums* die Hanse war. Als Erich von Pommern beispielsweise Anfang des 15. Jh. versuchte, hanseatische Privilegien zu beschneiden, wehrten sich die Städte. Die Hanse, allen voran Stralsund, zog gegen Erich in den Krieg, schlug die dänisch-pommerschen Armeen und ließ sich die Handelsprivilegien bestätigen (keine Sund-Zölle für hanseatische Händler, keine Zugeständnisse an niederländische und englische Händler).

Während in den folgenden zwei Jahrhunderten Dänemark rapide an Bedeutung verlor, auch der Stern der Hanse zu sinken begann und mit Schweden eine neue Großmacht die europäische Bühne betrat, blieb das ländliche Rügen ein Teil Pommerns. 1534 wird das Land protestantisch, Stralsund bereits 1525. Im Zuge der *Reformation*, die sich in Pommern auf Geheiß des Fürsten weitgehend konfliktfrei durchsetzen konnte, werden die Klöster in Stralsund, Bergen und auf Hiddensee säkularisiert.

Auf politischer Ebene prägte sich das Feudalsystem in Pommern immer stärker aus – auf dem Rücken der Bauern. Mit der Stärkung des Land besitzenden Adels, in dieser Zeit stiegen die Freiherren von Putbus (ab 1727 Grafen, ab 1807 Fürsten) zur wichtigsten Familie der Insel auf, erhöhte sich der Druck auf die Kleinbauern. Sinkende Preise und steigende Steuerlast nötigten die ehemals freien Bauern dazu, ihr Land einem Gutsherrn zu übereignen und selbst dienstpflichtig zu werden. Aus Bauernland wurde Gutsgebiet, aus freien Bauern Leibeigene. Das so genannte *Bauernlegen* begann im 16. Jh. und wurde Mitte des 17. Jh. durch die „Bauern- und Schäferordnung“ legitimiert. Die Bauern konnten je nach Gutdünken des Gutsherrn an ihre Scholle gebunden oder vertrieben werden, rechtlich waren sie ihrem „Besitzer“ fast vollständig ausgeliefert.

Rügen unter schwedischem Banner: Der *Dreißigjährige Krieg*, der halb Nordeuropa in Schutt und Asche legte, traf Rügen mit voller Wucht. Zwar hatte der pommersche Herzog versucht, sich durch einen strikten Neutralitätskurs aus dem Konflikt herauszuhalten, aber mit *Albrecht von Wallenstein* kam der Krieg in das Land. Der Generalissimus glaubte in Stralsund und Rügen das Sprungbrett ins *mare balticum* gefunden zu haben. Also belagerte er 1626 die Hansestadt (allerdings erfolglos, → Geschichte Stralsund) und ließ seine Truppen Rügen besetzen. Auf die kaiserlichen Truppen folgten dänische, schließlich die schwedische Armee unter dem großen Vasa *Gustav II. Adolf.* Rügen wurde geplündert, verwüstet und gebrandschatzt. Im Windschatten des Krieges wüteten Pest und Hungersnot. Als der lange Krieg endlich geendet hatte, war Pommernland abgebrannt.

Im *Frieden von Osnabrück*, der „schwedischen Hälfte“ des Westfälischen Friedens, wurde Rügen und der westliche Teil Pommerns den Schweden zugeschlagen. Der letzte „Greif“, der Pommernherzog *Bogislaw XIV.*, war 1637 ohne Erben gestorben. Rein rechtlich hätte Pommern an den Kurfürsten von Brandenburg fallen müssen, aber *Axel Oxenstierna*, Reichskanzler und nach dem Tod Gustav Adolfs de facto Regent über die Großmacht Schweden, dachte nicht daran, das Land wieder herzugeben. Der ehemalige Oberbefehlshaber der schwedischen Truppen *Carl Gustav Wrangel* wurde erster schwedischer Generalgouverneur Vorpommerns und damit Herr über Rügen. Schloss Spyker auf der Halbinsel Jasmund ließ er zu seiner Residenz ausbauen.

Diverse Bemühungen der Brandenburger, sich Vorpommern einzuverleiben, scheiterten. Rügen und Stralsund blieben bis 1815 Teil des schwedischen Reiches und die Brücke Schwedens nach Mitteleuropa. Dadurch wurden Hansestadt und Insel natürlich auch in die kriegerischen Belange der Großmacht eingebunden und mussten zuweilen auch als Kriegsschauplatz herhalten. Während des schwedisch-polnischen Krieges fielen die Dänen 1657 plündernd auf Rügen ein, 1678 landete eine brandenburgische Flotte im Süden der Insel und erneut 1715 im *Großen Nordischen Krieg* (1700–1721). In diesem langen Krieg, den der letzte der großen schwedischen Könige, *Karl XII.*, der „letzte Ritter Europas", schon beinahe gewonnen hatte und es dann versäumte, ihn zu beenden, verlor Schweden nicht nur die Vorherrschaft über den Ostseeraum, sondern auch Teile Vorpommerns. Lediglich Rügen und ein Festlandskern um Stralsund und Greifswald blieben in schwedischer Hand.

Das in Schwedisch-Pommern besonders ausgeprägte System der Leibeigenschaft, wenige Gutsherrn besaßen auf der Insel viel Land und zahllose Bauern, begann im 18. Jh. zu bröckeln. Abgeschafft wurde die Leibeigenschaft durch König Gustav IV. Adolf im Jahr 1806. Es heißt, die Schrift eines auf Rügen geborenen Dozenten an der Greifswalder Universität, dessen Vater als Leibeigener des Grafen zu Putbus geboren worden war, hätte Anteil daran gehabt, dass der schwedische König das unmenschliche System verbieten ließ. Die Schrift hieß: *Versuch einer Geschichte der Leibeigenschaft in Pommern und Rügen*, der Autor war *Ernst Moritz Arndt.*

Ernst Moritz Arndt (1769–1860)

Der einst berühmteste Sohn der Insel war schon zu Lebzeiten eine umstrittene Persönlichkeit und ist es – unter veränderten Vorzeichen – bis heute geblieben. Ernst Moritz Arndt, 1769 in Groß-Schoritz auf Rügen geboren, hatte in Greifswald studiert und arbeitete dort seit 1805 als Dozent.

Mit Leidenschaft trat er in seinen Schriften für die Aufhebung der Leibeigenschaft in Schwedisch-Vorpommern ein. Sein Vater war bis kurz vor der Geburt des Sohnes selbst Leibeigener gewesen. Nach der Umsetzung der Abschaffung 1806 fand er jedoch schnell ein neues Betätigungsfeld: die napoleonische Fremdherrschaft und die deutsche Nation. Sein Engagement war derart leidenschaftlich, dass er ins schwedische Exil fliehen musste. Aber er hatte sich einen Namen gemacht. 1812 ging er als Privat-Sekretär des ebenfalls im Exil lebenden Freiherrn v. Stein nach Petersburg. Auch nach dem Sturz Napoleons blieb Arndt renitent-national, sein berühmtestes Werk ist wohl das 1813 veröffentlichte Gedicht „Was ist der Deutschen Vaterland?" 1820 muss Arndt wegen Demagogie seinen Lehrstuhl in Bonn räumen. 1848 wurde er in die Nationalversammlung in der Frankfurter Paulskirche gewählt.

Sicherlich, Arndt schrieb in einer Zeit, als das Wort *national* noch in einem Atemzug mit *liberal* genannt wurde, und *liberal* noch keine sinnentleerte Vokabel war. Aber die Hinwendung Arndts zum „Deutschen" war nicht nur von unversöhnlichem Hass gegenüber Frankreich geprägt, sondern nahm zudem rassistische und antisemitische Züge an, die auch Zeitgenossen erschaudern ließen. Dass die Nationalsozialisten Arndt als Vordenker vereinnahmten, wird nicht wundern. Aber auch nach 1945 wurde er weiterhin geehrt, in der DDR beispielsweise für seinen Kampf gegen die Leibeigenschaft, während die Brutalität seines nationalen Denkens unter den Tisch fiel. Bis heute trägt die Greifswalder Hochschule seinen Namen und auch auf Rügen ist Arndt präsent – kein leichtes Erbe.

Traditionsreich: die Kleinbahn

19. und 20. Jahrhundert: Nachdem Preußen von Napoleons Armee in die Knie gezwungen und im Frieden von Tilsit 1807 gedemütigt wurde, marschierten französische Truppen auch in Schwedisch-Pommern ein. Nach einem dänischen „Beinahe-Intermezzo" – nach dem Rückzug der französischen Truppen während der Befreiungskriege wollten die Schweden Rügen den Dänen abtreten, was der Generalgouverneur Fürst Malte zu Putbus verhinderte – wurden 1815 auf dem *Wiener Kongress* auch Rügen und Stralsund zum Verhandlungsgegenstand. Den Zuschlag erhielten die Preußen. Aus Schwedisch-Pommern wurde das preußische Neuvorpommern.

Zaghaft am Anfang, dann aber immer rasanter entwickelte sich der Tourismus auf Rügen. Ein Vorreiter auf diesem Gebiet war der mächtigste Mann auf der Insel, der baufreudige Fürst *Wilhelm Malte I. zu Putbus*, der Putbus als seine Residenzstadt ausbaute und dank des nahe gelegenen Badehauses für seine adligen Gäste das erste Seebad Rügens gründete. Gegen Ende des Jahrhunderts wurde die Sommerfrische, die sich bereits unter Wilhelm Malte an die Strände der Ostküste verlagert hatte, auch für das Großbürgertum zur attraktiven Freizeitgestaltung. Gefördert wurde die Entwicklung v. a. durch die Anbindung Rügens an das Eisenbahnnetz, die Strecke Stralsund–Bergen wurde 1883, die Kleinbahnstrecke Putbus–Binz–Göhren 1895/96 eröffnet. Um die Jahrhundertwende entstand eine lebhafte Badekultur mitsamt touristischer Infrastruktur. Von großer wirtschaftlicher Bedeutung war die 1897 eingerichtete Fährverbindung von Sassnitz nach Trelleborg/Schweden. Die Hafenstadt auf der Halbinsel Jasmund wurde das „Tor des Nordens".

Während der Zeit des Nationalsozialismus sollte nördlich von Binz das „Bad der 20.000" entstehen, in dem so genannte „Volksgenossen" gleichgeschaltet entspannen sollten. Doch mit Ausbruch des Zweiten Weltkrieges blieb von der gigantischen Ferienanlage Prora nur eine gigantische Baustelle zurück (→S. 132). In den letzten Kriegsjahren fielen die Hafenstädte Stralsund und das von Flüchtlingen überlaufene Sassnitz alliierten Bombenangriffen zum Opfer.

Auch nach dem Krieg wurde die touristische Tradition der Insel fortgesetzt, allerdings unter verstaatlichten Vorzeichen. 1953 wurden im Zuge der *Aktion Rose* die Hotel-Besitzer Rügens als vermeintliche Kriminelle verhaftet und enteignet, die Immobilien wurden dem Gewerkschaftsbund FDGB zugeschlagen. Wirtschaftliche Stütze Rügens aber waren die Fischfang- und Fischverarbeitungsindustrie, vor allem in Sassnitz, und die Volkswerft in Stralsund. Nach der „Wende" und der Wiedervereinigung 1990 traten die traditionellen Erwerbsformen, von denen die Insel über die Jahrhunderte gelebt hatte, Fischerei und Landwirtschaft gänzlich hinter den Tourismus zurück.

Oft das letzte Stück der Anreise – auf der Deutschen Alleenstraße

Anreise

Mit dem Auto

Die Ostseeautobahn A 20, das große Straßenbauprojekt der letzten Jahre, ist inzwischen durchgehend ausgebaut. Mit der Fertigstellung des letzten großen Teilstücks, der neuen Rügenbrücke, hat sich die Anreise mit dem Auto enorm vereinfacht.

Doch bevor man an die Ostseeküste kommt, hat man natürlich ein mehr oder minder großes Stück Deutschland zu durchqueren. Je nach Abfahrtsort gibt es drei gängige Routen nach Stralsund und Rügen. Aus dem Westen geht es am schnellsten über die A 1 nach Hamburg, dann weiter nach Lübeck und schließlich von dort auf die Ostseeautobahn. Aus dem Süden kommend, das gilt auch für Reisende aus Österreich und der Schweiz, fährt man am besten über Nürnberg auf die A 9 nach Berlin und weiter über Rostock nach Stralsund. Reisende aus dem Osten streifen ebenfalls Berlin, allerdings auf der östlichen Seite, und stoßen bei Greifswald auf die A 20.

Stichwort *A 20*: Das Großprojekt von 324 km Länge, die Autobahn Lübeck–Stettin, die die Hansestädte Lübeck, Wismar, Rostock, Stralsund und Greifswald miteinander verbindet, ist nach 14 Jahren Bauzeit abgeschlossen. Letztes Teilstück ist die Ende 2007 freigegebene spektakuläre Brücke über den Strelasund. Allerdings wurde bereits neue Staus gemeldet, nun nicht vor der Ziegelgrabenbrücke oder auf dem alten Rügendamm, sondern bei Rambin und Samtens auf der B 96, deren Ausbau, die B 96n, geplant, aber nicht unumstritten ist.

Allen infrastrukturellen Verbesserungen zum Trotz gilt für die An- und Abreise mit dem Auto nach wie vor: Samstag ist kein guter Tag. Die meisten Ferienwohnungen werden von Samstag auf Samstag vermietet. Zudem ist der Samstag prädestiniert für den Großeinkauf in Stralsund. Wenn dann auch noch die Sonne scheint, zieht es wiederum die Stralsunder an die Strände. Kurzum: Wenn am Samstag alle fahren, kann es wohl auch in Zukunft noch immer sein, dass man auf der B 96 von Stralsund nach Bergen nur im Schritttempo vorankommt (der Seiteneinstieg über die Glewitzer Fähre von Stahlbrode aus ist dann ebenfalls oft dicht). Wenn möglich, lieber noch ein, zwei Tage dranhängen (oder sehr früh ab- oder anreisen).

Weiterreise: Rügen kann auch (eine sehr reizvolle) Zwischenstation sein. Warum nicht eine Woche auf Rügen verbringen und dann weiter nach Skandinavien reisen? Die Tradition der ehemaligen *Königslinie* führt heutzutage *Scandlines* fort und verbindet den Sassnitzer Hafen *Neu Mukran* bis zu fünf Mal täglich mit *Trelleborg/Schweden* (Dauer ca. 4 Std.). Zudem besteht eine Fährverbindung nach *Rønne auf Bornholm/Dänemark* (Näheres unter Sassnitz/Verbindungen).

Mit der Bahn

Ein echte Alternative zur Anreise mit dem Auto bietet die Bahn. Wer sich nicht allzu kurzentschlossen auf den Weg macht, kann dabei auch noch günstig reisen.

Stralsund liegt an der IC-Strecke Hamburg–Rostock–Greifswald, und sogar auf die Insel zweigt das IC-Netz mit der Endhaltestelle Binz ab. Die Strecken führen je nach Abfahrtsort meist über Hamburg oder Berlin. Die Verbindungen sind hervorragend – etwa stündlich ab den beiden großen Städten im Norden Deutschlands. Das Tarifsystem der Bahn ist weit verzweigt, unter bestimmten Voraussetzungen kann man echte Schnäppchen machen, und das vor allem, wenn man mit einem der DB Nachtzüge fährt. Für die Sondertarife ist frühzeitige Buchung allerdings sehr ratsam.

• *Verbindungen/Preisbeispiele* Schnellste Verbindung von **München** nach Stralsund mit dem ICE über Berlin (umsteigen) und dann mit dem IC zum Ziel, Gesamtdauer je nach Verbindung 9–10 Std., einfacher Normalpreis 122 €. Von **Frankfurt/M.** in der zeitlich günstigsten Verbindung (ICE/IC) via Berlin oder Hamburg nach Stralsund gerade mal 7–8 Std., 105–133 €. Ab **Hamburg** Hauptbahnhof in 3 Std. mit dem IC, bzw. 3½–4 Std. mit dem Regionalexpress nach Stralsund, Normalpreis mit dem Regionalexpress (RE) 37,60 €, mit dem etwas schnelleren IC 47 €. Ab **Berlin** Hauptbahnhof mit dem Regionalexpress nach Stralsund in 3–3½ Std., 35,10 €.

• *Weiterfahrt ab Stralsund* Etwa stündlich über Bergen nach Binz, Fahrtdauer bis Binz ca. 1 Std., mit der Regionalbahn (RB) 9,90 €, mit dem IC 13 €.

• *Ermäßigungen* Mitfahrer (zu einem Normalpreis-Fahrer), Bahncard-Besitzer und alle, die die gleiche Strecke auf dem Hin- und Rückweg fahren, über Sa/So bleiben und mind. 3 Tage vor Fahrtantritt buchen, können mit der DB ganz erheblich sparen. Detaillierte Auskünfte in den Reisezentren der DB in jedem größeren Bahnhof.

• *DB-Nachtzug* Ab **München** mit der City Night Line (CNL 1200 Pluto) über Nürnberg, Würzburg nach Berlin und von dort mit Regionalexpress nach Stralsund und weiter nach Bergen und Binz. Abfahrt in München 23 Uhr, Ankunft in Berlin kurz vor 8 Uhr am nächsten Morgen. Für die City Night Line gelten die Spezialtarife der SparNight, bei denen man für 29 € auf einem Sitzplatz, für 49–59 € im Liegewagen oder ab 69 € im Schlafwagen zum Ziel kommt (Preise einfach). *Achtung*: Dieses Angebot ist kontingentiert, man sollte frühzeitig buchen! Infos unter www.dbnachtzug.de, Buchungen sind auch telefonisch unter ✆ 01805-141514 (0,14 €/Min.) möglich – oder am Schalter.

• *Fahrradmitnahme* ist prinzipiell bei allen Tag-Verbindungen und auch auf den DB-Nachtstrecken möglich, kostet auf Fernstrecken allerdings 9 € für die einfache Fahrt, ein Platz für das Fahrrad muss reserviert werden: ✆ 01805-151415 (0,14 €/Min.).

Preisangaben Stand Frühjahr 2008

Unterwegs auf Rügen

Mit dem Auto

Von den 1995 Kilometern Straße, deren Netz sich mehr oder weniger dicht über die Insel legt, sind die wichtigen Stecken gut ausgebaut. Die beiden am stärksten befahrenen Verkehrsadern führen von Stralsund über Bergen zum „Tor des Nordens" nach Sassnitz und von Bergen Richtung Granitz (Binz, Sellin) und Mönchgut (Göhren). Wie zwei Schlingen legen sich die Straßen, die die Halbinseln untereinander und mit dem Inselkern verbinden, um die beiden Bodden: von Bergen über Jasmund hinunter nach Prora und Binz oder gen Norden nach Wittow und (via Wittower Fähre) zurück.

Auf Rügen mit Licht!

Keine verkehrstechnische Gängelei, sondern durchaus vernünftig. Die Straßen auf der Insel führen oft genug durch malerische Alleen, nicht von ungefähr verlaufen hier Teile der Deutschen Alleenstraße. Für Auto- (und Rad-)Fahrer hat das aber auch zur Folge, dass die Lichtverhältnisse durch den oft plötzlichen Hell-Dunkel-Wechsel problematisch werden können. Es gibt Stellen, bei denen man als Autofahrer das Gefühl hat, gegen eine schwarze Wand zu fahren, wenn man gegen eine tief stehende Sonne in eine Allee oder ein Waldstück hineinfährt. Auch Radfahrer sollten bedenken, dass sie bei diesen Lichtverhältnissen nicht so sichtbar sind, wie sie es gerne hätten.

Darum auf Rügen am besten fahren, als wäre man in Italien unterwegs, soll heißen: Sobald man eine geschlossene Ortschaft verlässt, das Licht anschalten.

Tankstellen gibt es selbstverständlich in allen größeren Orten (Bergen, Binz, Sassnitz), in den abgelegenen Gebieten kann es schon mal eng werden. Auf Wittow findet man eine Tankstelle in Altenkirchen, auf Jasmund (außer in Sassnitz) noch eine in Sagard. Im Mönchgut fehlen Tankmöglichkeiten völlig, lediglich etwas weiter nördlich zwischen Baabe und Sellin wird man fündig. Wer im Süden Rügens tanken will, muss nach Putbus, auf die B 96 bei Samtens oder nach Bergen. Letzteres gilt auch für den Westen, hier gibt es außer in Gingst keine Tankstelle.

Eine Handvoll fest installierter **Blitzer** sorgen auf der Insel für Geschwindigkeitsüberwachung und kommunale Einnahmen. Mindestens zwei stehen an der B 196 Bergen–Göhren (einer Lancken-Granitz innerorts, der andere etwas außerhalb Richtung Bergen, beide Richtung Göhren), weitere an der B 96 (z. B. bei Lietzow, Richtung Sassnitz; sowie bei Sagard, Richtung Bergen), und ein weiterer wurde an Bergens Stralsunder Chaussee (Richtung Stralsund) aufgestellt. Dies nur als Hinweis, die Liste erhebt keinen Anspruch auf Vollständigkeit. Man sollte sich nicht darauf verlassen, dass die übrigen Strecken kontrollfrei sind. Schließlich ist keiner der Blitzer so fest installiert, dass er sich nicht ab- und andernorts wieder aufbauen ließe, und die handlichen mobilen Messgeräte sind schließlich auch noch im Einsatz.

Fährverbindungen

Wegen des 1936 fertig gestellten Rügendamms haben Fährbetriebe von und nach Rügen weitgehend an Bedeutung verloren. Drei wichtige Fährverbindungen aber haben sich bis ins 21. Jh. erhalten und werden auch weiter bestehen, wenn der Rügendamm in naher Zukunft von der geplanten Brücke über den Strelasund in Höhe

Im Hafen von Lauterbach

und Bedeutung überragt werden wird. Die Fähren sind alle Teil der *Weißen Flotte*, zu der auch die Schiffe der Reederei Hiddensee gehören.

Weiße Flotte, Fährstr. 16, 18439 Stralsund, ✆ 03831-26810, Infos auch unter ✆ 0180-3212120, ✆ 268130, www.weisse-flotte.de.

- **Glewitzer Fähre**: der „Seiteneinstieg" auf die Insel. Vom kleinen Örtchen Stahlbrode (19 km südlich von Stralsund, auf der B 96 Richtung Greifswald, bei Reinberg ab) pendelt die Fähre alle 20 Minuten über den Strelasund auf die Halbinsel Zudar. Von dort geht es auf der Landstraße nach Garz und weiter Richtung Putbus oder Bergen. Die Fähre verkehrt nur von Mitte April bis Ende Oktober.

Glewitzer Fähre: Mitte April–Okt. tägl. 6–20.10 Uhr (Mai–Sept. bis 21.40 Uhr). Pkw (inkl. Fahrer) 4,10 €, jede weitere Person 1,20 €, Kinder 4–11 Jahre 0,80 €, Kinder unter 4 Jahren frei, Motorrad 3,40 €, Fahrrad 1,20 €. Auskunft ✆ 0172-7526836.

- **Wittower Fähre**: der „Short-cut" zum Kap Arkona, dem nördlichsten Punkt Rügens. Die Fähre verbindet die Südspitze der Halbinsel Wittow mit dem Kernland Rügens. Auf diese Weise kann man sich bei der Fahrt von Stralsund nach Wittow den gesamten Umweg ab Bergen über Jasmund und die Schaabe sparen. Das Gleiche gilt natürlich auch in umgekehrter Richtung.

Wittower Fähre: ganzjährig von morgens 5.50 Uhr (ab Nordseite) bis 20 Uhr (ab Südseite), von Mai bis Aug. eine Stunde länger, von Nov. bis März eine Stunde kürzer. Pkw (inkl. Fahrer) 4 €, jede weitere Person 1,20 €, Motorrad 3 €, Fahrrad 1,20 €, Kinder (4–11 Jahre 0,80 €. Auskunft Wittower Fähre ✆ 0172-7526838.

- **Fähren nach Hiddensee**: Um auf die Insel Hiddensee zu gelangen, kommt man um die Fähre nicht herum. Der wichtigste Hafen des Fährverkehrs nach Hiddensee auf Rügen ist *Schaprode*, die wichtigste Linie ist die *Reederei Hiddensee* (ganzjährig, mehrmals täglich). Vom Frühjahr bis zum Herbst besteht auch eine Verbindung von und nach Stralsund. Im Sommer kann man zudem von Wiek, Breege und Ralswiek übersetzen (allerdings selten). Näheres im Kapitel *Hiddensee* → S. 236 ff.

Mit Bus und Bahn

Eine **Bahnlinie** verbindet Stralsund mit Bergen und darüber hinaus mit Binz und mit Sassnitz. Eine Besonderheit Rügens stellt die **historische Kleinbahn** dar, liebevoll *Rasender Roland* genannt (→ S. 111). Die Bahn fährt von Putbus aus zu den wichtigsten Ostseebädern: zunächst nach Binz, dann durch die Granitz nach Sellin und ins Mönchgut über Baabe nach Göhren. Auch wenn die Schmalspurbahn zu den Touristenattraktionen der Insel gehört und nostalgisch unter Dampf stehend nur 30 km/h schafft, ist sie auch als gewöhnliches Nahverkehrsmittel durchaus brauchbar und ernst zu nehmen.

Das **Busnetz** auf der Insel ist verhältnismäßig dicht, so dass man auch die entlegenen Gebiete beispielsweise im Westen mit öffentlichen Verkehrsmitteln gut erreichen kann, wenn man zeitlich ein wenig flexibel ist. Zwei Hefte mit Busfahrplänen sind auf der Insel erhältlich. Das Heft *Fahrpläne* ist für den reinen Rügenbesucher nicht geeignet, da es zwar auch das Hinterland Stralsunds (es umfasst die gesamte Region Nordvorpommern) abdeckt, dafür aber im Gegenzug eine Hand voll Verbindungen auf Rügen unterschlägt. Empfehlenswerter ist das Heft speziell für Rügen, der *FahrPlan* der RPNV (Rügener Personennahverkehrs GmbH), da es alle Verbindungen der Insel lückenlos, also beispielsweise auch der Rügenschen Kleinbahnen auflistet. Außerdem sind die Verbindungen der Deutschen Bahn, von Rugia-Reisen (die u. a. eine wichtige Buslinie auf Rügen betreibt), des Nahverkehrs Stralsund sowie der Reedereien Hiddensee, Kipp und der Weißen Flotte aufgeführt.

Ein wenig verkompliziert wird die Suche nach der passenden Abfahrtszeit durch die Unterscheidung von Schultagen (S) und Ferientagen (F). Oft steht ein und dieselbe Verbindung zweimal nebeneinander mit dem einzigen Unterschied, dass die Haltestelle „Schule" übersprungen wird, andere Verbindungen hingegen fallen in den Ferien gänzlich flach.

Die interessantesten Busverbindungen: Die **Linie 20** fährt die Ostküste ab und dabei alle namhaften Ostseebäder Rügens sowie Sassnitz an, Endstation ist der Königsstuhl (bzw. Klein Zicker).

Beides geht auch von Bergen aus: **Linie 24** fährt über Sellin durch das Mönchgut bis Klein Zicker, während **Linie 23** via Binz und Sassnitz den Königsstuhl ansteuert.

Generell ist Bergen der Knotenpunkt des öffentlichen Nahverkehrs, kaum eine Linie, die in der Inselhauptstadt nicht halt macht.

Weitere interessante Linien sind die **Linie 110** von **Rugia Reisen**, die von Bergen aus Wittow ansteuert (von Altenkirchen nach Putgarten mit **Linie 11**), sowie **Linie 35**, die von Bergen nach Schaprode und damit zum Fährhafen nach Hiddensee fährt. Schließlich sei noch die auch von Lesern empfohlene **Linie 30** genannt: Zwar gibt es schnellere Wege von Bergen (bzw. Serams) nach Stralsund, doch ist die südliche Route via Putbus und Garz entlang zahlreicher Alleen besonders reizvoll.

Für 1 € bzw. 1,50 € Schutzgebühr sind die Fahrpläne in den größeren Informationsbüros oder direkt bei der Rügener Personennahverkehrs GmbH erhältlich. Tilzower Weg 33, 18528 Bergen auf Rügen, ✆ 03838-822910 (Info-Tel. 03838-202955), 📠 822929, www.rpnv.de.

Achtung: Die in den Ortskapiteln unter *Verbindungen/Bus* aufgeführte Verbindungsfrequenz bezieht sich auf den **Sommerfahrplan**, der in der Regel von Mai bis September gültig ist. Im Winterhalbjahr verkehren die meisten Linien seltener.

Schließlich gibt es noch die oft als Spielzeug-Eisenbahnen verkleideten Touristenkutschen in den größeren Ostseebädern (nur zur Saison). Sie sehen aber nicht nur niedlich aus, sondern sind zuweilen auch nützlich. Auch wenn die Elektromotoren nicht gerade einen Geschwindigkeitsrausch erzeugen, werden sie in den Ostseebädern durchaus als eine Art „Stadtbus" genutzt.

Hiddensee ist wie in vielem eine Ausnahme: Die Insel ist (nahezu) autofrei. Wer schweres Gepäck mit sich führt, ist auf die eigene Muskelkraft (mit oder ohne Handwagen) oder eben auf die klassischen zwei Pferdestärken im Gespann angewiesen. Fuhrunternehmen bieten sowohl Gepäcktransport als auch Ausflugs- oder „Taxi-"fahrten zwischen den Inselorten an. Außerdem verbindet ein Inselbus (gleichzeitig Schulbus und „Linientaxi") die Orte auf Hiddensee.

Mit dem Fahrrad

Mit dem Mountainbike auf Rügen? Bei einer maximalen Höhe von 161 Metern nicht wirklich notwendig. Allerdings wird man auf „Platte" oder dem nostalgischen Kopfsteinpflaster zuweilen für die Vollfederung des Rades dankbar sein.

Apropos **Kopfsteinpflaster**: Sehr hübsch anzusehen ist der alte Straßenbelag vor allem unter den Bäumen entlang den Alleenstraßen. Allerdings handelt es sich hier zuweilen um eine brisante Mischung: Kopfsteinpflaster ist bei Nässe nicht eben für seine Griffigkeit bekannt; liegt auch noch Laub darauf, kann einem die Bodenhaftung unter dem Fahrrad schon einmal entgleiten, also Vorsicht bei der Fahrradtour nach Regen und besonders im Herbst. Eine weitere Gefahrenquelle für Fahrradfahrer auf Alleen ist das Problem mit der Sichtbarkeit. Im ständigen Wechsel von Licht und Schatten unter den langen, teils dichten Baumreihen ist es für Autofahrer nicht immer einfach, den Durchblick zu behalten.

Grundsätzlich sind die **Radwege** gut ausgebaut. Über 200 Kilometer ziehen sich über die Insel, ein Großteil des Wegenetzes liegt in der Granitz und auf dem Mönchgut (fast durchgehend als Radweg ausgebaut ist die Strecke von Klein Zicker im Süden des Mönchguts bis Binz und Prora). Manche Wegstücke muss sich der Radler mit den Wanderern teilen, dafür hat man so manche Nebenstraße, auf die sich nur sehr selten ein Auto (und wenn, dann meist ein Trecker) verirrt, für sich allein.

Die **Mitnahme von Fahrrädern** im öffentlichen und privaten Nahverkehr ist grundsätzlich möglich. Aber wenn bereits eine Radlergruppe ihre MTBs im Mittelgang des Busses abgestellt hat, kann es natürlich eng werden. Auf wichtigen Strecken werden deswegen zur Saison manche Busse (im Fahrplan ersichtlich) mit Anhängern ausgestattet, um Fahrräder zu transportieren. Zudem dreht im Sommer der Fahrradbus *RADzfatz* seine Runden über die Insel. In der Regionalbahn sowie in der Schmalspurbahn sollte die Fahrradmitnahme kein Problem darstellen.

Auf die Fähren nach Hiddensee kann man das Fahrrad natürlich ebenfalls mitnehmen (wo sonst könnte man es dringender brauchen), doch auch hier gilt: nur solange der Platz reicht. Allerdings gibt es ein Schiff der Reederei Hiddensee, die *MS Vitte*, auf der die Mitnahme des Rads garantiert wird, da es über einen großen Frachtraum verfügt. Es verkehrt abwechselnd auf den Strecken Stralsund–Hiddensee und Schaprode–Hiddensee (im Fahrplan gekennzeichnet). Im Prinzip ist die Fahrradmitnahme auch auf allen Ausflugsschiffen möglich, die von den Ostseebädern aus die Kreidefelsen anfahren und gleichzeitig Göhren, Sellin, Binz und Sassnitz auf dem Seeweg verbinden.

Gut ausgebaut: die Radwege auf Rügen

Abschließend noch einige **Tourenvorschläge**:

Sehr beliebt ist die Tour durch das **Mönchgut**: *Göhren – Thiessow* mit Abstecher *Groß Zicker* und *Klein Zicker*, zurück bis *Lobbe*, dann bei *Middelhagen* ab nach *Alt Reddevitz* (sehr schön: Abstecher zum *Reddevitzer Höft*, hier Platte/Schotter) und boddenseits über *Baabe* und durch die Baaber Heide zurück nach *Göhren*. Mit allen Abstechern ca. 55 km, die nördliche Rundtour ca. 26 km, Göhren – Thiessow einfach ca. 9 km. Hier bieten sich natürlich auch nur Ausschnitte der Tour an (mit entsprechend verlängertem Badeaufenthalt).

Nicht minder frequentiert: die **Granitz-Tour**: von *Binz* durch die Granitz nach *Sellin* (nördliche Route) und über das *Jagdschloss Granitz* (nennenswerte Steigung!) zurück nach *Binz*, Belag vor allem Platte, Schotter und gut fahrbare Forstwege, ca. 24 km, möglicher Abstecher: rund um den Selliner See (weiter nach Baabe zum Bollwerk, mit der Personenfähre nach Moritzdorf übersetzen und über Altensien nach Sellin zurück, ca. 10 km).

Im **Westen** bieten sich zahllose Möglichkeiten für eine Radtour, allerdings muss man meist auf wenig befahrene Landstraßen ausweichen, ausgeschriebene Radwege gibt es kaum. Ein schöne Strecke führt beispielsweise von *Patzig* (nördlich von Bergen) an den *Woorker Bergen* vorbei nach *Rappin* und zurück (wahlweise ab/bis Ralswiek). Schön, einfach und ruhig ist die *Ummanz-Rundtour* ab Waase, ca. 15 km.

Außerdem: zum **Königsstuhl**. Der Fahrradweg von *Sassnitz* zum *Königsstuhl* führt allerdings mitten durch die Stubnitz (einfach ca. 12 km), der Hochuferweg ist für das Fahrrad weder geeignet noch gestattet. Weiter dann auf wenig bis normal frequentierten Landstraßen bis *Glowe*, über die *Schaabe* führt ein Fahrradweg parallel zur Straße durch das Kiefernwäldchen.

Für Ambitionierte: Rund um den **Großen Jasmunder Bodden**: *Lietzow – Glowe – Breege – Wiek – Wittower Fähre – Trent – Neuenkirchen – Rappin – Ralswiek – Lietzow* (über 70 km); oder die **Große Rügenrundtour** (ca. 270 km).

Tipp: Bei der Planung einer Radtour sollte man bedenken, dass Meer und Bodden Wasserstraßen sind. Warum also nicht die Tour z. B. in Göhren oder Breege enden lassen und dann mit dem Schiff ein Stück zurück? Die Schiffs- und Bus-Verbindungen sind in den jeweiligen Ortskapiteln angegeben.

Infomaterial zum Radwegenetz ist bei der Tourismuszentrale in Bergen erhältlich.

Ungewöhnlich: „Ferienhausbootsiedlung" bei Lauterbach

Übernachten

Das Angebot ist groß und vielfältig, schließlich spielt auf Rügen der Tourismus eine zentrale Rolle. Insgesamt verteilen sich schätzungsweise 65.000 Betten auf ca. 140 Hotels, 85 Pensionen, 35 Gasthöfe, 23 Campingplätze, zwei Jugendherbergen, mehrere Ferienparks und zahllose Ferienwohnungen und -häuser.

Aber Hotel ist nicht gleich Hotel. Auf Rügen gibt es das ganze Spektrum: Nobelhotels, die gleichzeitig Wellness-Tempel und/oder Kurhäuser sind, Hafen- und Landhotels, Erlebnis- und Kunsthotels, in denen jedes Zimmer eine eigene Vernissage sein könnte, sowie Schlosshotels und zu Nobelunterkünften umgebaute Herrenhäuser. Hinzu kommen zahllose Pensionen, einfache Gasthäuser mit Fremdenzimmern, Appartement-Anlagen und -Häuser (auch auf Reiterhöfen, und sogar in schwimmende Ferienhäuser kann man sich einbuchen), privat vermietete Zimmer, Jugendherbergen, Caravanstell- und Campingplätze. Die Liste ist jedenfalls lang.

Die großen, sehr noblen **Hotels** haben sich natürlich vor allem in den Ostseebädern niedergelassen, allen voran in Binz. Die meisten von ihnen verfügen neben der schon fast obligatorischen Saunalandschaft auch über einen Wellness-Bereich mit entsprechendem Angebot. Alternativ zum Hotel kann man sich in den Ostseebädern auch stilvoll in alten **Bädervillen** einquartieren, die wieder oder noch immer als Appartement-Häuser für Badegäste zur Verfügung stehen. Exklusiv wohnt man außerdem in den zu Nobelherbergen umgebauten Schlössern Ralswiek und Spyker, und den oft allein auf weiter Flur stehenden Herrenhäusern. Auf dem Land bietet der gute alte Dorfkrug meist Übernachtungsmöglichkeiten, zuweilen hat sich die einfache Gastwirtschaft in ein veritables Landhotel verwandelt. Schwieriger sieht es mit **Ju-**

gendherbergen aus. Derzeit gibt es auf Rügen lediglich zwei: in Binz und in Sellin. In der Stralsunder Altstadt soll in absehbarer Zukunft wieder eine JH entstehen. Geplant ist zudem, einen (kleinen) Teil Proras in ein riesiges Jugendhotel umzubauen, wann aber (und ob überhaupt) die Projekte in Angriff genommen werden, ist unklar. Camper hingegen kommen voll auf ihre Kosten. Über zwanzig **Campingplätze** verteilen sich über die Insel, die größte Dichte findet man rund um den Bakenberg auf Wittow, Feriencamps und -siedlungen haben hier eine lange Tradition. Es gibt aber auch einsam gelegene Campingplätze (wie z. B. bei Lohme oder bei Alt Reddevitz).

Wer auf der Suche nach einer **Ferienwohnung** oder -haus ist, bestellt sich am besten den Gastgeberkatalog bei der Tourismuszentrale in Bergen oder informiert sich direkt im Internet. Das Angebot an Anbietern und Vermittlern ist allerdings recht unübersichtlich. Tipp: Die Websites der lokalen Tourist-Informationen (die jeweiligen Adressen sind im Reiseteil verzeichnet) verfügen meist über einen umfassenden Überblick über die Objekte vor Ort, sind soweit möglich verlinkt und bieten oft auch einen Buchungs-Service an.

Eine gute Adresse zum Einstieg ist die offizielle Homepage der Touristenzentrale www.ruegen.de (und weiter über „Gastgeber finden"). Abschließend noch eine kleine Auswahl von Anbietern und Vermittlern: www.ruegeninsel.de, www.wild-east.de/meckpom/ruegen; www.frosch-ferienhaeuser.de; www.kreidefelsen.de; www.ruegener-reiselotse.de; www.ruegenmagic.de; www.ruegenferien.de; schließlich für Hiddensee: www.seebad-insel-hiddensee.de, www.hiddenseeservice.de.

Die in diesem Reisehandbuch aufgeführten **Preise** entsprechen immer der Hochsaison und gelten, wenn nicht anders angegeben, für eine Übernachtung von zwei Personen im Doppelzimmer. In vielen Fällen variieren die Preise zwischen Vor-, Neben- und Hauptsaison stark, teils muss man im November gerade einmal die Hälfte zahlen im Vergleich zu den besucherintensiven Monaten Juli oder August (starke Schwankungen, d. h. mehr als 20–30 %, werden im Text vermerkt). In anderen Fällen hingegen gelten Ganzjahrespreise.

Was die Frage betrifft, wann gerade welche Saison herrscht, gilt folgende Faustregel: Die **Hochsaison** orientiert sich natürlich an den deutschen Schulferien (Sommer), also meist beginnend mit Pfingsten bis Ende August. Außerdem zählen in vielen Fällen auch die Tage zwischen den Jahren bis in die erste Januarwoche hinein und die Zeit rund um Ostern dazu. Das gilt vor allem auf Hiddensee und in den Ostseebädern. Die **Nebensaison** beginnt in der Regel im April (bzw. mit Ostern) und erstreckt sich dann über die Monate September und Oktober. **Nachsaison**, wenn nicht ohnehin geschlossen ist, ist der Winter (mit oben genannter Ausnahme von Weihnachten bis erste Januar-Woche).

Viele Übernachtungen, vor allem in Pensionen und kleineren Hotels, werden günstiger, wenn man länger als zwei Nächte bleibt. Der fällige Aufschlag für die „ein-nächtige" Belegung ist im Reiseteil gegebenenfalls auf den jeweiligen Preis bereits draufgerechnet. In den meisten Unterkünften sind Aufbettungen möglich, die den Preis dann im Verhältnis nach unten drücken.

In den allermeisten Hotels sowie Gaststätten mit Zimmerangebot wird auch Halbpension angeboten. In den Ferienhäusern und -wohnungen fällt nach Abreise noch die Endreinigung an, die im Normalfall aber in überschaubarem Rahmen bleibt. Im Zweifelsfall, für Reservierungen oder um besondere Angebote einzuholen: viele Übernachtungsmöglichkeiten verfügen über eine Internetpräsenz und jeder über einen Telefonanschluss, die jeweiligen Adressen sind im Text vermerkt.

Edel: Restaurant in Lohme

Essen und Trinken

Die vorpommersche Küche präsentiert sich überwiegend bodenständig, wenngleich nicht ohne Schnörkel und die eine oder andere Finesse. In vielen Landgasthöfen und Hafenrestaurants wird mit Großmutters Rezepturen hantiert (und geworben); die Speisekarten dominiert natürlich der Fisch: Vom Aal bis zum Zander kommt alles auf den Tisch, was Meer und Bodden hergeben. Die Zubereitungsarten sind ebenfalls umfassend: gebraten, gegrillt oder gebacken, frittiert oder gedünstet, gekocht, geräuchert und sogar roh (nicht nur als Japan-Import, sondern auch eingelegt in Essig und Gewürze als Saurer Hering). Bemerkenswert für Binnenländer: Das Ostsee-Fastfood ist vom Feinsten. Die diversen Variationen des Fischbrötchens sind ganz sicher frisch (d. h. beides: Fisch und Brötchen) und ausgezeichnet. Hinzu kommt der meist auf traditionelle Weise zubereitete Räucherfisch. Fischbrötchen und Räucherfisch gibt es in Stralsund sowie auf Rügen und Hiddensee praktisch an jeder (hafennahen) Ecke.

Selbstverständlich bekommt man auch fischfreie Gerichte. Schnitzel mit Kartoffelsalat, Jäger- oder Schweinebraten, Kartoffelsuppe mit Würstchen und Speck fehlen beispielsweise auf fast keiner Karte. In den waldreichen Gebieten (Granitz, Jasmund) besteht oftmals die Möglichkeit, zwischen (relativ günstigen) Wildgerichten zu wählen. Sehr präsent auf den Speisekarten, aber nicht jedermanns Sache sind diverse Kohlgerichte. Zwar wird die pommersche Küche bei der Zubereitung mit verschiedenen kulinarischen Kunstgriffen variiert – z. B. der pommersche Braten im Heumantel oder der in Salbei gebackene Aal –, aber die einheimischen Spezialitäten bleiben vor allem eines: deftig.

Es zieht allerdings inzwischen immer mehr Gourmet-Köche auf die Insel. In den Seebädern, aber auch abseits der Touristenströme hat sich eine kulinarische Landkarte entfaltet, die hochklassige Abwechslung verspricht. Kreative, herausragende Küche kann man beispielsweise im Restaurant des Hotels Meerblick in Göhren, im

Gutshaus Kubbelkow bei Bergen oder im Restaurant des Panorama-Silence-Hotels in Lohme genießen. Unnötig zu erwähnen, dass die hier angebotenen Menüs ihren Preis haben.

Viele Restaurants unterschiedlicher Preisklassen werben mit einem Email-Schild, auf dem *Regionale Esskultur* und *Rügen* zu lesen ist (auf einer weißen Kochmütze, flankiert von Messer und Gabel, auf blauem Grund). Dahinter verbirgt sich ein Zusammenschluss von Lebensmittel-Erzeugern, die die Restaurants mit regionaltypischen Produkten beliefern. Auch Selbstversorger profitieren von dieser Tendenz (heißt vor allem: keine industriellen Lebensmittel, sondern vom nahen Bauernhof, der oft unter strengen ökologischen Bestimmungen erzeugt). An vielen Stellen auf Rügen kann man in Hofläden einkaufen, in der *Alten Pommernkate* in Rambin z. B., bei *Bauer Lange* in Lieschow oder im *Bio-Hofgut Bisdamitz* auf Jasmund (Tipps und Adressen zum Einkaufen in den jeweiligen Ortskapiteln).

Sanddorn

Die Pflanze genügsam, die Frucht vitaminreich – das ist das Erfolgsrezept des Sanddorns. In dichten, dornigen Hecken wächst die „Zitrone des Nordens" auch auf sandigem Boden (wodurch sich auch der Name erklärt), wild oder als Plantage. Den kleinen orange-farbigen Früchten werden sagenhafte Wirkungen zugeschrieben: Nicht nur, dass sie weit mehr Vitamin C haben als Zitronen (hinzu kommen die Vitamine E, K und A), sie sollen außerdem den Cholesterinspiegel senken, Entzündungen hemmen usw. Kurz und gut: Wellness von innen, nur der Geschmack ist gewöhnungsbedürftig. Der vor 200 Jahren aus Schweden importierte Sanddorn lässt sich übrigens vielfältig verarbeiten: Saft und Marmelade sind gängig, Tee und Likör verbreitet. Destilliert gibt es den Sanddorn auch als Schnaps oder als Heißgetränk zur Erkältungsvorsorge. Schließlich wird sogar ein (zugegebenermaßen eigenwilliger) Wein gekeltert.

Von diversen trinkbaren Sanddorn-Derivaten abgesehen, finden sich keine Rügen typischen Getränke. Getrunken wird vor allem Bier. Größter regionaler Erzeuger ist die *Stralsunder Brauerei.* Ihr selbstverständlich norddeutsch-herbes Pils wurde vielfach zu Recht prämiert, genauso wie die übrigen „Störtebeker-Biere" der Brauerei: das *Schwarzbier*, das *Bernstein-Weizen* und zuletzt auch die Ökobiere wie das *1402*, zusammengefasst unter dem Slogan „Störtebeker – das Bier der Gerechten". Gebraut wird natürlich nach dem Deutschen Reinheitsgebot, so auch in den wenigen kleinen Gasthof-Brauereien, die in den letzten Jahren den Braubetrieb (wieder) aufgenommen haben, z. B. in der *Linde* in Middelhagen.

Wissenswertes von A bis Z

Architektur

Jedes Dorf hat natürlich seine **Kirche**. Auf Rügen sind die Monumente sakraler Architektur teilweise ziemlich wuchtig ausgefallen. Die ältesten Kirchen der Insel haben einen romanischen Ursprung, sind durch Um- und Ausbauten aber deutlich von der Gotik geprägt. Die Innenausstattung ist selten einheitlich, sondern bietet oft einen zeitlich weit gespannten Stilmix. Besonders typisch für die Region ist die Stilrichtung der Backsteingotik. Die besten Beispiele *Norddeutscher Backsteingotik* stehen in Stralsund (siehe dort, Stichwort *Backsteingotik*, unten), auf Rügen stechen die Marienkirche von Bergen sowie die Dorfkirche von Altenkirchen (Wittow) hervor. Von der ehemals regen **Kloster**kultur ist auf Rügen lediglich der Klosterhof in Bergen erhalten, in dem heute das Museum der Stadt untergebracht ist. Das frühere Zisterzienserinnenkloster wurde 1945 aufgelöst. Auf Hiddensee und im Mönchgut – hier befanden sich im Mittelalter einflussreiche Klöster – lassen sich dagegen kaum noch Spuren finden. In Stralsund erhält man den besten Eindruck vom mittelalterlichen Klosterleben, denn hier haben sich große Teile der Bausubstanz des Katharinenklosters, ein im 13. Jh. gegründetes Dominikanerkloster, erhalten. Es gehörte in seiner Blütezeit zu den größten Klöstern Norddeutschlands. Die Anlage kann besichtigt werden, die Gebäude beherbergen heute die sehenswerten Museen.

Über 200 **Schlösser** und **Herrenhäuser** zählte man Anfang des 20. Jh. auf Rügen, heute sind es immerhin noch etwa 150. Teils liegen die ehemaligen Höfe des Landadels und der Großgrundbesitzer in Ruinen, andere sind sorgsam wieder aufgebaut worden. Viele von den restaurierten Gutshöfen beherbergen heute, zu Hotels umgebaut, Urlaubsgäste wie zum Beispiel das *Herrenhaus Bohlendorf* auf Wittow oder *Gut Tribbevitz*. Ebenfalls als Hotels dienen *Schloss Ralswiek* aus dem 19. Jh. und *Schloss Spyker*, eines der wenigen architektonischen Zeugnisse aus schwedischer Zeit, das dem schwedischen Feldmarschall Carl Gustav von Wrangel in seiner Zeit als Generalgouverneur in Schwedisch-Pommern als Wohnsitz diente. Er gestaltete Spyker nach dem Vorbild seines Heimatschlosses in Schweden um. Das am meisten besuchte (da ein Museum und Aussichtspunkt und kein Hotel) ist *Schloss Granitz*, dem *Karl Friedrich Schinkel* den aussichtsreichen Turm in die Mitte stellte.

Die norddeutsche Backsteingotik

Die Stil prägenden Elemente der *Norddeutschen Backsteingotik* erklären sich bereits aus dem Namen. Im Windschatten des rasanten Aufstiegs der Hanse im 13. und 14. Jh. blühte vor allem in den deutschen Ostseehäfen nicht nur ein beträchtlicher Bauboom, sondern auch ein städtisches Selbstbewusstsein, das nach repräsentativen Bauten verlangte. In Ermangelung aber von natürlichem Baumaterial wie Sandstein musste notgedrungen auf „gebrannten Stein", so beispielsweise in der Gründungsurkunde der Marienkirche in Bergen vermerkt, zurückgegriffen werden. Genau genommen handelt es sich um Tonerde, die bei gut 1000 Grad Celsius in handlicher Form gebrannt wurde und damit auch ihre charakteristische rote Farbe erhielt.

Statt aber den Mangel an Naturstein hinter dicker Tünche zu verbergen (wie z. B. in Teilen des süddeutschen Raums), erzielte man dank der Gleichförmigkeit der gebrannten Steine und durch den Kontrast mit den hellen Fugen streng strukturierte Fassaden. Gleichzeitig ließen sich die Gemäuer durch die einfache Formbarkeit des Backsteins mit Friesen, Blenden, Giebeln und anderen Schmuckelementen aufwändig verzieren. Doch trotz des Zierrats beeindrucken die Bauten vor allem durch erhabene, geradlinige Schlichtheit und karge Eleganz.

Eines der prächtigsten Ensembles norddeutscher Backsteingotik findet sich in Stralsund, hier vor allem rund um den Alten Markt (Rathaus und Nikolaikirche). Aber auch auf Rügen gibt es zahlreiche alte ziegelrote Prachtbauten, allerdings ausschließlich sakraler Natur. An erster Stelle ist die älteste Kirche der Insel zu nennen, die bereits 1170 erbaute Marienkirche in Bergen. Hinzu kommen verteilt über die Insel mehr als zwei Dutzend Dorfkirchen, manche (wie in Bergen) mit erkennbar romanischen Wurzeln, viele in der Innenausstattung mit barockem Einschlag, aber alle backsteinrot.

Museumsreif: Hallenhaus in Middelhagen

Das **Hallenhaus** ist ein bäuerlicher Haustyp, den die niederdeutschen Siedler mit nach Rügen brachten. Es zeichnet sich vor allem dadurch aus, dass Mensch und Tier, Gerätschaft, Ernte und Vorrat unter einem Dach versammelt waren. In vielen (vor allem frühen) Fällen gingen Stall und Wohnstube ohne jede Trennwand ineinander über. Meist aus Lehmfachwerk errichtet, zuweilen mit Backstein ummantelt, fehlte es dem Hallenhaus oft an einem Schornstein. Der von einer offenen Feuerstelle aufsteigende Rauch zog unter das Rohrdach und von dort aus nur zögerlich ab. Diese Häuser nannte man deshalb *Rökerkate* oder auch *Rookhus.* Ein Reisender berichtet Ende des 18. Jh. über den Besuch in einer solchen Kate: „Die Küche war dergestalt voll Rauch, dass wir kein Auge darin öffnen konnten. Dass müsse so sein, sagte der Bauer, um Schinken, Fische und Netze zu räuchern." Eine Hand voll Rökerkaten findet sich noch auf Rügen, vor allem im Mönchgut. Die am besten erhaltenen Exemplare sind das *Rookhus,* das zu den Mönchguter Museen in Göhren gehört, und das Pfarrwitwenhaus in Groß Zicker.

Ein besonderes architektonisches Highlight jüngeren Datums und typisch für Rügen ist die stilistisch verspielte, schnörkelfreudige **Bäderarchitektur** (einschließlich der bebauten Seebrücke in Sellin) an der Ostküste (→ unten).

Baden

Über vielen Strandabschnitten Rügens weht die *Blaue Flagge.* Sie wird nach alljährlicher, strenger Prüfung vergeben und ist ein weithin sichtbares Zeichen für die ausgezeichnete Qualität des Meerwassers, die sämtliche europäischen Normen problemlos erfüllt. Sie belegt den umweltbewussten Umgang der Küstenorte mit „ihrem Stück" Ostsee. Zuletzt wurde die Blaue Flagge über den großen Stränden im Osten Rügens gehisst: an der Prorer Wiek, dem Strand zwischen Sellin und Göhren sowie dem langen Strand südlich von Göhren. Aber auch an den abseitigeren Stränden kann man getrost ins Wasser gehen. Rund um Rügen und Hiddensee ist die Wasserqualität nahezu überall unbelastet und badetauglich.

Am Rande: Auch wenn die vielen weiten Buchten ideale, natürlich geschützte Bademöglichkeiten bieten, so sind doch zeitweilige oder dauerhafte Badeverbote dringend zu beachten.

Mit Badekarren gegen die Melancholie

Die Idee entstand im 18. Jh. in England: Um die in Adelskreisen verbreitete Gemütsschwere zu lindern, tauchte man Melancholiker jeden Alters ins Meerwasser. Salzig musste es sein und vor allem kalt. Die Schocktherapie sollte auch gegen Hysterie helfen, hieß es, und gegen Rheumatismus und Rachitis, Fallsucht, Harnwegserkrankungen etc. – die Thalassotherapie, in der Antike gängige Behandlungsmethode, war wieder entdeckt worden.

Gebadet wurde natürlich nicht im „offenen" Meer, sondern in einem blickdichten Badekarren, der ins Wasser gezogen wurde und aus dem der Patient ins Seewasser stieg. Auch als aus der ärztlich verordneten Therapie eine Mode geworden war, blieb der Badekarren in Gebrauch. Zudem wurde der Strand geteilt – in einen Herren- und einen Damenstrand sowie einen Abschnitt dazwischen, auf dem beide Geschlechter gesellig sein konnten, komplett bekleidet, versteht sich. Es wurde ohnehin kein Bad in der Sonne genommen, denn gebräunte Haut galt als ungesund.

Fürst *Wilhelm Malte I. zu Putbus*, der die Mode Anfang des 19. Jh. nach Rügen brachte, ließ zuerst ein Badehaus (Goor) errichten, in dem das Meerwasser in marmorne Wannen geleitet wurde. Mit dem Wunsch aber, das Meer unmittelbarer zu erleben, ließ er Badekarren an einen Ostseestrand schaffen. Bald entstand eine Badeanstalt, eine Strandpromenade, dazu Villen, eine Allee, ein Hotel; kurzum: Binz, das erste Ostseebad auf Rügen.

Zuweilen ist noch zu hören oder zu lesen, dass die Ostseestrände auf Rügen noch immer so geteilt sind wie die Republik in den Köpfen ihrer Bürger: konservativ verhüllt (aber zahlungskräftig) auf der einen, schamlos entblößt (aber schon seit der Kindheit hier im Urlaub) auf der anderen Strandseite, dazwischen unversöhnliches Unverständnis ob der Prüderie respektive Freizügigkeit. Ganz so dramatisch ist es natürlich längst nicht mehr. An den Stränden Rügens geht es tolerant und vor allem entspannt zu. Zumal die Strände unterteilt sind: in FKK- und Textil-Abschnitte. Hinzu kommt eine dritte Strandausschreibung: für Hunde (und ihre Halter), die die unangenehme Angewohnheit haben, sich nach dem Bad zu schütteln, bevorzugt in der Nähe belegter Badetücher. Doch an den Grenzen dieser Abschnittszuteilungen in Textil, Textilfrei und Fell kann es, vor allem in unmittelbarer Umgebung der Ostseebäder, vorkommen, dass die verschiedenen Seiten um jeden Zentimeter Sand erbittert ringen. Im Zweifelsfall hält man sich am besten an die Strandzuweisungen bzw. orientiert sich an den jeweiligen Gepflogenheiten. Abseits der Strandpromenaden von Binz, Sellin oder Göhren interessiert sich ohnehin kaum noch jemand dafür, was man trägt oder auch nicht.

Bäderarchitektur

Im Schatten der Veranda stehend, eine Hand auf dem reich verzierten, gusseisernen Geländer, den Blick auf das Meer und das mondäne Treiben entlang der

Weiß und verspielt: Bäderarchitektur in Sellin

Strandpromenade, so in etwa stellt man sich den Sommerfrischler vor, den es mit den Anfängen des Tourismus aus Berlin an die Ostsee zog (zuzüglich vielleicht einer Zigarre und einem Gläschen Port). Die Kulisse für diese am Ende des 19. Jh. aufkommende, großbürgerliche Mode des Sommeraufenthalts am Meer wurde in den Ostseebädern geschaffen.

Der Begriff *Bäderarchitektur* bezeichnet keine exakt definierbare Stilrichtung oder gar eine architektonische Gattung. Vielmehr besteht das verbindende Element der unter diesem Sammelbegriff gebündelten Gebäude darin, dass der Architekt alle Freiheit hatte, sich diverser Stile und Formelemente zu bedienen. Mit dem Aufkommen des Badetourismus im 19. Jh. entstanden dabei nicht nur noble Herbergen, die ein anspruchsvolles, v. a. städtisches Publikum zufrieden stellen mussten, sondern auch Kurhäuser, Veranstaltungspavillons, später Seebrücken und natürlich Badeanstalten. Was die Bauten der Bäderarchitektur verband, war also vor allem die touristische Nutzung und die ornamentfreudig gestalteten Fassaden. Hinzu kam eine besondere architektonische Mode der Zeit: die Vorliebe für Balkone und Veranden, denn das Sonnenbaden galt es zu meiden, schick bzw. standesgemäß war die noble Blässe. Eine Besonderheit unter den Bädervillen sind die seltenen *Wolgasthäuser*. Dabei handelt es sich um hölzerne, in Wolgast hergestellte Fertighäuser aus dem 19. Jh. Auf Rügen existieren noch zwei dieser Häuser: die Villa Erika in Göhren und die Villa Undine in Binz.

Rügen ist mit Beispielen der Bäderarchitektur reich gesegnet. Besonders eindrucksvoll sind natürlich die wichtigen Ostseebäder Göhren, Sellin und Binz. Hier sind zahlreiche Villen, Pavillons und andere repräsentative Bauten, in den letzten Jahren sorgsam und liebevoll restauriert, zu bewundern. Aber auch in der Altstadt von Sassnitz wird man fündig. Die beiden Prunkstücke der Bäderarchitektur sind (ohne die Pracht der anderen zu schmälern) die Strandpromenade von Binz und Sellins weiße Wilhelmstraße mit der herrlichen Seebrücke als „Verlängerung“.

Bakenberg

Der geographischen Bezeichnung *Bakenberg* für einen Hügel begegnet man auf Rügen und Hiddensee häufiger. Das verweist nicht unbedingt auf die Fantasielosigkeit der Insulaner. Vielmehr erklärt es einen Zweck, den die jeweilige Erhebung erfüllte.

Bake bezeichnet eine *Landmarke* bzw. (eine Frage der Sichtweise) ein *Seezeichen*, meist in Form einer Richtfeuerbake, also ein weithin sichtbares Pech- oder Holzfeuer auf einer Hügelkuppe. Sinn und Zweck bestand zum einen darin, als Leuchtfeuer für die küstennahe Schifffahrt zu dienen. Die meisten Bakenberge findet man deshalb in Ufernähe. Die Leuchtfeuer konnten aber auch Teil eines Kommunikationssystems sein, mit dessen Hilfe sich Informationen in Windeseile über weite Strecken verbreiten ließen. Einen Bakenberg gibt es z. B. am Nordufer Wittows oder in der Stubnitz. Den schönsten „Bakenberg-Blick" hat man von der höchsten Erhebung der Zickerschen Berge (Mönchgut → Wanderung 5). Auch Hiddensee kann mit einem Bakenberg aufwarten und zwar an seinem höchstgelegenen Punkt (→ Wanderung 10).

Bernstein und anderes „Strandgut"

Zu einem Rügenurlaub gehört der Strandspaziergang. Mit etwas Glück und dem richtigen Blick lässt sich dabei die ein oder andere Entdeckung im Sand oder zwischen den Kieseln machen. Das beliebteste Fundstück ist ohne Zweifel der **Bernstein**, das „Gold der Ostsee". Der Bernstein stammt aus urzeitlichen, subtropischen Wäldern, die vor ca. 50 Mio. Jahren hier standen; genauer gesagt entstand er aus Baumharz, das aus den Stämmen quoll, sich verfestigte und im Sediment von Jahrmillionen zu einem honiggelben bis dunkelbraunen Stein gepresst wurde. Bereits seit der Bronzezeit wurde Bernstein zu Schmuck verarbeitet. Auch heute noch gibt es kaum einen Souvenirladen auf Rügen oder Hiddensee, der nicht Bernstein-Schmuck im Sortiment hat. Besonders gefragt und wertvoll sind Steine mit *Inklusen*: kleine Luftbläschen, subtropische Pflanzenstücke oder urzeitliche Insekten, die vom noch zähflüssigen Harz umschlossen worden waren und so über Millionen Jahre konserviert wurden. Wer sich ernsthaft auf die Suche nach Bernstein machen will, geht am besten nach schwerer See an den Strand.

Weitere beliebte Fundstücke auf Rügen sind die so genannten **Donnerkeile**. Das sind Fossilien von Belemniten, urzeitlichen Kopffüßern. Der Name der länglichen, kegelförmigen Fossilien geht auf Thor, den germanischen Donnergott zurück. Wo die von ihm geschleuderten Blitze einschlugen, blieben die Donnerkeile zurück, so der alte Volksglaube. Traditionelle Glücksbringer sind die **Hühnergötter**, Feuersteine mit oft kreisrunden Löchern. Die Löcher sind die Folge von Inklusionen, die sich im Laufe der Jahrhunderte auflösten, während der Feuerstein überdauerte. Früher wurden die Hühnergötter mit einer Schnur zusammengebunden und an Hühnerställe gehängt, damit das Federvieh gesund blieb.

Fossiliensammler sollten sich übrigens keinesfalls der Versuchung hingeben, auf jüngst abgegangenen Küstenabbrüchen herumzuklettern. Auch wenn sie reiche Beute versprechen, auf einen Kreide- oder Lehmrutsch kann ohne Vorwarnung ein zweiter folgen, und dann besteht Lebensgefahr (siehe auch den Warnhinweis unter Wandern, S. 52).

Bodden

Ein *Bodden* ist, kurz gefasst, das Gegenteil einer Halbinsel. Die oft weit ins Land hineinreichenden, flachen Buchten öffnen sich meist nur an einer engen Stelle zum Meer hin. Es entstehen Binnenseen vergleichbare Gewässer, deren Wasser ruhiger und wärmer ist als das der Ostsee. Da nur ein sehr beschränkter Wasseraustausch mit dem Meer stattfinden kann, haben Bodden einen geringen Salzgehalt (daher auch die Bezeichnung *Brackwasserseen*). Die unregelmäßigen, oft mit Schilf bewachsenen Ränder der Bodden sind typisch für die Ostseeküste Mecklenburg-Vorpommerns und prägen auch Rügens Küstenlandschaft.

Bis in die Mitte des 19. Jh. gab es auf Rügen nur einen einzigen riesigen Bodden, der sich zwischen Jasmund und Zentralrügen erstreckte. Mit dem Bau des Eisenbahndamms, der seither via Lietzow Bergen mit Sassnitz verbindet, wurde der Brackwassersee in den *Großen* und den *Kleinen Jasmunder Bodden* geteilt.

Nicht immer ganz einfach ist die Unterscheidung zwischen Bodden und *Wiek* (→ unten). Eine Wiek bezeichnet ebenfalls eine seichte Bucht, die sich aber im Normalfall zum Meer hin weit öffnet, beispielsweise die Prorer Wiek an der Schmalen Heide oder die Tromper Wiek bei der Schaabe. Andererseits wird die schmale Meerenge bei Zudar als kleine Schoritzer Wiek bezeichnet, die dann in den weiten Rügischen Bodden mündet; und auch die Bucht, die durch die Halbinsel Bug vom offenen Meer getrennt wird, trägt nicht gerade zu Klärung bei: das Gewässer heißt nämlich Wieker Bodden.

Ermäßigungen

Bei den meisten Museen, Bädern, Ausflugsdampfern etc. gelten die üblichen Ermäßigungen für Schüler und Jugendliche, oft auch für Studierende und Rentner, manchmal zudem für Soldaten und Zivildienstleistende. In der Regel zahlen diese Personengruppen bei Vorlegen eines entsprechenden Ausweises die Hälfte des Eintrittspreises. Leider wurde die **Stralsund Rügencard** 2007 eingestellt. Ob dieses für Urlauber interessante Angebot wiederaufgelegt wird, war zuletzt unklar, scheint aber unwahrscheinlich.

Feste, Festivals und Veranstaltungen

Das Angebot an Festen und Veranstaltungen auf Rügen ist groß und breit gefächert. Für praktisch jede Altersgruppe ist etwas dabei. Das Spektrum reicht vom klassischen Kurkonzert über Segelregatten, Beachvolleyball- und Strandfußball-Turniere bis hin zu Hafenfesten, Mittelaltermärkten sowie Musik- und Kabarettfestivals.

Topevent der Insel sind die Störtebeker-Festspiele in Ralswiek Mitte/Ende Juni bis Anfang September: Störtebekers Abenteuer werden auf einer Naturbühne eindrucksvoll in Szene gesetzt, mit dem Großen Jasmunder Bodden als Kulisse. In der sommerlichen Hochsaison werden auch am Kap Arkona Open-Air-Theaterstücke aufgeführt. Abendunterhaltung das ganze Jahr über und mit einem Dach über dem Kopf bietet das Theater von Putbus, untergebracht in einem sehenswerten klassizistischen Bau. Das Programm reicht von Klamauk bis Klassik.

Einen Grund zum Feiern findet sich im Übrigen immer: sei er skurril (Pferdefasching), gängig (Osterfeuer), bodenständig (Spargelfest) oder nostalgisch (Wallensteintage). Die Ostseebäder, die eine Seebrücke besitzen, lassen es sich selbstverständlich nicht nehmen, ein Seebrückenfest zu feiern. Hinzu kommen meist noch Frühlings-, Sommer- und/oder Herbstfeste. Das gute alte Kurkonzert hat hier natürlich keineswegs ausgedient. In Göhren zum Beispiel kann man kostenlos Klassik an der Strandpromenade im historischen Pavillon genießen.

Um einen Überblick über die Feste und Veranstaltungen zu erhalten und die dazugehörenden Termine, wendet man sich am besten an die Tourismuszentrale in Bergen oder an die Kurverwaltung/Touristeninformation des ausgewählten

Urlaubsortes (Anschrift → unten, *Information* bzw. in den jeweiligen Ortskapiteln). In der Regel erscheinen die Veranstaltungskalender im Frühjahr.

Findlinge

Die „Wanderer des Nordens", deren markantesten Exemplare vor Rügens Küste aus dem Wasser ragen, stammen ursprünglich aus Skandinavien. Die teils gigantischen Granitfelsen waren mit den gewaltigen Inlandgletschern der Eiszeit auf die Insel transportiert worden. Vielen der erratischen Blöcke wurden vom Volksmund Namen gegeben, und es entstanden Geschichten und Legenden rund um die jeweiligen Steine. Der größte Findling an der deutschen Ostseeküste beispielsweise liegt bei Göhren: Der 1600 Tonnen schwere Fels heißt *Buskam*. Der Sage nach war er ein beliebter Treffpunkt von Hexen und Meerjungfrauen. Weitere bekannte Findlinge sind der *Waschstein* zu Füßen des Königsstuhls und der *Siebenschneiderstein* am Kap Arkona.

FKK

→ Baden

Beachvolleyball-Event in Binz

Großsteingräber und Grabhügel

Als ein Wissenschaftler und Kartograph sich im frühen 19. Jh. daran machte, die Großsteingräber zu zählen, die sich auf Rügen befinden, kam er auf weit über 200. Heute ist nicht einmal mehr ein Viertel davon erhalten, was aber dennoch ein bemerkenswert dichtes Vorkommen prähistorischer Grabanlagen im nordeuropäischen Raum darstellt – bedenkt man dann noch, dass zahlreiche Gräber bereits vor dem 19. Jh. zerstört wurden, um die Steine als Baumaterial z. B. für Kirchen zu benutzen, wird die Dichte noch eindrucksvoller.

Die Großsteingräber, auch Megalith- oder Hünengräber genannt, sind Relikte der Jungsteinzeit (ab 3000 v. Chr.). Sie bestehen aus trapezförmig angeordneten Findlingen und/oder Dolmen, also zwei oder mehreren Gesteinsblöcken, auf denen oft tonnenschwere Decksteine liegen. Die sehenswertesten Megalithgräber befinden sich südlich von Lancken-Granitz.

Die Grabhügel stammen aus der Bronzezeit (ab etwa 1800 v. Chr.). Im Inneren der künstlich geschaffenen Hügel wurde die Asche der Verstorbenen in Urnen und mit wertvollen Grabbeigaben beigesetzt. Der größte Grabhügel ist *Dobberworth* bei Sagard, aber sehenswerter sind die 13 Grabhügel der *Woorker Berge*, das größte Grabhügelfeld Norddeutschlands.

Die ebenfalls künstlich aufgeworfenen Wallanlagen z. B. in Garz oder am Kap Arkona sind hingegen keine prähistorischen Monumente. Vielmehr handelt es sich um die Reste von Fluchtburgen aus slawischer Zeit.

Hunde

Rügen, Stralsund und Hiddensee sind ideale Urlaubsziele für Hundebesitzer. An den gut besuchten Stränden sind extra Abschnitte für Hunde und ihre Halter ausgeschrieben, an den abseitigen Ufern stört sich niemand an den Vierbeinern. In nahezu jedem gastronomischen Betrieb, von der einfachen Bierkneipe bis zum Gourmet-Tempel, wird zu den Getränken auf dem Tisch meist auch dem Hund eine Schale Wasser angeboten. Die meisten Hotels, Pensionen, Appartements etc. erlauben Hunde in den Zimmern, in der Regel für einen Aufpreis zwischen 2 € und 10 € am Tag. Auf Campingplätzen gilt natürlich Leinenzwang. An die Leine müssen Hunde ebenfalls im Nationalpark, den Schutzzonen des Biosphärenreservates und den ausgeschriebenen Naturschutzgebieten.

Information

Die Informationslage auf Rügen und in Stralsund ist übersichtlich und gut organisiert. Es gibt drei zentrale Anlaufstellen: **Tourismuszentrale der Hansestadt Stralsund**, die **Tourismuszentrale Rügen** in Bergen auf Rügen (in Bergen zusätzlich noch eine Touristinformation nur für die Stadt) und die **Insel Information Hiddensee** in Vitte. In allen drei Büros ist umfangreiches Infomaterial erhältlich, zudem werden Zimmer vermittelt.

In den touristisch erschlossenen Gebieten befinden sich gut ausgestattete Informationsbüros, manchmal sind sie identisch mit der Kurverwaltung. In den größeren Orten an der Ostküste gibt es jeweils beide Varianten. Für Urlauber ist die Touristen-Info die beste Anlaufstelle, wenn diese geschlossen sein sollte (z. B. außerhalb der Saison), hilft natürlich auch die Kurverwaltung weiter (die zudem in manchen Fällen Zusatzangebote liefert, wie Fahrradverleih, Internetzugang, Bibliothek etc.). Schwieriger ist die Lage, was Informationen angeht, in den ländlichen Gebieten: Manch kleines Büro liegt sehr versteckt, andere scheinen ihre Öffnungszeiten geheim halten zu wollen. Adressen, Öffnungszeiten, Angebote etc. der diversen (auch privaten) Anlaufstellen für Reisende sind in den entsprechenden Ortskapiteln vermerkt.

Tourismuszentrale Rügen, Am Markt 4, 18528 Bergen auf Rügen, ✆ 03838-80770, 📠 254440, www.ruegen.de.

Tourismuszentrale der Hansestadt Stralsund, Alter Markt 9, 18439 Stralsund, ✆ 03831-24690, 📠 246922, www.stralsundtourismus.de.

Insel Information Hiddensee, Norderende 162, 18565 Vitte, Insel Hiddensee, ✆ 038300-64226 oder 64227, 📠 64225, www.seebad-insel-hiddensee.de.

Karten

Rügen, Stralsund und Hiddensee sind aufs Ausgiebigste kartographisch erfasst. Um sich im Kartendschungel nicht zu verlaufen, bevor man das erste Blatt auch nur aufgeschlagen hat, hier eine Auswahl:

• *Rügen* Das mit Abstand gelungenste kartographische Werk ist die **Rad- und Wanderkarte Rügen** im Maßstab 1:50.000 des *Studio Verlags*, Norderstedt, www.studioverlag-maiwald.de, mittlerweile 4. Aufl. 2007/08 (6,90 €). Sie steckt voller Informationen, ist weitgehend exakt und deckt die gesamte Insel Rügen ab, inklusive Stralsund und Hiddensee. Nachteile: wegen der Größe etwas unhandlich (v. a. beim Wandern oder Radfahren) und auf Grund der Informationsfülle stellenweise unübersichtlich. Nichtsdestotrotz empfehlenswert. Übersichtlicher, allerdings nicht immer ex-

Kartenstudium vor der nächsten Etappe

akt, ist die Wander- und Radtourenkarte **Insel Rügen** von *Kompass*, Innsbruck, Maßstab 1:50.000, Blatt 1004; inklusive Stralsund und Hiddensee und wie gewohnt mit kleinem separatem Lexikon (6,95 €).

Im Maßstab 1:30.000 bieten sich die **Rad- und Wanderkarten** aus dem Verlag *grünes herz*, Ilmenau an, www.gruenes-herz.de. Leider decken die Detailkarten die Insel Rügen nicht vollständig ab. Was die vorliegenden Gebiete angeht, sind die Karten an Übersichtlichkeit und Handlichkeit unübertroffen, allerdings teilweise nicht absolut exakt. Es liegen vor: **Bergen/Putbus** (2. Aufl. 2005) von Ralswiek bis Lauterbach, **Mönchgut/Granitz** (7. Aufl. 2006) inklusive Ausschnitt Prora, **Halbinsel Jasmund** (4. Aufl. 2005) inklusive Ralswiek und Ausschnitt Prora, **Wittow/Kap Arkona** (5. Aufl. 2005) sowie **Hiddensee/Ummanz** (2. Aufl. 1996) im Osten bis Gingst (alle Karten je 3,75 €).

Ungewöhnlich ist das von einer Grafikerin handgezeichnete und im Eigenverlag mittlerweile in 5. Auflage erschienene Kartenwerk *Insel Rügen Intim*, 2003/04 (6,60 €, auf Rügen oder unter insel-intimverlag@t-online.de erhältlich). In erfrischend unprofessionellem Layout präsentieren sich die zwei maßstabsfreien Karten mit vielen informativen, handschriftlichen Vermerken sowie kleinen Zeichnungen der Sehenswürdigkeiten. Obwohl auch Wander- und Radwege vermerkt sind, sind die Karten nicht unbedingt für die präzise Orientierung vor Ort geeignet. Das Ganze ist eher etwas zum Anschauen und Schmökern.

- *Stralsund* Für Stralsund brauchbar ist der kostenlos von der Tourismuszentrale zur Verfügung gestellte Orientierungsplan. Unglücklich hingegen Falk: zu weitläufig ist das gesamte Stadtgebiet verzeichnet, während der Innenstadtausschnitt zu ungenau bleibt. Nützlich um abzuschätzen, ob sich der Taxifahrer auf der Fahrt nach Grünhufe einen Umweg gönnt, ansonsten eher weniger.
- *Hiddensee* Für die Insel empfiehlt sich die Karte **Hiddensee** aus dem *Nordland Kartenverlag*, Schwerin (www.nordland-wanderkarten.de), Maßstab 1:30.000, ca. 5 €. Sie enthält alle wichtigen Informationen und ist übersichtlich gestaltet.

Zudem ist Hiddensee in der **Rad- und Wanderkarte Rügen** des *Studio Verlags* sowie der **Rad- und Wanderkarte Hiddensee/Ummanz**, Verlag *grünes herz* erfasst (→ oben).

Alle Karten sind in der Regel im Buchhandel erhältlich, sicher aber vor Ort (zumindest in den jeweiligen Informationsbüros) zu erwerben.

Flaniersteg zum Horizont: Göhrens Seebrücke

Kuren

→ Wellness

Kurtaxe

Dass der Obolus in verschiedenen Urlaubsorten unterschiedlich ausfällt, hat damit zu tun, dass die Erhebung der Kurtaxe Sache der Städte und Gemeinden ist. Die Berechnung richtet sich nach der Zahl der Aufenthaltstage. Oftmals schließt die Kurkarte einige Angebote mit ein: ermäßigter Eintritt zu Museen beispielsweise oder freie Fahrt mit den kleinen „Bäder-Bähnchen".

Normalerweise erhält zunächst der Vermieter den Betrag, der ihn dann an die Gemeinde weitergibt. Insgesamt wird der Umgang mit der Kurkarte auch in vernünftigem Maß gehandhabt. Nicht überall stehen Kontrolleure an den Strandpromenaden und patrouillieren am Strand. Allerdings werden Tageskurkarten immer häufiger erhoben. Dann ist die Strandnutzung nur mit Kurkarte gestattet und am Zugang zum Strand steht ein Automat, an dem man sich ein „Ticket" ziehen kann ...

Liete

Lieten sind Schluchten in der Steilküste, die von Bächen und Regenwasser in die weichen Kreidefelsen gekerbt werden. Die durch Erosion oft tief eingeschnittenen Scharten wurden früher oft auch als Vitten genutzt, also als saisonaler Treffpunkt von Heringfischern und -händlern. Der Ort Vitt auf Wittow liegt zum Beispiel ungemein idyllisch in einer Liete, andere finden sich – durch den Hochuferweg zugänglich gemacht – an Jasmunds Kreideküste, u. a. die enge, steile Schlucht des Kieler Bachs.

Literaturtipps

• *Allgemeines* **Lexikon Mecklenburg-Vorpommern**, Rostock 2007 (Hinstorff). *Das* Nachschlagewerk zu Mecklenburg-Vorpommern, 1483 Stichworte kenntnisreich und prägnant über 768 Seiten verteilt; verspricht, ein umfassendes Lexikon zu sein und wird diesem Anspruch auch gerecht.

Pfotenhauer, Angela (Text); Lixenfeld, Elmar (Fotos): **Backsteingotik**. Bonn 2005 (monumente edition). Informative, vorzüglich bebilderte, großformatige Publikation der Deutschen Stiftung Denkmalschutz über die Norddeutsche Backsteingotik im Allgemeinen und herausragende Bauten.

Kiesow, Gottfried: **Wege zur Backsteingotik. Eine Einführung**. Bonn 2003 (monumente Publikationen). Ein Muss für jeden, der sich in die Materie einarbeiten will, kenntnisreich, hochinformativ und gut lesbar.

Hartmut Schmied: **Mecklenburg-Vorpommern**. Freiburg 2001 (Eulen). Aus der Reihe „Die schwarzen Führer", Mysteriöses, Historisches, Sagenhaftes. Zuletzt auch erschienen unter: Hartmut Schmied: **Geister, Götter, Teufelssteine**. Rostock 2005 (Hinstorff).

Kutscher, Manfred: **Flora & Fauna an der Ostseeküste Mecklenburg-Vorpommerns**. Schwerin 1995 (Demmler).

• *Stralsund* Pfotenhauer, Angela (Text); Lixenfeld, Elmar (Fotos): **Wismar und Stralsund**. Bonn 2002 (monumente edition): hervorragend bebilderte Publikation der Deutschen Stiftung Denkmalschutz.

Matuschat, Jörg: **Stralsunder Geschichte von A bis Z**. Stralsund 2004 (Eigenverlag). Vom Alten Markt bis Zuckerfabrik, kaum ein Gebäude, eine historische Begebenheit oder bedeutende Persönlichkeit bleibt ausgespart, der Schwerpunkt liegt auf den baulichen Monumenten, gut bebildert und mit zahlreichen Skizzen versehen.

Volksdorf, Dietmar u. a.: **Das Scharfrichterhaus von Stralsund.** Mit einem Exkurs zur Geschichte des Scharfrichters in Stralsund. Stralsund 2004 (Schriftenreihe Stralsunder Denkmale, Heft 1): Ein spannendes Stück Architektur- und Sozialgeschichte, informativ und gut geschrieben.

• *Rügen* Jung, Georg: **Kleines Lexikon Rügen**. Hamburg 2001 (Zeiseverlag). Handlich und informativ.

Schmidt, Ingrid: **Götter Mythen und Bräuche von der Insel Rügen**. Rostock 1997 (Hinstorff).

Farin, André: **Schaurig-schönes Rügen. Von Steinzangern, Schatzsuchern und schießenden Jungfrauen**. Putbus 2007 (Rügen Edition). Anekdotensammlung von der Insel, nicht immer schaurig, aber vergnüglich.

Laube, Heinrich: **Eine Fahrt nach Pommern und der Insel Rügen**. Nebst 20 Abbildungen. Nach einer Ausgabe von 1837 neu herausgegeben, erläutert und mit einem Nachwort versehen von Michael Huesmann. Bremen 2004 (Temmen).

Rellstab, Johann, Carl Friedrich: **Ausflucht nach der Insel Rügen durch Meklenburg** [sic] **und Pommern**. Nebst achtzehn Kupfern und fünf Zeilen Musik. Nach einer Ausgabe Berlin 1797 neu herausgegeben, erläutert und mit einem Nachwort versehen von Wolfgang Griep. Bremen 2004 (Temmen).

Seydel, Renate (Hrsg.): **Rügen. Ein Lesebuch**. München 2001 (Ullstein). Sammlung kurzer literarischer Texte zur Insel.

Mien Rügen. Ein Hörbuch. Dresden 2005 (Goldmund Hörbucher), diverse Texte und Textauszüge (v. a. aus dem 19. Jh.) über die Insel von Ernst Moritz Arndt über Caspar David Friedrich und Otto Runge bis Wilhelm von Humboldt, mit Musik von Frank Fröhlich.

• *Hiddensee* Blase, Karin: **Hiddensee von A–Z**. Schwerin 1995 (Demmler). Neuauflage geplant.

Seydel, Renate (Hrsg.): **Hiddensee. Geschichte von Land und Leuten**. München 2000 (Ullstein). Sammlung kurzer literarischer Texte zur Insel.

Überfahrt nach Hiddensee. Ein Hörbuch. Dresden 2005 (Goldmund Hörbucher), jede Menge kurze Texte über Hiddensee, darunter natürlich Hauptmann und Ringelnatz, mit Musik von Frank Fröhlich.

Öffnungszeiten

Ein leidiges Thema: Die Kanzelschnitzereien einer Landkirche werden euphorisch beschrieben, und das Kreuzrippengewölbe des Chors muss man gesehen haben – man macht sich auf den langen Weg und findet vor Ort die Kirche verschlossen ... Die Gotteshäuser der größeren Orte sind meist durchgängig geöffnet oder haben feste Öffnungszeiten. Auf dem Land kann es passieren, dass die Pforten nur zum Gottesdienst geöffnet werden (der mancherorts dann auch nur alle zwei Wochen stattfindet). Zuweilen gibt es im Ort jemanden, der auf Anfrage die Kirche aufschließt, um sicher zu gehen, sollte man vorher anrufen. Öffnungszeiten, Ansprechpartner, Telefonnummern sind bei den jeweiligen Kirchen vermerkt.

Ansonsten gelten auf Rügen natürlich keine anderen Amts-, Sprechstunden- oder sonstige Öffnungszeiten als im Rest der Republik. Erfreuliche Ausnahme (jedenfalls für die Reisenden): Auf ganz Rügen kommt während der Sommersaison die so genannte *Bäderregelung* bezüglich der **Geschäftsöffnungszeiten** zur Anwendung, d. h. es ist den Läden erlaubt, auch sonntags zu öffnen. In den Städten und Ostseebädern Rügens machen viele Supermärkte, Buchhandlungen, Souvenirläden etc. von diesem Recht Gebrauch und haben das ganze Wochenende über geöffnet.

Ortsnamen

Die Ortsnamen auf den Inseln können zuweilen für Verwirrung sorgen. Dass es sowohl auf Hiddensee als auch auf Rügen ein *Neuendorf* gibt, ist ja noch nachvollziehbar (auch wenn man in Rechnung stellt, dass Hiddensee gerade mal über drei Dörfer verfügt). Schwieriger wird es bei *Vitte*, ebenfalls auf Hiddensee, und *Vitt*, ausgerechnet auf der Halbinsel namens *Wittow*. *Zicker* gibt es gleich drei Mal: *Groß Zicker* und *Klein Zicker* im Mönchgut sowie (nur) *Zicker* auf der Halbinsel *Zudar*. Wenn dann auch noch *Lieschow* von *Lietzow* zu unterscheiden ist, das eine vor Ummanz, das andere am Jasmunder Bodden, wird es schon schwieriger. Und wenn schließlich *Prosnitz* ausgerechnet neben *Poseritz* liegt, muss man sich nicht schämen, wenn man sich verfährt ... Im Zweifelsfall hilft nur eins: Nachfragen.

Da viele Orte auf Rügen auf slawische Siedlungen zurückgehen, ist ein Großteil der geographischen Namen slawischen Ursprungs; am einfachsten erkennbar an den Endungen *-vitz*, *-itz* oder *-ow*, was in etwa *Siedlung von/bei* bedeutet (so z. B.: *Thiessow* „Siedlung bei den Eiben" oder etwas ungewöhnlicher *Sassnitz* von *sasin*, „Sachse", also „Siedlung der Deutschen", oder Reddevitz von *red*, „Reihe", also in etwa „Reihenhaussiedlung"). Aber auch viele andere Namen sind aus dem Slawischen übertragen, Putbus z. B. stammt von *podebuz*, frei übersetzt „aus dem Busch". In mindestens einem Fall wurde der slawische Name ins Deutsche übersetzt. So kommt es, dass die Hauptstadt Rügens *Bergen* und das Ostseebad *Göhren* eigentlich den gleichen Namen tragen. Göhren geht zurück auf *gora*, slaw. für „Berg". Der alte Name Bergens war ebenfalls Gora, wurde dann zunächst ins Lateinische (*monte in Ruia*) und schließlich einfach zu *Bergen auf Rügen* ins Deutsche übertragen.

Sport

Angeln: Wo die Fischerei eine lange Tradition hat und es Räucherfisch an jeder Ecke gibt, ist auch der Hobbyangler gut aufgehoben. Ob auf einem kleinen Boot im Bodden oder mit dem Kutter zum Hochseeangeln, zahlreiche organisierte Fahrten und Bootsverleihe stehen an Rügens Küste zur Verfügung. Exklusiv Angeln lässt es sich übrigens auch auf einer Seebrücke (z. B. in Binz), allerdings ist das nur am späten Abend oder am frühen Morgen gestattet. Natürlich ist ein Angelschein Voraussetzung, um sich auf die Jagd nach dem Abendessen zu machen. Den Berechtigungsschein kann man in fast allen (küstennahen) Tourist-Informationsbüros, Kurverwaltungen oder in den diversen Anglershops erwerben (dort auch Infos zu den organisierten Fahrten z. B. zum Hochseeangeln).

Golf: Der größte (und derzeit einzige turnierfähige) Platz auf der Insel ist die *Golfanlage Schloss Karnitz* (9- und 18-Loch) zwischen Bergen und Garz. Weitere Golfplätze (beide 9-Loch) befinden sich auf Wittow (Bakenberg) und in Sassnitz, Letzterer soll ausgebaut werden.

Kajak: Mit dem Kajak über die Ostsee, das ist wie Wandern auf dem Meer. U. a. in Gager (Mönchgut) und in Binz gibt es Seekajakzentren, die Unterricht, Materialverleih und vor allem geführte Touren anbieten: Vom Schnupperkurs über die Tagestour in das Biosphärenreservat bis zur mehrtägigen Inselumrundung ist alles möglich.
Weitere Infos im Ortskapitel Gager bzw. unter www.seekajakreisen.de oder im Ortskapitel Binz und unter www.wassersport-inselruegen.de.

Radfahren: sehr beliebt auf Rügen. Viele gut ausgebaute Radwege erstrecken sich abseits der Straßen. Näheres dazu inklusive einiger Tourenvorschläge im Kapitel *Unterwegs/Mit dem Fahrrad*.

Reiten: Über zwei Dutzend Reiterhöfe gibt es auf Rügen, vom gepflegten Gutshaus-Trakehner-Gestüt bis zum kleinen Appaloosa-Stall. Entsprechend umfang- und abwechslungsreich ist das jeweilige Angebot: natürlich Unterrichtsstunden, auch Dressur und Springen, Gelände- und andere geführte Ritte etc. Manche Reiterhöfe verfügen auch über Hallen, viele bieten Pensions-Boxen für das eigene Pferd. Infos in den jeweiligen Ortskapiteln, eine Broschüre zu diesem Thema ist über die Tourismuszentrale Rügen in Bergen erhältlich.

Schwimmen: natürlich in der Ostsee. Wem die zu kalt ist, kann es im Jasmunder Bodden versuchen, der stets ein, zwei Grad wärmer ist als das offene Meer. Aber auch abseits des Sommers muss man auf die 4 x 50 Meter Lagen nicht verzichten. Viele der größeren Hotels verfügen über Schwimmbecken. Hallenbäder (wenngleich der Begriff oft eine Untertreibung ist) befinden sich für Südrügen in Samtens (Tiet un Wiel) und für den Südosten in Sellin (Inselparadies), auf Jasmund kann man in die Jasmund Therme und auf Wittow geht man im Winter in das Hallenbad der Appartement-Anlage Rugana (alle natürlich mit Sauna, Solarium und mehr oder weniger spektakulärer Ausstattung).

Segeln: Die Gewässer um Rügen und Hiddensee sind ein attraktives Seglerrevier. Auch das Angebot rund um das Segeln kann sich sehen lassen: Segelschulen bieten Kurse für Anfänger und Fortgeschrittene, es gibt mehrere Anlaufstellen zur Yachtcharter, Angebote für Segeltörns, diverse Fachgeschäfte und in vielen Häfen Servicegebäude und -anlagen.

Rad- und Reitweg bei Lohme

Gut ausgestattete und ausgebaute Sportboothäfen verteilen sich rund um die Inseln. Die größten Häfen sind natürlich Stralsund und Sassnitz, die größten Sportboothäfen sind die vor einigen Jahren ausgebaute Marina von Lauterbach an der Südküste Rügens und der neue Hafen von Vitte auf Hiddensee. Wohl der schönste Hafen im Norden Rügens ist Lohme. Idyllische (und traditionsreiche) Anlegestellen befinden sich im Großen Jasmunder Bodden an dessen nördlichster (Breege) und südlichster (Ralswiek) Bucht.

Segelinfos über die Tourismuszentralen von Rügen und Stralsund oder unter www.segeln-auf-ruegen.de, www.segeln-in-vorpommern.de und www.mv-maritim.de.

Surfen: Zahlreiche kombinierte Surf- und Segelschulen bieten Kurse für Anfänger und Fortgeschrittene sowie entsprechenden Materialverleih. Das gängige Programm umfasst mehrtägige Surflehrgänge, Segelausbildung sowie Kurse auf Katamaranen; Scheinerwerb ist zumeist möglich.

Als bester Surfspot der Gegend gilt die Südspitze des Mönchguts (am Weststrand von Thiessow). Für Anfänger bietet sich der ruhigere, flache Große Jasmunder Bodden an. Wem das alles zu lasch ist, der kann es mit *Kite-Surfen* versuchen (sowohl Unterricht als auch Materialverleih werden angeboten).

Wandern: Die vielfältige Landschaft Rügens und Hiddensees lässt sich nicht schöner erleben als bei einer Wandertour. Ob am Bodden entlang oder über Hochuferwege, ob durch zauberhafte Buchenwälder oder über blühende Wiesen, manche der Naturschönheiten sind sogar ausschließlich zu Fuß zu erreichen. Die Pfade und Wege sind meist gut in Schuss und oft ausgeschildert. Geführte Wanderungen werden von den Tourist-Informationsbüros der größeren Ostseebäder und dem Nationalparkamt angeboten.

Warnung

Nach starken Regenfällen oder bei Tauwetter sind die Strände unter Steilufern unbedingt zu meiden! Erdrutsche und Küstenabbrüche auf Grund so genannter Frostsprengungen (zu den Wissower Klinken → auch S. 187) können lebensgefährlich sein.

Auch Fossiliensammler seien eindringlich gewarnt. Ein Kreideabbruch mag zahlreiche Fundstücke freilegen, dass aber auf den ersten ein zweiter Abbruch folgt, ist nicht ungewöhnlich. So geschehen, als die berühmten Kreidezacken Wissower Klinken ins Meer stürzten – vorausgegangen war ein minder schwerer Abbruch.

Die Warnhinweise und Absperrungen vor Ort sind dringend ernst zu nehmen!

Die schönsten Wanderungen auf Rügen und Hiddensee sind in den jeweiligen Kapiteln detailliert beschrieben. Die dazugehörigen Karten wurden mittels *Global-Positioning-System* (GPS) erstellt, um möglichst genaues Material zu erhalten.

Wellness und Kuren

Rasulbad, Heilkreide und *Die Fünf Tibeter* – sich wohl fühlen (und wohl fühlen lassen): Das Angebot auf Rügen ist so mannigfaltig wie traditionsreich und kosmopolitisch – den internationalen Gesundheitstrends steht man in nichts nach: ob chinesische Akupunktur, orientalisches Dampfbad, fernöstliche Massage oder die gute alte Kneippkur; dazu gibt es diverse Packungen – Fango, Algen, Kreide.

Ein beliebtes Seglerrevier

Rügens unerschöpflicher Wellness-Rohstoff ist (neben der etwas altmodischen, aber kostenlosen „gesunden Seeluft") die **Heilkreide**. Dem urzeitlichen Sediment werden fast sagenhafte Kräfte zugesprochen: Das weiße Pulver lindert Schmerzen, entschlackt, wärmt, fördert die Durchblutung, reinigt und pflegt die Haut. Bis die Rügener Heilkreide, die ausschließlich nahe Sassnitz im Tagebau gewonnen wird, auf die Haut kommt, unterliegt sie natürlich strengen Qualitätskontrollen.

Viele der großen Hotels der Insel bieten ein umfangreiches Wellness-Programm unter ihrem Dach an. Pool und Saunalandschaft werden ergänzt durch verschiedenste exotische Anwendungen, Badezusätze und Massagen. Die Angebote stehen selbstverständlich auch *non-residents* zur Verfügung. Daneben gibt es die üblichen Erlebnisbäder, alle mit einem ähnlichen Repertoire. Hier nur eine kleine Auswahl von Wellness-Zentren (Näheres in den jeweiligen Ortskapiteln): in Stralsund der *HanseDom*, in Bergen das *Parkhotel Rügen*, in Binz die *Binz-Therme*, das *Grand Hotel* und das *Kurhaus*, in Göhren *Hotel Hanseatic*, in Baabe das Hotel *Soltus am See*, in Sassnitz die Rügentherme und nördlich von Sagard die *Jasmund Therme*.

Darüber hinaus gibt es auf Rügen diverse Kureinrichtungen mit entsprechender medizinischer Versorgung, vor allem natürlich in den großen Ostseebädern. Eine Broschüre zum Thema „Wellness und Gesundheit" wird von der Tourismuszentrale in Bergen herausgegeben.

Wiek

Wiek bezeichnet eine flache Bucht (→ *Bodden*). Die beiden größten dieser Buchten auf Rügen sind die *Tromper Wiek* zwischen Wittow und Jasmund und die *Prorer Wiek* zwischen Jasmund und Binz. Beide öffnen sich weit geschwungen zum Meer hin und werden von langen Sandstränden gesäumt. Zudem gewinnt das Wasser nur langsam an Tiefe, so dass sich hier herrliche Badegelegenheiten bieten, die besonders für Familien mit Kindern geeignet sind.

www.soundprojekt.de

Blick über den Querkanal auf Stralsunds Altstadt

Stralsund

Die alte Hansestadt am Strelasund präsentiert sich reich an Tradition, weltoffen und sehr gastfreundlich. Es gibt zahlreiche Gründe, die für einen (mehrtägigen) Aufenthalt in Stralsund sprechen: die wunderschöne Lage der Hafeninsel, prachtvolle Monumente der Backsteingotik, allen voran Nikolaikirche und Rathaus, eine freundliche, lebendige Altstadt sowie einige bemerkenswerte Museen.

Die malerische Altstadt Stralsunds gleicht in ihrer Form einem Dreieck. Sie ist fast vollständig von Wasser umgeben, einstmals ein effektiver Schutz gegen Angriffe, heute ein blauer, von Grünflächen gesäumter Gürtel um den historischen Stadtkern. Landseits erstrecken sich *Knieperteich* und *Frankenteich* entlang der teils erhaltenen Stadtmauern und Bastionen. Zum Strelasund hin öffnet sich der traditionsreiche, von Kanälen durchzogene Hafen.

Ebenso wie der Gesamtgrundriss der Altstadt ergeben auch die „Zentren" der Innenstadt – Hafen sowie Alter und Neuer Markt – ein (etwas schiefes, aber lebendiges) „inneres Dreieck". Hier stehen bedeutende Bauten der Norddeutschen Backsteingotik auf engstem Raum: Die *Nikolaikirche* und die berühmte Schmuckfassade des *Stralsunder Rathauses* bilden ein einzigartiges städtebauliches Ensemble, gegenüber zeugt das *Wulflamhaus* von hanseatischem Bürgerstolz, und über dem Neuen Markt erhebt sich majestätisch *St. Marien* – und das sind nur die Highlights des immer wieder in Fassadenpracht und -details überraschenden Stadtbildes. Dazwischen sind in den Gebäuden eines alten Klosters zwei sehenswerte Museen untergebracht: das *Deutsche Meeresmuseum* (wo könnte ein derartiges Museum besser aufgehoben sein als in Stralsund?) und das *Kulturhistorische Museum*, dessen

Außenstellen *Museumshaus* und *-speicher* sich ganz in der Nähe befinden. Das *Deutsche Meeresmuseum* hat jüngst einen spektakulären Neubau realisiert: Am *Hafen*, der mit seinen stolz aufragenden backsteinernen Speichern und den die Hafeninsel umschließenden Kanälen selbst zu den wichtigsten Sehenswürdigkeiten der Stadt gehört, entstand mit dem Ozeaneum ein bemerkenswerter Besuchermagnet von internationalem Rang.

Zwischen den markanten Türmen der Nikolai- und der Marienkirche sowie den Anlegestellen des Hafens spielt sich das Stadtleben Stralsunds ab. Touristen wandern in kleinen oder großen Gruppen durch die Straßen, den Fassaden der Backsteingotik folgend oder auf der Suche nach dem nächsten Café; Stralsunder und Gäste aus der näheren Umgebung schlendern zwecks Einkaufsbummel durch die Fußgängerzone zwischen Altem und Neuen Markt (Ossenreyerstraße/Apollonienmarkt) und halten nach dem nächsten Schnäppchen Ausschau; Segler auf Landgang flanieren die Kais entlang ...

In den letzten Jahren hat sich in Stralsund viel getan. Dabei ist die Stadt zum Glück nicht kaputt saniert worden. In ihren Straßen fühlt man sich nicht, als hätte man sich in einem *Old-Hansa-Disneyland* verlaufen. Stralsund ist auch keine Museumsstadt, in der man mit gesenkter Stimme über Giebelvarianten diskutiert, sondern eine lebendige, junge alte Hansestadt, auf die ihre Bewohner mit Recht stolz sind. Auch wenn einige historische Gebäude nicht vor dem Desinteresse der Stadtverwaltung gerettet werden konnten und verfielen, haben sich die Stralsunder schon vor 1989 um ihr traditionsreiches Stadtbild gekümmert, teils unter schwierigsten Bedingungen. Beispiele dafür gibt es zahlreich: Sie reichen von der einfachen Gaststätte, die sich in einem historischen Gebäude niederließ und dadurch den Bestand des Hauses sicherte, bis hin zum beispielhaften Engagement, mit dem Stralsunder Bürger seit den 1960er Jahren das Johanniskloster vor dem Verfall retteten. Dass die historische Altstadt von Stralsund (gemeinsam mit der Wismars) am 27. Juni 2002 in die Weltkulturerbeliste der UNESCO aufgenommen wurde, ist deshalb nur folgerichtig.

Etwas südöstlich von der Altstadt versetzt liegt im Strelasund die kleine Insel *Dänholm*. Über sie erhebt sich ein neues Wahrzeichen der Stadt, das die markante Silhouette Stralsunds kontrastreich ergänzt: die zweite Strelasundquerung. Die im Oktober 2007 eröffnete Brücke mit dem hoch aufragenden Pylon verbindet das Festland mit Rügen. Die Insel Dänholm, auf der man das Nautineum, eine Außenstelle des Deutschen Meeresmuseums, besichtigen kann, ist nach wie vor über die alte Ziegelgrabenbrücke zu erreichen.

Geschichte

Am 31. Oktober 1234 versah *Wizlaw*, „von Gottes Gnaden Fürst der Rugianer", ein Dokument mit seinem Siegel, das für Stralsund von größter Bedeutung sein sollte. Darin wird feierlich bekannt gegeben, dass der Ortschaft Stralow dieselben Rechte und Freiheiten zuerkannt werden, wie sie die Stadt Rostock bereits besaß. Mit der Verleihung des Stadtrechts war der Grundstein gelegt für einen sagenhaften Aufschwung, der Stralsund zu einem Flaggschiff der mächtigen Hanse werden ließ.

Über das ursprünglich wendische Fischer- und Fährdorf Stralow ist nur wenig bekannt. Warum sich deutsche Siedler, v. a. Westfalen und Rheinländer, im Zuge der Kolonialisierung gerade hier niederließen, liegt aber auf der Hand: Stralow wies günstige geographische Bedingungen auf: An den Ufern des Strelasunds gelegen war das Dorf umgeben von Sümpfen und Marschland und nur auf wenigen Pfaden

Karten Umschlag hinten und S. 63

Hanseatische Pracht: Nikolaikirche und Rathaus

über Land erreichbar, praktisch ein natürlicher Schutzwall. Dank seiner Lage konnte sich der Ort zudem schnell als Handelszentrum etablieren. Zum einen wurde Stralsund Umschlagplatz für die regionale landwirtschaftliche Produktion, zum anderen wurde es zu einer wichtigen Kraft im Nord- und Ostseehandel, der zwischen Flandern und Russland im 13. Jh. umfangreiche Warenströme transportierte. Als Zwischenhandelsstation verdienten die Stralsunder Kaufleute mit jeder im Hafen einlaufenden Kogge bares Geld.

Der Erfolg rief bald Neider auf den Plan: Ausgerechnet Lübeck, dessen städtische Entwicklung der Stralsunds nicht unähnlich war, überfiel die junge Stadt 1249 und legte sie in Schutt und Asche. Den Aufstieg Stralsunds konnten die Lübecker damit allerdings nicht verhindern. Als direkte Folge des Angriffs wurde die Stadtbefestigung ausgebaut: Bereits 1256 wird von einer massiven, die Stadt umschließenden Steinmauer berichtet. Die Teiche, die die Stadt bis heute im Südwesten umgeben, wurden ausgehoben und geflutet sowie Dämme angelegt (erstmals wird 1317 der Frankendamm erwähnt, 1319 der Knieper Damm). Aber auch innerhalb der Stadtmauern wurde in der zweiten Hälfte des 13. Jh. kräftig gebaut: In kurzer Folge entstanden das Rathaus und die Kirche St. Nikolai im alten Stadtkern (heute um den Alten Markt). Bald wuchs die Stadt mit der Neustadt (heute der Neue Markt) zusammen, die mit St. Marien (erstmals 1298 erwähnt) ihre eigene Kirche bekam. Franziskaner gründeten 1254 das Kloster St. Johannis, nachdem wenige Jahre zuvor sich bereits die Dominikaner (St. Katharinen) in der Stadt angesiedelt hatten.

Den politischen Rahmen für den rasanten Aufschwung bildete die Hanse (Näheres → S. 21 ff.), der Stralsund neben Lübeck, Wismar, Rostock und Greifswald seit dem Bestehen des Städtebundes angehörte. 1310 kam es zu einem Konflikt der Städte mit dem dänischen König *Erich IV. Menved*. Rostock und Wismar wurden geschlagen, während aus Lübeck, getreu der Maxime Eigennutz vor Gemeinnutz, nichts als Beileidsbekundungen kamen. 1316 war Stralsund an der Reihe und wurde von den Dänen belagert. Aber die Stralsunder Bürger wehrten sich und konnten bei einem Ausfall die feindliche Armee schlagen. Die Interessengemeinschaft Hanse hatte zwar Schaden genommen, war aber letztendlich von den Stralsundern gerettet worden. Eine Generation später waren es wieder die Dänen, nun unter *Waldemar*

IV., die den Aufschwung der Hansestädte bedrohten. Dieses Mal aber hielt das Bündnis. 1367 wurde auf dem Hansetag in Köln ein gemeinsamer Waffengang beschlossen, ein Jahr später musste sich Kopenhagen der hanseatischen Flotte ergeben. Stralsund leistete in diesem Konflikt einen bedeutenden Beitrag, was sich u. a. darin zeigt, dass die Friedensverhandlungen in Stralsund stattfanden. Der geschlagene Dänenfürst musste nicht nur alle Handelsprivilegien der Hanse bestätigen und enorme Zahlungen leisten, sondern er musste dem Städtebündnis auch noch das Mitspracherecht bei der dänischen Thronfolge zugestehen. Der am 24. Mai 1370 geschlossene *Friede von Stralsund* markierte den politischen Höhepunkt der Hanse.

Der nicht enden wollende Aufschwung bescherte der Stadt einen anhaltenden Bauboom. St. Nikolai bekam (nach dem Einsturz des alten) einen neuen Doppelturm, und auch die Marienkirche erhielt ihre imposante Gestalt, nachdem auf dem sumpfigen Untergrund ebenfalls der Turm umgekippt war und Chor und Langhaus gleich mit in Trümmer gelegt hatte. Als Spiegel ihres Reichtums machten Rat und Bürger die Stadt am Sund zu einem Vorbild deutscher Backsteingotik. Neben der Umgestaltung bestehender Gebäude entstanden repräsentative Bürgerhäuser wie das Wulflamhaus (dem bedeutendsten Mitglied der Familie, *Bertram Wulflam*, langjähriger Bürgermeister von Stralsund, wurde nachgesagt, er sei der reichste Mann der Ostsee). Auch die Kirchen wurden von den Kaufleuten reich ausgestattet, dieser Glanz aber ging während des Bildersturms im Zuge der Reformation weitgehend verloren.

Stralsund
Karten Umschlag hinten und S. 63

Papenbrand tom Sunde

Die Opferstöcke der Kirchen sind schnell gefüllt, wenn die wirtschaftliche Lage rosig ist, doch in Zeiten der Rezession werden die Zuwendungen spärlicher. Als sich Anfang des 15. Jh. der Archidiakon bei den Stadtvätern darüber beschwerte, fand er kein Gehör. Erbost über so viel Ignoranz zog der Bischof mit einer Reiterarmee vor die Tore der Stadt und legte das Umland in Schutt und Asche. Die Stralsunder waren darüber verständlicherweise empört. Die ansässigen Priester, die unter Verdacht standen, mit dem Bischof zu kollaborieren, wurden zusammengetrieben und in ein Haus am Neuen Markt gesperrt, das niedergebrannt werden sollte. Doch die Vernunft setzte sich durch, schließlich konnte aus einem Hausbrand (mit oder ohne Pfarrer) schnell ein Stadtbrand werden. Also griff man sich drei der Priester und verbrannte sie auf einem Scheiterhaufen auf dem Neuen Markt.

Aber der so genannte *Papenbrand* kam Stralsund teuer zu stehen: Die Stadt wurde mit einem Kirchenbann belegt. Um wieder in den Schoß der Kirche aufgenommen zu werden, musste sie die ungeheure Summe von 75.000 Mark an den Schweriner Bischof zahlen, der damit seinen eigenen Dombau finanzierte.

Als die Reformation in Stralsund Einzug hielt, verband sich in der Stadt der Konflikt um die verkrusteten Strukturen der Kirche mit der Wut der Bürger über die Unfähigkeit des Rates. Der Zorn entlud sich 1525 im „Kirchenbrechen“, einem Bildersturm, dem nicht nur die meisten der sakralen Kunstschätze der Stadt zum Opfer fielen, sondern auch der immense Biervorrat der Klöster. Eine der wenigen, verschont geblieben Ausnahmen waren die vier Relieftafeln vom so genannten Gestühl der Nowgorodfahrer in der Nikolaikirche.

Die Jahrzehnte zwischen 1628 und 1715 trafen Stralsund hart. Zuerst kam *Wallenstein* und belagerte die Stadt. Der große Feldherr der kaiserlichen Truppen war Herzog von Mecklenburg geworden und verlangte die Aufnahme seiner Armee in die Mauern der Stadt. Als die Stadtväter das „Angebot“ ablehnten, begann eine blutige Belagerung (Frühjahr 1628), die Dank tapferer Gegenwehr der Bürgerschaft und schwedischer Waffenhilfe gebrochen werden konnte. Das neue Bündnis der Stadt mit dem schwedischen König *Gustav II. Adolf* hatte jedoch einen hohen Preis, denn die Schweden blieben. Statt der Katholiken hatte man nun nicht nur die Armee mit den Drei-Kronen-Wimpeln zu bewirten, Stralsund war de facto ein Teil des schwedischen Reiches geworden (bestätigt im Westfälischen Frieden 1648).

„Und wenn Stralsund mit Ketten an den Himmel gebunden ist …“

Einer Stralsunder Legende zur Folge waren es nicht die Schweden, die die Stadt vor Wallensteins Truppen retteten, sondern ein einzelner Scharfschütze. Demnach stand Wallenstein vor den Toren der schwer befestigten Hansestadt und erhob im Kreis seiner Offiziere das Glas mit den Worten: „Und wenn Stralsund mit Ketten an den Himmel gebunden ist, so muss es doch hinunter.“ Ein Landsknecht, von dem es hieß, er habe mit dem Teufel einen Pakt geschlossen, so dass keine seiner Kugeln ihr Ziel verfehlte, beobachtete die Szene von der Stadtmauer aus. Der Mann legte an und schoss Wallenstein das Glas aus der Hand. Zu Tode erschrocken habe dieser daraufhin seinen Truppen befohlen, die Belagerung umgehend abzubrechen.

Der 30-jährige Krieg markierte auch das Ende der Hanse. Längst hatten sich die Marktzentren im Zuge der Entdeckung und Kolonialisierung Amerikas von Ostsee und Mittelmeer in den Westen an die Atlantikküste und in die Niederlande verlagert. Die Ostsee war zu einem Binnenhandelsweg der neuen Großmacht geworden: Schweden. Natürlich wurde auch Stralsund in die Kriege der skandinavischen Großmacht hineingezogen. Nach der schwedischen Niederlage in der Schlacht von Fehrbellin rückten die siegreichen Brandenburger gegen Stralsund vor und belagerten die Stadt (1678). Der Kanonenhagel beschädigte die Stadt schwer, über die Hälfte der Häuser wurde zerstört. Stralsund fiel und befand sich kurzzeitig unter brandenburgischer Herrschaft, bevor es im Frieden von St.-Germain-en-Laye zurück an die Schweden ging. Weitere Schicksalsschläge kamen hinzu: 1680 wütete ein Brand in der im Wiederaufbau befindlichen Stadt, 1710 rollte die letzte Pestwelle durch die Gassen, und schließlich hatte Stralsund unter dem Großen Nordischen Krieg zu leiden. Ein Jahr lang kämpfte die Stadt an der Seite des schwedischen Königs *Karl XII.* gegen Dänen, Sachsen und Preußen, bis im Dezember 1715 der Rat den König bat, die Stadt übergeben zu dürfen, um sie vor weiteren Schäden zu bewahren. Still und heimlich verließ Karl XII. die Hansestadt über den fast zugefrorenen Strelasund Richtung Hiddensee. Fünf Jahre unterstand Stralsund darauf den Dänen und kehrte erst mit dem Frieden von Frederiksborg (3. Juli 1720) zur schwedischen Krone zurück.

Auch von den Napoleonischen Kriegen blieb Stralsund nicht verschont. Um die Stadt gegen Napoleons heranrückende Armee zu verteidigen, landete 1807 kein Geringerer als der spätere preußische Generalfeldmarschall *Blücher* in Stralsund,

Uralt: das (noch immer funktionstüchtige) Lastenrad im Museumshaus

Stralsund
Karten Umschlag hinten und S. 63

der hier übrigens als 15-jähriges Mitglied der schwedischen Husaren seine militärische Karriere begonnen hatte. Zur Unterstützung kam *Ferdinand von Schill*, seinerseits preußischer Husarenoffizier. Doch die beiden Militärs wurden von Preußens König *Friedrich Wilhelm III.* zurückgepfiffen: Der Friede von Tilsit band den Preußen die Hände. Aber Schill gab sich damit nicht zufrieden und wagte den Aufstand gegen die napoleonischen Besatzer. 1809 erschienen er mit einer kleinen Schwadron wieder vor den Toren Stralsunds, was der Bevölkerung allerdings nicht eben willkommen war, schließlich kam mit den Reitern auch der Krieg zurück in die Stadt. Schill gelang es zwar, die Stadt einzunehmen, doch die nachrückende französische Verstärkung beendete den Aufstand schnell. Schill selbst wurde in der Fährstraße vom Pferd geschossen.

Nach Napoleons Fall endete für Stralsund auch die Zugehörigkeit zu Schweden. Nachdem auf dem Wiener Kongress 1814/15 die europäische Landkarte neu geordnet worden war, fand sich Stralsund nicht mehr unter gelb-blauer, sondern unter weiß-schwarzer Flagge wieder. Die Schweden hatten Vorpommern und Stralsund an die Preußen abgetreten. Das 19. Jh. schließlich brachte – neben der deutschen Reichseinigung 1871 – vor allem eines: technischen Fortschritt (ironischerweise zunächst in den Farben gelb-blau, denn das erste Dampfschiff, das in Stralsund anlegte, war 1824 die schwedische *Constitutiones*). 1863 rollte die erste Eisenbahn aus Berlin ein. Das brachte auch den Handel wieder in Schwung. Der Hafen Stralsunds entwickelte sich zu einem wichtigen Exporthafen für Getreide, große Speicherhallen wurden errichtet und zahlreiche Schiffe fuhren nun wieder unter Stralsunder Flagge. In Stralsund selbst entwickelte sich allerdings kaum Industrie, es blieb vor allem eine Stadt des Handels, der Dienstleistungen und der Verwaltung. Erst nach dem Ersten Weltkrieg wurde mit der Produktion von kleinen Dampfschiffen begonnen. Mit dem Bau des Rügendammes 1936 konnte die Stadt zudem verstärkt vom Inseltourismus nach Rügen profitieren.

Die dunkelste Stunde der Stadtgeschichte begann am 6. Oktober 1944. Eine britisch-amerikanische Bomberstaffel legte die Stadt in Schutt und Asche. Dass Stralsund überhaupt Ziel der Bomben wurde, war ein Produkt zynischer Kriegslogik: Die vernichtende Fracht war eigentlich für die Heeresversuchsanstalt Peenemünde vorgesehen, von der die Alliierten wussten, dass dort an einer vermeintlich Krieg entscheidenden Waffe geforscht wurde. Doch waren die alliierten Fliegerstaffeln vor Peenemünde auf starken Widerstand getroffen und konnten ihre Bomben nicht ausklinken. Landen aber konnten die Flugzeuge mit dieser Fracht auch nicht. Also wurden die Bomben „auf dem Rückweg" über Stralsund abgeworfen, dessen Bevölkerung über keine Flugabwehr verfügte. Wie viele Opfer der Angriff kostete, kann nur geschätzt werden, die Hälfte der Überlebenden war obdachlos, Stralsund lag in Ruinen.

Nach dem Krieg war es vor allem die Volkswerft, die Stralsund wieder auf die Beine brachte. Rund 8000 Arbeiter bauten hier gigantische Fischfang-Trawler. In den 1990er Jahren wurde die Volkswerft zu einer der modernsten Kompaktwerften Europas umgebaut, ihre riesige blaugrüne Fertigungshalle ist unübersehbar. Hier werden heute Großschiffe aller Art gebaut, wie z. B. Passagier-, Container- und Tankschiffe. Hinzu kommt der Tourismus als weiteres wichtiges wirtschaftliches Standbein der Stadt.

Information/Verbindungen

• *Information* **Tourismuszentrale der Hansestadt Stralsund**, Zimmervermittlung, Ticketverkauf, Stadtführungen (siehe auch unten), sehr freundlich und kompetent, auch **Internet** (0,50 €/10 Min.; 2,50 €/1 h), Alter Markt 9, 18439 Stralsund, ✆ 03831-24690, ✆ 246922, www.stralsund.de bzw. www.stralsundtourismus.de. Mai–Sept. Mo–Fr 9–19 Uhr, Sa 9–16 Uhr, So 10–1 Uhr; Okt.–April Mo–Fr 9–17 Uhr, Sa 10–16 Uhr.

Touristikzentrum Rügen, Zimmervermittlung, Kartenvorverkauf, Fähr-, Flug- und Tagesausflugstickets, Souvenirs, Karten, Inselprodukte etc. Bahnhof Rügendamm, Platz des 17. Juni 1 (letzte Abfahrt vor der neuen Brücke). ✆ 03831-28570, ✆ 285728, www.insel-ruegen.com.

• *Verbindungen* **Zug**: Stralsund liegt an der **IC**-Strecke Rostock–Greifswald mit direkter Anbindung an Berlin bzw. Hamburg, auch die Nachtzüge aus München und Köln halten in der Hansestadt (Näheres unter Anreise). *Nach Rügen*: IC-Verbindung mit Binz.

Mit der **Regionalbahn** bestehen gute Verbindungen in die Region (Rostock, Neustrelitz, Barth und Greifswald sowie bis nach Berlin). *Nach Rügen*: Regionalbahn **(RB 13)** bzw. -express **(RE 9)** über Bergen weiter nach Sassnitz zw. 5 und 23 Uhr zu fast jeder vollen Stunde (letzter Zug ab Stralsund 23.04 Uhr, letzter Zug ab Bergen 22.28 Uhr), nach Binz mit dem IC oder in Bergen umsteigen (ab Bergen mit der **RB 14**).

Bus: Gute Busverbindungen ins Hinterland von Stralsund. Nach *Rügen*: mit der **Linie 30** ca. 8-mal via *Garz* nach *Putbus* und weiter bis *Bergen*; Sa 4-mal, So 2-mal (Achtung: Der Bus bummelt mit vielen Stopps durch den Süden von Rügen, nach Bergen besser mit dem Zug); mit der **Linie 41** in den Westen Rügens nach *Gingst* (dort Umsteigen nach Schaprode bzw. über Bergen; im Winter einzige Verbindung mit Hiddensee). Haltestelle am Hauptbahnhof.

Das Netz der **Stadtbuslinien** ist zwischen Devin im Süden, Knieper Nord, Grünhufe und Dänholm (**Linie 2** bis hinüber nach *Altefähr* auf Rügen) dicht gespannt. U. a. mit der Linie 3 kommt man zum Tierpark, die Linie 4 fährt zum HanseDom.

Schiff: Mit der *Weißen Flotte* 7-mal tägl. nach *Altefähr* (nur Mai–Okt.); außerdem Shuttlefahrten nach Dänholm (zum Nautineum, 5-mal tägl.).

Die *Reederei Hiddensee* steuert von Mitte März bis Okt. (sowie von Weihnachten bis Neujahr) 3-mal tägl. die *Insel Hiddensee* von **Stralsund** aus an. Hin- und Rückfahrt (nach Vitte oder Kloster, nach Neuendorf etwas günstiger) 17,20 € (einfach 10,90 €), Kinder 4–11 Jahre 9,40 € (6 €), Kinder unter 4 Jahren frei, Familienkarte 48,50 €, Hund 9,40 € (6 €), Fahrrad 7,70 €. Die Reederei Hiddensee fährt für die Weiße Flotte, daher Infos unter Fährstr. 16, 18439 Stralsund, ✆ 03831-26810, ✆ 268130, www.weisse-flotte.de

oder direkt unter ✆ 0180-3212150 (0,09 €/min.), www.reederei-hiddensee.de.

• *Taxi* **Hansa Taxi** ✆ 03831-491313, **Taxigenossenschaft** ✆ 03831-393333, **Taxiring** ✆ 03831-392400.

• *Autoverleih* **AVIS**, beim Hauptbahnhof, Tribseer Damm 7, 18437 Stralsund, ✆ 03831-285844; **Europcar**, in der Nähe des Rügendamm-Bahnhofs, Werftstr. 6, 18439 Stralsund, ✆ 03831-297577; **Sixt**, vom Bahnhof ein Stück stadtauswärts Richtung Rostock, Rostocker Chaussee 39, 18437 Stralsund, ✆ 03831-499647.

• *Parken* Nicht ganz einfach. Es gibt zwar viele Parkplätze auch in der Altstadt, aber die sind nicht eben geräumig (und natürlich gebührenpflichtig). Plätze z. B. am Alten und am Neuen Markt, am Frankenwall, entlang der Stadtmauer sowie beim Bahnhof (Richtung Innenstadt, dann Bahnhofsstraße), ein großer gebührenfreier Parkplatz befindet sich auf der Mahnkeschen Wiese (beim Rügendamm-Bahnhof).

• *Hafen* **Hafen- und Seemannsamt** (Hafenkapitän), im Lotsenturm, Hafenstr. 50, ✆ 03831-260130.

Citymarina Stralsund, großer Yachthafen an der Nordmole, 150 Gastliegeplätze, 180 m langer Kai für Großschiffe. Seestr. 14 a, ✆ 03831-444978, www.rundtoern-marinas.de.

Yachtclub Strelasund, Hafen auf Dänholm. Zum kleinen Dänholm 21, ✆ 03831-297300, www.ycstr.de.

Übernachten (→ Karte Umschlagklappe hinten und S. 63)

Wie es sich für eine Hansestadt gehört, ist das Übernachtungsangebot groß und vielseitig: vom noblem Vier-Sterne-Haus über das stilvoll-zweckmäßige Zimmer für Geschäftsreisende und die gepflegte Pension in der Innenstadt bis zum familienfreundlichen Appartement. Nur die Jugendherberge ist geschlossen. Wann sie wieder eröffnet wird, stand zum Zeitpunkt der Recherche noch nicht fest. Übrigens bieten auch viele Gaststätten Unterkünfte an, „Zimmer frei"-Schilder hängen dann neben der Speisekarte vor der Tür.

• *Hotels* ****** Steigenberger Hotel Baltic (27)**, erstes Haus in der Stadt, luxuriöse Zimmer mit stilvollem Ambiente, schickes Restaurant *Weinwirtschaft*. DZ mit Bad, TV und Frühstücksbuffet 151 €, EZ 126 €, Appartement 219 €, Hund 12,50 €, Tiefgarage 9 €, die Preise variieren stark je nach Saison, interessante Wochenendangebote. Frankendamm 22, 18439 Stralsund, ✆ 03831-2040, 📠 204999, www.stralsund.steigenberger.de.

Kontorhaus Hotel (15), neues Hotel am Hafen, innen wie außen stilsicher gestaltet, die Inneneinrichtung hat etwas von einem Luxusliner, passenderweise haben die geräumigen, hellen Zimmer keine Nummern, sondern tragen die Namen berühmter Schiffe (darunter die QE2 oder die Gorch Fock). DZ mit Bad, TV und Frühstücksbuffet 105 € (das Frühstück gibt es im *Kaffeekontor* im Erdgeschoss), EZ 75 €, Juniorsuite 122 €, in der Nebensaison deutlich günstiger, diverse Arrangements im Angebot, keine Haustiere. Am Querkanal 1, 18439 Stralsund, ✆ 03831-289800, 📠 289809, www.kontorhaus-stralsund.de.

Norddeutscher Hof (25), familiengeführtes, freundliches Haus am Neuen Markt gegenüber der Marienkirche, schöne, dabei verhältnismäßig günstige Zimmer. DZ mit Bad, TV und Frühstück 87 €, EZ ab 60 €, mit nettem, ebenfalls nicht teurem Restaurant, einige Tische auch im Innenhof. Auch von Lesern empfohlen. Neuer Markt 22, 18439 Stralsund, ✆ 03831-293161, 📠 287939, www.nd-hof.de.

Altstadt Hotel Zur Post (23), große, noble Herberge in der historischen Altstadt, direkt am Neuen Markt, 100 geräumige Zimmer und ein paar Studios, im Haus *Das Restaurant*, die *Snack-Bar* und im Keller die *Bar Hemingway*. DZ mit Bad und TV 110–120 €, EZ ab 85–95 €, Juniorsuite 130 €, Frühstücksbuffet 10 €/Person (Kinder 5 €), Tiefgarage (auch für Nicht-Gäste) 6,60 €/Tag (Leser berichteten allerdings, dass sie eines Nachts trotz Reservierung keinen freien Stellplatz fanden), diverse Kurzreise- und Business-Angebote. Tribseer Straße 22, 18439 Stralsund, ✆ 03831-200500, 📠 200510, www.hotel-zur-post-stralsund.de.

Villa am Meer (1), alte, 1912 gebaute, bläulich gestrichene Villa mit Türmchen, nördlich der Altstadt in der „Villengegend" gelegen, nur ein wenig von der Strandpromenade zurückversetzt (knapp 10 Min. zur Innenstadt), teils mit Blick auf den Strelasund, 12 ordentlich ausgestattete Zimmer. DZ mit Bad, TV und Frühstück je nach Größe 75–85 €, EZ 50–60 €, Hunde nach Vereinbarung. Gerhart-Hauptmann-Str. 14, 18435 Stralsund, ✆ 03831-308466, 📠 308640, www.hotel-mit-meerblick.de.

• *Pensionen* **Cobi (20)**, im Zentrum bei der Jakobi-Kirche und doch ruhig gelegen, schlichte, schöne Zimmer, ein paar davon mit Balkon, Fahrradverleih, freundliche Pensionsführung. DZ mit Bad, TV und Frühstücksbuffet 46–70 €, EZ 32–45 €. Jacobiturmstr. 15, 18439 Stralsund, ✆/📠 03831-278288, ✆ 0178-3122149, www.pension-cobi.de.

Altstadt Pension Peiß (26), die ehemalige Pension Ziegler, schönes Haus ganz in der Nähe des Neuen Marktes, familiär geführte Pension, nette Zimmer in dezenten Farben, abends kleine, gemütliche Weinstube, Parkplätze. DZ mit Bad, TV und Frühstück 85 €, EZ 60 €, keine Haustiere! Tribseer Straße 15, 18439 Stralsund, ✆ 03831-303580, 📠 3035899, www.altstadt-pension-peiss.de.

Zur Fährbrücke (7), eher ein Appartementhaus als eine Pension, 5 Wohnungen in der Nähe vom Hafen, 2 bis 6 Pers. mit Bad und TV 68 € (2 Pers.), 78 € (3–4 Pers.) Frühstück ab 3,50 €, Nichtraucher, Haustiere auf Anfrage. Wasserstr. 2, 18439 Stralsund, ✆ 03831-298607, 📠 310423, www.pension-zur-faehrbruecke.de.

Kemari (2), gelbes Haus direkt an der Strandpromenade, erreichbar über die Gerhart-Hauptmann-Str. (gegenüber der *Villa am Meer*), manche Zimmer mit Blick über den Strelasund und nach Rügen. DZ mit Bad, TV und Frühstück 80 €, EZ 42 €. Friedrich-Naumann-Str. 3, 18435 Stralsund, ✆ 03831-37540, 📠 375420, www.kemari.de.

Klabautermann (13), einfache Pension am Hafen, mit schnörkelloser Kneipe/Restaurant (im Sommer frischer Fisch und tägl. mittags und abends geöffnet, im Winter unter der Woche über Mittag geschlossen), kleine, schlichte Zimmer, manche mit Hafenblick. DZ mit Bad, TV und Frühstück ab 65 €, EZ 444 €. Am Querkanal 2, 18439 Stralsund, ✆ 03831-293628, 📠 280612, www.pension-klabautermann.de.

• *Auf Dänholm* **Hotel Dänholm** mit **Restaurant „Tauchturm" (28)**, wirkt von außen (trotz des grellen Anstrichs) etwas steril, innen aber nett, 30 moderne Zimmer, hier ist auch eine Tauchschule zu Hause, außerdem Sauna, Boots- und Fahrradverleih. DZ mit Bad, TV und Frühstück 80 €, EZ 55 €, 3er 90 €, 4er 108 €. Am Alten Marinehafen 16, 18439 Stralsund, ✆ 03831-297090, 📠 297099, www.hotel-daenholm.de.

• *Camping* Ein großer Campingplatz, der **Sund-Camp**, liegt auf der anderen Strelasund-Seite in Altefähr (siehe dort).

Essen (→ Karte Umschlagklappe hinten und S. 63)

Viele der oben genannten Hotels und Pensionen haben auch Restaurants. Im Folgenden eine ergänzende Auswahl.

Tafelfreuden im Sommerhaus (21), zwischen Knieperteich und Hauptbahnhof an gut befahrener Straße, das hübsche Haus könnte auch in Schweden stehen, gehobene, ausgezeichnete Küche in feinem Ambiente, wechselnde kulinarische Wochen, heller Wintergarten, Preise angemessen, im Haus auch drei schön eingerichtete Zimmer unterm Dach (DZ mit Bad, TV und Frühstück 70 €, 3er 81 €), über Mittag und abends ab 18 Uhr, Mo Ruhetag. Jungfernstieg 5 a, ✆ 03831-299260, 📠 292385, TafelfreudenHST@aol.com, www.tafelfreuden-stralsund.de.

Wulflamstuben (6), traditionsreiches Restaurant am Alten Markt im sehenswerten Wulflamhaus (aus dem 14. Jh.), uriges Ambiente unter dunklem Holzgebälk, im Vorraum ein Modell der Altstadt, gutbürgerliche Küche bei mittlerem bis gehobenem Preisniveau, auch Kaffee und Kuchen, kein Ruhetag. Alter Markt 5, ✆/📠 03831-291533.

Brauhaus Zum Alten Fritz (29), hier wird das Stralsunder Bier („Störtebeker – das Bier der Gerechten") gebraut und selbstverständlich auch ausgeschenkt, sehr gemütliche Gaststätte, die wie ein Brauereimuseum wirkt, große Karte für jeden Geschmack (z. B. Zanderfilet in Mandelkruste für 12 €), hier wird natürlich auch mit Bier gekocht (z. B. Störtebekers Biersuppe), zudem Brotzeiten und Pasta, mittleres bis gehobenes Preisniveau, großer Biergarten, gut 2 km südlich der Innenstadt. Greifswalder Chaussee 84/85, ✆ 03831-255500.

Torschließerhaus (14), in der Wachstube des Kütertor-Schließers, urgemütlich, Deftiges aus der Pfanne (Fisch und Fleisch), gut und günstig, Hauptgericht um 9 €, Spezialität: Torschließerpfanne, im Hinterhof sehr schöner kleiner Biergarten, freundlicher Service, tägl. 12–15 Uhr und wieder ab 18 Uhr. Am Kütertor, ✆/📠 03831-293032.

Traditionsreich: das Wulflamhaus

Goldener Löwe (5), am Alten Markt, Terrasse mit herrlichem Blick auf das Rathaus, auch etwas ungewöhnlichere Küche, Preise leicht gehoben, aber für die Lage o. k., auch Kaffee und Kuchen, tägl. 10–24 Uhr. Alter Markt 1, 18439 Stralsund, ✆ 03831-306390, 📠 306391, www.goldener-loewe-stralsund.de.

Hansekeller (18), uriges Restaurant im backsteinernen Gewölbekeller im historischen Haus des Handwerks, ein Teil der Küche befindet sich im Gastraum, gutbürgerliche Küche, mittleres bis gehobenes Preisniveau, tägl. ab 11 Uhr. Mönchstr. 48, ✆ 03831-703840, www.hansekeller-stralsund.de.

Wallensteinkeller (12), Erlebnisgastronomie im Gewölbe unter der Stadtmauer, nach dem Motto „Bechern und Tafeln wie zu Wallensteins Zeiten" kann man getrost mit den Fingern zugreifen, was da „gar deftig, reichlich" auf den Holztisch kommt, tägl. ab 17 Uhr. Mühlenstr. 22, (Eingang von der dem Teich zugewandten Seite der Stadtmauer) ✆ 03831-667922.

Fischkontor Seestern am Kloster (19), direkt am Hafen neben dem Heilgeistkloster gelegenes Restaurant, in dem der Fisch auch exotischer zubereitet wird, tägl. geöffnet, warme Küche 12–14.30 Uhr und 18–22 Uhr. Bei der Heilgeistkirche 1, ✆ 03831-278393.

Fischermann's (4), große Kneipe/Restaurant am Hafen (im Speicher V), großer Wintergarten mit Blick auf den Yachthafen, im Sommer davor auch Biergarten und drunter die Tanzbar, auf viel Publikum eingestellt, worunter der Service etwas leiden kann, tägl. ab 10 Uhr. An der Fährbrücke 3, ✆ 03831-292322, www.fischermanns-restaurant.de.

Brasserie Grand Café (24), am Neuen Markt, *Lesertipp*: warme Küche bis spät abends, sehr freundlicher Service, tägl. ab 9 Uhr. Neuer Markt 2, ✆ 03831-703514, 📠 703516.

Altes Bankhaus (16), der Name trügt nicht, das Restaurant befindet sich in einer ehemaligen, nunmehr umgebauten Bank, junge Küche zu akzeptablen Preisen, auch Steaks, nachmittags Kaffee und Kuchen. Heiliggeiststraße 43 a, ✆ 03831-303088, www.altes-bankhaus.de.

• *Imbiss* Räucherfisch gibt es vom Räucherschiff im Hafen.

Rasmus (17), traditionsreiches Fischgeschäft und Räucherei, hier wurde der Bismarckhering erfunden, und hier wird er noch immer nach traditionellem (und natürlich geheimem) Rezept in Essig, Senfkörnern, Zwiebeln und Lorbeerblättern eingelegt. Heiliggeiststraße 10, ✆ 03831-281538, www.bismarckhering.com.

Der Bismarckhering

Johann Wiechmann, Brauer, Kaufmann und Gründer einer der ersten Fischkonservenfabriken an der Ostseeküste, sandte 1871 an den jüngst ernannten Reichskanzler *Otto von Bismarck* ein kleines Holzfässchen, in dem entgräteter Hering eingelegt war. „Untertänigst" bat er die von seiner Gattin *Karoline* zubereitete Spezialität, „Bismarckhering" nennen zu dürfen. Dem Reichskanzler scheint es geschmeckt zu haben, denn in einem handgeschriebenen Antwortschreiben gab er sein fürstliches Einverständnis. Seither gibt es den Bismarckhering, der Stralsunder ist der originale.

Fischhalle (9), in einer der Querstraßen am Hafen (neue Badenstr.), köstliche Fischbrötchen um 3 €, tägl. 9–20 Uhr (So ab 10 Uhr).

Lindi's Imbiss (3), kleine Kneipe am Knieper Teich, hier auch Bootsverleih, schöner Biergarten um und auf dem Steg, im Sommer tägl. 10–23 Uhr, im Winter ab 15 Uhr, auf der Höhe des Theaters am anderen Teichufer. Knieperdamm 80, ✆ 03831-392862.

Nachtleben (→ Karte Umschlagklappe hinten und S. 63)

Cargo (11), hippe Lounge am Hafen, gute Cocktails für 5 €, donnerstags zuweilen Live-Musik, freitags House, tägl. 19–2 Uhr. Am Querkanal 5, ✆ 0160-98778059, www.cargo-bar.de.

Brazil (10), Bar mit netter Atmosphäre, junges Publikum, neben dem Cargo gelegen, hier geht es etwas ruhiger zu. Am Querkanal 4, ✆ 03831-298480.

Bar Hemingway (23), Cocktails und Whisky in gepflegter Atmosphäre, *chill out* mit Barmusik (wenn nicht gerade Party ist), tägl. ab 21 Uhr, So Ruhetag, im Zentrum (unter dem *Hotel Zur Post*). Tribseer Str. 22, ✆ 03831-200500, www.hotel-zur-post-stralsund.de/garagenparty.

Räucherfisch vom Räucherschiff

Stralsund
Karten Umschlag hinten und S. 63

Apollonienkeller (22), Wein- und Whisk(e)y-Bar aus Leidenschaft, vor allem im Bereich Malt eine kolossale Auswahl, auch kleine Snacks, in der Fußgängerzone, tägl. ab 17 Uhr, So/Mo Ruhetag. Apollonienmarkt 1, ✆ 03831-666266, www.whiskyverein.de.

8vorne (8), Studentenkneipe (im Haus der Bärenapotheke), ✆ 03831-281888.

tanzBAR (4), Disco im Keller des Speicher V (unter dem Fischermann's), Fr/Sa geöffnet, ✆ 03831-292322.

Aktivitäten

• *Stadtführungen* Von Mai bis Sept. bietet die Tourismuszentrale täglich Führungen an. Allen voran die Altstadtführung *Roter Backstein, blaues Meer* (Dauer 1 Std., Start tägl. 11 Uhr, Treffpunkt vor der Tourismuszentrale, Erw. 3 €, Schüler/Stud. 2 €, Kinder unter 6 Jahren frei) oder auch die Abendführung *Diebe, Mörder und Huren* (Dauer 2 Std., Start dienstags um 21 Uhr, Treffpunkt vor der Tourismuszentrale, Erw. 5 €, Schüler/Stud. 3 €, Kinder unter 6 Jahren frei). Weitere Infos und Anmeldung in der Tourismuszentrale (→ oben).

• *Fahrradverleih* **SIC.**, einfache Tourenräder ab 4,50 €/Tag, 27 €/Woche, am Hafen. Mo–Fr 7.30–17 Uhr, Sa 8.30–12.30 Uhr. An der Fährbrücke 1, ✆ 03831-280155.

• *Hafenrundfahrten* Stralsund müsse man vom Meer aus sehen, meinte schon Wilhelm von Humboldt, Möglichkeit dazu gibt es bei einer **Hafenrundfahrt** (*Zur neuen Rügenbrücke*) mit der *Weißen Flotte*, Dauer ca. 1. Std. Erw. 7 €, Kinder 4–14 Jahre 4 €, Mai–Okt. mind. 4-mal tägl. vom Stralsunder Hafen (Steinklappe), ✆ 03831-268138.

• *Bootsverleih* **Bootsklause**, Tret- und Ruderboote auf dem *Knieper Teich* (hier auch kleine Kneipe und Biergarten), Ruderboot 2 €/h, Tretboot 3 €/h (inkl. eine Person, jede weitere Person 1 €, Kinder 0,50 €), nur im Sommer Mo–So 10–23 Uhr. Knieperdamm 80, ✆ 03831-392862.

• *Baden/Sport/Wellness* **Seebadeanstalt**, das städtische Freibad am Strelasund, nördlich der Altstadt, geöffnet Mitte Mai bis Mitte Sept. tägl. 9–18 Uhr, Erw. 2 €, Schüler/Stud. 1 €, Kinder 0,75 €, Familien 4 €, Strandkorb 3 €, Liegestuhl 1,50 €, am aufgeschütteten Sandstrand auch *Beachvolleyball-Felder*, Imbiss, Strandabschnitt überwacht. Sundpromenade 5, 18435 Stralsund, ✆ 03831-393295.

HanseDom, großes Freizeitzentrum mit vielfältigem Angebot: Wassererlebniswelt *Seestern Therme* mit „Ostseestrand" und Südsee-Ecke, Wellenbecken, Riesenrutsche und Wildwasserbach etc., außerdem Saunalandschaft (mit Wellness-Bereich und diversen Dampfbädern) sowie Sportbereich (Tennis, Squash, Badminton, Kletterwand), natürlich auch Gastronomie, tägl. 9.30–23 Uhr (Sportbereich 1 Std. länger). Grünhufer Bogen 18–20, 18437 Stralsund, ✆ 03831-37330, www.hansedom.de.

• *Surfen* Surf- und Segelschule (auch Material-Verleih) → *Altefähr*.

• *Tauchen* Die **Taucherbasis** (Hotel Dänholm) bietet Kurse an (ca. 350 €). Am Alten Marinehafen 16, 18439 Stralsund, ✆ 03831-297090, ℻ 297099, www.hotel-daenholm.de.

• *Zoo* Im **Tierpark Stralsund** sind auf 16 Hektar knapp 1000 Tiere zu sehen, darunter Zoo-Klassiker wie Schimpansen und Löwen, seltene Tiere wie das rauwollige Pommersche Landschaf, exotische Arten wie das Kaukasische Zwergzebu-Rind, auch ein Streichel-Haustier-Gehege, Café vorhanden, Ausbau des Zoos ist geplant, Erw. 5 € (im Winter 2 €), Kinder 3–13 Jahre 3 € (1,50 €), Hund 1 €. Der Tierpark liegt nahe dem Grünhufer Bogen in der Barther Str., ✆ 03831-293033.

• *Spielbank* **Ostseespielbank Stralsund**, nahe am Bahnhof, der „richtige" Spielbetrieb (Roulette, Black Jack) beginnt um 19 Uhr, Automaten ab 11 Uhr, tägl. bis 3 Uhr, Di und Do Einführung in die Spiele, Eintritt 2 €. Tribseer Damm 76, 18437 Stralsund, ✆ 03831-700810, ℻ 7008120, www.ostsee-spielbanken.de.

Feste/Veranstaltungen

• *Feste* **Stralsunder Sundschwimmen**, die bedeutende Distanzschwimmveranstaltung mit internationaler Beteiligung ist Jahr für Jahr auch der überregionalen Presse eine Schlagzeile wert. Das Wettschwimmen (der erste Startschuss fiel übrigens bereits 1925) von Altefähr über knapp 2½ km durch den Strelasund zur Seebadeanstalt findet immer am ersten Samstag im Juli statt, www.sundschwimmen.de.

Das Westportal der Nikolai-Kirche

Stralsunder Wallensteintage, für ein paar Tage spielt die Altstadt die „gute alte Zeit" nach mit Mittelaltermarkt, Musketieren, Handwerkern und Gauklern sowie (spielerisch) mit einem „guten alten Feind": Wallenstein und seine Truppen. Seit 1991 findet das farbenfrohe, kostüm-trächtige Altstadtfest statt, meist Ende Juli.

Sundische Tage, das Seglerevent in Stralsund, Regatten im Strelasund und rund um Rügen und Hiddensee, mit zahlreichen Rahmen-Veranstaltungen und natürlich anschließender Feier am Hafen, Anfang Juni, www.stralsunder-segelwoche.de.

• *Veranstaltungen* **Tag des Offenen Denkmals**, die bundesweit stattfindende Veranstaltung wird natürlich auch in der Stadt, deren Altstadt zum Weltkulturerbe zählt, begangen, hier öffnen sich Türen, die sonst meist verschlossen sind. Darüber hinaus veranstaltet die Stadt Stralsund auch noch die **Lange Nacht des Offenen Denkmals**, flankiert von diversen Rahmenevents (vom mittelalterlichen Lagerleben bis zu Orgelmeditationen in der Kirche). Den genauen Termin erfährt man bei der Tourist-Information.

In der **Nikolaikirche** gibt es regelmäßig klassische Konzerte, vornehmlich Kirchenmusik und Orgelkonzerte, den Veranstaltungskalender erhält man in der Tourist-Information oder unter www.nikolai-stralsund.de.

Seebühne, beliebte Open-Air-Veranstaltung, schwimmende Bühne im Hafen, während der Sommermonate, jährlich wechselnde Aufführungen (Oper, Musical, Ballet), Preise 17–31 € (erm. 11–23 €). Theater Vorpommern, Olof-Palme-Platz 4, 18439 Stralsund, ✆ 03831-2646-124 oder -150, www.ostseefestspiele.de.

Die Schaufassade des Rathauses

Stralsund
Karten Umschlag hinten und S. 63

Sehenswertes in der Altstadt

Ausgewählte Sehenswürdigkeiten der Stadt werden im Folgenden nicht nach (wie auch immer arrangierter) Bedeutung, sondern in der Reihenfolge eines Spaziergangs aufgeführt. Wer allerdings den einzelnen Stationen ausgiebig Aufmerksamkeit schenken möchte, muss damit rechnen, dass ein Tag nicht genügt ...

Der hier beschriebene Rundgang beginnt am Alten Markt, führt über das ehemalige Johanniskloster zum Kniepertor, die Stadtmauern entlang zum Kütertor, dann über die Mönchstraße zum ehemaligen St. Katharinenkloster (Meeresmuseum, Kulturhistorisches Museum). Anschließend geht es weiter zum Neuen Markt, über die Frankenstraße (Abstecher zu St. Jakobi und dem Museumsspeicher) zu Heilgeistkloster und -kirche und schließlich über den Hafen zurück zum Alten Markt.

Alter Markt und Rathaus

Der Alte Markt bildete seit Bestehen der Stadt das politische und wirtschaftliche Zentrum. Ausdruck des städtischen Selbstbewusstseins (und zugleich die ältesten Bauten der Stadt) sind vor allem das prächtige Rathaus und die wuchtige Nikolaikirche.

Rund um den Alten Markt kann man ein einzigartiges und eigenwilliges Ensemble Norddeutscher Backsteingotik besichtigen. Die Nikolaikirche steht leicht versetzt zum Markt. Zwischen Kirche und Platz erstreckt sich noch eine Reihe niedriger Gebäude, das Hauptportal unter den Türmen öffnet sich zur Längsseite des Rathauses hin.

Die zum Markt weisende Schaufassade des **Rathauses** ist ein Juwel, wenn nicht das Kronjuwel deutscher Backsteingotik, das höchstens im Rathaus von Lübeck seines-

St. Nikolai: von außen ...

gleichen findet. Erstmals 1270 erwähnt, bestand das Rathaus zunächst aus den zwei Langhallen und (seit Ende des 13. Jh.) dem verbindenden Querbau im Süden. Hier wurde nicht nur über die Geschicke der Stadt bestimmt, sondern bis in die Neuzeit auch Handel betrieben, was ein weiterer Hinweis darauf ist, wie eng Politik und Ökonomie in den Hansestädten miteinander verflochten waren. Auf dem Höhepunkt hansischer Macht (in den Jahrzehnten nach dem Stralsunder Frieden von 1370) entstand der nördliche Vorbau mit seiner prächtigen Schaufassade. Sechs Dreiecksgiebel krönen die Fassade, zwischen ihnen behelmte schlanke Pfeiler, zwei weitere schmücken die St. Nikolai zugeneigte Seite. Unterhalb der Blendbögen und direkt über den Spitzbogenfenstern sind die Wappen der wichtigsten Hansestädte schräg liegend eingefügt. Von links nach rechts sieht man das Wappen Hamburgs (das „Tor zur Welt"), Lübecks doppelköpfigen Adler, Wismars halben gekrönten Stier, den goldenen Greif Rostocks, Stralsunds Pfeil und den namensgebenden Greif Greifswalds – sowie vom Markt abgewandt: Bremens Schlüssel und die Türme Lüneburgs.

Natürlich war die Schaufassade auch Zielscheibe des Spottes: „Hoch hinaus und nichts dahinter", hieß es zuweilen. 1579 erhielt das Rathaus die Renaissance-Treppe, 1720 wurde das Barockportal der Längsfassade (Fußgängerzone/Ossenreyerstraße) angefügt. Über dem Eingang befindet sich ein farbenprächtiges Stadtwappen. Das Wappenschild (mit Stralsunds gekröntem Pfeil) wird gehalten von einem goldenen Löwen und einem roten Greif. Die Stadt erhielt das königliche Wappen von Karl XII. aus Dank für die Aufnahme und Unterstützung des schwedischen Königs während des Nordischen Krieges. Angebracht werden konnte es allerdings erst nach dem Frieden von Frederiksborg. Vor dem Barockportal stehend hat man quer durch das Rathaus hindurch einen eigenwilligen Blick auf das Hauptportal der Nikolaikirche. Der Innenhof des Rathauses ist heute mit Glas überdacht.

Die **St. Nikolai-Kirche** ist die älteste Kirche Stralsunds und einer der bedeutendsten Bauten der Backsteingotik. Ursprünglich war auf der vorhandenen Bausubstanz der Vorgängerkirche eine dreischiffige Hallenbasilika mit Querschiff und einem Turm geplant. Noch während der Umbauarbeiten aber wurden die Pläne verworfen und der französisch-flämischen Kathedralengotik angepasst. Es entstand ein dreischiffiges, von eleganten Außenstreben gestütztes Langhaus mit Chorumgang, ohne Querschiff und mit wuchtiger Doppelturmanlage. Bei einem Brand 1662 wurden u. a. die Türme schwer beschädigt. Anfang des 18. Jh. kam es dann zu der uneinheitlichen Bedachung der Türme – zum Süden hin ein barocker Helm, der Nordturm mit niedrigem Pyramidendach –, die bis heute das Stadtbild prägt.

... und im Inneren

Der Raumeindruck im Innern der Kirche ist grandios. Bei einer Breite von gerade einmal 13 Metern wölbt sich die Decke erst in 29 Metern Höhe. Dabei sind die farbenprächtigen, zu Spitzbögen zusammenlaufenden Pfeiler, welche die Seitenschiffe abtrennen, nur halb so hoch wie der obere Teil. Viele der Säulen sind mit Fresken geschmückt (die so genannten „Bunten Pfeiler"), aus manchen Kapitellen der Spitzbogenarkaden ragen kleine steinerne Köpfe mit auf die Säulen gemalten passenden Körpern (die Trachten verweisen möglicherweise auf verschiedene Zünfte). Auch die Ausstattung der Kirche ist beachtlich – vor allem wenn man bedenkt, was vermutlich alles während des „Kirchenbrechens" 1525 verloren gegangen ist, dann lässt sich der Reichtum der ursprünglich vorhandenen mittelalterlichen Kunstschätze zumindest erahnen. Aus der Fülle der wertvollen Details sind besonders der *gotische Hochaltar* (gestiftet 1470), die *astronomische Uhr* von 1349 (hinter dem Hochaltar) und die Stuckplastik *Anna Selbdritt* (vor 1270) hervorzuheben sowie die erhaltenen Nebenaltäre. Einstmals sollen es 56 gewesen sein, viele davon von Fernhandelbetreibern gestiftet. Dazu gehört zum Beispiel der Altar der *Bergenfahrer* (um 1500, gemeint ist natürlich Bergen/Norwegen). Bemerkenswert sind außerdem die vier erhaltenen Tafeln des als *Gestühl der Nowgorodfahrer* bekannten Reliefs aus dem 14. Jh. (beim barocken Trennaltar rechts). Die lebendige Darstellung zeigt die Herkunft ihres Handelsgutes: bärtige Zobeljäger, Holzfäller und Honigsammler bei der Arbeit und in Verhandlungen mit Figuren in hanseatischer Tracht. Unbedingt sehenswert.

April–Sept. Mo–Sa 10–17 Uhr, So nach dem Gottesdienst bis 12 Uhr und 14–16 Uhr, Okt.–März Mo–Sa 10–12 Uhr und 14–16 Uhr, So nach dem Gottesdienst bis 12 Uhr und 14–16 Uhr. Eintritt 2 €, Kinder/Jugendliche frei. Zugang vom Markt aus durch das Seitenportal (ca. 30 m links von der Schaufassade des Rathauses). www.nikolai-stralsund.de.

Außer dem Rathaus schmücken noch viele andere Fassaden in einem Stilmix der Epochen den **Alten Markt**. Darunter besonders markant sind das *Commandanten-Hus*, ein Barockbau aus schwedischer Zeit, in dem die Stadtkommandantur untergebracht war, und das *Wulflamshaus*. Dieses Backsteingebäude, über dessen Treppengiebel sich vier Pfeilertürmchen erheben, bildet nicht zufällig ein architektonisches Gegengewicht zur Prachtfassade des Rathauses. *Bertram Wulflam*, der steinreiche, mächtige (und machthungrige) Bürgermeister der Stadt, hatte sich das repräsentative Gebäude in der ersten Hälfte des 14. Jh. errichten lassen.

Drei Häuser weiter links Richtung Neuer Markt trifft man auf das *Giebelhaus*, erbaut Ende des 13. Jh. (Mühlenstraße 1). Sein Pfeilergiebel gilt als der älteste der Backsteingotik. Ein Blick in den Innenhof ist ausdrücklich erwünscht, hier lassen sich die längs verlaufenden Galerien bewundern und (heute in einem Cafe) ein alter Steinofen. Noch zwei Häuser weiter befindet sich das *Dielenhaus*, das 1977–1979 von polnischen Spezialisten rekonstruiert wurde.

Zurück am Alten Markt gelangt man über die *Külpstraße* zum ehemaligen Johanniskloster. Wer einen kurzen Abstecher über die Fährstraße unternehmen will, kann an der Ecke zur Schillstraße das *Scheelehaus* (von außen) besichtigen, so benannt, weil in dem Giebelgebäude aus dem 14. Jh. der schwedische Chemiker *Carl Wilhelm Scheele* (u. a. der Entdecker des Sauerstoffs) geboren wurde.

Johanniskloster

An der nördlichen (rekonstruierten) Stadtmauer liegt ein besonderes Kleinod Stralsunds: das ehemalige Kloster St. Johannis. 1254 von den Franziskanern gegründet, entwickelte es sich in den folgenden Jahrhunderten zu einem der schönsten und bedeutendsten Klöster in Norddeutschland.

Die Franziskaner waren bei der Bevölkerung gern gesehen, waren sie doch die „Handwerker“ unter den Ordensbrüdern, die lieber im sozialen Leben der Stadt Hand anlegten, als sich in den Studier- und Kopierstuben zu verkriechen. Die Reformation beendete jedoch die Blüte des Klosters. St. Johannis wurde geplündert, teils von der Stadtbevölkerung, teils von den Mönchen selbst, die die Schätze zusammenrafften und aus der Stadt flohen. Nunmehr in städtischem Besitz diente ein Teil des Klosters fortan als Armenhaus, ein anderer als eher gehobenes Rentnerdomizil. So genannte Prövener konnten das Recht erwerben, in den ehemaligen Mönchszellen (später in den noch heute stehenden Häusern vor dem Kloster) zu leben. In den folgenden Jahrhunderten waren die Gebäude der Anlage diversen Beanspruchungen ausgesetzt: als Waisenhaus, Krankenstube und Kriegslazarett sowie als Gefängnis, Friedhof und Militärstall. Den größten Schaden aber nahm das Kloster bei dem britisch-amerikanischen Bombenangriff 1944. Es ist der Initiative des damaligen Stadtarchivars Prof. Dr. Herbert Ewe und dem Engagement Stralsunder Bürger zu verdanken, dass die Anlage ab 1963 durch Restaurierung und Rekonstruktion gerettet werden konnte. Heute ist St. Johannis der Öffentlichkeit zugänglich, beherbergt das Stadtarchiv und dient als Konzertbühne und Ausstellungsraum.

Im Zentrum der Klosteranlage befindet sich der idyllische Kreuzgang, in dem die Skulptur „Der Lesende“ von *Hans Peter Jaeger* steht. Von Jaeger stammt auch die „Pietà“ vor den Resten der ehemaligen Johanniskirche. Die Plastik geht auf Entwürfe *Ernst Barlachs* zurück. 1932 hatte Letzterer an einer Ausschreibung der Stadt teilgenommen, aus der ein Mahnmal für die im Ersten Weltkrieg gefallenen Soldaten entstehen sollte. Barlachs Vorschläge wurden abgelehnt, da sie den Verantwortlichen nicht heldenhaft genug waren. Einer dieser Entwürfe war die trauernde Gottesmutter. Im Rücken der Skulptur erheben sich die Chorruinen von St. Johannis.

Im *Kreuzgang* (teils mit Spitzbogendecke) sind diverse Exponate ausgestellt, darunter eine Wandmalerei aus dem 14. Jh. und die vielleicht älteste Darstellung des pommerschen Wappens (um 1560). Etwas versteckt liegt ein weiteres Juwel der Anlage. Wenn man sich am Ende des südlichen Kreuzgangs (nach der Glastür) nach rechts wendet, kommt man in den *Kapitelsaal*. Bei Restaurierungsarbeiten wurden 1983 unter bis zu 30 Tünchen spätgotische Fresken entdeckt. Eindrucksvoll sind in den Schildbögen u. a. die Kreuzigung Christi und die Stigmatisation Franz von Assisis dargestellt.

Die Chorruine von St. Johannis

Im ersten Stock gelangt man zunächst in den *Räucherboden* (rechter Hand). Hier stehen zahlreiche Öfen, deren kleine Schornsteine in den lang gezogenen Raum ragen. Der Name *Räucherboden* wurde dem Raum fälschlicherweise angehängt, hier wurde nicht geräuchert, sondern gekocht. Es handelte sich praktisch um kleine öffentliche Küchen, die noch einen weiteren Nutzen mit sich brachte: Der Rauch der Öfen stieg unter das Holzdach und machte das Gebälk haltbarer und brandfester (dieser Gebäudeteil war erst 1624 nach einem schweren Brand errichtet worden). Der Räucherboden stellt ein einzigartiges Beispiel für eine Art „städtisches *rookhus*" dar. Der Rauchgeruch ist übrigens heute noch deutlich wahrzunehmen. Über den „Hellen Gang" mit Blick auf den Kreuzgang gelangt man in den gegenüberliegenden Flügel im ersten Stock. Hier hängen die Porträts der Bürgermeister der Stadt, außerdem sind wechselnde Ausstellungen zu besichtigen. 1990 wurde im Keller des Klosters eine Hypokaustenheizung freigelegt, eine Art mittelalterliche Fußbodenheizung, die wahrscheinlich aus den Anfängen des Klosters stammt.

Mai–Okt. Di–So 10–18 Uhr, letzter Einlass 17.30 Uhr. Führung nach telef. Anmeldung unter ✆ 03831-294265. Eintritt 2,10 €, Studenten 1,70 €, Schüler 0,50 €. Die Öffnungszeiten sind leider als vorläufig zu betrachten, da das Kloster Jahr für Jahr um Fördermittel zu kämpfen hat. Ähnliches gilt für etwaige Führungen. Sollten keine Führungen angeboten werden, scheuen Sie sich nicht, den freundlichen und kompetenten Damen, die den Besuchsbetrieb ermöglichen, Ihre Fragen zu stellen.

Wer im **Stadtarchiv der Hansestadt Stralsund** zu tun hat oder es auch nur besichtigen will: Öffnungszeiten Mo–Do 9–17 Uhr. Am Johanniskloster 35, ✆ 03831-666466, Fax 666464, sta-stralsund@gmx.de.

Vom ehemaligen Johanniskloster gelangt man über die Schillstraße, die parallel zur nördlichen Stadtmauer verläuft, zur querenden Knieper Straße. Wenn man hier rechts abbiegt, steht man vor dem Kniepertor.

Entlang der Stadtmauer

Von den ehemals zehn Stadttoren der massiven mittelalterlichen Befestigungsanlage, die die Altstadt umschloss, sind gerade noch zwei erhalten: das Kniepertor und das Kütertor. Das *Kniepertor* stammt weitgehend aus dem 15. Jh. Außerhalb des Tores steht am *Olof-Palme-Platz* das Theater Stralsunds, das nach umfangreicher Renovierung in altem Glanz erstrahlt. Der Platz wurde übrigens bereits kurz nach dem Mord an dem schwedischen Ministerpräsidenten und Sozialdemokraten 1986 ihm zu Ehren umbenannt. Schräg gegenüber befindet sich die Statue *Ferdinand von Schills*. Der Husarenkommandant war 1809 bei dem Versuch, einen Aufstand gegen die französischen Truppen anzuzetteln, in der Fährstraße erschossen worden. Vom Kniepertor aus ziehen sich parallel zum Ufer des *Knieper Teichs* die erhaltenen Reste der wuchtigen Stadtmauern, deren Gewölbe heute zum Teil gastronomisch genutzt werden, Richtung Süden bis zum Kütertor. Gegenüber vom Kütertor beginnt auf der ehemaligen Bastion, von der nichts erhalten ist als der Name, eine Fußgängerbrücke, die quer über den Knieper Teich führt.

Das *Kütertor* wurde bereits 1281 erstmals erwähnt (die Stadtmauer seltsamerweise erst 1286). Der im Grundriss fast quadratische Backsteinbau, der sich bis heute über die Küterstraße spannt, stammt aus der Mitte des 15. Jh. Das Tor wirkt dank des hohen, von einem Türmchen gekrönten Dachs weniger wuchtig als das Pendant im Norden, daneben duckt sich stadteinwärts das historische *Torschließerhaus*. Durch das Kütertor zurück geht es die Heilgeiststraße hinein, bis die Mönchstraße kreuzt, hier rechts gelangt man zum ehemaligen Katharinenkloster.

Museen in der Mönchstraße

Katharinenkloster: Hinter den dicken Mauern des ehemaligen Dominikanerklosters aus dem 13. Jh. verbergen sich heute zwei bemerkenswerte Museen: das Deutsche Meeresmuseum und das Kulturhistorische Museum.

Deutsches Meeresmuseum: Die Geschichte des Deutschen Meeresmuseums begann 1951 mit einer kleinen Sammlung, die im Katharinenkloster ausgestellt wurde. Daraus entwickelte sich nicht nur das bedeutendste Museum der Stadt, sondern auch das meistbesuchte Museum Norddeutschlands. Neben den beiden Außenstellen Natureum am Darßer Ort (Fischland-Darß-Zingst) und dem Nautineum auf dem Dänholm (→ unten) ist nunmehr das Ozeaneum am Hafen (→ unten) entstanden, das die Attraktivität des Deutschen Meeresmuseums nochmals enorm steigert. Der äußere architektonische Unterschied der beiden großen Standorte des Deutschen Meeresmuseum ist offensichtlich: Hier in den altehrwürdigen Mauern des gotischen Klosters untergebracht, am Hafen eingefasst in spektakuläre moderne Architektur. Inhaltlich lässt sich die Unterscheidung am ehesten an der Wassertemperatur festmachen. Während sich das Ozeaneum den nördlichen Meeren Ost- und Nordsee bis hin zum Polarmeer widmet, werden im Katharinenkloster eher die tropischen Meere thematisiert.

In die riesige Halle der ehemaligen Kirche hat man zwei Zwischenebenen eingezogen und so deutlich mehr Ausstellungsfläche geschaffen, auch wenn dadurch der Eindruck des alten gotischen Kirchenbaus verloren geht. Präsentiert wird in dem didaktisch gut strukturierten Museum zunächst die Tiefseeforschung mit Originalbildern, Darstellungen von Tiefseefischen, Aquarien, altem Tauchgerät und einer Animation, die demonstriert, wie es so aussieht in den dunklen Tiefen des Meeres.

Diverse Schiffsmodelle sind zu sehen – u. a. die „Trieste“ des Schweizer Meeresforschers *Auguste Piccard* und *Jean-Jacques Cousteaus* berühmte „Calypso“ – sowie Modelle und Skelette von Robben, Seekühen, Schwertfischen, Thunfischen, Haien ... Und den Chor der alten Klosterkirche schmückt das 15 Meter lange und 1000 Kilo schwere Skelett eines Finnwals, der im Jahr 1825 vor Rügen strandete.

Ungewöhnlich: der Finnwal im Chor

Das erste Obergeschoss der Ausstellung ist ganz der Geschichte der Fischerei gewidmet: Vom ca. 2000 Jahre alten Einbaum bis hin zum Modell „Atlantik-Supertrawler“ aus dem Jahr 1980 sind die verschiedensten Methoden in Sachen Fischfang (z. B. Reusen-, Stellnetz-, Schleppnetzfischerei) sowie die dazugehörigen Gerätschaften zu sehen, dazu zahlreiche Modelle der entsprechenden Hochseeschiffe. Besondere Aufmerksamkeit erfährt dabei DDR-Fischereigeschichte – schon im Hof vor dem Eingang ist der *SAS 95* zu bewundern, Ostdeutschlands erster Fischkutter (namens „Adolf Reichwein“) nach dem Zweiten Weltkrieg, der bis 1969 im Dienst der DDR-Fischfangflotte stand.

Im zweiten Obergeschoss – unter dem Kirchendach – hat man eine bunte Sammlung zu verschiedenen Themen rund um das Meer zusammengetragen: Das Themenspektrum reicht vom Badeschwamm über die Korallenkette und die Gelehrigkeit von Delfinen bis hin zur Ölpest und ihren Folgen. Vom zweiten Stock geht es – vorbei an Ausstellungsvitrinen, die sich der Meeresvielfalt der Ostsee und besonders dem Raum um Rügen widmen – zum **Museumsshop** und dann die Treppen hinunter zum **Aquarium**: relativ klein und düster, allerdings mit großem Meeresschildkröten-Aquarium. Vom Aquarium die Treppen hinauf gelangt man ins **Bistro** (relativ preisgünstig).

Juni–Sept. tägl. 10–18 Uhr, Okt.–Mai nur bis 17 Uhr, Einlass bis 30 Minuten vor Schließung. Eintritt 7,50 €, Kinder/Studenten etc. 5 €, Kinder unter 4 Jahren frei, Familienkarte (2 Erw., 2 Kinder) 17 €, jedes weitere Kind 1,50 €. Audioguide 2 € (Sie müssen ein Ausweisdokument hinterlegen), gut angelegt sind die 1,50 € für einen **Museumsführer** (an der Kasse erhältlich). Katharinenberg 14–20, 18439 Stralsund, ✆ 03831-265010, 265060.

Für Meeresmuseum, Nautineum und Ozeaneum gibt es auch **Kombitickets**. Das Ticket für alle drei kostet 19,50 € (erm. 12,50 €), Meeresmuseum und Ozeaneum 18 € (11 €), Meeresmuseum und Nautineum 8,50 € (5,50 €).

Kulturhistorisches Museum: neben dem Meeresmuseum, ebenfalls im Komplex des ehemaligen Katharinenklosters untergebracht. Das älteste Museum in ganz Mecklenburg-Vorpommern gibt es bereits seit 1858, im Kloster befindet sich die Sammlung erst seit 1924. Die Ausstellungen beschäftigen sich mit der Geschichte Stralsunds und Vorpommerns und reichen von der Frühgeschichte bis in die Moderne. Gleich im ersten Raum stößt man auf zwei wertvolle gotische Altäre. Direkt im Anschluss beginnt die Abteilung für Ur- und Frühgeschichte mit diversen Skeletten und anderen Funden aus der so genannten *Lietzow-Kultur* (um 5200–4000 v. Chr.). Man sieht u. a. den Schädel eines Auerochsens, den man auf Rügen gefunden hat. Die Exponate aus der Jungsteinzeit umfassen Krüge und andere Behältnisse, Werkzeuge, Schmuck und Waffen. Das Highlight der gesamten Ausstellung bildet der **Goldschatz von Hiddensee** aus dem 9. Jh. (s. auch S. 245). Nach einem kurzen Exkurs zu Stralsunds Stadtgeschichte zu Zeiten der Hanse (wertvollstes Exponat ist hier der „Stralsunder Becher“, ein gotischer Murano-Glasbecher aus dem 14. Jh.) gelangt man ins *Sommerrefektorium* des Klosters aus der Zeit um 1500 mit seinen groteskenartigen Fresken im Gewölbe. Der Saal bietet heute den feierlichen Rahmen für Konzerte, Lesungen, Vorträge etc.

Das erste Obergeschoss widmet sich der jüngeren Stralsunder Geschichte: Die ältesten Exponate sind hier das Modell der Hansestadt Stralsund aus dem Jahr 1647 und die Fayencen aus der „Stralsunder Fayencenfabrique“ (1755–1792). Es folgen Portraits, Möbel, Uniformen, Waffen, Stadtansichten aus den verschiedenen Jahrhunderten, Schiffsmodelle sowie Spielkarten aus den überregional bekannten Stralsunder Spielkartenfabriken des 18./19. Jh. Besonders sehenswert sind einige komplett eingerichtete historische Räume: ein Biedermeierzimmer, ein Wäschezimmer von 1900, ein Wohn-/Esszimmer von 1927 und schließlich ein „DDR-Wohnzimmer“ aus dem Jahr 1970. Zahlreiche Gemälde und Grafiken, darunter auch Werke von *Caspar David Friedrich*, runden die Ausstellung ab.

Tägl. 10–17 Uhr, Nov.–Jan. Mo geschl. Eintritt 4 €, Kinder/Studenten 2 €, Kinder unter 6 Jahren frei. Familienkarte 12 € (2 Erw. und unbegrenzte Kinderschar unter 18 Jahren). Auch hier gibt es **Kombitickets**: Kulturhistorisches Museum, Museumshaus und Museumsspeicher 8 €, erm. 4 €, Familienkarte 16 €. Mönchstr. 25–27, 18439 Stralsund, ✆ 03831-28790, 📠 280060.

Zum Kulturhistorischen Museum gehören die Außenstellen **Museumshaus** (Mönchstraße 38, Näheres s. u.) und **Museumsspeicher** (Böttcherstraße 23, Nähe Jakobikirche → S. 80) sowie das **Marinemuseum** auf Dänholm (derzeit allerdings geschlossen). Das Deutsche Meeresmuseum umfasst neben den Ausstellungen im Katharinenkloster das **Ozeaneum** am Stralsunder Hafen, das **Nautineum** auf Dänholm (→ S. 82) und das **Natureum** am Darßer Ort (Fischland-Darß-Zingst).

Museumshaus: Folgt man der Mönchstraße ein Stück in südlicher Richtung, stößt man auf das Museumshaus, eine Außenstelle des Kulturhistorischen Museums. Das uralte Haus, dessen Gebälk sichtlich unter der Last der Jahrhunderte ächzt, ist selbst das Exponat der Museumsdependance. Um 1320 erbaut gehört es zu den ältesten Wohnhäusern der Stadt (und war bis 1979 bewohnt). Bei der in den 1990er Jahren erfolgten Sanierung ging es weniger darum, den mittelalterlichen Bauzustand komplett wiederherzustellen, vielmehr wurden die 650 Jahre, die dieses Haus bewohnt war, „sichtbar“ gemacht, z. B. durch das „Aufblättern“ von 20 Tapetenschichten. Zu sehen sind unter anderem der niedrige Keller und ein kleines Kontor.

Ein Gotteshaus wie eine Burg: die Marienkirche

Stralsund
Karten Umschlag hinten und S. 63

Der Höhepunkt des Rundganges befindet sich im Dachgeschoss: Hier steht ein gotisches Lastenrad, das nicht nur zu den ältesten Nordeuropas zählt, sondern auch noch funktioniert.

Tägl. 10–17 Uhr, Nov.–Jan. Mo geschlossen, Eintritt 4 €, erm. 2 € (Kombitickets → oben, Kulturhistorisches Museum). Mönchstr. 38, ✆ 03831-28790.

Marienkirche und Neuer Markt

Die Kirche St. Marien ein Gotteshaus zu nennen ist eigentlich eine Untertreibung, „Burg Gottes" trifft es besser. Wuchtig und wehrhaft erhebt sich der kolossale Backsteinbau über den Neuen Markt.

Die trutzige Kirche wurde erstmals 1298 erwähnt. Ihr Aussehen wurde in den folgenden Jahrhunderten jedoch so stark verändert, dass sich eine Baugeschichte nur schwer rekonstruieren lässt. Sicher ist, dass wesentliche Teile der heutigen Anlage Anfang des 15. Jh. entstanden, nachdem in den 80er Jahren des 14. Jh. der Kirchturm umfiel und auch Langschiff und Chor zerstörte. Damit ist St. Marien die letzte Backsteinbasilika im norddeutschen Raum und zählt insgesamt zu den bedeutendsten Bauten der Spätgotik. Von außen sieht man der Kirche kaum an, dass es sich um ein dreischiffiges, basilikales Langhaus handelt. Die wuchtigen, von kleinen Türmchen gekrönten Anbauten des Kirchturms erwecken den Eindruck eines Querschiffes, das aber nicht vorhanden ist. 1478 erhielt der Turm eine gigantische Spitze: 151 Meter hoch ragte er nun über die Stadt, weit sichtbar über Wasser und Land (zum Vergleich: heute sind es 104 Meter), 300 Zentner Kupfer waren nötig, um das spitze Dach zu decken. Aber es kam, wie es kommen musste: 1647 schlug der Blitz ein und zerstörte den babelartigen Aufbau. 1708 erhielt der Turm die barocke Haube, die auch heute noch zu sehen ist.

Anders als die massige Außenansicht gestaltet sich der Raumeindruck im Innern: Noch ausgeprägter als in der Nikolaikirche entfaltet sich die Höhenproportion der

Marienkirche: Bei einer Mittelschiffbreite von etwas mehr als zehn Metern geht es fast 33 Meter in die Höhe. Ein weiterer Unterschied zum Gotteshaus am Alten Markt ist die karge Ausstattung der Kirche. Kaum etwas lenkt ab von der erhabenen Wirkung des hohen Raums, mit Ausnahme des Orgelwerks. Das Mitte des 17. Jh. geschaffene Instrument ist ein Meisterwerk des norddeutschen Orgelbaus.

Von der Aussichtsplattform auf dem Kirchturm in 90 Metern Höhe hat man einen einzigartigen Blick über die Hansestadt, den Strelasund und Rügen. Das hoch liegende Dachgewölbe ist mit Führungen begehbar. Hierbei ist unter anderem ein mittelalterlicher Lastenaufzug zu sehen: ein Tretrad von sieben Metern Durchmessern, das noch immer funktionieren soll.

Marienkirche: Mai–Okt. 10–17 Uhr, Nov.–April 10–12 Uhr und 14–16 Uhr (zuletzt wegen Restaurierungsarbeiten eingeschränkt). Führungen durch das Dachgewölbe Di 15 Uhr und Do 15.30 Uhr; Turmbesteigungen während der Öffnungszeiten nur zur halben und zur vollen Stunde. Eintritt 4 €, erm. 2 €.

Vom Neuen Markt geht es über die Frankenstraße Richtung Hafen. Die **Frankenstraße** säumt ein Ensemble von Bürgerhäusern, deren unterschiedlich geartete Giebel einen interessanten Überblick über die Architekturformen zwischen Gotik und Barock vermitteln. Eine Seitengasse trägt übrigens den heute niedlich klingenden Namen *Unnütze Straße*, der wahrscheinlich auf die im Mittelalter hier ansässige Prostitution zurückgeht. In der Mitte der Frankenstraße führt über die Jakobiturmstraße ein Abstecher zur Jakobikirche, dem Museumsspeicher und dem Scharfrichterhaus.

Jakobikirche und Museumsspeicher

Die Dritte im Bunde der gotischen Backsteinkirchen Stralsunds ist die **Jakobikirche**. Die chorlose Hallenkirche wurde im 14. Jh. errichtet und später in eine dreischiffige Basilika umgebaut. Der 68 Meter hohe, im Gesamtbild strenge Turm zeigt sich bei näherem Hinsehen durch die glasierten Backsteine und das prachtvolle Blendwerk ornamental geschmückt. Die Jakobikirche hatte unter den Wirren der Jahrhunderte übrigens noch mehr zu leiden als ihre Schwestern, kaum ein Krieg, dessen Geschosse ihre Fassaden nicht getroffen hätten. Hinzu kamen Blitzschlag und Brände. Zuletzt wurde der Innenraum der Kirche restauriert.

Da St. Jakobi nicht mehr als Kirche genutzt wird, ist sie nur noch zu Veranstaltungen geöffnet, Infos in der Tourist-Information oder auf der zuletzt noch im Entstehen begriffenen Internetseite www.kulturkirche-stjakobi.de.

Das Scharfrichterhaus

„Wer klagen will, der klage fest" – seit dem 13. Jh. berichten die Stralsunder Chroniken von Scharfrichtern in Stralsund. Ihnen oblagen nicht nur die Folter, die „peinliche Befragung" von Angeklagten und das Hängen, Rädern, „decollieren" (Enthaupten) und Ertränken von Verurteilten, sondern noch vielfältige andere Aufgaben: Sie waren oft auch Gerichtsboten (daher auch die Namen Fron oder Büttel, mittelhochdeutsch *vrone* oder *bodel*) und Pächter der Abdeckerei (in Stralsund auch Rackerei genannt). Den Scharfrichtern unterstanden weiterhin das Glückspiel, die Prostituierten und die Bettler der Stadt. Außerdem hatten sie die (von ihren Knechten durchgeführte) Straßen-, Kloaken- und Marktreinigung zu organisieren. Kurzum: ein Amt für die „schmutzigen" Jobs. Aber auch wenn das Amt des Blutrichters einen gewissen Grad an Bildung und Verantwortungsbewusstsein voraussetzte (und manche Henker in den Chroniken als angesehene Bürger beschrieben werden), so war der Scharfrichter doch mit dem Makel der Ehrlosigkeit behaftet und lebte innerhalb mehr oder weniger engen sozialen Schranken. Zu manchen Zeiten war es ihm sogar verboten, mit anderen Bürgen an einem Tisch zu sitzen, oder er durfte nur innerhalb seines Berufstandes heiraten, woraus regelrechte Scharfrichterdynastien entstanden. Zudem war der Beruf nicht ungefährlich, sollte der Henker seine Kernkompetenzen nicht beherrschen. Die Chroniken berichten von Scharfrichtern, die ihren Delinquent nicht mit einem Schlag enthaupten konnten und daraufhin von wütenden Zuschauern verprügelt, in manchen Fällen sogar gelyncht wurden.

Das unscheinbare Gebäude, das Jahrhunderte lang die Stralsunder Scharfrichter beherbergte, befindet sich gegenüber der Kirche St. Jakobi, im Randbezirk zwischen Alt- und Neustadt (Papenstraße/Ecke Filterstraße). Wenn man vom Museumsspeicher darauf blickt, überrascht der gotische Blendengiebel an der Nordseite des Hauses, der allerdings nicht zur Straßenseite zeigt, sondern zum Nachbargrundstück. Dies kann als Indiz dafür angesehen werden, dass das Haus auch ursprünglich allein stand, was wiederum auf die soziale Stellung des Amtes verweist. Im südlichen Gebäudeteil war das Wohnhaus des Frons untergebracht, Anfang des 14. Jh. errichtet und nach dem großen Stadtbrand von 1680 wieder aufgebaut. Der nördliche, mit den Giebeln versehene Teil, wegen seiner dicken, ursprünglich fensterlosen Mauern „Turmhaus" genannt, wurde um 1412 angebaut und diente als Gefängnis. Dass das Gebäude erhalten blieb, neben dem Scharfrichterhaus Tallins das einzige im Ostseeraum, ist der Verdienst des Mecklenburger Geschichtslehrers Günther Stange, der das nahezu ruinierte Haus 1984 „entdeckte", seine Bedeutung erkannte und es erwarb. Mit großem persönlichen Einsatz und der Hilfe Stralsunder Bürger gelang es ihm gegen diverse bürokratische Widerstände, das Scharfrichterhaus zu erhalten.

Filterstr. 2 a/b. Das Haus ist normalerweise nur von außen zu besichtigen, gehört aber während des *Tags des Offenen Denkmals* zu den Highlights der Stadt (nach dem genauen Termin bei der Tourist-Information erkundigen). Wer sich für die Baugeschichte des Hauses und/oder das Amt des Stralsunders Scharfrichters interessiert, dem sei das erste Heft der *Schriftenreihe Stralsunder Denkmale*: *Das Scharfrichterhaus von Stralsund*, Greifswald 2004, empfohlen, das z. B. im Museumsspeicher zu erwerben ist.

Der **Museumsspeicher** ist eine weitere Außenstelle des *Kulturhistorischen Museums* und widmet sich der vorpommerschen Volkskunde. Auf drei Stockwerken sind Exponate aus handwerklicher Tradition zu sehen, wie z. B. Webstühle und Drehmaschinen, die Inneneinrichtung ländlicher Stuben, Trachten und Holzspielzeug. Im Erdgeschoss werden Sonderausstellungen zu volkskundlichen Themen präsentiert.

Tägl. 10–17 Uhr, Nov.–Jan. Mo Ruhetag. Eintritt 4 €, erm. 2 € (Kombiticket → oben, Kulturhistorisches Museum), Böttcherstr. 23, ✆ 03831-293382.

Am Hafen

Einst die Basis hanseatischer Macht, heute eine quirlige Flaniermeile. Von Kanälen umschlossen, setzt sich die Hafeninsel ein wenig ab und bleibt doch ein lebendiger Teil der Altstadt. Blickfang und Besuchermagnet verspricht das neue Ozeaneum zu werden, dessen spektakuläre Architektur einen gelungenen Kontrast zu den alten Speichern setzt.

Ob über Frankenstraße oder -wall im Süden, über Fährstraße oder -wall im Norden oder entlang einer der dazwischen liegenden Parallelstraßen: Richtung Osten führen alle Wege zum Hafen. Im südlichen Teil der Hafengegend, noch diesseits des Kanals, befindet sich das **Heilgeist-Kloster** samt gleichnamiger **Kirche**. Die Bezeichnung Kloster ist jedoch irreführend, denn hierbei handelt es sich vielmehr um ein 1256 gegründetes städtisches Spital, das sich der Armenfürsorge und der Krankenpflege widmete.

Über eine der Kanalbrücken gelangt man dann zum eigentlichen **Hafen**. Er verteilt sich auf die südlich gelegene Halbinsel und die nördliche Hafeninsel, die wiederum durch eine Zugbrücke über den trennenden Querkanal miteinander verbunden sind. Im Norden befindet sich der besonders im Sommer sehr belebte Yachthafen

Im Hafen liegt die Gorch Fock vor Anker

Die neue Rügenbrücke

und die Anlegestelle der Weißen Flotte. Von hier aus starten von Frühjahr bis Herbst die Fähren nach Hiddensee, Altefähr oder zu Hafenrundfahrten. Zwischen den riesigen backsteinernen Speichern (der eindrucksvollste ist wohl die Nummer fünf mit dem Koggenrelief an der Fassade) auf der einen und dem Strelasund auf der anderen Seite bildet der breite Kai eine hübsche Flaniermeile, teils mit Tischen und Stühlen der Bars und Restaurants bestückt.

Ozeaneum: Auch wenn das Ozeaneum bei Redaktionsschluss erst kurz vor seiner Eröffnung stand (Juli 2008), ist es keineswegs prophetisch zu behaupten, dass hier ein spektakulärer Besuchermagnet entstanden ist. Vier Gebäude, durch ein gläsernes Foyer miteinander verbunden, bilden einen architektonisch gelungenen Museumskomplex, der in interessantem Kontrast zu der historischen Hafenfront steht. Im ersten Gebäude befassen sich die Ausstellungen (voraussichtlich auch interaktiv) mit dem „Weltmeer“, der „Ostsee“ und der „Erforschung der Meere“. In den beiden nächsten Gebäuden sind die Aquarien untergebracht. Sie stellen vor allem die Lebensräume der Nordsee und der Ostsee sowie des Polarmeeres nach. 39 Aquarien mit einem Gesamtvolumen von sechs Millionen Litern Wasser werden es sein, das größte davon das Schwarmfischbecken mit einem Fassungsvermögen von 2,6 Mio. Litern. Das vierte Gebäude ist den Riesen der Meere gewidmet: Modelle von Walen in Originalgröße hängen im Raum, Klanginstallationen simulieren den Gesang der Meeressäuger. Auch eine Erlebnisausstellung („Ein Meer für Kinder“) ist geplant.

Ganzjährig tägl. 9.30–19 Uhr, Juni–Sept. 19–21 Uhr. Eintritt 14 €, erm. 8 €, Familie 2 Erw., 1 Kind 31 € bzw. 2 Erw., 2 Kinder 34 €. www.ozeaneum.de.

Es gibt auch **Kombitickets** für das Ozeaneum und/oder das Meeresmuseum und/oder das Nautineum. Das Kombiticket für alle drei kostet 19,50 € (ermäßigt 12,50 €, Familien 44,50 €), Ozeaneum und Meeresmuseum 18 € (11 € bzw. 40 €), Ozeaneum und Nautineum 15,50 € (9,50 €, 35,50 €).

Gorch Fock: Die stattliche Windjammer ist kein Nachbau der berühmten Gorch Fock, sondern das Vorgängerschiff. 1932 gab die Reichsmarine den Bau des Segelschulschiffes in Auftrag. Nach dem Stapellauf im Mai 1933 stand das Ausbildungsschiff in Dienst, bis der Krieg ausbrach. Kurz vor Kriegsende wurde der Großsegler versenkt, um ihn nicht in die Hände der Roten Armee fallen zu lassen, doch die Sowjet-Administration ließ das Schiff heben und wiederherstellen. Unter neuem Namen, *Towarischtsch*, „Kamerad“, fuhr es für die russische Handelsmarine. Schließlich erwarb ein Förderkreis den alten Windjammer und ließ sie wieder instand setzen. Ein ausgeschilderter Rundgang führt auf die Brücke und in den Funkraum, dann in den Kapitänssalon und unter Deck (etwas besorgniserregend: die Krankenstation). Zusätzliche Informationen liefert ein kleines Faltblatt, das man beim Kauf der Eintrittskarte erhält.

Mo–Fr 9–19 Uhr. Eintritt 3 €, Schüler 0,50 €, Kinder bis 12 Jahre frei.

Dänholm

Früher war Dänholm das Sprungbrett nach Rügen, in Zukunft wird die kleine Insel im Strelasund im wahrsten Sinne des Wortes im Schatten der neuen Brücke stehen.

Wer genügend Zeit hat, kann einen kleinen Abstecher unternehmen. Zwar ist Dänholm, einstmals von großer strategischer Bedeutung für Stralsund, heute ein wenig öde, aber es versteckt sich doch der eine oder andere Anlaufpunkt darauf – in erster Linie das Nautineum. Auf die Insel gelangt man über die Ziegelgrabenbrücke bzw. von Rügen aus über den alten Rügendamm, der trotz neuer Brücke weiterhin für den Verkehr geöffnet ist.

Nach der Ziegelgrabenbrücke geht rechter Hand die Straße auf die Insel ab, die nächste Abzweigung links führt zum Marinemuseum, geradeaus und bei der nächsten Gabelung rechts geht es auf den Kleinen Dänholm und zum Nautineum (links zum Hotel/Rest. Dänholm, s. o.).

Öffnungszeiten Ziegelgrabenbrücke: Die Brücke wird dreimal täglich (5.20, 9.15 und 17.20 Uhr) jeweils für 20 Min. für den Schiffsverkehr geöffnet.

Nautineum: In der Dependance des Deutschen Meeresmuseums sind die sperrigen Exponate untergebracht. Inhaltlich dreht es sich auf dem weitläufigen Gelände um Fischerei und Meeresforschung. Zu sehen sind u. a. ein Zeesboot (ein traditionelles Boot der Ostseefischer), ein Fischkutter, Seezeichen, eine Bootsbauerei und sogar die (begehbare) Unterwasser-Forschungsstation *Helgoland*. Flankiert werden die Großobjekte von Ausstellungen über Fangtechniken und Methoden der Meeresforschung.

Mai–Okt. tägl. 10–17 Uhr (Juni–Sept. eine Stunde länger, im Winter geschlossen). Eintritt 3 €, erm. 2 €, Kombiticket mit Meeresmuseum möglich. Kleiner Dänholm, ✆ 03831-288010, 📠 288020, www.meeresmuseum.de/nautineum.

Marinemuseum Dänholm, die maritime Außenstelle des Kulturhistorischen Museums wurde Anfang 2008 bis auf weiteres geschlossen. Ob und in welcher Form es wiedereröffnet werden soll, ist unklar.

Blick zurück: Stralsunds Silhouette von Dänholm aus gesehen

Lauterbach: beliebter Liegeplatz an der zergliederten Südküste

Rügen

Der etwa 2½ Kilometer breite Strelasund trennt die Hansestadt Stralsund und die ihr vorgelagerte Insel Dänholm von Deutschlands größter und – wie viele sagen – schönster Ferieninsel. Die neue Brücke ermöglicht die direkte und schnelle Überfahrt mit dem Auto.

Der alte Rügendamm, 1936 fertig gestellt, im Zweiten Weltkrieg gesprengt und nach dem Krieg wieder aufgebaut, war in den Sommermonaten regelmäßig ein Nadelöhr, vorzugsweise an den Wochenenden. Auf den Stau konnte man sich fast so verlassen wie auf die Öffnungszeiten der Ziegelgrabenbrücke. Abhilfe schuf die 2007 eröffnete *2. Strelasundquerung*. Die spektakuläre und architektonisch ansehnliche Schrägseilbrücke mit dem markanten, 126 Meter hohen Pylon misst insgesamt 4100 Meter Länge, wobei sich die Fahrbahn bis zu 42 Meter über das Wasser erhebt. Der alte Rügendamm wird allerdings weiterhin befahrbar bleiben.

Rügens Süden und Bergen

Die südwestliche Ecke Rügens, das Dreieck Altefähr, Zudar und Bergen, ist für viele Rügen-Reisende lediglich der letzte Abschnitt einer mehr oder minder langen Fahrt an den Urlaubsort. Die zentral gelegene Inselhauptstadt Bergen ist ein wichtiger Verkehrsknotenpunkt, hat aber auch einige Sehenswürdigkeiten zu bieten.

Wer es eilig hat, wird hinter der Rügenbrücke wahrscheinlich *Altefähr* links liegen lassen und auf der B 96 an *Rambin* und *Samtens* vorbeifahren. Bei Bergen teilt sich dann die Route und führt weiter in die beliebten Urlaubsorte. Wer sich vor dem ersten Strandgang ein bisschen mehr Zeit lassen will, kann sich auf dem nördlichsten Teil der *Deutschen Alleenstraße* über die Orte Gustow, Poseritz und Garz langsamer seinem Reiseziel nähern. Der Umweg lohnt sich: Sanft gewellte Hügel bestimmen die Landschaft in dieser Region. Die herrlichen Alleen führen vorbei an Wiesen und Äckern durch kleine, ländlich geprägte Dörfer. Auch *Garz* – die älteste Stadt der Insel – ist ein beschauliches Dorf geblieben. Südlich von Garz ragt mit zergliederter Küstenlinie die Halbinsel *Zudar* in den Strelasund.

In Rügens Mitte wird es dann städtisch: *Bergen* am Rugard, Insel-Hauptstadt und -Zentrum, verbreitet eher kleinstädtisches Flair, das aber auf eine angenehme Art und Weise. Mit der Marienkirche (um 1170) besitzt Bergen zudem die älteste Kirche der Insel. In der näheren Umgebung der Stadt befinden sich die beiden Festspielorte Rügens: Das Theater der Insel steht in *Putbus*, der überwiegend klassizistisch gestalteten „weißen Stadt", die auch einen sehr schönen Park besitzt. Das populäre Gegengewicht bildet *Ralswiek*, auf dessen herrlicher Freilichtbühne jedes Jahr die spektakulären Störtebeker Festspiele stattfinden. Südlich von Putbus liegt Lauterbach, Hafen der Ausflugschiffe auf die Insel Vilm und Standort einer großen modernen Marina.

Altefähr

Der Name verrät bereits viel über den kleinen Ort. Einstmals war Altefähr der Brückenkopf Stralsunds auf Rügen. Hier legten die Fähren aus der Hansestadt an (erstmals belegt 1240), und wer ohne lange Schiffspassage auf die Insel wollte, musste hier vor Anker gehen. Auch nachdem Stralsund nicht mehr in Besitz des Dorfes war, ließ der Fährbetrieb nicht nach. Die ersten Raddampfer der Ostsee liefen Altefähr an, und mit Aufkommen der Eisenbahn wurden auch Wagons über den kleinen Hafen nach Rügen verschifft. Mit dem Bau des Rügendamms 1936 aber wurde Altefähr gewissermaßen arbeitslos und seither von den meisten Reisenden im wahrsten Sinne des Wortes links liegen gelassen. Das Dorf wurde erst wieder in den 90er Jahren seinem Namen gerecht, als in zunehmendem Maße Tagesausflügler aus der Hansestadt die (nunmehr neue) Fähre für einen Kurztrip nach Rügen zu nutzen begannen. Heute verfügt Altefähr über eine kleine Marina, einen schmalen Badestrand und eine überschaubare, aber nicht uninteressante touristische Infrastruktur (Hotel, Restaurant, Camping, erwähnte Marina sowie Segel- und Surfschule).

Die Hauptattraktion Altefährs ist jedoch ironischerweise Stralsund. Schon Wilhelm von Humboldt schrieb, dass die Hansestadt von Rügen aus einen besonders schönen Anblick böte. Gemeint hat er wohl den Blick von Altefähr rüber nach Stralsund, denn „mit seinen hohen und gotischen Türmen, dem wunderbar gebauten Rathaus und den vielen spitzen Giebeln mit durchbrochenem Mauerwerk" bietet die Stadt von hier aus ein eindrucksvolles Panoramabild. Dem ist auch heute kaum noch etwas hinzuzufügen.

Sehenswert ist auch die hafennahe, aber hoch über dem Ufer stehende *St. Nikolaikirche* (15. Jh.) mit ihrer eigenwilligen Turmuhr. Diese ist nicht in der Mitte des Turmes und zur Front hin angebracht, sondern die zwei Zifferblätter befinden sich an der dem See zugewandten Seite übereck. Mittlerweile verwehren allerdings hohe Bäume einen Blick von fern auf die wunderliche Uhr.

• *Information* Die **Tourismus-Information Altefähr** befindet sich im „Haus am Sund", direkt am Hafen. Fährberg 9, 18573 Altefähr, ✆ 038306-75424, ℻ 75056, www.altefaehr.de.

• *Verbindungen* Die **Buslinie 2** des Stralsunder Nahverkehrs fährt bis nach Altefähr, am etwas abseits gelegenen Bahnhof hält die Regionalbahn **(RB 13 und RE 9)**, die von Stralsund über Bergen nach Sassnitz verkehrt (5–23 Uhr, fast jede volle Stunde).

Schiff: Mit der *Weißen Flotte* 7-mal tägl. nach *Stralsund* (nur Mai–Okt.), Erw. 2,50 € (hin/zurück 3,80 €), Kinder von 4–14 Jahren 1,30 € (2 €), Familien (nur Hin- und Rückfahrt) 10 €, Fahrrad 1,50 € (2,50 €). Infos unter Fährstr. 16, 18439 Stralsund, ✆ 03831-26810, ℻ 268130, www.weisse-flotte.com.

• *Übernachten* **Hotel Sundblick**, modern eingerichtetes Haus direkt unterhalb der Dorfkirche, mit Sauna, kein Restaurant. DZ mit Bad, TV und Frühstück 70 €, EZ 46 €, Zusatzbett möglich (15 €). Fährberg 8 b, 18573 Altefähr, ✆ 038306-7130, ℻ 7131, www.hotel-sundblick.de.

• *Camping* **Sund-Camp-Altefähr**, schöner Platz am westlichen Ortsrand, in Strandnähe, 150 Stellplätze, Erw. 5 €, Kinder 4–14 Jahre 2,05 €, Hund 2 €, Caravan (inkl. 2 Pers.) 20,50 €, Zelt 5,50 €, Pkw 3 €, Strom 1,50 €, in der Nebensaison deutlich günstiger, kleiner Laden, Fahrradverleih, ganzjährig geöffnet. Am Kurpark 1, 18573 Altefähr, ✆ 038306-75483, ℻ 60306, www.sund-camp.de.

• *Essen & Trinken* Die Hafengaststätte heißt passenderweise **Hol über**, Treffpunkt für Angler, Segler, Surfer und sonstige Gestrandete. Auch **Motorboot-Verleih** (50 €/Tag, 320 €/halber Tag) und Pension. Strandpromenade 1b, ✆ 038306-68038, ℻ 68038, www.holueber-altefaehr.de.

Außerhalb **Gaststätte Grahlerfähre**, auf der anderen Seite der B 96, am Bahnhof vorbei, auf die Alleenstraße und dann rechts. Einfache Gaststätte nahe am Wasser, von der Terrasse aus mit schönem Blick auf Stralsund, günstige Hausmannskost, auch einfache, preiswerte Ferienwohnungen (50 €/Tag), tägl. ab 12 Uhr, Mo Ruhetag. 18573 Grahlerfähre, ✆ 038306-75013.

• *Baden* schmaler, nicht wirklich schöner Strand direkt neben den Hafen.

• *Sport* **Sail & Surf Rügen**, großes Angebot, z. B.: Surfkurse für Anfänger (135 €/12 h), Fortgeschrittene (99 €/3 h) oder Kinder (95 €/10 h), auch Scheinerwerb möglich; zudem Kitesurfen (z. B. Anfänger 160 €/10 h) und Katamaran (z. B. Anfänger 230 €/12 h oder Umsteiger 120 €/4 h) sowie Segeln (auch SKS). Materialverleih (z. B. Brett 8 €/h, 20 €/Tag, Katamaran 25–30 €/h, 80–90 €/Tag, oder Kajak 10 €/h, 35 €/Tag). Auch Übernachtungsmöglichkeit im Jugendgästehaus in Altefähr. Eine Dependance befindet sich auf dem Mönchsgut bei Thiessow, dessen Haken als Rügens bestes Surfrevier gilt, sowie in Binz/Prora. Am Fähranleger, 18573 Altefähr, ✆ 038306-23253, www.segelschule-ruegen.de.

• *Sporthafen* knapp 50 Liegeplätze, relativ flacher Hafen (zwischen 90 cm und 2,5 m Tiefe), Kopf des Bollwerks nur für Fähren, ✆ 038306-75424.

▸ **Rambin und Samtens**: Die gängige Route, um zu den Ostseebädern, auf die Halbinseln oder auch nach Hiddensee zu gelangen, ist die B 96 nach Bergen. Auf dem Weg werden *Rambin* und *Samtens* meist nur passiert, tatsächlich mindert die viel befahrene Bundesstraße die Attraktivität der beiden kleinen Ortschaften. Ein Zwischenstopp kann sich dennoch lohnen, beispielsweise wegen des hübschen kleinen Dorfkerns von Rambin (erste Erwähnung 1246) mit seiner alten Backsteinkirche und dem *Rügener Bauernmarkt*. Auch die Kirche von Samtens (Anfang 15. Jh.) mit spätgotischen Wandmalereiresten und einem Dachturm, dessen Backstein-Fachwerk-Konstruktion ein wenig gestutzt wirkt, ist durchaus sehenswert. In Samtens zweigen schließlich zwei wichtige Verkehrsadern von der B 96 ab. Eine Landstraße führt nach Süden über Garz zur Glewitzer Fähre (Verbindung mit Stahlbrode auf dem Festland). Die andere Landstraße geht gen Norden. Sie bindet Rügens einsamen Westen an und reicht bis zur Wittower Fähre beziehungsweise nach Schaprode, dem „Sprungbrett" nach Hiddensee.

• *Verbindungen* **Bahn**: Regionalbahn **(RB 13)** bzw. -express **(RE 9)** nach und von *Stralsund* und *Bergen* und weiter nach Sassnitz zw. 4 und 23 Uhr zu fast jeder vollen Stunde.

Bus: An Schultagen 5-mal tägl. mit **Linie 41** von Samtens nach *Gingst*; 4-mal tägl. mit der **Linie 34** nach *Garz*.

• *Übernachten* **Hotel Die Insel auf Rügen**, (nahe Samtens) nach eigenen Angaben Rügens kleinstes Hotel (mit Restaurant), in einem ehemaligen, rohrgedeckten Bauernhof, fünf ungemein stilvoll eingerichtete Zimmer mit freigelegtem Dachgebälk. DZ mit Bad und Frühstücksbuffet 93 €, als EZ 78 €, in der Nebensaison deutlich günstiger, Jan./Feb. geschlossen. Sehr ruhig im Grünen etwas außerhalb von Götemitz gelegen, etwa 2 km südwestlich von Samtens; Anfahrt am besten von der B 96 zwischen Rambin und Samtens rechts ab, dann beschildert. OT Götemitz Nr. 27, 18573 Rambin, ✆ 038306-6110, ℻ 61133, www.die-insel-auf-ruegen.de.

• *Einkaufen/Essen & Trinken* **Rügener Bauernmarkt** in der **„Alten Pommernkate"** (Rambin), hier gibt es natürlich Kulinarisches vom Bauernhof (ganz hervorragend sind die Salami- und Käseprodukte), aber auch jede Menge Nippes und Mitbringsel (was sich bekanntlich nicht ausschließt): vom Buddelschiff über Strohpuppen bis zu Wohlfühl-Tee und Kerzenständern; auch ein Café ist angeschlossen. Die *Alte Pommernkate* liegt direkt an der Durchgangsstraße von Stralsund kommend rechts (das große rote Haus). Tägl. 8–18 Uhr. Hauptstr. 2 a, 18573 Rambin, ✆ 038306-62630, www.altepommernkate.de.

• *Fahrradverleih* **Fahrradhandel Heiden**, in Samtens, Fahrräder ab 5 €/Tag, Bring- und Holdienst im Umkreis von 15 km (ab 2 Rädern für 3 Tage kostenlos), auch Kinderräder und Zubehör; Mo–Fr 9–12 Uhr und 13–18 Uhr, Sa 9–12 Uhr. Stralsunder Str. 5, 18573 Samtens, ✆/℻ 038306-23964.

• *Sport* **Tiet un Wiel**, (in Samtens) größtes Sportzentrum auf der Insel, angeschlossen an das gleichnamige *Best Western Sporthotel*, Schwimmhalle, Fitnessbereich, Tennis-, Badminton- und Squash-Courts, Kegelbahn, Kletterwand usf. Bergener Straße 1, 18573 Samtens, ✆ 038306-2220, www.tiet-un-wiel.de.

▸ **Flugplatz Rügen** (bei Güttin): Rügen aus der Luft? Machbar und nicht einmal unerschwinglich. Nördlich von Samtens befindet sich der einzige Flugplatz der Insel. Ausgebaut wurde er 1992 (900 m Landebahn) und 1998 (Servicegebäude und Tower). Davor diente lediglich eine bucklige Wiese als Start- und Landebahn. Heute steigen hier Cessnas 172, 207 oder 210 vor allem für Inselrundflüge auf (vom 20-

Minuten-Kurzflug bis zum einstündigen Rund-um-Rügen-Flug). Möglich, aber kostenintensiv sind auch Charterflüge.

Tägl. geöffnet, Inselrundflüge ab 10 Uhr, gestartet wird ab zwei Passagieren und natürlich wenn Sicht und Wetter es zulassen. Preisbeispiele für Rundflüge: 20-Min.-Kurzflug (über Bergen und Binz) 34 €/Pers. (Kinder bis 10 Jahre 22 €); kleine Runde (Granitz, Prora, Stubbenkammer, 30 Min.) 51 €/Pers. (erm. 33 €); Rund um Rügen (inkl. Hiddensee und Stralsund, 1 h) 99 €/Pers. (erm. 66 €); in der Hochsaison dringend reservieren. Charterflüge möglich, aber teuer (Faustregel: 145 €/h), im Flughafen gibt es auch ein Restaurant, geöffnet 10–18 Uhr, kleine Gerichte sowie Kaffee und Kuchen für die besorgten Bodenständigen, auf der Terrasse oder hinter dem Panoramafenster mit Blick auf die Landebahn. Auch Fahrradverleih (5 €). Ostsee-Flug-Rügen, 18573 Güttin/Rügen, ✆ 038306-1289, ℻ 21159, www.Flugplatz-Ruegen.de.

Weiter nach Bergen → S. 93

▸ **Auf der alten Bäderstraße nach Garz**: Wenn man den Strelasund gerade überquert hat, biegt rechter Hand die alte Bäderstraße ab, heute der nördlichste Teil der *Deutschen Alleenstraße*. Die herrlichen Alleen ziehen sich durch eine sanft gewellte Felder- und Wiesenlandschaft. Immer wieder zweigen kleinere, ebenfalls Baum bestandene Straßen ab, die zu alten Gutshöfen und Herrenhäusern führen. Das erste Dorf, das man durchquert, ist **Gustow**, eine ländlich geprägte Ortschaft, dessen alte Kirche erstaunliche Fresken aus dem frühen 15. Jh. beherbergt (die Kirche ist meist verschlossen, Kontakt über das Pfarramt in Poseritz, s. u.). Kurz vor dem Ort geht eine Straße ab, die sich bald gabelt, um auf teils abenteuerlichen Pisten auf die **Halbinsel Drigge** bzw. nach **Prosnitz** zu führen. Die beiden dünn besiedelten Halbinseln schieben sich wie Riegel weit in den Strelasund hinein. An der Landspitze südlich von Prosnitz liegt die gleichnamige *Schanze*, eine Wallanlage, die von den Schweden angelegt wurde (und später auch von den napoleonischen Truppen genutzt und erweitert wurde), um die Wasserstraße besser zu überwachen. Trotz der Nähe zu Stralsund und der teils schönen Ausblicke auf die Hansestadt befindet man sich hier in einer recht abgeschiedenen Gegend. Ob sich die phasenweise holprige Anfahrt lohnt, sei dahingestellt; mehr als den ein oder anderen netten Spaziergang sollte man nicht erwarten.

Auf der Deutschen Alleenstraße

Weiter die Alleenstraße entlang erreicht man bald **Poseritz**, das seinem Nachbardorf nicht unähnlich ist. Leicht erhöht steht die *Marienkirche* mitten im

Dorf. Eigentlich dreischiffig geplant, wurde beim Bau am Anfang des 14. Jh. auf die Seitenschiffe verzichtet. So entstand auf einem Sockel aus großen Findlingen die backsteinerne Langhauskirche, die dennoch angesichts des kleinen Ortes viel zu groß geraten scheint.

Die Kirchen in Gustow und Poseritz sind meist verschlossen. Den Schlüssel für die **Marienkirche** gibt's im Pfarramt (auch Führungen möglich), Lindenstr. 1, ✆ 038307-201 (auch zuständig für die Kirche in **Gustow**).

• *Verbindungen* Mit **Buslinie 30** etwa 9-mal tägl. nach *Garz* und *Bergen* sowie in die andere Richtung nach *Stralsund* (Sa/So etwa 4-mal bzw. 3-mal).

• *Übernachten/Essen* **Gasthaus/Hotel Lindenkrug**, am nördlichen Ortsausgang von Poseritz ein Stück oberhalb der Kirche, ungekünstelter Landgasthof mit deftiger Küche rund um die „Poseritzer Kartoffel" (Hauptgericht ca. 10 €), im Sommer mit Gartenbetrieb. Gegenüber befindet sich das dazugehörige Hotel mit 36 Zimmern. DZ mit Bad, TV und Frühstücksbuffet 75 €, EZ ab 45 €, Hund auf Anfrage. Lindenstr. 27/28, 18574 Poseritz, ✆ 038307-251, ℻ 354, www.lindenkrugposeritz.de.

Gutshaus Kajahn, in Prosnitz, südlich von Gustow, sehr ruhig gelegenes Hotel. Im Sommer Cafégartenbetrieb im Schatten einer eindrucksvollen 350 Jahre alten Linde. DZ mit Bad, TV und Frühstück 82 €, EZ 60 €, 3er 117 € Mitte Dez. bis März geschlossen (außer über Silvester). Vor Gustow (von Altefähr kommend) links fahren und gleich wieder links (beschildert). Prosnitz 1, 18574 Gustow, ✆ 038307-40150, ℻ 40169 (oder ✆ 02835-3860, ℻ 3929), www.gutshaus-kajahn.de.

• *Reiten* **Reiterhof Groß Stubben**, knapp 2 km nördlich von Poseritz, neben Reitunterricht auch Geländeritte, Ausbildung in Springreiten und Dressur, Kutschfahrten, für Kinder auch Ponyreiten, außerdem Pensionsboxen und Ferienwohnungen. Groß Stubben, 18574 Poseritz, ✆/℻ 038307-262, www.reiterurlaub-auf-ruegen.de.

Garz

Als erster Ort der Insel erhielt Garz 1319 das Stadtrecht. Doch dieses Privileg scheint im Laufe der Jahrhunderte an der uralten Siedlung spurlos vorübergegangen zu sein. Garz ist ein Dorf geblieben.

Ruhig geht es in Rügens ältester Stadt zu. Es gibt eine Kirche und einen Dorfkrug, eine Poststelle befindet sich im kleinen Supermarkt. Die „Attraktionen" des Ortes liegen am südwestlichen Ortsrand: Neben dem *slawischen Burgwall* befindet sich das *Ernst-Moritz-Arndt-Museum*.

In slawischer Zeit war Garz, *Charenza*, ein Handelszentrum und neben dem religiösen Zentrum Arkona der wichtigste Ort der Insel. Es muss ein unwirtlicher Ort gewesen sein – glaubt man dem (sicherlich parteiischen) Bericht des christlichen Historiographen *Saxo Grammaticus* über die nach dem Fall Arkonas kampflos eingenommene Burg Charenza: Sie sei „von allen Seiten durch Sümpfe und Seen geschützt" und nur durch eine sumpfige Furt zu erreichen. „Wer hier aus Unvorsicht vom Weg abirrt, versinkt unfehlbar im tiefen Sumpf." Heute ist die Gegend um den imposanten Wall freilich weitgehend trockengelegt, die Überreste der Burg dienen nunmehr als kleiner Stadtpark.

Wie auch bei den anderen slawischen Wallanlagen auf Rügen hat der eigentümliche Hügel von Garz die Fantasie der Menschen im Laufe der Zeit beflügelt: Die Märchen folgen meist zwei verschiedenen Mustern. Entweder sie erzählen von einem Schatz, der wahlweise von einem heidnischen König, einer verwunschenen Prinzessin oder einer Hexe bewacht wird (und natürlich geht jeder gierige Griff nach dem Gold schief). Oder die Märchen drehen sich um ein ganzes Volk, den *Sidhe* Irlands nicht unähnlich, das unter der Erde lebt. Gerät man irgendwie in das Reich der Feen, Kobolde oder ähnlich unchristlicher Kreaturen, ist man gefangen, oft ohne es

Das 9er Eisen dabei?

zunächst zu wissen. Eine dieser Sagen handelt zum Beispiel von Musikanten, die in den Garzer Hügel gelangen, sich dort einem Fest anschließen und eine Nacht lang fröhlich feiern. Zurückgekehrt in die wirkliche Welt müssen die Unglücklichen feststellen, dass während der einen Nacht bei den Unterirdischen zehn lange Jahre ins Land gegangen sind.

Die zweite Sehenswürdigkeit ist dem bekanntesten Sohn der Stadt gewidmet (auch wenn er im Herrenhaus von Groß Schoritz, ein paar Kilometer südlich von Garz gelegen, geboren ist): das *Ernst-Moritz-Arndt-Museum* (zu Arndt → Geschichte, S. 25). Diverse Exponate, die Arndt betreffen (einige Erstauflagen seiner Publikationen werden hier präsentiert sowie sein Universitätstalar), werden flankiert von informativen Schautafeln über das Leben des Dichters. Außerdem sind in dem Museum einige interessante archäologische Stücke (z. B. aus dem Burgwall) ausgestellt. Auch die Geschichte des Burgwalles selbst wird beleuchtet, einschließlich der Hypothese, dass Garz einst eine Hafenstadt war (und damit der Garzer See hinter dem Wall der Ausläufer einer über viele Kilometer ins Land schneidenden Bucht, die heute verlandet ist).

Mai–Okt. Di–Sa 10–16 Uhr, Nov.–April Di–Sa 11–15 Uhr. Eintritt 1,50 €, erm. 1 €. An den Anlagen 1, 18574 Garz, ✆ 038304-12212.

Das Geburtshaus von Ernst Moritz Arndt liegt in *Groß Schoritz*, südlich von Garz. Arndts Vater hatte als Leibeigener für den Fürsten von Putbus in dem dortigen Herrenhaus gearbeitet. Heute hat hier die Ernst-Moritz-Arndt-Gesellschaft (www.ernst-moritz-arndt-gesellschaft.de) ihren Sitz, die das Arndt-Archiv verwaltet und Veranstaltungen ausrichtet.

Nördlich von Garz ist am Rande des Weilers *Karnitz* eine große Golfanlage entstanden. Im Osten von Garz führt die Deutsche Alleenstraße weiter nach Putbus.

- *Verbindungen* **Buslinie 30** fährt etwa 9-mal tägl. nach *Bergen* und in die andere Richtung nach *Stralsund* (Sa 4-mal So 2-mal).
- *Übernachten/Essen* **Gasthaus/Pension Zur Post**, neues Haus mit blauen Türen im Ortszentrum von Garz, im rustikalen Gastraum wird Hausmannskost serviert, auch einfache Zimmer (DZ 60 €, EZ 40 €), flexible Öffnungszeiten, besser vorher anrufen. Lange Straße 12, 18574 Garz, ✆ 038304-333.

Hotel Zur Kastanie, ca. 8 km nördlich von Garz in *Sehlen* gegenüber von der Kirche gelegen, im dazugehörigen Restaurant große Auswahl an Schnitzeln, aber auch Wild und Fisch, mittleres Preisniveau. Einfach ausgestattete Doppelzimmer mit Bad, TV und Frühstücksbüffet 75 €, EZ 55 €, zuweilen etwas ruppiger Service. Auch Fahrradverleih (7 €/Tag). Dorfstr. 24, 18528 Sehlen, ✆ 03838-209325, 📠 209327, www.kastanienhof-ruegen.de.

• *Golf* **Golfanlage Schloss Karnitz**, große, ruhig gelegene Anlage mit 18-Loch-*Challenge-Course* (Platzreife und Reservierung erforderlich) und 9-Loch-*Public-Course*, Preise z. B. 9-Loch Mo–Do 20 €, Tageskarte 33 €, Fr/Sa/So jeweils 33 € bzw. 39 €, auch Unterricht, zudem Driving Range und Materialverleih (tägl. 8.30–19 Uhr, in der Nebensaison ab 9 Uhr, und natürlich wetterabhängig geöffnet). Angeschlossen sind ein Restaurant und Ferienwohnungen (ab 85 €/2 Pers.). Von Süden kommend am Ortseingang links. Golfanlage Schloss Karnitz, 18574 Karnitz, ✆/📠 038304-12420, www.golfclub-ruegen.de.

• *Reiten* **Reitanlage Tegelhof**, großer Hof mit Reithalle unweit von *Sehlen*, Unterricht (auch Dressur und Springen), Ausritte, Kutschfahrten etc., auch Ferienwohnungen. Reitanlage Tegelhof, 18528 Sehlen, ✆ 03838-209307, 📠 209306, www.tegelhof-ruegen.de.

Weiter nach Bergen S. 93, nach Putbus S. 106

Halbinsel Zudar

Die Halbinsel wäre nahezu menschenleer, wäre da nicht der Verkehr, der im Sommer auf die *Glewitzer Fähre* zustrebt. Abseits dieser Verbindungsader, an der mit *Zudar* auch die größte Siedlung der Halbinsel liegt, wird es ländlich und einsam. Über einen nennenswerten Dorfkern verfügt der Ort Zudar eigentlich nicht, lediglich bei der Kirche befindet sich ein schönes Ensemble alter, freistehender Häuser. Die Laurentiuskirche war im 14. Jh. dank eines wundertätigen Marienbildes eine bedeutende Wallfahrtsstätte. Als jedoch ein Schiff voller Wallfahrer 1372 im Strelasund sank und keiner der Pilger überlebte, hatte die Wundertätigkeit der Madonna einen irreparablen Imageschaden erlitten und die Besucher blieben seither aus.

Zudar ist in seiner Einsamkeit und Abgeschiedenheit ein Paradies für zahlreiche Vogelarten. Ein pittoreskes Bild gibt die Kormoran-Kolonie auf dem Inselchen *Tollow* ab: Mitten in der südlichsten Ausbuchtung der Schoritzer Wiek sitzen die großen Vögel auf abgestorbenen Bäumen und bilden eine skurrile Silhouette. Am nordöstlichen Ende der Halbinsel trifft man am Rand des *Naturschutzgebietes Schoritzer Wiek* (nordöstlich des winzigen Dorfes *Zicker*) auf einen schönen Campingplatz, der in einem Kiefernwäldchen und dennoch direkt am Sandstrand liegt.

• *Verbindungen* **Glewitzer Fähre**: Mitte April–Okt. tägl. 6–20.10 Uhr, Mai–Sept. bis 21.40 Uhr. Pkw (inkl. Fahrer) 4,10 €, jede weitere Person 1,20 €, Kinder (4–11 Jahre) 0,80 €, Kinder unter 4 Jahren frei, Motorrad 3,40 €, Fahrrad 1,20 €. Auskunft Glewitzer Fähre ✆ 0172-7526836.

• *Camping* **Pritzwald**, schöner Waldcamping mit gut 300 Stellplätzen, in absoluter Alleinlage am Nordosteck der Halbinsel, direkt am Sandstrand, sympathische Leitung, mit kleinem Laden und Gaststätte *Kiek in* (natürlich auch für Nicht-Camper, zur Saison geöffnet, je nachdem was los ist). Erw. 6,10 €, Kinder 3–16 Jahre 3,60 €, Hund 1 €, Caravan 8,70 €, großes Zelt 6,10 €, kleines Zelt 5,10 €, Pkw 1,60 €, Strom nach Verbrauch, auch Ferienwohnungen (45–63 €/2 Pers.), Appartements (40 €/2 Pers.) und kleine Bungalows (33 €/2 Pers.). Geöffnet Ende März bis Ende Okt. Hinter Zudar links ab Richtung Zicker, dort wieder links halten und noch knapp 2 km. Campingplatz Pritzwald, 18574 Zudar, ✆/📠 038304-758.

• *Baden* Die Sandstrände Zudars befinden sich an der Ostküste der Halbinsel und sind dank ihrer abseitigen Lage meist nur spärlich besucht. Ein schöner Strand liegt am Rand des Naturschutzgebietes beim Campingplatz. Nach Süden hin wird der Strand steinig und um das Gelbe Ufer wieder zu einem Sandstrand. Kleine Badegelegenheiten befinden sich auch um den Palmer Ort, die Südspitze Zudars. Die Strände sind nicht überwacht, kein Strandservice.

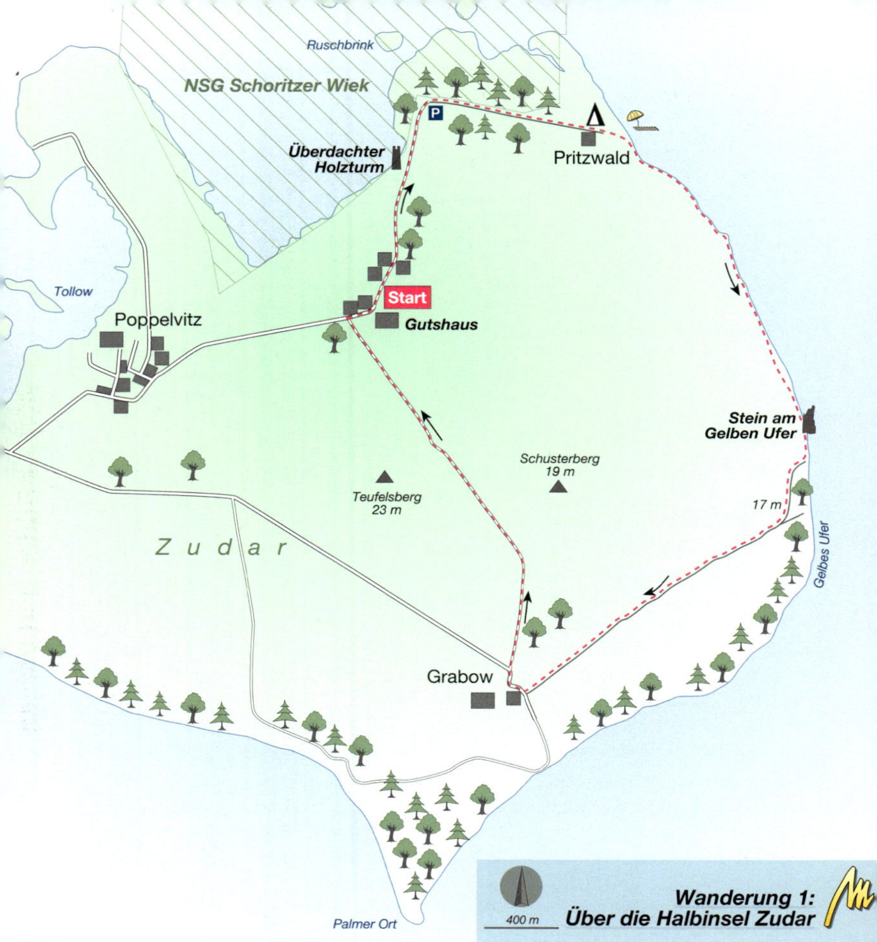

Wanderung 1: Über die Halbinsel Zudar

Charakteristik: einfache Wanderung, teils am Strand entlang, teils auf Feldwegen über die Halbinsel. **Länge/Dauer**: für die etwa 9 km sollte man wegen des schwierigen Untergrunds am Strand knapp 3 Std. veranschlagen. **Start/Anfahrt**: in Zicker vor dem alten Gutshaus (auf dem Weg Richtung Glewitzer Fähre hinter Zudar links abbiegen).

Wegbeschreibung: Vor dem zuletzt in Renovierung befindlichen **Gutshaus** geht es links auf den gepflasterten Weg und durch das Dorf. Am Ortsrand wird der Straßenbelag zu Platte. Von hier aus an Weiden entlang, wobei der Weg eine leichte Biegung beschreibt. Bald passiert man einen **Holzturm** zur Vogelbeobachtung, hier schöner Blick auf die Wiek. 200 m weiter geht es bei der Weggabelung rechts in den lichten Mischwald hinein. Nach einem Kilometer schnurstracks durch den Wald erreicht man den **Campingplatz**. Die Anlage durchqueren, zum schönen Sandstrand (Bademöglichkeit) und dann nach rechts. Der **Sandstrand** wird bald steinig (nicht einfach zu laufen, ein wenig Trittsicherheit vonnöten). Sandstreifen und Flächen mit farbigen, groben Kieselsteinen wechseln sich ab (teils von Seetang belegt). Wer genug vom Strandwandern hat, kann auf gleichem Weg wieder zurück zum Ausgangspunkt laufen, ansonsten geht es weiter am Wasser entlang bis zum Gelben Ufer.

Nachdem das Stein durchsetzte Ufer wieder zu einem schönen Sandstrand geworden ist, trifft man nach knapp 2 km (immer am Strand entlang) auf einen großen **Findling** (flankiert von einem kleineren). Ausnahmsweise hat dieser Granitblock keinen Namen, sondern heißt einfallslos „Stein am Gelben Ufer", und das obwohl er (wenn man von Norden kommt) ein Gesicht zu haben scheint, welches mit mürrischer Miene den Wellen entgegenblickt. Kurz hinter dem Stein erreicht man das **Gelbe Ufer**. Der hohe Uferabbruch verdankt seinen Namen der Farbe des Sandes, der seine Kante hinabbröselt. Ein verwachsener Fußpfad führt nahe der Abbruchkante hinauf bis zur höchsten Stelle (auf immerhin 17 m, mit schöner Aussicht). Eine leichtere Variante biegt bereits kurz hinter dem Findling ab, führt vom Ufer weg und verläuft landwärts auf einem Feldweg, der zunächst parallel zum Wäldchen am kleinen Hochufer entlangführt und sich dann nach rechts wendet (hier zweigt ein Pfad links zu genanntem Aussichtspunkt ab).

Der Feldweg geht nun vom Meer abgewandt entlang sanft gewellter Felder geradewegs nach **Grabow** (vom Gelben Ufer ca. 2 km). In dem halbverlassenen Weiler rechts halten (genauer gesagt: am rechten Ortsrand entlang) und wieder nach Norden wenden. Hinter dem nördlichen Ortsausgang gabelt sich der Weg, hier erneut rechter Hand (eigentlich geradeaus). Auf dem Plattenweg gelangt man nach ca. 2½ km zurück nach **Zicker** (bei der T-Kreuzung im Ort rechts zum Ausgangspunkt).

Bergen

Bergen bildet nicht nur die geographische Mitte Rügens, sondern ist auch „Hauptstadt" und wirtschaftliches Zentrum der Insel. Der historische Ortskern mit Marktplatz, Marienkirche und altem Klostergelände versprüht sympathisches Kleinstadtflair.

Geschäftig geht es zu im Stadtzentrum von Bergen rund um den Markt. Dass der abschüssige, unsymmetrische Platz nur zum Teil verkehrsberuhigt ist, stört kaum, wenn man am oberen Teil auf einer der Caféterrassen sitzt und sich das Treiben in Ruhe anschauen kann. Umgeben wird der Marktplatz von einem wahllos aneinander gereihten, aber ansehnlichen Häuserensemble: hier ein bisschen Backstein, dort eine strahlend weiße Fassade, hübsche Giebel oder ein schmuckes Erkertürmchen neben funktionalem Nachkriegsdesign. Unter ihnen befindet sich auch das bemerkenswerte *Benedix-Haus*, ein hübsches Fachwerkgebäude, das als das älteste erhaltene Wohnhaus Rügens gilt (erbaut Anfang des 17. Jh.) und heute die Touristeninformation beherbergt. Nur ein paar Schritte weiter, im Rücken des Benedix-Hauses wird es ruhig und idyllisch. Um die prächtige Marienkirche, eine der bedeutendsten Kirchen im norddeutschen Raum, verteilen sich ein paar schmucke niedrige Häuser mit blühenden Vorgärten und die alten, sorgsam restaurierten Gebäude des ehemaligen Nonnenklosters. Im Klosterhof befinden sich heute eine Schauwerkstatt samt Café mit Sitzgelegenheiten hinter der Kirche sowie ein kleines, sehenswertes Stadtmuseum.

Die mit etwa 15.000 Einwohnern größte Stadt der Insel liegt am *Rugard*, mit über 90 Metern über dem Meeresspiegel sozusagen das „Zentralmassiv" Rügens. Bereits zu germanischer Zeit befand sich an dieser exponierten Stelle eine Kultstätte. Die Slawenfürsten ließen im 9. Jh. auf dem Rugard (aus slaw. *ruja* und *gard*, „Rügenburg") eine wehrhafte Wallanlage errichten. Die nächste Großbaustelle stiftete der nach dem Fall von Arkona christianisierte Fürst Jaromar: Er initiierte den Bau der *Marienkirche* (möglicherweise bereits 1170, das damit älteste Gotteshaus Rügens). Wenige Jahre später bezogen Zisterziensernonnen aus Roskilde (Dänemark) das nebenan errichtete Kloster (1193), das ursprünglich die Residenz des Fürsten werden sollte. Das Kloster und die imposante Kirche zogen im Laufe der Jahre zahlreiche Siedler und Handwerker an. Aus der mittelalterlichen Baustelle wurde ein prosperierender Marktflecken. Die Siedlung hieß zunächst *Gora* (slaw. „am Berg"), der Name wurde später einfach ins Lateinische zu *monte in Ruia* oder *villa montis* und schließlich ins Deutsche übersetzt (*Berghen in terra Ruye*) – urkundlich erstmals im frühen 14. Jh. erwähnt. 1613 erhielt Bergen das Stadtrecht. Immer wieder zerstörten schwere Brände die Ortschaft – 1445, 1538, 1563, 1621, 1690, 1725, 1726 – an sich nichts Ungewöhnliches in mittelalterlichen Ballungsräumen. Dass die Feuer aber in Bergen stets ein verheerendes Ausmaß annahmen, liegt an der für Rügen eher ungewöhnlichen Wasserknappheit in unmittelbarer Umgebung der Stadt. Allein der Brand von 1690 zerstörte 100 Häuser.

Heute wird das kleine historische Ortszentrum von einem für Kleinstädte typischen Gürtel aus Gewerbegebiet und Wohnsiedlungen umgeben, darunter die vielleicht jüngsten Plattenbauten der Republik (fertig gestellt 1990 und keineswegs grau). Am nordwestlichen Stadtrand liegt auf der anderen Seite der Bundesstraße der *Nonnensee*. Er ist weder alt noch jung, denn 1967 trockengelegt, fiel Ende 1993 das Schöpfwerk aus und das Wasser kehrte zurück. Seither wurde er renaturiert, zahlreiche Vogelarten haben das idyllische Naherholungsgebiet (um den See herum ist ein etwa fünf Kilometer langer Weg angelegt) schnell angenommen und nutzen es als Brut- und Ruhestätte. Einen Spaziergang wert ist auch der Wald auf dem Rugard, durch den ein Naturlehrpfad führt.

Information/Verbindungen

• *Information* **Touristen-Information Bergen**, direkt am Markt im schönen Fachwerkgebäude (Benedix-Haus), auch Ticketverkauf (z. B. Störtebecker-Festspiele oder Fähren), Mo–Fr 10–18 Uhr, Juli/Aug. auch Sa 10–13 Uhr. Markt 23, ✆ 03838-811276, ℻ 811127, www.stadt-bergen-auf-ruegen.de.

Tourismuszentrale Rügen, die Inselschaltzentrale in Sachen Tourismus (der allgemeine Publikumsverkehr für Bergen läuft über oben genannte Touristen-Information), freundlich und kompetent, zudem die erste Adresse bei der Zimmervermittlung. Markt 4, ✆ 03838-80770, ℻ 254440, www.ruegen.de.

• *Verbindungen* **Bahn**: Regionalexpress nach und von *Stralsund* und weiter nach *Sassnitz* zw. 5 und 23 Uhr zu fast jeder vollen Stunden (letzter Zug ab Stralsund 23.04 Uhr, ab Bergen in beide Richtungen gegen 23.30 Uhr). Die Regionalbahn (**RB 14**) nach *Binz* und retour ebenfalls stündlich. Außerdem **IC-Anschluss** (nach Binz bzw. zum Festland).

Bus: Bergen ist auch das Zentrum des öffentlichen Insel-Nahverkehrs, in der Stadt treffen sich (fast) alle Linien, hier die Zusammenfassung: **Linie 23** nach *Sassnitz* auch via *Binz*, werktags 5-mal, Sa/So 7-mal (sowie jeweils 2-mal tägl. weiter zum Königsstuhl). **Linie 24** über *Sellin*, *Baabe*, *Göhren* und *Middelhagen* nach *Thiessow* mindestens stündlich (ca. 6-mal tägl. mit Umweg über *Groß Zicker*). **Linie 28** nach *Binz* via Prora 5-mal täglich (Sa/So 1-mal). **Linie 30** 15-mal nach *Putbus*, etwa 9-mal tägl. weiter über *Garz* nach *Stralsund* (Sa/So 4-mal bzw. 3-mal). **Linie 33** 7-mal via Garz auf die Halbinsel Zudar (Sa/So 2-mal).

Der Marktplatz in Bergen

Linie 35 via *Trent* nach *Schaprode* (und damit nach Hiddensee) unter der Woche ca. 11-mal tägl., Sa/So 6-mal. **Linie 38** werktags ca. 8-mal von und nach *Waase* auf Ummanz via *Gingst* (Sa/So 3-mal). Und schließlich: **Linie 110 (Rugia-Reisen)** 10-mal tägl. (Sa/So 4-mal) via *Ralswiek, Sagard Bobbin, Glowe, Juliusruh, Altenkirchen* und *Wiek* nach *Dranske*.

Stadtverkehr mit der **Linie 32**.

- *Parken* kostenpflichtiger Parkplatz auf dem Markt, allerdings oft überfüllt, einzelne kostenpflichtige Stellplätze entlang der Zufahrtsstraßen zum Markt, großer kostenloser Parkplatz gegenüber dem Parkhotel Rügen (nicht Di und Do tagsüber: Wochenmarkt).
- *Taxi* ✆ 03838-252627
- *Autoverleih* **Autohaus Eggert**, die Leihwägen können auch am Bahnhof abgeholt und -gegeben werden. Stralsunder Chaussee 21 und Tilzower Weg 23, ✆ 03838-80300 (Zentrale), www.auto-eggert.com.
- *Fahrradverleih* → „Aktivitäten"

Übernachten/Essen (→ Karte S. 97)

**** **Parkhotel Rügen (9)**, etwas unterhalb vom Zentrum (vom Marktplatz die Marktstraße und dann die Dammstraße hinunter, ca. 500 m), ruhige Lage an einem nett angelegten kleinen See. Modernes 154-Zimmer-Hotel, auch Tagungshotel (diverse Räumlichkeiten), mit Bar und Restaurant. Die Zimmer in moderner, heller Ausstattung mit Bad und TV. Großer Wellness-Bereich im EG mit Beautyfarm (auch Massage, Ayurveda, Shi Tao etc.), Sauna, Dampfbad, Fitnessraum und Solarium, im Angebot verschiedene Arrangements, u. a. auch Nordic Walking und Fahrradverleih. EZ 84 €, DZ 124 €, inkl. Frühstück, ab 3 Tage Aufenthalt ca. 10–15 % günstiger. Stralsunder Chaussee 1, 18528 Bergen auf Rügen, ✆ 03838-8150, 📠 815500, www.parkhotel-ruegen.de.

Hotel/Restaurant Am Rugard (1), zu Füßen des Ernst-Moritz-Arndt-Turms und damit recht ruhig (zumindest abends befindet sich das freundliche Hotel in herrlich ruhiger Lage im Wald), 18 Doppelzimmer (DZ mit Bad und TV 89 €, EZ 62 €, Frühstück 8 €/Pers., in der Vorsaison deutlich günstiger), im Haus auch Sauna. Gutes Restaurant, für das Gebotene nicht zu teuer, pommersche Spezialitäten (z. B. der Pommersche Wickelbraten mit Backpflaumenfüllung), auch mal in raffinierten Variationen (die Kirschsauce zum Hühnerbrustfilet, auch feine Fischküche), zudem Cafébetrieb auf der Terrasse mit Blick auf den Turm, mittags und abends geöffnet. Zu Fuß 10 Min. zum Markt. Rugardweg 10, 18528 Bergen auf Rügen, ✆ 03838-20190, 📠 201919, www.rugard.de.

Romantik Hotel Kaufmannshof Hermerschmidt (4), im Zentrum, nur wenige Schritte vom Marktplatz. Schöne Anlage mit Terrasse im Innenhof, leider an viel befahrener Straße, deshalb am besten ein Zimmer zur Seite oder nach hinten hinaus nehmen. Sehr stilvolles Restaurant „Kontor" mit historischem Inventar, leicht gehobenes Preisniveau, mittags und abends geöffnet. Zimmer mit Bad, TV und z. T. französischem Balkon, EZ 60–90 €, DZ 90–130 €, 2er-Appartement 110–140 €, jeweils inkl. Frühstück. Bahnhofstr. 6–8, 18528 Bergen auf Rügen, ✆ 03838-80450, 📠 804545, www.kaufmannshof.com.

Hotel/Restaurant Ratskeller (5), traditionsreiches Haus direkt am Markt, 57 komfortable Zimmer, DZ mit Bad, TV und Frühstücksbuffet 90 €, EZ 55 €, Hund 5 €, mit Tiefgarage, in der Nebensaison deutlich günstiger. Mit Restaurant, mittags und abends, mittlere bis gehobene Preisklasse, mit schönem Blick auf Bergens Zentrum. Markt 27, 18528 Bergen auf Rügen, ✆ 03838-23112, 📠 23156.

Brasserie Apfelbäumchen (2), sehr hübsches Lokal, im Sommer tägl. ab 9 Uhr, im Winter tägl. ab 10 Uhr, ob zum Frühstück, zu Kaffee und Kuchen, auf ein Bier oder einen Cocktail, auch warme Speisen. Gemütlich eingerichtet, entspannte Atmosphäre. Markt 3, ✆ 03838-8227744.

Bibo ergo sum (3), netter Name für eine nette Kneipe, gemütlich und hip, junges Publikum, Cocktails ab 5 €, am Wochenende Live-Musik und/oder DJs (dann 2,50 € Eintritt), nette Sitzgelegenheit zum Markt hin, auch große Auswahl an gutem und günstigem Essen, bis spät abends geöffnet. Markt 14, ✆ 03838-2552259, www.biboergosum.de.

• *In der Umgebung* **Tipp: Gutshaus Kubbelkow**, ausgezeichnetes Restaurant in schönem altem Gutshaus, umgeben von einem weitläufigen Park am Rand von Klein Kubbelkow, innovative Küche aus regionalen Produkten in stilvollem Ambiente, Menu ab 36 €, Feinschmeckermenu ab 57 €, Hauptgerichte um 20 €, sehr freundlich, etwa 3 km südwestlich von Bergen, tägl. ab 18 Uhr, So auch mittags, Reservierung empfehlenswert, Di Ruhetag. Auch Hotel, 2 stilgerecht eingerichtete DZ (120 €/Tag) sowie 4 Suiten (160–190 €/Tag) stehen zur Verfügung. Im Dorfe 8, 18528 Klein-Kubbelkow, ✆ 03838-8227777, www.kubbelkow.de.

Aktivitäten/Einkaufen

• *Einkaufen* **Schauwerkstatt im Klosterhof (7)**, Kunstkeramik und Kerzendreherei, aber auch Süßes (Marmelade, Likör, Honig) und andere regionale Produkte, hier befindet sich auch ein **Café** im gemütlichen Innenraum sowie auf der herrlichen Terrasse hinter der Kirche; Mo–Fr 10–18 Uhr, Sa 10–16 Uhr, außerhalb der Saison Mo–Fr 10–16 Uhr, Sa 10–13 Uhr. Billrothstr. 20, ✆ 03838-828356.

Insel-Buchhandlung (6), große Auswahl an Literatur zu Rügen sowie alle relevanten Karten, in der Passage am Brinken. Bahnhofstr. 65, 18528 Bergen auf Rügen, ✆ 03838-22375.

Bioladen Butterblume, Naturkost von der Insel, genauer gesagt vom Hofgut Bisdamitz, auch Öko-Imbiss, Mo–Sa 9–18 Uhr. Bahnhofstr. 56, ✆ 03838-828757, www.hofgut-bisdamitz.de.

• *Fahrradverleih* **Zweirad Kresse (8)**, Trekkingräder und MTB, topp in Schuss, 7 €/Tag, auch Kinderräder, Anhänger und Zubehör; Mo–Fr 9–18 Uhr, Sa 9–12 Uhr. Dammstr. 31, 18528 Bergen auf Rügen, ✆ 03838-256620 📠 256621.

• *Sport* **Tennis**, Plätze am Rugard. Rugardstr. 13, ✆ 03838-252488.

Nordic Walking, Einführungskurse und Touren bietet das **Parkhotel Rügen** an, Adresse s. oben.

Go-Kart- und Buggy-Bahn, etwas außerhalb (Richtung Jasmunder Bodden/Buschvitz, OT Zittvitz), *no limits* außer: Elektro-Autos ab 3 Jahre, Buggy ab 6 Jahre, Go-Kart ab 8 Jahre; in der Saison tägl. ab 10 Uhr, ✆/📠 03838-209485, www.ruegen-gokart.de.

Sommerrodelbahn, am Rugard, es geht 27 Höhenmeter über eine Länge von 700 m hinab, mit Sprung, Steilkurven, Schleifen und allem was dazugehört, Erw. 2 €, Kinder 1,50 €; Nov.–März ab 13 Uhr (bis zu Sonnenuntergang) April–Okt. 10–18 Uhr (Juni–Aug. bis 19 Uhr). Rugardweg 7, ✆ 03838-828282, www.inselrodelbahn-bergen.de.

Wandern, ein etwa 5 km langer Wanderweg führt um den schönen *Nonnensee*, Parkplatz an der B 96 nach Ralswiek, im Spätsommer vor allem bei Vogelbeobachtern beliebt (auch Aussichtspunkte). Außerdem verläuft ein netter Spaziergang auf einem *Naturlehrpfad* rund um den Rugard (Infotafel am Turm).

Reiten: *Appaloosazucht und Reitbetrieb „Angelika Pisch"*, nördlich von Bergen nahe dem Nonnensee gelegenes Gestüt. Geführte Ausritte, Tagesausritte, Reitunterricht (Western) und Ponyreiten für Kinder, auch Gastboxen und Ferienwohnungen. Stadthof 2, 18528 Bergen auf Rügen, ✆ 03838-315928, 📠 315928; www.westernreiten-ruegen.de

Sehenswertes

Marienkirche: Der imposante Backsteinbau (eine Kirche „aus gebranntem Stein", wie es in der Gründungsurkunde heißt) ist die älteste Kirche Rügens (Baubeginn zwischen 1170 und 1180). Noch heute ist die Grundanlage der romanischen Basilika mit Querschiff und abgerundeter Apsis erkennbar. Während Restaurationsarbeiten im 15. Jh., wahrscheinlich auf Grund von Brandschäden nötig geworden, wurden die gotischen Elemente in Kirchenschiff und Apsis eingefügt, auch das Kreuzrippengewölbe sowie der Turm stammen aus dieser Zeit. Die Ausstattung hingegen zeigt sich überwiegend barock.

Besonders beeindruckend sind die romanischen Fresken, die Chorraum und Apsis fast vollständig bedecken. Auf der einen Seite des Chors ist das Paradies dargestellt (idyllisch: Pflanzen mit menschlichen Gesichtern symbolisieren die Seelen der

Erlösten), auf der anderen Seite das Fegefeuer (drastisch: der Erzengel Michael mit der Seelenwaage, wer für zu leicht befunden wurde, brennt im Fegefeuer, wird vom Leviathan verschlungen und auf grausigste Weise gemartert). Außerdem zieren Heiligendarstellungen und biblische Szenen die Wände.

Problematisch an den romanischen Wandmalereien ist allerdings genau diese Lückenlosigkeit der Darstellung. Die Fresken wurden nämlich erst im 19. Jh. unter neueren Farbschichten entdeckt und während Restaurierungsarbeiten zwischen 1896 und 1902 zu großen Teilen „nachempfunden". Sie sind damit ein gutes Beispiel für den Umbruch in den Zielsetzungen der Denkmalpflege. Traditionell dominierte das Bestreben zu historisieren, während die reine Konservierung des Vorhandenen im Hintergrund stand. Der Chefrestaurator, der der alten Schule angehörte, füllte die Lücken in den Fresken einfach aus, um ein Bild zu erhalten, wie es einst gewesen war (teils allerdings mit viel Fantasie, so dass wahrscheinlich auch der Stil niederländischer Künstler des 17. Jh. in die romanischen Malereien eingeflossen ist). Seine jüngeren Mitarbeiter hingegen versuchten (heimlich) den Originalbestand der unter dicker weißer Tünche gefundenen Fresken zu dokumentieren. Die Ergänzungen des rigorosen Restaurators sind im Laufe des letzten Jahrhunderts arg verblasst – so überschäumend sein Eifer war, so mangelhaft war sein Wissen über die mittelalterliche Technik der Farbherstellung. Die Ausmalungen des Langhauses wurden noch vor dem Fund der romanischen Fresken vorgenommen und entsprechen lediglich groben Schätzungen anhand spärlich vorgefundener Reste. Nichtsdestotrotz sind die Malereien ein imposantes Beispiel der romanischen Freskenkunst und unbedingt sehenswert. Seit kurzem stehen erneut umfangreiche Restaurierungsarbeiten an, die sich voraussichtlich bis 2012 hinziehen werden.

Noch vor der Besichtigung kann man einen Blick auf das vielleicht älteste Stück der Marienkirche werfen: den Jaromarstein. Auf der Granitplatte, die in die Fassade eingelassen ist (vor dem Portal stehend links), ist das Relief eines Mannes zu sehen. Es wird vermutet, dass es sich dabei um die Darstellung Jaromars handelt.

Zuletzt werktags 10–18 Uhr, Sa 10–16 Uhr; So zu den Gottesdiensten und natürlich bei Veranstaltungen, außerhalb der Saison eingeschränkte Öffnungszeiten, voraussichtlich Mo–Fr 10–16 Uhr.

Stadtmuseum im Klosterhof: Ende 2001 wurde das Stadtmuseum in den Räumen des sorgsam renovierten ehemaligen Klostergebäudes eröffnet. Das Kloster hatte vom Erstbezug durch die Zisterziensernonnen aus Roskilde 1193 bis zur Museumseröffnung eine wechselhafte Geschichte hinter sich. Die Reformation setzte dem Zisterzienserkloster hart zu, im Zuge der Säkularisierung wurde es dem pommerschen Herzog zugeschlagen. Es heißt, die renitenten Nonnen hätten aus Protest gegen Herzog und lutherische Ketzer die Kirche besetzt und den reformierten Pfarrer so gezwungen, seine unkatholischen Predigten im Freien zu halten. Aber es half nichts. 1541 wurde das Kloster in ein Fräuleinstift, eine „Zuchtschule für adelige Jungfrauen" umgewandelt. Des Öfteren wurde das Kloster von Truppen besetzt (während des Dreißigjährigen Krieges, des Napoleonischen Krieges, schließlich von der Roten Armee). Das ehemalige Kloster zerfiel, brannte aus und wurde wieder aufgebaut, renoviert und saniert. In den 1980er Jahren wurde der Grund neben der Kirche zu städtischem Eigentum.

In teils lockerer Anordnung sind heute im schönen Stadtmuseum Funde zur Kloster- und Inselgeschichte zu sehen. Die Ausstellungen umfassen bronzezeitliche Stücke, informative Schautafeln zu den slawischen Göttern, Alltagshistorisches, Expo-

Drastisch: Darstellung des Fegefeuers

nate aus der Schwedenzeit und natürlich zur Geschichte des Zisterzienserklosters. Wechselnde Kunstausstellungen sind im zweiten Stock untergebracht.

Mai–Okt Di–Sa 10–16.30 Uhr, im Winterhalbjahr eingeschränkt. Eintritt 2 €, erm. 1 €. Museum der Stadt Bergen auf Rügen, Im Klosterhof, Billrothstr. 20 a, 18528 Bergen auf Rügen, ☏/℻ 03838-252226.

Ernst-Moritz-Arndt-Turm: Ursprünglich war ein martialisches Hünengrab vorgesehen, alternativ eine Heldenhalle, um den (zumindest im 19. Jh.) berühmtesten Sohn der Insel zu ehren. Das Ernst-Moritz-Arndt-Denkmal aber wurde ein Turm – allerdings keine „Wacht-am-Rugard“, sondern ein Turm, dessen „kronenförmige Durchbildung des Obergeschosses ... den erwünschten weihevollen Eindruck eines Denkmals“ erwecken sollte, wie es damals von offizieller Seite hieß. Grund und Backsteine stiftete übrigens der baufreudige Wilhelm Malte I., Fürst zu Putbus, und auch der preußische König Wilhelm I. konnte als Sponsor gewonnen werden. Baubeginn war Weihnachten 1869, Arndts 100. Geburtstag, fertig gestellt wurde der Turm aber erst 1877 (geradezu symbolträchtig: der Grundstein für das Denkmal des deutschen National-Dichters wurde im preußischen Pommern gelegt, vollendet wurde das Denkmal im geeinigten, neu geschaffenen Deutschen Reich).

Eine Wendeltreppe führt über 43 eiserne und 47 steinerne Stufen hinauf in die Kuppel. Von hier aus hat man einen grandiosen Panoramablick über die Insel (wenn das Wetter mitspielt). Auf dem Weg in die Kuppel gehen zwei äußere Rundgänge ab, auf denen man sich über die Entstehung und Geschichte des Turms sowie über den Namensgeber informieren kann.

Im Sommer tägl. 10–18 Uhr; im Winter liegt der Schlüssel im *Hotel Am Rugard* (an der Rezeption fragen). Vom Stadtkern aus beschildert, oben beim Turm kostenloser Parkplatz. Eintritt 1,50 €, erm. 1 €, Familienticket 4 €.

Weiter in die Granitz und ins Mönchgut ab S. 117; weiter nach Putbus S. 106

Nördlich von Bergen

Das Gebiet nördlich von Bergen wird durch den Großen und den Kleinen Jasmunder Bodden begrenzt und bietet bis auf die Hügelgräber der Woorker Berge sowie das Städtchen Ralswiek mit seinen bekannten Störtebeker Festspielen wenig Spektakuläres. Das Städtchen Lietzow gehört bereits zur Halbinsel Jasmund. Direkt an der B 96 und jenseits des Lietzower Damms gelegen, bildet es praktisch eine Art Nadelöhr gen Norden, das die meisten Reisenden ebenfalls nur passieren.

Patzig und Woorker Berge

Patzig ist ein ländliches Dorf nordwestlich von Bergen – ein paar Bauernhöfe, zwei Dorfläden, eine Kneipe und gegenüber auf einem Hügel eine Backstein-Kirche mit klobigem Turm. Als Besonderheit kann der Ort jedoch immerhin ein *Mühlenmuseum* vorweisen, das sich am südlichen Ortseingang befindet. Eigentlich handelt es sich hierbei eher um ein technikhistorisches Denkmal. Die 1946 errichtete und 1999 stillgelegte Motormühle ist voll funktionsfähig und vom Keller bis unter den Giebel zu besichtigen.

• *Mühlenmuseum Patzig* Tägl. 10–17 Uhr. Eintritt 1,50 €, Schüler/Stud. 1 €, ✆ 03838-313665.
• *Verbindungen* **Buslinie 37** fährt 4-mal tägl. von Bergen über Patzig nach Neuenkirchen und zurück, an Wochenenden nur morgens und abends.

Woorker Berge: Hinter dem Namen verbirgt sich keine Hügelkette, sondern ein Hügelgräberfeld nordwestlich von Patzig. Von den ehemals 18 vorzeitlichen Gräbern sind heute noch 13 erhalten, dennoch handelt es sich hier um das größte Hügelgräberfeld Norddeutschlands. Mitten auf einem Acker erheben sich die Busch und Baum bestandenen Gräber, die bei einem Durchmesser von ca. 30 Metern etwa sechs Meter in die Höhe reichen. Die Anlage stammt vermutlich aus der Bronzezeit.

• *Anfahrt* In Patzig kurz vor dem nördlichen Ortsausgang links (beschildert), dann führt bei einem kleinen Teich ein Feldweg rechts zu dem Hügelgräberfeld (knapp 1 km vom Ortsrand), ab dem Feldweg nur als Spaziergang zu empfehlen. Oder weiter zum Weiler Woorke, dann rechts (1½ km).

Ralswiek

Eigentlich ist Ralswiek nicht mehr als ein idyllisches Dorf am Großen Jasmunder Bodden. Doch sein Name ist weithin bekannt und steht als Synonym für das Spektakel, das zur Saison fast allabendlich hier aufgeführt wird: die Störtebeker Festspiele.

Kaum 400 Menschen leben normalerweise in dem kleinen Hafenort fünf Kilometer nördlich von Bergen. Landseits von Wald und Weiden umgeben, schmiegt sich Ralswiek eng an das Boddenufer. Oberhalb des Ortes befindet sich das gleichnamige stattliche Schloss, das von einem schönen Landschaftspark umgeben ist. Eine Allee führt mitten durch den Ort zu einem schmucken Yachthafen. Ansonsten hat Ralswiek wenig Sehenswertes zu bieten, den größten Teil des Jahres geht es hier entsprechend beschaulich zu. Wenn allerdings im Sommer die Festspielzeit beginnt, dann strömen zahllose Besucher herbei, um dem Störtebeker-Schauspiel auf der Naturbühne beizuwohnen. Im Ortskern herrscht Volksfestatmosphäre mit allen Begleiterscheinungen. Besonders beeindruckend ist die Imbiss-Vielfalt: Vom halben Meter Currywurst und Asia-Snack über Thüringer Röstbratwurst und Döner bis hin zum Piratenspieß ist alles vorhanden. Einen guten Blick auf das Festspielgelände hat man übrigens auch vom Ralswieker Schloss aus.

Piraten

Die Störtebeker Festspiele bieten mehr als nur Theaterstücke vor der malerischen (Natur-)Kulisse des Großen Jasmunder Boddens – die Aufführungen sind ein Spektakel: Zum Programm gehören halsbrecherische Stunts und handfeste Schwertkämpfe, Kanonenfeuer, Seegefechte und zum Abschluss ein prächtiges Feuerwerk über dem Wasser. Jedes Jahr erwartet den Besucher ein neues Abenteuer aus dem „Leben Störtebekers" (zum „historischen" Freibeuter → S. 23). Die Freilichtaufführung hat bereits Tradition, erstmals kämpfte der „Robin Hood der Ostsee" 1959 nach dem Drehbuch von *Karl Bartel*, besser bekannt als *KuBa*, auf der Bühne in Ralswiek. Wieder aufgenommen wurden die Störtebeker Festspiele 1993, nun mit jährlich wechselnden Inszenierungen und Geschichten. Der Aufwand, der jeden Sommer zehn Wochen lang betrieben wird, ist immens. Rechts und links von Kulissenbauten flankiert setzt sich die Bühne auf den Bodden fort, um die Arena für die Seeschlachten zu bilden. Zu den Darstellern gehören nicht nur 20 Schauspieler sowie 100 Statisten, sondern auch 4 Koggen, 30 Pferde und ein Seeadler.

Spielzeit ist von Mitte/Ende Juni bis Anfang Sept., Aufführungen tägl. außer So 20 Uhr, Kartenreservierung dringend empfehlenswert. Die **Preise** für Platzkarten belaufen sich von 17 €/Pers. (Kinder bis 15 Jahre 12 €) auf dem Rang bis zu 26 € (21 €) in den vorderen Reihen. Außerdem gibt es nicht nummerierte Karten auf den hinteren Rängen für 12 € (10 €). **Vorverkauf** und **Kartenreservierung** in den größeren Tourist-Informationen der Insel oder unter Störtebeker Festspiele. Am Bodden 100, 18528 Ralswiek, ✆ 03838-31100, ℻ 313192 oder www.stoertebeker.de.

Als **Vorprogramm** gibt es eine Adlerflugshow zu sehen (nur in Verbindung mit einer Platzkarte um 18 Uhr oder um 11 Uhr für 3 €), www.falknerei-walter.de.

Anfahrt: Da zur Festspielzeit der Ort zur Fußgängerzone wird, entweder mit Auto oder Bus zum Parkplatz an der B 96 fahren und dann mit dem Pendelbus nach Ralswiek; oder mit dem Auto zum Parkplatz hinter Jarnitz und von dort noch etwa 15 Min. zu Fuß (beide Parkplätze kostenfrei).

Außerdem bringt der **Störtebeker-Bus** die Besucher aus dem Mönchgut und der südlichen Granitz (2-mal ab Klein Zicker über Thiessow, Gager, Middelhagen, Göhren, Baabe, Sellin und Bergen) sowie aus Jasmund und Binz (2-mal ab Sassnitz über Prora) zum Festspielort und nach der Vorstellung wieder retour. Es empfiehlt sich ein Tagesticket: Erw. 10 €, Kinder 7,30 €, Familienticket 20 €, natürlich nur an Spieltagen.

Eine Alternative von der Halbinsel Wittow aus bietet die *Personenschifffahrt Kipp*: mit der Fähre von *Breege* zum Festspielort (ab 18.30 Uhr, zurück 22.30 Uhr), Erw. 15 € (hin und rück), Kinder 4–12 Jahre 8 €, auch Kartenvorverkauf. Dorfstr. 101, 18556 Breege, ✆ 038391-12306, ℻ 12307, www.reederei-kipp.de.

Spektakulär, zumindest für Wissenschaftler, waren auch archäologische Funde, die bei Ausgrabungen rund um Ralswiek gemacht wurden. Sie gehen zurück bis in die Zeit der Germanen. Mit ihrer Hilfe konnte belegt werden, dass sich hier vermutlich die älteste nachweisbare Siedlung auf Rügen befand. Besonders interessant aber sind Relikte aus slawischer Zeit, als Ralswiek einer der wichtigsten Handelshäfen der Insel war. Entdeckt wurden z. B. das so genannte Ralswiek-Boot, dessen Überreste im Museum für Unterwasserarchäologie in Sassnitz zu sehen sind, sowie Hausfundamente und nicht zuletzt Münzen arabischer Prägung, die ferne Handelsbeziehungen vermuten lassen.

Eine kleine Kuriosität befindet sich am Ortsrand von Ralswiek: Geradezu niedlich wirkt die rote Holzkapelle, eine Art Fertighaus-Kirche, die in Schweden gefertigt und 1907 am Waldrand aufgebaut wurde. Der Stifter der Kirche, Graf Douglas, war auch der Bauherr des Schlosses, das auf der anderen Seite des Ortes auf der Anhöhe thront. Die am Ende des 19. Jh. errichtete Schlossanlage mit architektonischen Anleihen aus der Renaissance könnte auch an der Loire stehen. Heute ist darin ein hochklassiges Hotel untergebracht.

• *Verbindungen* **Bus**: die **Linie 110** (Rugia-Reisen) verbindet mehrmals tägl. *Bergen* mit Ralswiek (Achtung: nicht immer fährt der Bus in den Ort, oft hält er nur an der Abzweigung) und geht weiter nach Sagard, Juliusruh, Altenkirchen und Wiek bis Dranske.

Fähre: Die Reederei Kipp fährt von Mai bis Sept. 1-mal tägl. (9 Uhr) nach Hiddensee und zurück, Erw. 8 € (hin/zurück 15 €), Kind 5 € (8 €), Familie 40 €, Hund 5 € (8 €), Fahrrad 4 € (6 €). Dorfstr. 101, 18556 Breege, ✆ 038391-12306, ℻ 12307, www.reederei-kipp.de.

> Zu Festspielzeiten ist der Ort für den privaten Pkw-Verkehr ab 17 Uhr gesperrt, Parkplätze befinden sich ein Stück außerhalb (s. auch oben).

• *Übernachten/Essen* ****** Schlosshotel Ralswiek**, einmalige Lage hoch über dem Bodden und mit Blick auf die Naturbühne: die Ehrenloge der Störtebeker Festspiele sozusagen. Zwischen Schlosshotel und Bühne liegt nur der abschüssige Schlosspark. Das Spektakel samt Kanonschlägen bekommt man zur Festspielzeit allabendlich auf jeden Fall mit, Ende der Vorstellung (mit Feuerwerk) ist etwa 23 Uhr. Zum Hotel: Edelstes Ambiente, allein schon die Einfahrt über das Kiesbett lässt erhabene Gefühle aufkommen. Historische Ausstattung, hochmodern ist allerdings der Wellness-Bereich mit Kosmetik-Abteilung (man beachte das „Cleopatra-Bad") und Massagen, Algen- und Kreideanwendungen, Ayurveda usw., außerdem Schwimmbad, Sauna, Fitnessraum. Zimmer mit Antiquitäten (Bad, TV, z. T. Balkon). EZ 85 €, DZ 110–180 €, Suite 210 €, Frühstück inklusive. Im EG Restaurant, außerdem gibt es noch die „Grafenschenke" mit Terrasse (auch Drinks und kleinere Speisen). Parkstr. 35, 18528 Ralswiek, ✆ 03838-20320, ℻ 2032222, www.schloss-hotel-ralswiek.de. Das Schloss ist ab Ralswiek beschildert, kaum zu verfehlen.

Pension/Restaurant Likedeeler, schöne Terrasse und Wintergarten mit Blick auf Bodden und Hafen, große Speisekarte, Preise für die Lage o. k., auch Nachtsnacks (von 22–24 Uhr an Festspieltagen, also nicht So), mit 85 € für das DZ mit Bad, TV und Frühstück nicht zu teuer EZ 69 €, in der Nebensaison und bei mehrtägiger Buchung deutlich günstiger; ganzjährig geöffnet. Am Bodden 21, 18528 Ralswiek, ℻ 03838-31130, ℻ 311313, www.zumlikedeeler.de.

Gaststätte/Pension Zum Schlossgarten, neue Anlage mit 2 Ferienhäusern und 22 Doppelzimmern, freundliche Betreiber, mit Gaststätte und Kegelbahn. DZ mit Bad, TV und Frühstück 101 €, EZ 82 €, Familienzimmer 121 €, FeWo (ohne Frühstück) ab 101 €, dies sind allerdings die Preise zur Festspielzeit, bei mehrtägiger Buchung deutlich, außerhalb der Festspielsaison erheblich günstiger, ganzjährig geöffnet. Parkstr. 44, 18526 Ralswiek, ✆ 03838-31140, ℻ 311419, www.zum-schlossgarten.de.

Pension „Klaus Störtebeker", im Ortsteil Jarnitz (ausgeschildert), neues Haus, abends auch Gaststätte, im Sommer Café-Betrieb auf der Terrasse, mit kleinem hauseigenen Streichelzoo, Sauna, Wellness,

Schwimmbad und Fahrradverleih. DZ mit Bad, TV und Frühstück 78 €, mit Terrasse 86 €, EZ 52 €. Dorfstr. 11, OT Jarnitz, 18528 Ralswiek, ✆ 03838-80970, ℻ 404503, www.pension-stoertebeker.de.

Zum Störti, (Catering-)Gaststätte am Festspielgelände, eingestellt auf viele Besucher, die Preise entsprechend, burgartig gestalteter Biergarten im Innenhof, natürlich So Ruhetag, Nov.–März geschlossen, ✆ 03838-311060.

Räucherfisch vom Räucherschiff **Elbe** im alten Hafen.

• *Bootsverleih* am alten Hafen, Tretboot 1,50 €/Person für eine halbe Stunde, Motorboot 6,50 €, eine Stunde 13 €.

• *Reiten* **Pferdehof Ralswiek**, auf dem weitläufigen Gelände mit den von weißen Zäunen umgebenen Koppeln residieren Bühnenstars, schließlich sind die Pferde des Hofes gefeierte Darsteller der Störtebeker Festspiele. Demnach natürlich kein Reitbetrieb zur Spielsaison. Vor allem aber gibt es hier 12 Maisonnette-Ferienwohnungen direkt am Jasmunder Bodden (50 €/Tag plus 30 € Endreinigung); Hunde willkommen; während der Festspielzeit sind die Wohnungen allerdings von den Schauspielern belegt. Vom Schloss aus einfach der (teils unasphaltierten) Straße folgen. Am Bodden 101, 18528 Ralswiek, ✆ 03838-315610, ℻ 315666,.

• *Sporthafen* großer Yachthafen in der südlichsten Bucht des Großen Jasmunder Bodden, 120 Liegeplätze bei 2,30 m mit Slipanlage und Tankstelle, ✆ 03838-313553.

Lietzow

Der kleine Hafenort befindet sich eingezwängt zwischen zwei Bodden am südwestlichen Ende der Halbinsel Jasmund. Im Rücken des Dorfes erstreckt sich die Semper Heide, am Ufer ein kleiner Sandstrand.

1868 war das Großprojekt beendet, das die Halbinsel Jasmund ein Stück näher an den Inselkern Rügens heranrückte: Ein Damm spannt sich über die engste Stelle des Binnensees und teilt diesen seither in den Großen und den Kleinen Jasmunder Bodden. Der Anstoß für den Bau des *Lietzow-Damms* war die Anbindung des wichtigen Hafens von Sassnitz an das sich ausweitende Gleisnetz, seit ihrer Eröffnung diente die Bahntrasse aber natürlich auch als gut ausgebaute Straße von Sassnitz nach Bergen. Fährt man über den Damm nach Lietzow, das bereits zu Jasmund gehört, sieht man von weitem den schlanken, zinnengekrönten Rundturm des Lietzower Schlosses, das sich hoch über den Ort und die Baumwipfel des umgebenden Waldes erhebt. Das jüngst renovierte Schlösschen ist eine architektonische Hommage an das schwäbische Schloss Lichtenstein.

Für viele Reisende lediglich „auf dem Weg nach Jasmund" gelegen, kann das kleine Dorf, in dem bis ins 18. Jh. nur der Fährmann und ein Fischer mit ihren Familien lebten, heute zumindest mit kleinen Attraktionen aufwarten: ein Räucherschiff am Hafen, eine weitere Traditionsräucherei samt Erlebnisscheune, der gemütliche Bücher-Bahnhof und ein kleiner, sandiger Badestrand mit Wassersportschule.

Im Bücherbahnhof

Noch mehr als der Nachbarort Ralswiek wird Lietzow mit spektakulären archäologischen Funden in Verbindung gebracht. Ausgrabungen im 19. Jh. förderten über 30.000 bearbeitete Feuersteine zu Tage. Die Menge der Werkzeuge lässt auf eine Manufaktur schließen und gilt als Zeichen für den Übergang einer Nomaden- zu einer siedelnden und Handel treibenden Kultur. Dem Fundort zu Ehren wird die Epoche, aus der die Feuersteine stammen (ca. 4000 bis 3000 v. Chr.), auch *Lietzow-Kultur* genannt.

• *Verbindungen* Dank des Dammes sehr gute Anbindung: **Bahn**, Regionalbahn von Stralsund über Bergen nach Sassnitz oder Binz zw. 5 und 23 Uhr zu fast jeder vollen Stunde.

Bus: **Linie 110** (Rugia-Reisen) verbindet mehrmals tägl. (Sa/So 4-mal) *Bergen* mit Lietzow und geht weiter nach *Sagard*, *Juliusruh*, *Altenkirchen* und *Wiek* bis *Dranske*.

• *Parken* Kostenfreier großer Parkplatz am Ende des Lietzow-Damms (von Bergen kommend rechts), von hier nur wenige Minuten zu Fuß zum Strand, Bücher-Bahnhof etc.

• *Übernachten* **Pension Jasmund**, ein bisschen Bäderarchitektur auch jenseits der Ostseeküste, sympathische Unterkunft mit hellen Zimmern, teils mit Balkon. DZ mit Bad, TV und Frühstücksbuffet 80–90 €, EZ 65 €, in der Nebensaison deutlich günstiger, mit Sauna und Fahrradverleih für Hausgäste. Hunde willkommen. Boddenstraße 50, 18528 Lietzow, ✆ 038302-3033, 📠 569810, www.pensionjasmund.de.

Gästehaus Lietzow und Störtebeker-Camp, schöner Campingplatz im Wald der Semper Heide am Ortsrand von Lietzow, auch 30 Zimmer im Gästehaus (DZ mit Bad, TV und Frühstücksbuffet 76 €, EZ 60 €, Hund 5 €, in der Nebensaison um einiges preiswerter); schattige Stellplätze für Caravan und 2 Erw. 26,50 €, mit Pkw und kl. Zelt 21,50 €, im Einzelnen: Erw. 5 €, 1. Kind frei, weitere Kinder zw. 5–17 Jahren 2,50 €, Hund 2,50 €, Pkw 2 €, Dusche frei. Nov.–Mitte März geschlossen. Auf dem Gelände befindet sich auch eine Gaststätte, abends warme Küche, gutbürgerlich (So Ruhetag). Von Bergen kommend in Lietzow rechts, ausgeschildert. Waldstr. 59 a, 18528 Lietzow, ✆ 038302-2166, 📠 3171, www.lietzow.net.

• *Essen* **Essente**, sprich: Ess-ente, Strandbar und Restaurant, Fisch und (um dem Namen gerecht zu werden) natürlich auch Ente (mit Kloß und Rotkohl 12,50 €), während der Saison tägl. 9–23 Uhr. Boddenstr. 63, ✆ 038302-2066.

Räucher-Ponton, am Lietzower Damm, sehr gute, frische Fischbrötchen. ✆ 0171-3255713.

• *Einkaufen* **Bücher-Bahnhof**, Antiquariat und Café, eine Fundgrube! In einem urgemütlichen, liebevoll eingerichteten Bahnhofsgebäude findet sich nicht nur ein großer Bestand an antiquarischen Büchern, vom Kinderbuch bis zum Klassiker und natürlich eine Sektion sozialistischer Literatur, sondern auch Schallplatten (das gute alte Vinyl und sogar Schellacks), alte und neue Postkarten sowie Antiquitäten. Ob man beim Stöbern seinen Kaffee genießt oder sich mit einem Stück Kuchen auf dem alten Sofa niederlässt, hier lässt es sich aushalten. Vom Parkplatz am Damm rechts über den Bahnübergang und an der Weggabelung links, Mi–So ab 13 Uhr, im Winter Sa/So oder nach telefonischer Anmeldung. Spitzer Ort 10 a, 18528 Lietzow, ✆/📠 038302-56433, www.bücherbahnhof.de.

Fischräucherei & Erlebnisscheune Lietzow, hier kann man sich selbst davon überzeugen, dass der Fisch auf traditionelle Weise geräuchert wird, und das delikate Produkt auch gleich probieren, z. B. im *Röckerhus*, der dazugehörigen Fischgaststätte (hier natürlich auch fangfrischer Fisch). Außerdem gibt es ein kleines Museum mit ungewöhnlicher Zusammenstellung (Pilze und Frühgeschichte, Erw. 3 €, Kinder unter 14 Jahre 1 €) und einen Hofladen (Sanddorn, Brot, Wild und Wurst, Keramik und Souvenirs und natürlich: Räucherfisch), zur Saison tägl. 11–18 Uhr (im Winter eingeschränkt). Spitzer Ort 7, 18528 Lietzow, ✆ 038302-56966 oder 56964, 📠 56963.

• *Baden* der kleine Sandstrand am Großen Jasmunder Bodden wird vom Ort durch die Durchgangsstraße getrennt, flach abfallendes Ufer, das Wasser immer ein bisschen wärmer als die Ostsee, hier auch ein Beachvolleyball-Feld und ein kleiner Sandfußball-Platz, am nördlichen Ende die Strandbar *Essente*.

• *Fahrradverleih* in der Wassersportschule Timpeltu, Fahrrad 7 € am Tag.

• *Sport* **Wassersportschule Timpeltu**, sympathische Surf- und Segelschule am Lietzower Strand, großes Angebot. *Surfen*: Einsteigerkurse (135 €/12 h), Kurse für Fortgeschrittene (60 €/3 h), auch Einzelstunden (35 €/h) und Schein (30 €); *Segeln*: Jollengrundkurs (155 €/12 h), Einführungskurs für Segler (50 €/3 h) oder Katamaran (199 €/12 h), Aufbaukurs (70 €/3 h), Schein (35 €) etc. Auch Materialverleih: Jolle (20 €/h; 65 €/Tag), Katamaran (25 €/h; 80 €/Tag), Surfboard (13 €/h; 50 €/Tag), Verleih auch für den halben Tag. Duschen, WC und Umkleiden stehen zur Verfügung. Geöffnet ab Ostern an den Wochenenden, dann durchgängig Mai–Okt. (Saisonschluss wetterabhängig). Strandpromenade, 18528 Lietzow, ✆ 0173-1513970, www.timpeltu.com.

Wanderung 2: Durch die Semper Heide

Charakteristik: leichte Kurzwanderung im Wald der Semper Heide, zunächst am (niedrigen) Hochufer, dann durch Wald. **Länge/Dauer**: knapp 7 km, keine 2 Stunden reine Gehzeit. **Einkehrmöglichkeiten**: nur in Lietzow. **Start/Anfahrt**: in Lietzow.

Wegbeschreibung: Die Wanderung beginnt am großen **Parkplatz** (WP 01) am Lietzow-Damm (von Bergen aus rechts), bei der Fußgängerampel über die Landstraße und rechter Hand auf dem gepflasterten Fahrrad-/Fußgängerweg nach Norden. Nach ca. 300 m erreicht man den **Sandstrand** am Großen Jasmunder Bodden, passiert die Surfschule und das Strandcafé und geht auf den Wald zu. Im schönen Buchenwald (hier leicht ansteigend) nach wenigen Metern links (WP 02) und der Beschilderung *Waldpark Semper* auf breitem Pfad folgen (Markierung: blauer Querbalken). Bei der nächsten Gabelung (WP 03) links halten (auch wenn kurz die Markierung verlassen wird) und zum Meer. Der Weg führt nun am Hochufer entlang, das sich wie ein kleines Gegengewicht zu den berühmten Kreidefelsen auf der anderen Seite der Halbinsel die Küstenlinie entlang zieht (alle Abzweigungen ignorieren). Nach etwas mehr als 1 km erreicht man wie in Kaskaden angelegte Teiche (WP 04), rechter Hand dahinter befinden sich die Reste eines alten Tennisplatzes. In leichtem Auf und Ab führt der Weg weiter am Ufer entlang, immer wieder bieten sich links Abstiege zum Ufer oder schöne Ausblicke an. Nachdem man den Pfad passiert hat, auf dem man auf dem Rückweg wieder ans Ufer trifft (WP 12), gelangt man auf dem herrlichen Weg durch den lichten Buchenwald zu einer weiteren **Holzstiege**, die hinab zum Strand führt (WP 05). Zunächst beschreibt der Pfad einen sanften, vom Ufer abgewandten Bogen (trifft schließlich aber wieder für ein kurzes

Wanderung 2: Durch die Semper Heide

Stück auf die Küste) und wendet sich dann vom Bodden ab, um in den Wald zu führen.

Bei der folgenden Weggabelung (WP 06) auf dem breiten Weg bleiben und der Markierung folgen (blauer Querbalken) bis zu einem überdachten Picknickplatz. Nun in östlicher Richtung in den Wald hinein und nach ca. 5 Min. bei einer **T-Kreuzung** (WP 07) rechts abbiegen. Auf einem breiten Forstweg gelangt man nach knapp 300 Metern zu einer weiteren T-Kreuzung (WP 08), hier wiederum rechts und nunmehr Richtung Süden nach Lietzow zurück (vereinzelt Markierungen gelber Querbalken). Es geht nun ein Stück den Forstweg entlang, an dessen Rand mehrere Ameisenhügel stehen. Bei den nächsten Weggabelungen auf dem größeren Weg bleiben: zunächst an einer buschigen Lichtung halbrechts (keine Markierung), dann (WP 09) links und wieder halbrechts (WP 10). Auf dem nun von Farn gesäumten Weg passiert man in Sichtweite das Gutshaus. Anschließend in den Wald halbrechts abbiegen (WP 11) und leicht bergab wieder auf die Küste zu. Bald trifft der Pfad wieder auf den Hochuferweg (WP 12), von hier aus auf gleichem Weg wieder zurück nach Lietzow.

Weiter zur Halbinsel Jasmund und nach Sassnitz S. 171

Putbus

Die Stadt trägt weiß. Putbus ist bis heute geprägt von seinen zahlreichen klassizistischen Bauten. Ein Rondell mit Obelisk, der „Circus", bildet das Zentrum, von hier aus zieht sich die prächtige Alleenstraße durch den Ort – auf der einen Seite reihen sich weiß getünchte, repräsentative Häuser inklusive Theater, auf der anderen liegt der weitläufige Schlosspark.

„Ich komme Ihnen wieder mit einer kleinen Völkerwanderung", kündigte sich der preußische König *Friedrich Wilhelm IV.* im Jahr 1846 beim Fürsten zu Putbus an, „da Sie, lieber Fürst, nun das Unglück haben, den schönsten Teil der Insel zu bewohnen und das Ungeschick gehabt haben, daraus ein irdisches Paradies zu machen, so müssen wir bei ihnen landen."

Viel Mühe hat den Fürsten *Wilhelm Malte I. zu Putbus* dieses „Ungeschick" gekostet. Ab 1808 hatte der ambitionierte Adlige um- und ausbauen lassen – es entstand eine der letzten Residenzstädte im klassizistischen Stil. Wilhelm Malte entstammt einer Seitenlinie der Familie Putbus, die seit dem Mittelalter auf Rügen heimisch ist. Der Name kommt aus dem Slawischen und bedeutet in etwa „aus dem Busch". Die Familie *Podebuz* wurde bereits 1253 erstmals erwähnt, ein Stammschloss spätestens 1532. Nachdem der Rügensche Zweig der Familie 1702 ausgestorben war, gingen Land und Titel an die dänische Linie und damit an *Malte I.* über. Dessen Nachfahre *Wilhelm Malte I.* (1783–1854) wurde zu einer der wichtigsten Persönlichkeiten der Insel. Zunächst von der schwedischen, dann von der preußischen Krone in den Hochadel erhoben, zeichnete sich der größte Landbesitzer auf der Insel durch seine unermüdliche Bautätigkeit aus (auch das Jagdschloss Granitz entstand unter seiner Ägide). Um Putbus zu seiner Residenzstadt und dem ersten Badeort auf Rügen auszubauen, versuchte er auch Tagelöhner und Bauern in den Ort zu locken, indem er ihnen eine Niederlassung „bei annehmlichen Bedingungen" in Aussicht stellte.

Zunächst ließ der Fürst das Schloss renovieren und dem Klassizismus verpflichtet umgestalten. Als nächstes wurde das mit dorischen Säulen geschmückte Badehaus (*Haus Goor*) errichtet, das durch eine neu angelegte Allee mit der Stadt verbunden

Kreisrund: der Circus in Putbus

wurde. Es folgten noble Unterkunftsmöglichkeiten entlang des ebenfalls aufwändig veränderten *Schlossparks* sowie Kursalon, Theater, Marktplatz und schließlich das große Rondell im Zentrum, der *Circus*, der auf Stadtplänen und aus der Luft aussieht wie ein Rad, das sich jeden Moment losmachen könnte, um über den Rücken des Schlossparks Richtung Stralsund zu rollen. Der Circus ist ein außergewöhnlicher Rondellplatz: weitläufig angelegt, mit streng symmetrisch gestalteter Grünanlage um den zentralen Obelisken, außen aber nicht geschlossen bebaut. Zwischen den dreigeschossigen Häusern mit den weißen, klassizistischen Fassaden klaffen breite Lücken und verleihen dem Ensemble den Eindruck von Vorläufigkeit. Hier ist der Treffpunkt der Alleen, die Putbus wie ein Strahlenkranz umgeben: nach Garz und nach Bergen, Richtung Binz und in den Süden nach Lauterbach, den Hafen von Putbus, und in die zauberhafte Gegend um den Wreecher See.

Die Putbuser Geschichte als Seebad indes war kurz. Die frühen Ostseetouristen bevorzugten bald das offene Meer, um darin zu baden. Also wurde der fürstliche Badestandort kurzerhand an das Südende der Prorer Wiek verlegt und Binz, nicht Putbus, begann eine rasante Karriere als Ostseebad.

Und Putbus am Anfang des 21. Jh.? Die auf dem Reißbrett entstandene Stadtanlage besteht bis heute, noch immer erstrahlen viele der herrschaftlichen Häuser in blendendem Weiß und die Alleen laufen im Circus zusammen. Auch die „Zweiteilung" der Stadt ist noch erkennbar: Noble Häuser (für damals adelige Badegäste) entlang Alleenstraße und Circus, das Viertel für die Bediensteten hinter dem Markt (ehemalige Louisen-, heute August-Bebel-Straße). Das Theater zieht nach wie vor Gäste an, und der herrliche Schlosspark grünt und blüht wie vor 150 Jahren.

Bei all der erhaltenen Pracht aber hat Putbus ein ganz eigenes und eigenartiges Flair. Circus und Marktplatz sind zu weitläufig, um durch Cafés, Geschäfte und Spaziergänger richtig belebt zu werden. Selbst in der Hochsaison kann man zuweilen den Eindruck gewinnen, sich in ein potemkinsches Dorf verirrt zu haben (und wäre wahrscheinlich kaum überrascht, wenn aus dem Nichts eine Stimme *„cut* – und fertig“ rufen und die ein oder andere Fassade daraufhin eingerollt würde). Nichtsdestotrotz haben auch Kulissen ihren Charme, und in Putbus tut man viel, um sie zu füllen. Mehrere sehenswerte Museen und Galerien befinden sich hier, darunter das außergewöhnliche Uhrenmuseum. Das Theater wird nicht nur bespielt, es erfährt auch regen Zulauf, so dass sich Putbus als Rügens Festspielstadt einen Namen machen konnte, quasi als kulturelles Gegengewicht zu Ralswiek. Und nicht zuletzt ist der idyllische Schlossgarten zu jeder Jahreszeit einen Spaziergang wert.

*I*nformation/*V*erbindungen/*D*iverses

- *Information* **Stadt-Information Putbus**, in der Orangerie, hier gibt es auch die Tickets für die Ausstellungen in dem hübschen Gebäude, zudem werden Stadt- und Schlossgartenführungen angeboten, auch Ticketverkauf; Mo–Fr 9–17 Uhr, Sa/So 11–17 Uhr, Nov.–April Mo–Fr 11–16 Uhr, Sa 10–14 Uhr, So geschl. Alleenstraße 35, 18581 Putbus, ✆ 038301-431, www.putbus.de.
- *Kurtaxe* Mai–Okt. 1,20 €, Nov.–April 0,70 €.
- *Taxi* ✆ 038301-339
- *Verbindungen* **Bus**: **Linie 30** fährt etwa 11-mal tägl. nach *Garz* und etwa 8-mal tägl. weiter bis *Stralsund*, (Sa/So 6-mal) sowie in die andere Richtung etwa 15-mal nach *Bergen*. Leser empfehlen diese Buslinie bei einem Tagesausflug nach Stralsund, da allein die schöne Strecke die Fahrt lohne.

Zug: mit der **OLA** etwa 14-mal tägl. von Bergen nach Putbus (Ende Mai bis Anfang Sept., Rest des Jahres 7-mal) sowie 8-mal tägl. weiter bis Lauterbach

Kleinbahn → Kasten *Rasender Roland*, S. 111.

Lesertipp für Eisenbahnfans: „Am Bahnhof dampft es. Es wird Kohle und Wasser gefasst, hier werden auch die Züge für den Rasenden Roland zusammengestellt. Es gibt ein Ausbesserungswerk, einen Lokschuppen und alte Loks zu bestaunen. Man kann überall seine Nase reinstecken und das Personal gibt bereitwillig Auskunft."

• *Fahrradverleih* **Albert's Fahrrad-Service**, in der Bahnhofsstraße (etwa halber Weg zwischen Bahnhof und Circus), 3-Gang-Rad 5,10 €, 5-Gang-Rad 5,60 €, Kinderrad 4,50 €, jeweils pro Tag, bei mehrtägiger Ausleihe günstiger, auch Helme und Anhänger, ganzjährig geöffnet, Mo–Sa 9–12 Uhr und 13.30–18 Uhr, Mi und Sa nur vormittags. Bahnhofstr. 7, ✆/℻ 038301-429.

Übernachten/Essen

Das Übernachtungs- und Restaurantangebot in Putbus ist überschaubar, besser sieht es am Lauterbacher Hafen aus. Das beste Haus der Gegend steht in Wreechen (gut 1 km südlich von Putbus). Cafés in teils herrlicher Lage gibt es hingegen ausreichend.

Hotel Koos (2), das traditionsreiche Haus entstand fast zeitgleich mit dem nahe gelegenen Bahnhof, freundlich, im „Pommernstübchen" große Auswahl an regionalen Gerichten, günstige Hausmannskost, auch Wild (im Sommer tägl. mittags und abends, im Winter Mo–Mi mittags geschlossen). DZ mit Bad, TV und Frühstück 75 €, EZ 45 €. Bahnhofstr. 9, 18581 Putbus, ✆ 038301-8110, ℻ 81145.

Eiscafé Orangerie, in einem der Torhäuser zur Orangerie, von der tiefer gelegten Terrasse blickt man auf den Innenhof des Gebäude-Ensembles, einfach und freundlich, April–Okt. 11–18 Uhr, ✆ 038301-88653.

Museumscafé im Affenhaus (3), herrlich gelegen in dem eigenwilligen Gebäude im Schlosspark, in dem heute das Puppenmuseum untergebracht ist, auch Plätze im Freien, hervorragende Waffeln, am unteren Ende der Kastanienallee, nahe dem Schwanenteich, im Sommer von 10–20 Uhr, im Winter eingeschränkt (nach Wetterlage). ✆ 038301-60959 oder 0172-3003824 (mobil).

Museen und Ausstellungen

Historisches Uhrenmuseum: ein Kleinod unter den Museen der Insel. Der passionierte (Hobby-)Restaurator Franz Sklorz hat sein Leben lang Uhren gesammelt, dabei über 1000 Exponate zusammengetragen und in teils liebevoller Kleinstarbeit wiederher- und ausgestellt. Den Schwerpunkt des Museums bilden Zeitmessgeräte im Stil des Klassizismus,

Schlossparkidyll

daneben sind zahllose Taschenuhren zu bewundern, eine Wiener Tischuhr, eine barocke Weltzeituhr und eine gänzlich aus Birnholz hergestellte barocke Uhr. Das älteste Stück ist eine gotische Uhr und stammt aus dem 15. Jh. Unter den Exponaten befinden sich auch einige extravagante Konstruktionen, so zum Beispiel eine Sonnenuhr, bei der die Mittagszeit dadurch angezeigt wird, dass durch ein Brennglas zur rechten Zeit eine Lunte und damit die Mittagskanone gezündet wird. Auch seltene Herrenhausuhren sind zu besichtigen, bei denen das Zifferblatt in ein Gemälde eingearbeitet ist.

Neben den Uhren gibt es aber noch andere Raritäten zu bewundern: kostbare mechanische Musikgeräte, wie ein seltenes Harfenwalzenpiano, einen Singvogelautomat, eine Jukebox von 1880, eine Edison mit Rubinnadel, ein Schellackaufnahmegerät und vieles mehr.

Inmitten dieser Kostbarkeiten und Kuriositäten rund um die Uhr und andere Automaten sollte man sich etwas Zeit nehmen: Franz Sklorz führt, so er anwesend ist, persönlich durch sein Museum und die Werkstatt (Dauer etwa 45 Min., man kann sich anmelden oder einfach dazukommen und einsteigen). Er weiß zu jedem Stück eine Geschichte, erklärt Funktionsweisen und Mechanik, berichtet von Schwierigkeiten bei der Instandsetzung und führt ausgesuchte Uhren und Automaten vor. Unbedingt sehenswert!

Mai–Okt. tägl. 10–18 Uhr, Nov.–April 11–16 Uhr. Eintritt 3 €, Kinder 1,50 €, Alleestr. 13, 18581 Putbus, ✆/℻ 038301-60988, www.uhrenmuseum-putbus.de.

▸ **Rügener Puppen- und Spielzeugmuseum**: Im Affenhaus des Schlossparks findet sich alles, was das Kinderherz begehrt: Puppenstuben, Krämerläden und eine Horde Porzellankopfpuppen in allen erdenklichen Größen und teils von immensem Alter. Und für die Jungs: eine Vitrine mit alten Eisenbahnen, darunter sehr frühe Stücke aus der Märklinproduktion, sowie eine kleine Armee von Zinnsoldaten. Kuriosmakabres Detail aus revolutionären Zeiten: eine Spielzeug-Guillotine zum Decollieren adliger Puppen.

In dem um 1830 errichteten Gebäude hatte die Fürstin mit einem Faible für Exotisches in der Tat mehrere Affen untergebracht. Heute befindet sich hier neben dem Museum auch ein kleines Café mit schöner Terrasse.

Im Sommer tägl. 10–20 Uhr, im Winter eingeschränkt (nach Wetterlage). Eintritt 3,50 €, Kind ab 3 J. 1,50 €. Affenhaus, Kastanienallee, 18581 Putbus, ✆ 038301-60959.

Rasender Roland

Der Zug ist mehr als ein technisches Denkmal. Mit 30 Kilometern in der Stunde schnaubt und dampft die historische Bahn auf 750-Millimeter-Schmalspurgleisen von Putbus aus quer durch die Granitz und zu den großen Ostseebädern. Historisch sind sowohl die Strecke, 1895 war das erste Teilstück Putbus–Binz in Betrieb genommen worden, als auch die Dampflokomotiven, die Älteste rollte 1914 aus den Vulkan-Werken in Stettin. Von dem einstmals fast 100 Kilometer umfassenden Streckennetz der *Rügenschen Kleinbahnen* (RüKB) sind 24,1 Kilometer erhalten und für den 1996 wiedereröffneten Fahrbetrieb restauriert worden. Die Schmalspur reicht von Putbus (mit Anbindung an Lauterbach) über Binz durch die Granitz nach Sellin und Baabe bis nach Göhren.

Das Angebot rund um den Kleinbahnbetrieb ist reichhaltig. Außer „nur" mitzufahren kann man auch ganze Wagons mieten, im Führerstand logieren, Souvenirs kaufen, im Buffetwagen essen, zu Themenfahrten zusteigen und, etwas kostspieliger, sich zum Ehrenlokführer ausbilden lassen. Interessante Ausflugsmöglichkeiten bietet auch das Kombiticket *Wasser und Dampf*: mit dem Zug an die Küste und dann beispielsweise von Sellins Seebrücke aus mit dem Schiff zu den Kreidefelsen. Aber der *Rasende Roland* ist keineswegs nur eine nostalgische Möglichkeit, Granitz und die Seebäder zu bereisen, die Kleinbahn fungiert auch durchaus als ernstzunehmender Faktor im öffentlichen Nahverkehr. Von Putbus nach Binz beispielsweise kommt man mit dem Bus auch nicht schneller – und man muss nicht einmal umsteigen.

Achtung: Zu Redaktionsschluss standen wegen eines Rechtstreits alle Räder still! Nach einem Betreiberwechsel wurde prozessiert, sodass unabsehbar ist, wann und in welcher Form der Betrieb wieder aufgenommen wird. Dass der Rasende Roland allerdings wieder fahren soll, gilt als sehr wahrscheinlich. Folgende Informationen galten bis zuletzt.

Verbindung: Der *Rasende Roland* fährt in der Hauptsaison 12-mal tägl. von Putbus aus über die Granitz die Ostseebäder Binz, Baabe, Sellin und Göhren an (in die andere Richtung nach Lauterbach nur 6-mal), in der Nebensaison (Sept.–Mai) 6-mal tägl.

Preise: einfach nach Binz 3,20 € (erm. 1,60 €), nach Sellin und Baabe 6,40 € (3,20 €) und den ganzen Weg nach Göhren 8 € (4 €); Fahrrad 2,10 €, noch günstiger fährt man mit Familien-, Wochen- und Monatskarten (z. B. Wochenkarte Erw. Putbus–Binz 9,60 €, Monatskarte 33,60 €).

Kombitickets: *Wasser und Dampf*, Kombiticket, mit dem man irgendwo an der Strecke einsteigen und auf ein Schiff umsteigen kann, um z. B. zu den Kreidefelsen zu fahren (Erw. 19,70 €, erm. 9,80 €, April–Okt. tägl. außer Mo, Reederei Ostseetours) oder zur Insel Vilm (Erw. 17,50–29,50 €, erm. 9,50–15,20 €, Juni–Anfang Sept. Di und Do).

Die **Ausbildung zum Ehrenlokführer** erfolgt in einem 10-tägigen Kurs, bei dem sich Modell-Eisenbahner für 720 € mal auf die große Kleinspur trauen dürfen (Ausbildung zum Ehrenzugbegleiter 160 €).

Information: Rügensche Kleinbahn, Binzer Str. 12, 18581 Putbus, ✆ 038301-80112, 📠 80115, www.rasender-roland.de.

▸ **Theater**: Die erste Putbuser Bühne wurde in einem Stall errichtet – es handelte sich dabei zwar um einen fürstlichen Pferdestall, aber letztlich war es kaum die passende Umgebung, um adligen Gästen den Sommerabend zu zerstreuen. Doch bereits zwei Jahre, nachdem man August von Kotzebues *Freimaurer* in einem Reitstall aufgeführt hatte, wurde das neue Theater am Marktplatz eröffnet: ein schmucker klassizistischer Bau mit viersäuliger, zum Schloss hin ausgerichteter Vorhalle – erbaut 1819–1821, erstmals bespielt 1820, erstmals renoviert 1826 (unter Aufsicht des Berliner Architekten und Schinkel-Schülers Steinmeyer, der auch an der Erbauung des Jagdschlosses Granitz maßgeblich beteiligt war). Nachdem das Putbuser Theater seit den 1960er Jahren bis zur Baufälligkeit brachgelegen hatte, konnte es nach mehrjähriger Rekonstruktion 1998 nicht zuletzt dank eines engagierten Fördervereins wiedereröffnet werden. Seither erfreut sich das Schauspielhaus regen Zuspruchs. Es werden Führungen auch durch das Theater angeboten.

Aufführungen: Gespielt wird alles, was auf die Bühne passt: klassische Konzerte und Pop, Lustspiele und Kabarett und natürlich Theater von klassisch bis komisch. **Preisbeispiele**: die „hinteren Ränge" 8,50–15 €, Parkett 10–20 €, Fürsten-Loge 25–35 €. Die Vorverkaufskasse ist Di–Fr 11–18 Uhr geöffnet, Tageskasse eine Stunde vor jeder Vorstellung. **Führungen**: an spiel- und probefreien Tagen, oft Mo–Do 11.15 Uhr und 14 Uhr (Dauer 45 Min.), besser aber im Internet oder telefonisch erkundigen. **Theater Putbus**, Markt 13, 18581 Putbus, ✆ 038301-8080 (Karten unter 80830), 📠 80839 (Faxabruf 80838), Kartenhotline ✆ 0180-5052425, www.theater-putbus.de.

▸ **Schlosspark**: Bereits im 18. Jh. ließ der Putbuser Fürst *Moritz Ulrich I.* im Zuge von Umbauarbeiten am Schloss einen Park anlegen, der die Residenz umgab. Mit dem gestaltungsfreudigen *Wilhelm Malte von Putbus* wurde das Schloss erneut dem zeitgenössischen Baustil angepasst und in klassizistischer Manier umgearbeitet. Auch der dazugehörige Park wurde nach englischem Vorbild gestaltet und erweitert. Der vielgereiste Fürst mit einem Faible für Botanik und Architektur hatte mit seinem Schlosspark kaum weniger Ambitioniertes im Sinn als mit seiner Residenzstadt. Auf dem 75 Hektar großen Areal rund um das Schloss und den Schwanenteich wuchsen ab 1803 nicht nur exotische Hölzer und Stauden zwischen heimischen Buchen, Ulmen, Lärchen sowie Kastanien, dem Lieblingsbaum des Fürsten. Es entstanden auch zahlreiche Gebäude und Denkmäler beidseitig der Kastanienallee, die vom Circus aus den Park durchquert: ein Kursalon (1892 zur *Christuskirche* umgewidmet), ein Affen- und ein Fasanenhaus, ein Gartenhaus zur Unterbringung respektabler Persönlichkeiten (darunter Otto von Bismarck), ein Reitstall und nicht zuletzt die Orangerie. Alle Gebäude sind bereits oder werden derzeit renoviert. Nur das Schloss wurde 1960 – angeblich wegen Baufälligkeit – gesprengt. Heute sind nur noch die Fundamente der Ter-

Hinter der Orangerie

rasse oberhalb des Schwanenteichs zu sehen. Ein Spaziergang durch den Park, vor oder nach dem Nachmittagskaffee in einem der vielen Cafés im bzw. in der Nähe des Schlossparks, rundet jeden Besuch in der weißen Stadt ab.

▸ **Orangerie**: Das schöne Gebäude befindet sich am Nordrand des Schlossparks. Zwischen zwei Torhäusern hindurch gelangt man zu dem 1853 erbauten noblen Gewächshaus. Hier ist nicht nur die Stadt-Information untergebracht, sondern auch Ausstellungen, darunter über die Inneneinrichtung des ehemaligen Schlosses. Von der Rückseite der Orangerie hat man einen schönen Blick auf den Park. Hier befindet sich auch der *Sterbende Gallier*, eine Kopie der berühmten Statue auf dem Kapitol in Rom.

Öffnungszeiten wie Stadt-Information Putbus (→ oben). Eintritt 2,50 €, erm. 2 € (Kurkarte), Kinder ab 14 Jahren 1 €, Familien 6 €.

Südlich von Putbus

Am westlichen Eck des Putbuser Schlossparks zweigt der Wreechener Weg von der Lauterbacher Chaussee ab, die Namen der Alleen erübrigen jeden Wegweiser. Hinter dem kleinen Weiler **Wreechen** führt eine schmale Brücke über die kleine Wasserstraße, die den unter Naturschutz stehenden Wreechener See mit dem Rügischen Bodden verbindet. Auf der anderen Seite gabelt sich der Weg beim Hotel *Nautilus*, beidseitig verteilen sich die wenigen reetgedeckten Häuser von **Neukamp**, rechter Hand weiter geht es nach **Altkamp**, einer kleinen Anhäufung von Gehöften.

• Übernachten/Essen (→ Karte S. 108/109)

**** **Ringhotel „Wreecher Hof" (9)**, knapp 2 km südlich von Putbus zwischen Schlosspark und Bodden gelegen, nobler Komplex aus sieben reetgedeckten Häusern umgeben von einer parkähnlichen Gartenanlage, Wellness- und Beauty-Angebot (Dampfbad, Massagen, Kreidepackungen, Kosmetik), Solarium, Hallenbad, Fitness. Elegantes, gehobenes Restaurant (ganzjährig abends geöffnet, Sonn- und Feiertage auch mittags), freundlicher Service. DZ mit Bad, TV, Frühstücksbuffet 142 € bzw. 104 € (Mansarde), Juniorsuite mit Terrasse 176 €, Suiten 176–258 €, EZ 86 €. Kastanienallee, 18581 Putbus/OT Wreechen, ✆ 038301-850, ℻ 85100, www.wreecher-hof.de.

Nautilus (10), Ein Erlebnis-Hotel und -Restaurant auf den Spuren von Jules Verne, eingetaucht in die aufwändig gestaltete Atmosphäre eines klassisch futuristischen U-Boots à la Verne, hier kann man sich schon einmal fühlen, als würde man „20.000 Meilen unter dem Meer" dinieren (übrigens: in einem Meerwasseraquarium schwimmen auch Clownfische). Auch stilgerecht eingerichtete Zimmer, DZ mit Bad, TV ab 87 €, Kapitänssuite 120 €, Frühstück 8 €/Person, HP 20 €, Hund 3 €. Dorfstr. 17, 18581 Neukamp, ✆ 038301-830, ℻ 60860, www.ruegen-nautilus.de.

Heu-Ferienhof Altkamp, Übernachtungsmöglichkeiten im Heu (Schlafsack mitbringen oder ausleihen), Erw. 13,80 €, Kinder bis 12 Jahre 10,20 €, Frühstück 7 €, Kinder 4,90 €, auch Ferienwohnungen (ab 63 €/ 2 Pers., Endreinigung ab 25 €), außerdem *Reitunterricht*, *Reitausflüge* und *Fahrradverleih*. Dorfstr. 1, 18581 Altenkamp, ✆ 038301-889912, www.heuferienhof-ruegen.de.

Lauterbach

Über die Lauterbacher Chaussee gelangt man zum Putbuser Hafen (vom Circus bis zum Wasser knapp zwei Kilometer). Der Fürst zu Putbus ließ ihn anlegen, nachdem das Geschäft mit den Badegästen abflaute. Eine neue Einnahmequelle für die geradezu aus dem Boden gestampfte Stadt musste her; das Rezept: ein Konjunktur belebender Hafen. Benannt wurde der vor allem von Küstenfischern genutzte Hafen nach der Gattin Wilhelm Maltes I., einer geborenen von Lauterbach. Heute ist Lauterbach dank seiner modernen Marina in erster Linie als Seglertreff bekannt. Hier starten auch die Ausflugsschiffe auf und um die *Insel Vilm*.

Rügens Süden und Bergen
Karte S. 84/85

Am Hafen linker Hand geht es um die kleine Bucht herum zum Haus Goor, das der Fürst für seine Gäste anlegen ließ. Auf dem Weg dorthin kommt man an der Lauterbacher Marina vorbei, in der nicht nur Yachten vor Anker liegen, sondern auch „Ferienhäuser“: ein festes Dach über dem Kopf, aber keinen festen Boden unter den Füssen – das bietet nur die ebenso originelle wie hübsche Hausbootsiedlung. Eine ganz andere Art Gebäude stellt das *Haus Goor* dar (vom Hafen ein knapper Kilometer): Wie ein antiker Tempel ist der klassizistische Bau mit einer Vorhalle aus dorischen Säulen geschmückt. Ursprünglich mit dem Namen *Friedrich-Wilhelmsbad* gesegnet, entspannten sich hier Anfang des 19. Jh. die noblen Gäste in Wannen aus italienischem Marmor. Heute beherbergt das Badehaus ein nicht minder nobles Hotel.

Vom Hafen aus Richtung Osten geht Lauterbach fast nahtlos in die beschauliche Fischersiedlung **Neuendorf** über. Am Ortsende beginnt eine unter Naturschutz stehende Kopfweidenallee, an deren Seite sich der schmale Neuendorfer Strand erstreckt.

• *Hafen* Neben dem alten Hafen (✆ 038301-461) befindet sich in Lauterbach ein topmoderner Sportboothafen, die Marina verfügt über 300 Liegeplätze bei 2–4 m Wassertiefe, Slipanlage, Tankstelle, Kran, Werkstatt, Ausrüstung. ✆ 038301-80929, www.im-jaich.de.

• *Übernachten/Essen* (→ Karte 108/109)

Badehaus Goor (5), im klassizistischen Badetempel ist jüngst ein Nobelhotel eingezogen, das der Tradition des Hauses gerecht zu werden weiß. Neben einem unaufdringlich eleganten Restaurant steht den Gästen ein großer Wellnessbereich (samt Sauna und Schwimmbad) mit zahlreichen Anwendungen zur Verfügung. DZ 130–190 €, EZ 90 €, Suite 210 €, jeweils inkl. obligatorischer Halbpension und Schwimmbad/Sauna-Nutzung. Haustiere auf Anfrage, Parkplätze vor dem Haus, Tiefgarage 5 €. Fürst-Malte-Allee 1, 18581 Lauterbach, ✆ 038301-88260, 📠 8826300, www.hotel-badehaus-goor.de.

im jaich – wasserferienwelt (6), ungewöhnlich unterkommen kann man in den schwimmenden Appartements (wann hat man schon einmal eine Terrasse über dem Wasser), die teils zweistöckigen Hausboote sind stilvoll eingerichtet. Kleines Ferienhaus mit Bad, TV etc. für 2–4 Pers. 135 €, großes Ferienhaus (bis 6 Pers.) 159 €, in der Hauptsaison nur wochenweise. Auch Appartements und preiswerte Übernachtungen für Segelschüler, zur Wassersportschule s. u., zudem Sauna, Wellness- und Fitnessbereich, Bootsverleih, kleiner Kiosk und Restaurant. Ganzjährig geöffnet. im-jaich, Am Yachthafen, 18581 Lauterbach, ✆ 038301-8090, 📠 80910 www.im-jaich.de.

Pension Goor (7), auch die Segelschule Goor bietet Unterkunft an, und zwar in dem schön renovierten roten Haus am Hafen, 19 helle Zimmer mit Balkon (meist mit Seeblick), im Haus auch Gaststätte und Fahrradverleih. DZ mit Bad, TV und Frühstück zwischen 72 € (ohne Seeblick) und 94 € (mit Seeblick). Chausseestr. 7 c, 18581 Lauterbach, ✆ 038301-882780, 📠 882788, www.goors.de.

Am Bodden (4), nettes Hotel an der Einfallstraße zum Hafen, mit bodenständigem Restaurant (Mo Ruhetag, Hauptgerichte um 12 €), günstige Zimmer, DZ mit Bad, TV und Frühstück 62 €, EZ 39 €, im Nov. geschlossen. Chausseestr. 10, 18581 Lauterbach, ✆ 038301-8000, 📠 80020. Dazu gehört auch das **Hotel Viktoria (8)** am Hafen, DZ 77 €, 3er 93 €, 4er 103 €. Dorfstr. 1, ✆ 038301-6460, 📠 646200, www.hotels-auf-ruegen.de.

Mela's B & B, freundliches, familiär kleines B & B nahe am Hafen, DZ inkl. Frühstück 50 €. Dorfstr. 6, 18581 Lauterbach, ✆ 038301-88181 oder 393, 📠 88720, www.bed-and-breakfast-ruegen.de.

Räucherfisch und Imbiss am Hafen.

• *Bootsverleih* **im jaich**, führerscheinfreie 5-PS-Boote 39 €/halber Tag, 65 €/Tag, Adresse s. o.

• *Fahrradverleih* **Albert's Fahrrad-Service**, Außenstelle des Putbuser Fahrradladens, 3-Gang-Rad 5,10 €, 5-Gang-Rad 5,60 €, Kinderrad 4,50 €, jeweils pro Tag, bei mehrtägigem Verleih günstiger, auch Helme und Anhänger, nur Mai–Sept. geöffnet, Mo–Sa 9–11.30 Uhr und 18.30–19 Uhr. Chausseestr. 11, ✆/📠 038301-429.

• *Wassersport* **im jaich**, großes Angebot, vor allem natürlich Segelschule (alle Scheine, Kursgebühr je nach Schein um 230 €), auch Seekajak (über die Seekajakveranstalter aus Gager, www.seekajakreisen.de), Yachtcharter, Regatten und Segeltörns. im-jaich, am Yachthafen, 18581 Lauterbach, ✆ 038301-8090, 📠 80910, www.im-jaich.de.

Auf dem Weg zur Insel Vilm

Goor, Segelschule und Yachtcharter, Segelgrundkurs 240 €/6 Tage, alle Scheine, für die Kleinen auch auf dem Optimisten, außerdem Segeltörns und Skippertraining. Chausseestr. 7 c, 18581 Lauterbach, ✆ 038301-882780, 882788, www.goor.de.

• *Yachtcharter* über eine große Flotte verfügt die *Yachtcharter Goor*, auch *im jaich* verleiht (kleinere) oder vermittelt (größere) Yachten, Adressen → oben.

▸ **Baden**: Auch wenn es dem Fürsten zu Putbus nicht gelungen ist, die Küste um Lauterbach in einen prominenten Badespot zu verwandeln, so gibt es doch ein paar schmale Strände entlang des Ufers, an denen sich ein gemütlicher Badetag am Rügischen Bodden verbringen lässt. Sie befinden sich um Neuendorf, in der Nähe von Neukamp und südlich von Altkamp (keinerlei Service).

Insel Vilm

Es ist noch nicht allzu lange her, da gehörte die Insel Vilm (gesprochen wie Film) noch zu Rügen: Vor gerade mal 3000 Jahren erfolgte die Abtrennung der Insel, vermutlich wegen der starken Schwankungen des Wasserspiegels, der bis dahin rund fünf Meter niedriger stand und so noch eine Landanbindung im hier ohnehin flachen Rügischen Bodden ermöglichte. Im Jahr 1249 wurde Vilm erstmals urkundlich erwähnt.

Heute liegt die unter strengem Naturschutz stehende Insel ruhig und verlassen in Sichtweite zum Hafen von Lauterbach. Bereits 1936 wurde Vilm unter Naturschutz gestellt; 1959 verbrachte DDR-Ministerpräsident *Otto Grotewohl* (1894–1964) hier entspannende Urlaubstage, die Insel wurde daraufhin zum Nobel-Urlaubsziel des Ministerrates – gut für die Natur, da die Insel damals kein Normalsterblicher mehr betreten durfte. Im Jahr 1990 richtete der Bund für Naturschutz auf Vilm eine Außenstelle ein; heute dürfen täglich maximal 30 Gäste (mit Voranmeldung!) zu einem geführten Rundgang auf die Insel. Lediglich in der Nähe des Landestegs ist eine Hand voll Häuser zu sehen: In den ehemaligen Gästehäusern der DDR-Führungsriege sind jetzt die Unterkünfte für Seminarteilnehmer der Naturschutz-Akademie untergebracht. Beim Landgang sehenswert sind vor allem der alte Baumbestand sowie die Bodenvegetation auf Vilm. Seit mehreren hundert Jahren wurde nicht mehr eingegriffen, so dass sich eine echte „Wildnis" ausgebreitet hat.

Wer die Insel Vilm dagegen mit dem Schiff umrundet, wird in erster Linie eine Vielzahl von Seevögeln beobachten können: Kormorane sitzen auf den Reusen und trocknen ihr Gefieder, unzählige Seevögel sind an der Landzunge „Großer Haken" im Norden der Insel zu sehen, und wer Glück hat, wird Zeuge, wie das Seeadlerpärchen an der Westspitze von Vilm seine Kreise zieht.

Die Rundfahrt mit dem Motorschiff (MS Sebastian) führt von Lauterbach im Uhrzeigersinn um die Insel herum, am „Großen Haken" vorbei und an der südlichen Steilküste an der „Scheibe" mit immerhin 21 Metern Höhe. Bei einigermaßen gutem Wetter bietet sich vom Schiff aus ein schöner Blick auf den Turm des Jagdschlosses Granitz, das Reddevitzer Höft und das Mönchgut samt Zickerschen Bergen.

• *Ausflüge zur Insel* Die **Fahrgastreederei Lenz** organisiert ab Lauterbach die Fahrt mit **MS Julchen** nach Vilm sowie die Führung über die Insel (April–Okt.). In der Hochsaison sollte man sich mindestens 1–2 Wochen vorher anmelden, Fahrten nur 1-mal tägl., Dauer 2½–3 Std., Erw. 15 €, Kinder 8 € (4–12 Jahre), Anmeldung obligatorisch unter ✆ 038301-61896, 📠 61874. Fahrgastreederei Lenz & Co., Chausseestr. 9, 18581 Lauterbach (oder in *Jenny's Hafencafe* in Lauterbach), www.vilmexkursion.de, fgr.lenz@t-online.de.

Rund um die Insel Vilm schippert die **Weiße Flotte**, Mitte Mai bis Sept. 1-mal tägl. um 14.30 Uhr, Dauer ca. 1 Std., Erw. 9 €, Kinder 6 €, (unter 4 Jahren frei), der Hund darf für 6 € auf Deck mitfahren. Außerdem 1-mal tägl. *Boddenrundfahrten* (Dauer ca. 4 Std., Erw. 12 €, Kinder 8 €). Infos ✆ 03831-268138, www.weiße-flotte.de.

Die Alleenstraße entlang in die Granitz

Von Putbus aus führen zwei Straßen auf die B 196 (Bergen–Göhren). Die erste Variante führt direkt nach Norden und mündet bei **Zirkow** auf die Bundesstraße. In dem hübschen, stillen Dorf findet sich neben einer kleinen Kirche der *Museumshof*. In einem 300 Jahre alten Hallenhaus mit interessanter Dachkonstruktion sind zahlreiche land- und hauswirtschaftliche Gebrauchsgegenstände ausgestellt – von der Zuckerrübenpresse über den Torfspaten bis zur Wäschemangel. In den beiden Nebengebäuden findet sich das schwere Gerät, wie Dreschkasten und diverse Pflüge. Die freundliche Dame im Museum erläutert gern die Exponate und die Geschichte des Hauses.

Museumshof Zirkow, agrar- und alltagshistorisches Museum, ganzjährig Di–Fr 10–16 Uhr. Binzer Straße 43 a, 18528 Zirkow, ✆ 038393-32824, 📠 30113.

Die zweite Streckenvariante Richtung Granitz verläuft am Bahnhof von Putbus vorbei und biegt dann Richtung Osten auf die letzten Kilometer der Deutschen Alleenstraße ab. Zwischen Serams und Lancken-Granitz trifft sie auf die B 196. Diese Kilometer gehören zu den schönsten Abschnitten der Alleenstraße. Dabei durchquert man zunächst **Lonvitz** (hier ein Großsteingrab), dann **Vilmnitz**, ein malerisches Dorf, in dessen Kirche sich die Herren zu Putbus zu Grabe tragen ließen. Immer wieder stehen Großsteingräber nahe der Straße, die schließlich zu einer herrlichen Kopfsteinpflaster-Allee wird.

• *Übernachten/Essen* **Landhotel Ulmenhof** (in Vilmnitz) **(1)** → Karte S. 108/109; neues Hotel mit modernem Ambiente, ruhig gelegen, 32 komfortable Zimmer, im Haus das *Restaurant Vilmnitzer Stuben* (im Sommer auch auf der Terrasse), u. a. Fisch- und Wildgerichte. DZ mit Bad, TV und Frühstücksbuffet 92–102 €, EZ 64–75 €, Suite ab 108 €, in der Nebensaison deutlich günstiger. Chausseestr. 5, 18581 Putbus/OT Vilmnitz, ✆ 038301-88280, 📠 8828888, www.Landhotel-Ulmenhof.de.

• *Reiten* **Hof Viervitz**, in Zirkow, bietet geführte Ausritte und Tagesritte, Schnupperkurse und Westernunterricht, Ponyreiten für Kinder (auch Kinderbetreuung), Pensionsboxen. Hof Viervitz, Dorfstr. 3 a, 18528 Zirkow, ✆ 03838-309402, www.hof-viervitz.de.

Strandabschnitt im Norden der Granitz

Granitz

Das Gebiet im Osten Rügens ist von ausgedehnten Wäldern geprägt. An den Küsten trifft man dagegen auf ein einzigartiges Badeparadies: Kilometerlange Sandstrände erstrecken sich von Binz entlang der Prorer Wiek und von Sellin nach Süden bis ins Mönchgut.

Binz, am Nordostrand der Granitz, ist seit über 100 Jahren das wichtigste Ostseebad Rügens. Entlang der Binzer Strandpromenade sind prächtige Beispiele verspielter Bäderarchitektur zu bewundern. Aber auch *Sellin*, etwas weiter südlich, steht dem großen Vorbild kaum nach: Die mondäne Wilhelmstraße verlängert sich jenseits des Hochufers in eines der spektakulärsten Bauwerke Rügens: die nach historischem Vorbild wiedererrichtete Seebrücke mit ihren prachtvollen Aufbauten.

Im Norden von Binz, an der Prorer Wiek, befindet sich einer der schönsten Strände der Insel. Über etwa zehn Kilometer Länge erstreckt er sich von Binz bis zur Halbinsel Jasmund. Dahinter liegt die wohl problematischste Immobilie Rügens: der Koloss von *Prora*. Die gigantischen Betonbauten, von den Nationalsozialisten als riesiges Erholungsgebiet geplant, werden heute zum Teil durch Museen genutzt, die Zukunft der Anlage wird immer wieder diskutiert. Zahlreiche Konzepte scheiterten bisher an fehlenden Finanzmitteln.

Die *Granitz* selbst ist ein herrliches, hügeliges Laubwaldgebiet, durchzogen von zahlreichen Waldpfaden und Wanderwegen. Der Baumbestand des lichten Waldes besteht vor allem aus Buchen, zwischen die sich auch Eichen, Erlen, Linden und wilde Obstbäume mischen. Im Osten bricht die bewaldete Hügelkette am Hochufer ab, unter dem sich ein malerischer, wildromantischer Steinstrand entlang zieht. Landseits geht der Wald in die Felder um Serams und Lancken-Granitz über. Auf der höchsten Erhebung, dem 107 Meter hohen Tempelberg, steht die größte Attraktion abseits der Ostseebäder: das *Jagdschloss Granitz*, dessen Zentralturm hoch über die Baumwipfel ragt und von dem aus man einen grandiosen Panoramablick über die Insel genießen kann. Eine nostalgische Möglichkeit, die Granitz zu erkunden, bietet die Dampfeisenbahn „der Rasende Roland", deren Gleise sich durch den südöstlichen Ausläufer der Granitz ziehen und schließlich nahe am Waldrand nach Sellin führen.

Ostseebad Binz

Das größte und bekannteste Ostseebad Rügens spart nicht an prachtvollem Dekor und aufwändigen Bauten der Bäderarchitektur – wahrlich ein Seebad von Welt. Man badet im Meer oder im mondänen Glanz vergangener Zeiten.

„Sorrent des Nordens" oder auch „Nizza des Ostens" – Spitznamen für Binz gibt es viele. Dabei wäre es gar nicht nötig, den Ort mit fremden Federn zu schmücken. Über drei Kilometer erstreckt sich die Promenade von Binz am Strand entlang, auf der es sich prächtig flanieren lässt – auf der einen Seite das rauschende Meer und quirliger Strandbetrieb, auf der anderen Seite glanzvolle Bäderarchitektur mit einer unauslotbaren Vielfalt an ornamentaler Spielerei: Türmchen und Erker, Veranden, Loggien und Balkone mit ziselierten Schmuckblenden und verspielten gusseisernen Geländern sowie von Ziergiebeln gekrönte Fassaden. Das Flaggschiff unter den Prachtbauten ist wohl das 1908 errichtete dreiflügelige *Kurhaus* mit seinem zum Meer hin geöffneten Portal, über dem in der Mitte des Haupthauses ein Dachtürmchen thront. Leicht versetzt beginnt hier als Verlängerung der Hauptstraße auch die Seebrücke und reicht über 370 Meter weit in die Ostsee hinein. Sie wurde 1994 eröffnet, nachdem Binz über fünfzig Jahre ohne Seebrücke auskommen musste – den Pfahlbau von 1902, die erste Seebrücke Rügens, hatte bereits drei Jahre später ein Sturm zerstört, die wiedererrichtete Brücke wurde 1942 von treibendem Eis zermalmt.

Aber Binz ist nicht nur restaurierte Bäderherrlichkeit, das Ostseebad gibt sich vielseitig und modern: Hier wird nicht nur flaniert, gekurt oder im Strandkorb entspannt, sondern auch Beachvolleyball gespielt oder auf Inline-Skates die Strandpromenade entlang geheizt. Zahlreiche Restaurants bieten für jeden Geschmack etwas: bodenständige Hausmannskost, gehobene Mehr-Gang-Menüs, Kleinigkeiten für Zwischendurch und natürlich Fischgerichte jeglicher Art (sogar Sushi). Ähnlich abwechslungsreich gestaltet sich das Binzer Nachtleben in schicken Hotelbars, urigen Gaststätten, hippen Kneipen oder der Disco.

Binz liegt eingefasst zwischen den Ausläufern der Granitz, dem Schmachter See und dem geschwungenen *Sandstrand* an der Prorer Wiek. Der *Schmachter See*, der sich im Rücken von Binz erstreckt, ist ein Beispiel für einen zugewachsenen Bodden. Die Nehrung, auf der heute das Ostseebad steht, schloss sich vor tausenden von Jahren und schnitt die Bucht vom Meer ab. Richtig nahe kommt man dem See nur an der Schmachter Promenade in Binz, denn seine Ufer sind von breiten Schilfgürteln gesäumt. Der südliche Ortsrand des Ostseebades befindet sich direkt am Rand eines herrlichen Buchenwaldes, der die gesamte sanft hügelige *Granitz* bedeckt. Zahlreiche Wanderwege, beginnend in Binz, führen durch das ehemalige Jagdrevier der Herren zu Putbus. Besonders schön: der teils als Hochuferweg verlaufende Waldweg nach Sellin und natürlich die Attraktion der Granitz: das Jagdschloss (detaillierte Wanderbeschreibung auf S. 129).

Granitz / Mönchgut

Tradition und Event: Beachvolleyballturnier vor dem Binzer Kurhaus

Ortsgeschichte

Die Karriere, die das winzige Fischerdorf (erstmals 1318 als *Byntze,* Siedlung in den *Binsen* erwähnt) zum größten Seebad Rügens werden ließ, begann verhältnismäßig früh. Fürst Wilhelm Malte I. zu Putbus hatte 1830 die (für diese Zeit nicht gerade gängige) Idee, seine Gäste zum Baden an den Ostseestrand zu führen, und ließ die notwendigen Badeutensilien – vor allem blickdichte Badekarren – an den Rand der Granitz in die Nähe des kleinen Ortes bringen. Natürlich logierte die adelige Ausflugsgesellschaft nicht in einer der kleinen Katen, sondern in Putbus. Erst ab 1860 übernachteten die ersten Badegäste im Dorfkrug. Von Jahr zu Jahr aber strömten immer mehr Besucher nach Binz, so dass es sich schließlich 1876 gelohnt haben muss, ein erstes Hotel zu errichten, ein Unterfangen, das ein ehemaliger Kapitän zur See namens Potenberg wagte (*Potenbergs Dorfhotel* heißt heute *Haus Karin*). Im gleichen Jahr entstand eine nahe am Wald entlang führende Verbindungsstraße zwischen Dorf und Strand, heute die *Putbuser Straße*. Hier wurde 1880 auch das erste *Strandhotel* errichtet (heute steht das *Grand Hotel* an dieser Stelle). Nachdem das aufstrebende Ostseebad 1884 auch offiziell zum Badeort gekürt worden war, nahmen die Baumaßnahmen – unterstützt von der 1888 gegründeten „Aktiengesellschaft Ostseebad Binz“ – rapide zu: Zahlreiche Hotels und Pensionen schossen aus dem Boden, das Kurhaus wurde errichtet (1893), die Kleinbahnstrecke von Putbus nach Binz eröffnet, die Strandpromenade eingeweiht (beides 1895). Spätestens nachdem vom Binzer Strand eine über einen halben Kilometer lange Seebrücke (die erste Rügens) in die Ostsee reichte (1902), um die Anreise der Gäste zu erleichtern (s. Kasten unten), hatte sich das kleine Fischerdorf am Schmachter See zu einem mondänen Urlaubsort entwickelt. Markanter Ausdruck der zur Pracht neigenden Wilhelminischen Epoche wurde das *Kurhaus,* das – 1905 abgebrannt – drei Jahre später als repräsentativer dreiflügeliger Bau in der Form erbaut wurde, wie es heute noch zu sehen ist.

Havarie mit Folgen: die Gründung der DLRG

Die Rettungsschwimmer von Binz wachen über einen ganz besonderen Strandabschnitt, denn ihr Dachverband, die *Deutsche Lebens-Rettungs-Gesellschaft (DLRG)*, nahm, wenngleich in Leipzig gegründet, hier ihren Anfang. Am 28. Juli 1912 rammte während eines Anlegemanövers die *Kronprinz Wilhelm* die Binzer Seebrücke. Die Folgen der Havarie hätten schwerer kaum sein können, denn als einer der Querbalken brach, stürzte der gesamte Brückenkopf ins Meer und mit ihm zahlreiche Urlauber, die auf die Ankunft des Schiffes gewartet hatten. Über ein Dutzend Menschen ertranken, darunter auch der Brückenkapitän, während die Menschen vom intakten Teil der Brücke und der *Kronprinz Wilhelm* ohnmächtig zusehen mussten. Nicht schwimmen zu können war am Anfang des 20. Jahrhunderts nichts Ungewöhnliches, Maßnahmen zur Wiederbelebung weitgehend unbekannt. Unter dem Eindruck des Binzer Brückenunglücks, an das eine bronzene, auf einem Findling angebrachte Gedenkplakette erinnert, wurde ein Jahr später die DLRG gegründet. Heute wachen zahlreiche ehrenamtliche Rettungsschwimmer über die Ostsee-Strände Rügens.

Ironischerweise ging auch der Bau der Seebrücke auf einen Unfall zurück, der Menschenleben kostete. Bevor es nämlich die Landungsstege gab, mussten die Reisenden von den Schiffen in kleine Segler umsteigen, oft unter vom Seegang erschwerten Bedingungen, um an Land zu gelangen. 1900 kamen bei einem solchen Manöver im benachbarten Sellin mehrere Menschen ums Leben, woraufhin in Binz 1902 die Seebrücke errichtet wurde.

Granitz
Karte S. 119

Die Zeit zwischen den Kriegen, die *Goldenen Zwanziger*, waren auch für Binz eine goldene Zeit und ein legere, denn die strikte Geschlechtertrennung beim Badebetrieb wurde gelockert, schließlich sogar aufgehoben. Die Machtergreifung der Nationalsozialisten und der Ausbruch des Zweiten Weltkrieges beendeten das unbeschwerte Urlaubmachen. Zwischenzeitlich war der Norden des Badeortes in eine gigantische Baustelle verwandelt worden, Prora, größenwahnsinniges KdF-Projekt war entstanden und unvollendet am weiten Strand der Wiek liegen geblieben (Näheres → S. 132 ff.). Mit dem Ende des Krieges quoll der Ort über von Flüchtlingen. Erst in den 50er Jahren konnte Binz wieder an seine Bade-Tradition anknüpfen, allerdings nun in „verstaatlichter Form". Im Zuge der *Aktion Rose* wurden die Besitzer der Hotels und Pensionen als vermeintliche Wirtschaftsverbrecher kriminalisiert und enteignet. die in den folgenden Jahren errichteten Ferienheime entstanden unter der Schirmherrschaft des FDGB, der Einheitsgewerkschaft der DDR. Mit der Wiedervereinigung wurde die touristische Infrastruktur des Ostseebades privatisiert. Nirgends sonst wurde auf der Insel derart mit dem „großen Geld" hantiert wie in Binz – meist zum Wohle der Fassaden, nicht immer zum Wohle alteingesessener Binzer. Es wurde gebaut und finanziert, renoviert und aufgekauft, wiedererrichtet (z. B. die 1942 von schwerem Eis zerdrückte Seebrücke) und verlängert (die Strandpromenade bis Prora). Heute ist der erste Goldrausch vorbei, die Claims sind abgesteckt. Es ist ein eigenartiger, aber auch in gewisser Weise typischer Zwiespalt, in dem sich Binz befindet: Die Strandpromenade erstrahlt wie zu Wilhelminischer Zeit und der Ort lebt vorwiegend vom Tourismus, aber der Großteil der derzeitigen Villenbesitzer stammt aus dem Westen.

Informationen/Verbindungen/Diverses

• *Information* Gleich mehrere Anlaufstellen für Information, Zimmervermittlung u. ä. tummeln sich in Binz; allen voran natürlich die **Kurverwaltung Binz** im „Haus des Gastes", Zimmervermittlung, Tickets (von Störtebeker Festspiele bis Jagdschloss-Express), Mobil-Telefonkarten, hier auch *Internet*-Zugang (im Lesesaal, 0,50 €/6 Min., 5 €/1 h). April–Okt. Mo–Fr 9–18 Uhr, Sa/So10–18 Uhr, Nov.–März 9–16 Uhr, Sa/So 11–16 Uhr. Heinrich-Heine-Str. 7, 18609 Binz, ✆ 038393-148148, 📠 148145, www.ostseebad-binz.de.
Bei der Seebrücke befindet sich zudem ein **Info-Pavillon** (Mai–Okt. tägl. 9–16.30 Uhr).

Tourismusgesellschaft Binz, Vermittlung von Appartements und Hotelzimmern, Verkauf von Tickets aller Art; tägl. 9.30–18 Uhr. Zeppelinstraße 7, 18609 Binz, ✆ 038393-13460, 📠 50431, www.binz.de.

Rügener Reiselotse, Touristen-Information und Zimmervermittlung, Mo–Fr 10–17 Uhr. Proraer Chaussee 3 f, 18609 Binz, ✆ 038393-33789, www.zimmervermittlung-binz.de.

• *Kurtaxe* Mai–Okt. Erw. 2,10 €, Kinder und Jugendliche frei, Nov.–April 1 €.

• *Parken* schwierig, im Ortszentrum sehr schwierig, an den Rändern des Ortskerns befinden sich einige Parkplätze, natürlich kostenpflichtig 2 €/2 h, Tageskarte 8 €, auf privaten Parkplätzen und in Parkhäusern kann es auch mal das Doppelte sein. Parkplätze gibt es z. B. an der Prorarer Chaussee (neben der Tankstelle und beim Bahnhof), strandnah in der Dünenstraße oder schattig am Waldrand am Klünderberg.

• *Taxi* **Zentrale Binz** ✆ 038393-2424.

• *Verbindungen* **Zug**: Mit Regionalbahn und -express etwa 16-mal tägl. von Binz nach *Bergen* (und weiter nach Stralsund); Achtung: bei jeder zweiten Verbindung muss man in Lietzow umsteigen! Zudem ist Binz IC-Haltestelle, auch der Nachtzug endet hier.

Bus: **Linie 20** verbindet Binz mit *Prora*, dem *Fährhafen Sassnitz* bei Neu Mukran, der *Stadt Sassnitz* und dem Königstuhl sowie (in anderer Richtung) mit den Ostseebädern *Sellin*, *Baabe*, *Göhren* und ganz im Süden *Thiessow*, fast stündlich, bis Sassnitz bzw. Göhren häufiger. **Linie 23** verbindet zwar ebenfalls Binz mit *Sassnitz* (etwa 5-mal tägl. Sa/So öfter) und dem *Königsstuhl* (2-mal-tägl.), fährt aber weiter nach Bergen. Ebenfalls nach Bergen (via Prora) fährt **Linie 28**.

Kleinbahn: Der *Rasende Roland* beginnt seinen Weg entlang der Ostseebäder in Binz (Haltestelle am südlichen Ortsrand): über *Sellin*, *Baabe* nach *Göhren* und in anderer Richtung nach *Putbus*, Mai–Sept. 11-mal (nach Lauterbach nur 6-mal), in der Nebensaison (Sept.–April) 6-mal täglich. Preise: zum Jagdschloss 1,60 € (erm. 0,80 €), nach Sellin und Baabe sowie nach Putbus 3,20 € (1,60 €), nach Göhren 4,80 € (2,40 €), Fahrrad 2,10 €, auch Familien-, Wochen- und Monatskarten. ✆ 038301-80112, weitere Infos z. B. zu Ausflugsangeboten → S. 111.

Die **Bäderbahn** fungiert als Stadtbus und fährt etwa alle halbe Stunde, ganzjähriger Betrieb, Kurzstrecke 1 €, Kinder 0,50 €, Tageskarte 2 €, Kinder 1 €, Inhaber einer Kurkarte (auch aus Sellin, Göhren oder Baabe) haben freie Fahrt. Der **Jagdschloss-Express** fährt von der Seebrücke bis zum Jagdschloss und zurück, im Sommer alle 45 Min., im Winter etwa 1-mal pro Stunde, die Preise allerdings sind bemerkenswert: Erw. 7,50 €, Kinder 5–11 Jahre 3,50 €, in Leserbriefen fiel angesichts des Gebotenen wohl nicht zu Unrecht der Begriff „Nepp". Von der Seebrücke fährt auch der **Prora-Express** zur Anlage von Prora (in der Saison 6-mal tägl.). Infos unter ✆ 038393-33880, 📠 33881, www.jagdschlossexpress.de.

Schiffsverbindungen zu Rügens Ostseebädern: Die **Reederei Ostsee-Tour** verbindet Binz mit dem *Sassnitzer Stadthafen* (ca. 6-mal tägl.; Erw. 6 €, Kinder 4–14 Jahre 3 €; Dauer ca. 45 Min.) sowie mit den Seebrücken von *Sellin* (ca. 3-mal tägl.; Erw. 4,50 €, Kinder 4–14 Jahre 2,25 €; Dauer ca. 30 Min.) und *Göhren* (ca. 3-mal tägl.; Erw. 7 €, Kinder 4–14 Jahre 3,50 €; Dauer ca. 1 h), Kinder bis 4 Jahre frei, Hund 3 € auf allen Strecken, Fährbetrieb von April bis Oktober, auch Familientickets und Kombitickets mit dem *Rasenden Roland* möglich, Karten an Bord. Reederei Ostsee-Tour, Hafenstraße 12 j, 18546 Sassnitz, ✆ 038392-3150, 📠 50672, Bordtelefon der Schiffe: *MS Cap Arkona* ✆ 0160-7474673, *MS Binz* ✆ 0160-7474674, *MS Marco Polo* ✆ 0160-7474675,
www.reederei-ostsee-tour.de.

• *Ausflugsschiffe* Die **Reederei Ostsee-Tour** bietet neben dem Fährverkehr auch *Ausflugsfahrten zum Kreidefelsen* (April–Okt. 4-mal tägl., Erw. 15 €, Kinder 4–14 Jahre 8 €; Dauer 2 h 45 Min.), zum *Kap Arkona* (Mitte April bis Mitte Okt., Di–Fr, Erw. 18 €,

Kinder 4–14 Jahre 10 €; Dauer 4 h) sowie *Rundfahrten* um die Insel an (Mitte Mai bis Ende Sept., Mo, Erw. 40 €, Kinder 4–14 Jahre 20 €; Dauer 9 h 30 Min.) auf allen Strecken Kinder unter 4 Jahren frei, Hund 3 €, kein Landgang, Adresse → oben.

Ausflugsfahrten zum Kreidefelsen hat auch die Reederei **Adler-Schiffe** im Programm. Die *MS Mönchgut* fährt Mai–Okt. 1-mal tägl., Dauer 2½ Std., Erw. 14 €, Kinder bis 14 Jahren frei, Hund 5 €. ✆ 038378-47790, www.adler-schiffe.de.

Übernachten (→ Karte S. 125)

In Binz häufen sich die Nobelherbergen, allen voran die Fünf-Sterne-Häuser *Grand Hotel* und *Kurhaus*. Es lässt sich aber auch etwas günstiger nächtigen. Der Ort verfügt über etwa 12.000 Gästebetten. Auch wenn es in der Hochsaison eng werden kann, sind die Chancen, etwas in der gewünschten Preisklasse zu finden, hier höher als andernorts. Von der Seebrücke in südöstlicher Richtung erstrecken sich die aufwändig renovierten Villen im Bäderstil von der „Stranddistel" bis hin zum „Glückspilz": unbedingt sehenswert, auch wenn man nicht hier wohnt.

• *Hotels/Pensionen* ***** **Grand Hotel Binz (16)**, moderne Nobelherberge am Ostende der Strandpromenade (relativ ruhig gelegen), alles sehr stilvoll und edel eingerichtet, ohne dabei überladen zu wirken – Ausspannen auf hohem Niveau. Über 1000 m² Spa- und Wellness-Bereich u. a. mit Hamam und Schwimmbad; Bar und das vielfach empfohlene Restaurant *Ruiani* mit Terrasse. 122 komfortable Zimmer mit Balkon oder Terrasse, EZ 177–212 €, DZ 224–294 €, Suiten 394 €, Frühstück inklusive, in der Nebensaison deutlich günstiger. Strandpromenade 7, 18609 Binz, ✆ 038393-150, ✆ 15555, www.grandhotelbinz.de.

***** **Hotel Kurhaus Binz (12)**, das zweite Nobelhotel in Binz, fast direkt an der Seebrücke und somit mitten im größten Trubel (zumindest in der Hochsaison). Eindrucksvolle Fassade, etwas gediegener als das Grand Hotel, Palmen im Foyer, im Restaurant Kronleuchter und blaue Samtbezüge, große Terrasse zur Promenade, Bar etc., außerdem Schwimmbad (innen und außen) „ägyptische" Saunalandschaft und großer Wellnessbereich. Im Café spielt der Pianist zum Fünf-Uhr-Tee auf, v. a. bei älteren Kurgästen beliebt. EZ ab 139 €, DZ ab 218 € (Seefront 302 €), Frühstück inklusive. Strandpromenade 27, 18609 Binz, ✆ 038393-6650, ✆ 665555, www.tc-hotels.de.

**** **Loev Hotel (14)**, großes Hotel mitten im Ort (Hauptstr. Ecke Heinestr.), im Haus auch Restaurant *Brasserie*, Café/Bar, Diskothek *Club Löwe*, Beauty-Bereich, auch Strandkorbverleih (7 €/Tag). DZ mit Bad, TV und Frühstück ab 88 €, Komfort 130 €, Studio 165 €, EZ ab 65 €. Auch Appartements z. B. im traditionsreichen, prächtigen **Dünenhaus** (135–180 €/Tag, je nach Blick, Balkon etc.) oder günstiger in der **Villa Annabelle** (ab 87 €). Hauptstr. 20–22, 18609 Binz, ✆ 038393-390 und 5350, ✆ 39444. www.loev.de.

Hotel meerSinn (11), neues, schickes Hotel in stilvollem Design und hippes Gesund-

Schick: Hotel „meerSinn"

heitszentrum für Gestresste in einem, die Zimmer mit Flatscreen-TV, Internetzugang, CD/DVD-Anlage, frischen Blumen und Obst, im Haus Wellness-Beauty-Bereich, Sauna, Dampfbad und Pool. DZ mit Bad, TV, Frühstücksbuffet und Nutzung des Wellness-Bereichs ca. 145 €, Komfortzimmer ca. 165 €, Suiten ca. 285 €, EZ ca. 95 €, Hund 10 €, Garage 12 €, Strandkorb 7 €; die Lounge trägt den netten Namen *leichtSinn*. Im Haus auch das Restaurant **meerSalz**, stylish und lässig, täglich wechselnde Gerichte aus regionalen Zutaten, nebenan *Braugasthaus „Zum Alten Fritz"*, ganzjährig geöffnet. Schillerstraße 8, 18609 Binz, ✆ 038393-6630, ℻ 66323, www.meersinn.de.

Villa Undine (6), unser Tipp an der Strandpromenade: nur fünf sehr gepflegte, mit Geschmack eingerichtete Appartements mit Bad, TV, Miniküche und Terrasse/Balkon in traumhafter verwinkelter Villa. Die Villa Undine ist ein so genanntes Wolgasthaus, eine Art hölzernes Fertighaus aus dem 19. Jh. (→ Bäderarchitektur S. 42). Sehr freundlicher Service, angenehme Atmosphäre, man ist um das Wohl der Gäste bemüht. Einziges Manko: Die meisten dieser zufriedenen Gäste buchen bei Abreise schon fürs nächste Jahr, so dass man für die Hochsaison kaum noch ein Appartement bekommt. Für 1 Pers. 45 €/Tag, für 2–3 Pers. 85–90 €, Endreinigung 25–30 €. In der Nebensaison ca. 15 € günstiger. Strandpromenade 30, 18609 Binz, ✆ 038393-32533 (außerhalb der Saison auch Frau Dr. Kühn-Hattenhauer, Carl-Heinr.-Becker-Weg 16, 12165 Berlin, ✆ 030-79706185).

**** **Strandhotel Lissek (5)**, Bädervilla an der Strandpromenade, schöne Zimmer, teils mit Meerblick, im Haus das Restaurant **Fischmarkt** (vor allem natürlich fangfrischer Fisch). DZ mit Bad, TV und Frühstücksbuffet ab 116 €, mit Seeblick 158 €, EZ ab 65 €, Hund 5 €, in der Nebensaison deutlich günstiger, auch interessante Arrangements, ganzjährig geöffnet. Strandpromenade 33, 18609 Binz, ✆ 038393-3810, ℻ 381430, www.strandhotel-lissek.de.

**** **Seehotel Binz-Therme (1)**, ein Stück von der Strandpromenade zurückgesetzter Hotelkomplex, mit umfassendem Wellness-Programm von der Fußreflexzonenmassage über Heilkreidepackung und Aromasalz-Peeling bis zu diversen Bädern und Beauty-Behandlungen, natürlich mit namensgebender Therme und Sauna. Mit Restaurant *Bernstein* und Bar/Brasserie *Sundowner*. DZ mit Bad, TV und Frühstücksbuffet ab 175 €, EZ ab 105 €, Suite 240 €, auch Appartements. Strandpromenade 76, 18609 Binz, ✆ 038393-60 (sic!), ℻ 61500, www.binz-therme.de.

Hotel Vier Jahreszeiten (13), die 76 Zimmer der Hotelanlage verteilen sich auf mehrere schneeweiße Bädervillen, darunter das traditionsreiche *Haus Odin*, alles tiptop renoviert und ziemlich schick, die Zimmer teilweise mit Holzfußboden, Loggia und/oder Balkon, außerdem großer Wellness-Bereich. DZ mit Bad, TV und Frühstücksbuffet 140 €, mit Balkon 150 €, mit geschlossener Loggia 180 €, Juniorsuite 160 €, Suite 260 €, EZ 105 €, auch Appartements und zahlreiche Arrangements. Zum Hotel gehören die Restaurants **Orangerie** (mehrfach ausgezeichnet, kulinarische Themenabende, nobel) und **Vier Tageszeiten** (Buffetrestaurant), ganzjährig geöffnet. Zeppelinstr. 8, 18609 Binz, ✆ 038393-500, ℻ 50430, www.vier-jahreszeiten.de/binz.

Im Schwedischen Hof (3), nettes Hotel im schwedischen Landhausstil, mit Restaurant und Galerie-Café im ersten Stock, Fahrradverleih (5 €/Tag). DZ mit Bad, TV und Frühstücksbuffet 100–160 €, im Winter deutlich günstiger. Sonnenstr.1, 18609 Binz, ✆ 038393-2549 oder 32314, ℻ 32315, www.im-schwedischen-hof.de.

Pension Haus Colmsee (15), bodenständige Pension in alter Bädervilla, etwas abseits neben dem Kempinski am Ende der Promenade gelegen. Ordentliche, recht große Zimmer mit Bad und TV. DZ 75 €, DZ mit Balkon zum Meer 95 €, Frühstück inklusive. Keine Haustiere; geöffnet 1. April bis 31. Okt. Strandpromenade 8, 18609 Binz, ✆ 038393-21425, ℻ 21426, www.hauscolmsee.de.

Hotel „Villa Schwanebeck" (8), kleines Hotel in „zweiter Reihe" unweit des Kurplatzes, für Binz (und die Lage) verhältnismäßig günstig. DZ mit Bad, TV und Frühstück 80 € (klein), ca. 118 € (groß), kleine Suite 136 €, EZ 60 €, Hund 6 €. Mit Fahrradverleih, Sauna, Whirlpool. Im Haus auch ein Restaurant, zur Saison

Übernachten
1 Seehotel Binz-Therme
3 Im Schwedischen Hof
4 Jugendherberge
5 Strandhotel Lissek
6 Villa Undine
8 Hotel Villa Schwanebeck
11 Hotel meerSinn
12 Hotel Kurhaus Binz
13 Hotel Vier Jahreszeiten
14 Loev Hotel
15 Pension Haus Colmsee
16 Grand Hotel Binz
Essen & Trinken
2 Bootshaus Binz
5 Restaurant Fischmarkt
9 Braugasthaus Zum alten Fritz
11 meerSalz
13 Orangerie/ Vier Tageszeiten
17 Gaststätte Strandhalle
Nachtleben
14 Löwe Club
Einkaufen
7 Glasbläser-Werkstatt
10 monte vino
Prora, Bergen, Sassnitz
Proraer Chaussee
Dollahner Straße
Dünenstraße
Strandpromenade
Ringstr.
Proraer Straße
Bahnhof Binz
Mittelstr.
Goethestr.
Neuapost. Kirche
Lottumstraße
Sonnenstr.
Wylichstraße
Marienstr.
Schmachter See
Pestalozzistr.
Jasmunder Str.
Margaretenstraße
Wanda str.
Schillerstr.
Kurplatz
Zeppelinstr.
Paul str.
BUS
Hauptstraße
Seebrücke
Pantower Weg
Bahnhofstr.
Elisenstr.
H.-Heine-Straße
Schwedenstr.
Potenber
Putbuser Straße
Rabenstr.
Tennis
Zinglingstraße
Klünderberg
Bahnhofstraße
Am Kleinbahnhof
Amselweg
Start Wanderung 3
Kleinbahnhof Binz
Granitz
Friedhofsweg
Mönchgut, Bergen, Jagdschloss Granitz
200 m
Binz

Die Blaue Flagge über Binz

mittags und abends, Nebensaison nur abends. Margaretenstr. 18, 18609 Binz, ✆ 038393-2013, ℻ 31734, www.villa-schwanebeck.de.

• *Jugendherberge* Besser kann eine **Jugendherberge (4)** nicht liegen, nahe am Strand und nahe am Ortskern, meist 5- bis 8-Bett-Zimmer mit Waschbecken, 6 kleine Zimmer mit Dusche und WC, Übernachtung 21,90 € Senioren ab 27 zahlen 4 € Aufschlag. Strandpromenade 35, 18609 Binz, ✆ 038393-32597, ℻ 32596, www.jh-binz.de.

Essen & Trinken/Nachtleben (→ Karte S. 125)

• *Essen & Trinken* **Gaststätte Strandhalle (17)**, tolles Ambiente in der über 100 Jahre alten, restaurierten Strandhalle: hoher Raum mit Gebälk und dunkler Holzdecke, die Einrichtung bewegt sich zwischen urigem Kaffeehaus und Antiquitätensammlung – gemütlich. Vielfach empfohlene und gelobte Küche, nach eigenen Angaben „feinbürgerlich", Spezialität ist der Ostseedorsch. Viele Stammgäste, Leser, die von dem Restaurant angetan waren, empfehlen zu reservieren. Freundlicher Service, geöffnet 12–23 Uhr. Parkplätze vor der Tür. Strandpromenade 5, ✆/℻ 038393-31564.

Bootshaus Binz (2), ebenfalls von Lesern v. a. wegen der Fischküche empfohlenes Restaurant, untergebracht in einem denkmalgeschützten Gebäude, in dem einst die erste Seenotrettung der Ostsee untergebracht war. Beliebt und freundlich, Reservierung empfehlenswert. Täglich durchgehend ab 12 Uhr. Strandpromenade 49, ✆ 038393-57944

Braugasthaus „Zum Alten Fritz" (9), wie das Pendant in Stralsund (→ S. 65) urgemütlich als Kneipe, Café oder Restaurant; bodenständige Küche, die Zutaten aus regionaler/ökologischer Produktion. Neben Hotel *meerSinn*, Schillerstraße 6–8, ✆ 038393-6656560.

Zu den Restaurants **Orangerie** und **Vier Tageszeiten (13)** im *Hotel Vier Jahreszeiten*, dem Restaurant **meerSalz (11)** im *Hotel meerSinn* sowie dem **Restaurant Fischmarkt (5)** im *Strandhotel Lissek* siehe „Übernachten".

• *Nachtleben* **ClubLöwe (14)**, inselweit und darüber hinaus bekannte In-Disco im UG des Hotel Loev, hier kann man im Sommer Di–Sa die Nächte durchtanzen, im Winter nur Fr/Sa geöffnet, jeweils ab 22 Uhr, Eintritt um 3 €. Keine feste Musikrichtung, teilweise Themenabende. Mit Bar. Hauptstr. 22, ✆ 038393-390.

Aktivitäten (→ Karte S. 125)

• *Ausflugsschiffe* s. o. → Verbindungen

• *Einkaufen* Ein Strandpicknick mit erlesenen Köstlichkeiten? Hier werden Sie fündig, was die „Grundausstattung" anbelangt: **monte vino (10)**, Weine und Delikatessen, Mo–Sa 10–23 Uhr, So 16-23 Uhr, in der Nebensaison Mo–Sa 12–20 Uhr. Paulstraße 1 (Ecke Zeppelinstr.), ☏ 038393-13671.

„Erlebnis-Shopping" in der **Glasbläser-Werkstatt (7)**, hier kann man im Verkaufsraum zusehen, wie geschmolzener Sand zu kunstvollem Glas geformt wird. April–Okt. Mo–Sa 9–13 Uhr und 14–19 Uhr, So 10–17 Uhr, Arbeit am Ofen nur Mo–Fr 10–13 Uhr und 14–18 Uhr, Nov.–März nur Mo–Fr 10–13 Uhr und 14–18 Uhr, Sa 10–13 Uhr. Schillerstr. 11, ☏ 038393-31495, www.glasblaeserei-malente.de.

Kerzenmanufaktur, zum Einkaufen, Zuschauen oder selber Ziehen. In der Saison tägl. 10–18 Uhr. Paulstraße 1, ☏ 0175-7334259 oder 0171-5000820, www.kerzenmanufaktur-suederholz.de.

• *Fahrradverleih* davon gibt es in Binz gleich mehrere, Preise ähnlich; 3-Gang-Tourenrad 5,50 €, 7-Gang-Tourenrad 6 €, Cross-Rad 7 €, Kinderräder ab 2,50 €, bei mehrtägigem Verleih günstiger, auch Trailer (5 €), Bollerwagen (4 €), Helme, Hundekorb etc.:

Zweiradhaus Deutschmann, am Großbahnhof, Dollahner Str. 17, 18609 Binz, ☏ 038393-32420.

Pauli's Radshop, Hauptstr. 9 a, 18609 Binz, ☏ 038393-66924.

• *Feste* **Anbaden** am 1. Mai: Die ansässigen Hoteliers eröffnen mit einem Bad die Saison, anschließend Kurkonzert. Mitte Juni: **Binzer Seebrückenfest** mit großem Feuerwerk. Mitte Juli: **Beachvolleyball-Turnier**. Ende Juli: **Binzer Sommerfest**. Okt.: **Binzer Herbstfest** mit Drachensteigen und Pferderennen am Strand.

• *Tennis* ein öffentlicher Platz befindet sich in der Nähe der Kurverwaltung, Mo–Fr 9–12 Uhr geöffnet, nachmittags nach Vereinbarung, Platzmiete 12 €/h, ☏ 0160-92822755, www.binzer-tennisverein.de.

• *Wandern* Geführte Wanderungen werden zur Saison von der Kurverwaltung und vom Nationalparkamt organisiert. Die Touren gehen zum Jagdschloss, in die Granitz mit einem Jäger, zu den Feuersteinfeldern oder durch Prora, Unkostenbeitrag von etwa 5 €, Termine und Infos bei der Kurverwaltung.

• *Wassersport* zur Saison z. B. am Strandabgang 28 oder 49 (10–17 Uhr), Tretboote ca. 10 €/h, Wasserbanane 7 €/15 Min., Wasserski 20 €/15 Min.

Wassersport Insel Rügen, die geführten Kajaktouren auf dem ruhigen Kleinen Jasmunder Bodden sind besonders für Anfänger gut geeignet (Tagestour etwa 45 €/Pers., Kinder von 8–12 Jahren die Hälfte). Auch kurze Schnuppertouren werden angeboten. Außerdem Verleih: 1er Kajak 8 €/h, 25 €/Tag, 2er Kajak 10–12 €/h, 30–40 €/Tag, Kanadier 10 €/h, 30 €/Tag. Strandstraße 7, 18609 Ostseebad Binz, www.wassersport-inselruegen.de.

Sail & Surf Rügen → Prora

Bäderarchitektur in Binz

Sehenswertes

Binz-Museum: Das Museum widmet sich dem Alltag der Binzer Badekultur und bietet ein interessantes Sammelsurium an Ausstellungsstücken aus den Anfängen der Binzer Karriere als Ostseebad, als eine „Portion Kaffeemischung" noch 0,25 Reichsmark kostete. Die Sammlung umfasst u. a. zahlreiche alte Postkarten und Stiche, nicht zu vergessen die reizenden Einteiler einer Badekollektion um das Jahr 1900.

März–Okt. Di–So 10–12 Uhr und 13–18 Uhr, Diavortrag (Binz anno 1900), im Winter eingeschränkte Öffnungszeiten. Eintritt 3,50 € (mit Kurkarte 2,50 €), erm. 2,50 € (1,50 €). Zeppelinstr. 8, 18609 Binz, ✆ 038393-50222, ℻ 33853.

Die Kirchen der Ostseebäder sind alle jüngeren Datums. Wer sich für die karge Eleganz protestantischer Sakralbauten interessiert, wird in jeder Stadt fündig. Kunsthistorisch interessante Ausstattungen sucht man allerdings vergebens.

Baden

Ein herrliches Baderevier. Besonders attraktiv ist der breite, feine Sandstrand nördlich von Binz, an Prora entlang und fast bis zum Sassnitzer Fährhafen in Neu Mukran. Die weite Bucht fällt flach ins saubere Meer ab, ist also bestens für Familien mit Kindern geeignet. Auch am langen weißen Ufer von Binz entspricht die Wasserqualität europäischen Normen, wofür der Strand mit der Blauen Flagge ausgezeichnet wurde. Zum Land hin wird der Strand geschützt von den Bädervillen entlang der Strandpromenade, oberhalb des Ortes von einem schmalen Waldstreifen.

Strandkorbverleih und sanitäre Einrichtungen stehen in allen Abschnitten zur Verfügung, außerdem gibt es Beachvolleyball-Felder und im Sommer sogar ein Trampolin. Im Sommer finden außerdem Beachvolleyball- und -Soccer-Turniere statt. Wie üblich ist der Strand in textile, FKK- und Hunde-Abschnitte unterteilt (eine Unterteilung, die hier eher ernst genommen wird als an den Stränden im Norden). Über weite Teile des Binzer Strandes wachen die Rettungsschwimmer der DLRG, insgesamt sind sechs Türme (+ zwei in Prora) über den Strand verteilt, Hauptrettung bei Abgang 28 (✆ 038393-2073).

„Strandkorbsiedlung" bei Binz

Weil in Binz die Unterscheidung zwischen Textil- und FKK-Abschnitt sowie Hundestrand zuweilen etwas enger gesehen wird und um mögliche Sandgrabenkämpfe zu vermeiden, hier die Strandabschnitte etwas genauer: *FKK* am Abgang 1 (Fischerstrand links), an der Strandpromenade Richtung Prora Abgang 49–51 und in Prora an den Zugängen 61–66 und 72/73; *Hunde*: Abgang 1 (Fischerstrand links), an der Strandpromenade Richtung Prora Abgang 52 und in Prora an den Zugängen 73/74. Behindertengerechte Strandzugänge finden sich bei Abgang 15, 21, 27 und 42.

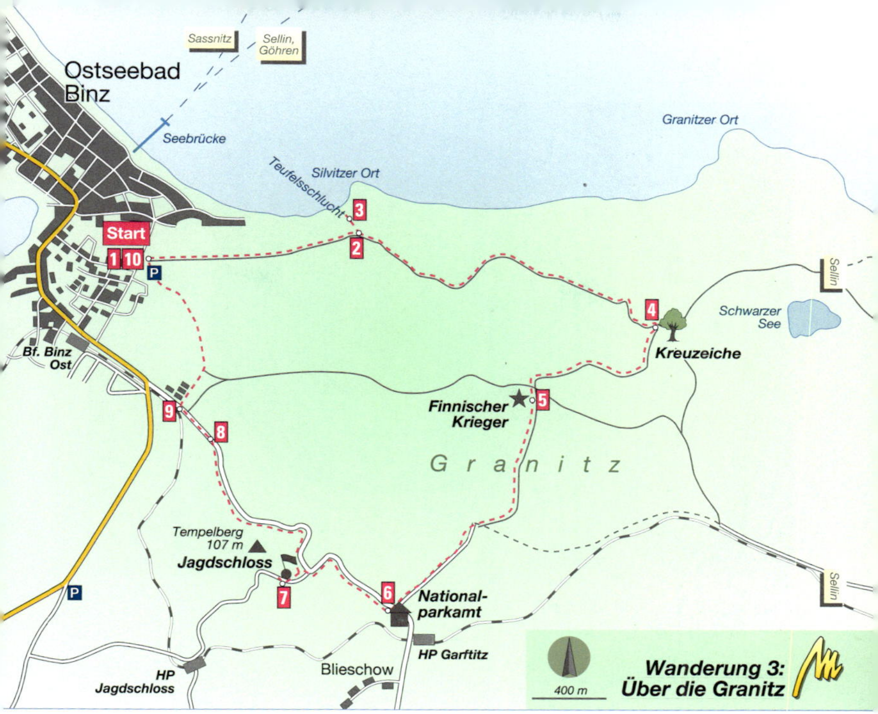

Wanderung 3: Über die Granitz

Charakteristik: leichte Waldwanderung mit geringen Steigungen in der sanfthügeligen Granitz. **Länge/Dauer**: etwas mehr als 9 km, gut 2½ Std. reine Gehzeit. **Einkehrmöglichkeiten**: nur in Binz und beim Jagdschloss. **Start/Anfahrt**: Die Wanderung beginnt am südlichen Ortsrand von Binz beim kostenpflichtigen Parkplatz am Klünderberg (vom Zentrum aus die Heinestraße entlang und halbrechts oder mit dem Auto von Süden kommend beim Kleinbahnhof rechts den Klünderberg hoch).

Wegbeschreibung: Vom hinteren Teil des von Bäumen bestandenen Parkplatzes (WP 01) führt ein Weg in die Granitz hinein. Durch den Buchenwald verläuft er ein Stück nahe am Ufer, das man aber nicht oft zu sehen bekommt, bis ein *Hohlweg* (WP 02) hinab zum einsamen Strand abzweigt (WP 03). Zurück auf dem Hochufer geht es weiter geradeaus, wechselnde Oberfläche: Waldweg, überwachsenes Kopfsteinpflaster, Plattenreste. Nach 3 km (gut 45 Min.) gelangt man an eine große Kreuzung, in deren Mitte die *Kreuzeiche* steht (WP 04) samt überdachtem Picknickplatz. Links geht es zum Schwarzen See und weiter nach Sellin (ca. 4 km), die Wanderung führt aber *rechter Hand* Richtung Jagdschloss. Nach etwa 20 Min. (ab Kreuzeiche) an einer Kreuzung geradeaus (WP 05) – rechts kann man einen kurzen Abstecher (ca. 100 m) zum *Grab des Finnischen Kriegers* machen – und auf einem schön zu laufenden Forstweg weiter (Abzweigungen ignorieren). Schließlich kommt man zum Haus des Nationalparkamts am Waldrand (WP 06). Hier rechts, am Tastpfad vorbei und wieder zurück in den Wald. Der Kopfstein-

Die Treppe ...

Teer-Weg steigt nun über ca. 600 m relativ steil an, den Tempelberg hinauf, bis man zu der Abzweigung gelangt, die zum *Jagdschloss Granitz* (WP 07) führt.

Nach einer Besichtigung oder einer Stärkung im Biergarten wieder zurück zur Abzweigung, nun links und an Imbissbude, Biergarten und Infobüro des Biosphären-Reservats (in der Saison 9–18 Uhr) vorbei. Es geht nun auf einer kaum befahrenen Asphaltstraße (oder dem Wanderweg daneben) zurück nach Binz (Markierung: roter Querbalken). Bei der Abzweigung (blauer Querbalken) weiter auf dem Hauptweg (WP 08). Am *Ortsanfang* von Binz bzw. dem „Tor“ zum Naturschutzgebiet Granitz rechts (WP 09) und auf dem Eichenweg weiter der Markierung (roter Querbalken) folgen. Der Weg verläuft am Ortsrand entlang, zwischen einem Spielplatz und einem Fußballplatz hindurch. Bei der folgenden Weggabelung links in den Wald, über eine kleine Hügelkuppe (alle Abzweigungen ignorieren) und zurück zum Parkplatz (WP 10).

Jagdschloss Granitz

Umgeben vom Buchenwald, thront das Jagdschloss auf der höchsten Erhebung der Granitz, dem 107 Meter hohen Tempelberg. Als malerisches Fotomotiv und idealer Aussichtspunkt gehört der repräsentative Prunkbau zu den beliebtesten Ausflugszielen Rügens, dementsprechend voll kann es hier im Sommer werden.

Das Schloss ist ein eigenwilliges Bauwerk, erbaut in der Mitte des 19 Jh., spätklassizistisch mit einem für die Zeit typischen Hang zu vermeintlich mittelalterlichen Stilelementen. Der Putbuser Fürst *Wilhelm Malte I.* ließ es an der Stelle eines älteren Jagdhauses errichten, das samt baufälligem Belvedere abgerissen wurde. Es entstand ein verputzter Backsteinbau auf quadratischem Grundriss, der Dank seiner von Zinnen gekrönten Ecktürmchen und dem alles überragenden zentralen Aussichtsturm verspielt trutzig wirkt. Der verantwortliche Architekt *J. G. Steinmeyer* hatte in der Mitte der Burg eigentlich einen Lichthof geplant, doch der auf nahezu jeder repräsentativen Baustelle seiner Zeit präsente Oberlandesbaudirektor *Karl Friedrich Schinkel* änderte nach Baubeginn die Pläne. Er setzte den Zinnen und Buchenwipfel überragenden Turm in die Mitte des Schlosses. Von der 38 Meter über dem Boden und damit 145 Meter über dem Meeresspiegel gelegenen Aussichtsplattform kann man damals wie heute ein grandioses Panorama genießen. Bis zum Rugard, über den kleinen Jasmunder Bodden, nach Jasmund und über das Mönchgut sowie an guten Tagen bis Usedom und zum Festland reicht der Fernblick.

Die Fürsten von Putbus nutzten das Schloss als repräsentative Residenz und Gästehaus in (relativer) Strandnähe. Um die Jahrhundertwende wurde es der Öffentlichkeit zugänglich gemacht. In den 1980er Jahren wurde das Jagdschloss renoviert.

... im Jagdschloss

Sehenswert sind nicht nur Architektur und Aussicht, sondern auch die Innenräume: die mit Jagddekor bestückte Vorhalle, der festliche Rittersaal, der Empfangssaal, der elegante Speisesaal, Damen- und Billardzimmer und so fort. Alle Räume sind ausgestattet mit aufwändigem Parkett sowie Marmor, Stuckverzierungen und Holzvertäfelungen. Das außergewöhnlichste Stück ist die gusseiserne Wendeltreppe, die sich den Aussichtsturm hinaufschraubt. Im Jagdschloss befindet sich auch ein Souvenirshop, Gastronomie gibt es im Gewölbe und im Biergarten.

Mai–Sept. tägl. 9–18 Uhr, Okt.–April Di–So 10–16 Uhr. Eintritt 3 €, Rentner/Azubis 2,50 €, Kinder (6–14 Jahre) 1,50 €. Jagdschloss Granitz, Postfach 1101, 18609 Binz, ✆ 038393-2263, 📠 21283.

• *Anfahrt* Die Anfahrt ist für Pkw gesperrt, wer auf den Tempelberg weder laufen noch mit dem Fahrrad fahren will, muss den kostenintensiven *Jagdschloss-Express* nehmen, der das Ausflugsziel in der Granitz von der Binzer Seebrücke oder dem (gebührenpflichtigen) Parkplatz südlich von Binz aus anfährt (Erw. 7,50 €, Kinder 5–11 Jahre 3,50 €, im Sommer alle 45 Min., im Winter etwa einmal pro Stunde, ✆ 038393-33880). Auch die Strecke des *Rasenden Roland* verfügt über eine Haltestelle *Jagdschloss Granitz*, von hier aus hat man allerdings noch ein (ansteigendes) Stück zu Fuß bis zum Schloss zu bewältigen.

• *Essen & Trinken* **Alte Brennerei**, urige Gaststätte im Schlossgewölbe, altertümliches Ambiente und traditionelle Speisen, im Sommer auch Biergarten neben dem Schloss. Für die Lage gar nicht mal so teuer. Im Sommer findet regelmäßig abends das Schlemmerspektakel statt: jede Menge Gaukeleien zum 4-Gänge-Menu. Ansonsten in der Hauptsaison tägl. 10–19 Uhr, Nov.–März 10–16.30 Uhr, Mo Ruhetag, ✆ 038393-32872.

Nördlich von Binz: Schmale Heide und Prora

Auf der Schmalen Heide, einem Geröllgürtel, der die Granitz mit der Halbinsel Jasmund verbindet, steht Rügens prominenteste Immobilie: Prora. Entlang der gleichnamigen, sanft geschwungenen Wiek erstreckt sich ein kilometerlanger Traumstrand.

Vom herrlichen Sandstrand aus ist Prora, heute ein grauer, großteils sanierungsbedürftiger Gebäudegigant, kaum zu sehen, denn die wuchtigen Betonblöcke werden von dem Kiefernwald verdeckt, der sich über die Schmale Heide erstreckt. Die wirklichen Ausmaße von Prora kann man ohnehin nur aus der Luft erfassen.

Projekt: Urlaub total – das „Seebad der 20.000"

Wenn ein Bauvorhaben das Attribut „gigantomanisch" verdient, dann das 1936 begonnene Projekt der nationalsozialistischen Organisation „Kraft durch Freude" (KdF): eine zentrale Festhalle samt Platz, groß genug, um 20.000 Menschen zu fassen, rechts und links davon je vier sechsgeschossige Wohnblöcke von jeweils mehr als einem halben Kilometer Länge, landseitig mit jeweils zehn hervorspringenden Treppenhäusern, dazwischen zum Meer hin riesige, bis zum Strand reichende Gemeinschaftshäuser, außerdem Seebrücken, Theater, Geschäfte, Sportstätten, Aussichtstürme und eine kleinstadt-artige Anlage für 5000 Angestellte. Der Koloss aus Stahl und Beton sollte sich über eine Länge von mehr als vier Kilometern erstrecken. 20.000 Menschen, im nationalsozialistischen Jargon „Volksgenossen", sollten hier einen jeweils 10-tägigen Urlaub verbringen – ein Urlaub, so total wie der folgende Krieg.

Oberster Bauherr war (unter Hitler selbst natürlich) der Chef der „Deutschen Arbeitsfront" (DAF), *Robert Ley* (der beauftragte Architekt war übrigens nicht Speer, sondern der Kölner *Clemens Klotz*, der für seinen Entwurf bei der Weltausstellung in Paris 1937 einen Preis gewann). Die DAF, die an die Stelle der 1933 gewaltsam zerschlagenen Gewerkschaften getreten war, hatte vor allem die Aufgabe, die arbeitende Bevölkerung zu Nationalsozialisten zu erziehen. „Kraft durch Freude" war eine Unterabteilung der DAF und die populärste Organisation des Regimes überhaupt. Das effektive Propaganda-Instrument dehnte die „nationalsozialistische Erziehung" auf die Freizeit der Arbeiter aus und versuchte damit eine Art „Gleichschaltung des Urlaubs" zu erwirken.

Wie der legendäre *Volkswagen*, ein weiteres KdF-Projekt, wurde auch das Seebad Prora propagandistisch eingesetzt. Doch der Ausbruch des Zweiten Weltkriegs stoppte die Arbeiten und hinterließ statt eines gigantischen Seebades eine gigantische Baustelle. Urlaub machte hier niemand. Die an der größten nationalsozialistischen Baustelle neben dem Reichsparteitagsgelände in Nürnberg beteiligten Arbeiter, darunter ungezählte versklavte Zwangsarbeiter, wurden nach Peenemünde gebracht, um dort die Heeresversuchsanstalt aufzubauen, der Geburtsort der so genannten Wunderwaffe V2.

Während des Krieges wurden die fertig gestellten Gebäude Proras als Lazarett genutzt (eine Teilnutzung, die bezeichnenderweise von Anfang an bei der Planung des Bauprojekts berücksichtigt worden war), dann wurden ausgebombte Hamburger in den Rohbau mit Seeblick einquartiert. Es folgten die Sowjets, dann die NVA, Prora wurde militärisches Sperrgebiet. Die NVA-Erbin, die Bundeswehr, löste den Standort 1992 schließlich auf.

Was also tun mit dem Koloss? Die Sowjets haben versucht, einen Block zu sprengen, dabei aber nur eine Ruine produziert. Bei umfassenderen Versuchen würde man riskieren, dass mit Prora der gesamte Landstreifen der Schmalen Heide in die Luft fliegt. Seit 1994 steht die Anlage zudem als zeitgeschichtliches Relikt unter Denkmalschutz (einschließlich der Ruine!). Ein Beitrag einer Ausschreibung, die sich mit der Großflächen-Architektur befasste, schlug vor, den Moloch unter einer noch kolossaleren Düne zu begraben, was aber wegen Undurchführbarkeit verworfen wurde. Was bleibt, wenn sich Prora weder verbuddeln noch sprengen lässt? Nutzen? Alle vier-komma-fünf Kilometer? Das ist eine Herausforderung, der sich Bund (als Eigentümer des Gebäudes) und Kommune, Unternehmer und Mieter zu stellen haben. Geplant ist vieles: ein über 500 Betten großes Jugendhotel (seriös), sanierter Wohnungsbau (eher naiv), ein topmodernes Sporthotel (ambitiös) und so fort. Übrigens wurde die teil-gesprengte Ruine inzwischen versteigert, Summen im oberen sechsstelligen Bereich wurden genannt – doch was der Käufer mit einer denkmalgeschützten Ruine anfangen will, bleibt fürs Erste nicht mehr als eine interessante Frage.

Natürlich wird Prora längst genutzt, auch wenn der wirklich weitläufige Komplex damit nicht einmal annähernd ausgefüllt wird und das Problem der Sanierung damit auch nicht gelöst ist (drastisch warnen Schilder: „Lebensgefahr! Abstürzende Bauteile"). Im Mittelteil Proras (Block 3) befand sich die Museumsmeile mit dem Dokumentationszentrum Prora, Prora-Museum und Science-Center, NVA-Museum, dazu Galerien, Antiquariat/Café u a. Mittlerweile hat einer der Museumsbetreiber diesen Block gekauft, während die übrigen nun fürchten, dass die zu erwartenden Mieterhöhungen Teil eines kaum kaschierten Verdrängungswettbewerbs sein werden. Die ersten Museen und Galerien haben ihre Pforten bereits geschlossen. Was aus dem Rest der Museumsmeile werden wird, ist offen. Sollte auch das Dokumentationszentrum schließen, wäre das ein herber Verlust für die Museumslandschaft auf der Insel.

• *Verbindungen* **Bus**: **Linie 20** hält auf dem Weg von *Sassnitz* nach *Binz* (und weiter ins Mönchgut) mehrmals tägl. in Prora, ebenso **Linie 23** von *Bergen* via Binz nach *Sassnitz*. Außerdem gibt es zwei Haltestellen der **Regionalbahn** (Verbindung Bergen–Binz, Achtung: oft muss man in Lietzow umsteigen). Schließlich fährt während der Saison auch das Bäderbähnchen **Prora-Express** von der Binzer Seebrücke aus.

• *Camping* **Campingplatz Meier**, ein Lesertipp: „auf einem alten NVA-Gelände zwischen Binz und Prora, etwas abseits der Straße. Gepflegter Rasenplatz, schöne Stellplätze für Wohnmobile und Caravan; teilweise im Schatten. Separater Platzteil für Zelte im Nadelwald. Sehr saubere Sanitäranlagen. Am Platz Gaststätte *Zur Mücke*." Erw. 5,50 €, Jugendl. 4,50 €, Kinder 3,00 €, Hund 3,00 € Zelt 5–6 €, Caravan 6 €, Wohnmobil 11,00 €, Pkw 5 €, Motorrad 4,50 €. Mitte März bis Okt. geöffnet. Proraer Chaussee 30, 18609 Binz/OT Prora, ✆ 038393-2085, 📠 32624, www.camping-meier-ruegen.de.

• *Café/Einkaufen* **Café Lütte Lit**, Proras gemütliche Ecke, in dem Antiquariat ist ein schönes kleines Café untergebracht, bei Kaffee und Kuchen kann man in Büchern stöbern; zudem Postkarten, Zeitschriften, Bilder etc. Tägl. 11–18 Uhr, Objektstraße Block 3.

• *Nachtleben* **M 3**, große Diskothek und nightspot für die gesamte Insel, mehrere „areas", neben dem „mainfloor" auch eine karibische Bar und ein Bistro, im Sommer Biergarten, in der Saison Fr und Sa ab 21 Uhr, im Winter nur Sa ab 22 Uhr. ✆ 038393-32645, www.m3-disco.de.

• *Klettern* **Seilgarten Prora**, der jüngst eröffnete Klettergarten bietet neben Einstiegsübungen 9 verschiedene Kletterpartien verschiedener Schwierigkeitsgrade in bis zu 10 Metern Höhe. Tägl. geöffnet (so es die Witterung zulässt) Mitte März bis Anfang April und Okt. 10–17 Uhr, April und Sept. 10–18 Uhr, Mai/Juni 10–19 Uhr sowie Aug. 10–20 Uhr, im Winter geschl. Erw. 19 €, Studenten/Senioren 16 €, Jugendliche (13–18 Jahre)

Granitz
Karte S. 119

15 €, Kinder (7–12 Jahre) 13 €, auch Familientickets. Strandstr. 52, Block 3, 18609 Ostseebad Binz OT Prora, ✆ 03831/3569473, www.seilgarten-prora.de.

• *Wassersport* **Sail & Surf Rügen**, großes Angebot, z. B.: Surfkurse für Anfänger (135 €/12 h), Fortgeschrittene (99 €/3 h) oder Kinder (95 €/10 h), auch Scheinerwerb möglich; zudem Katamaran (z. B. Anfänger 230 €/12 h oder Umsteiger 120 €/4 h) sowie Segeln (auch SKS). Materialverleih (z. B. Brett 8 €/h, 20 €/Tag, Katamaran 25–30 €/h, 80–90 €/Tag oder Kajak 10 €/h und 35 €/Tag). Der Hauptsitz der Segelschule befindet sich in Altefähr, eine Dependance auch auf dem Mönchgut bei Thiessow, dessen Haken als das beste Surfrevier Rügens gilt. Am Strandabgang 72. ✆ 038393-41130, www.segelschule-ruegen.de.

Die Museumsmeile von Prora und darüber hinaus

▸ **Dokumentationszentrum Prora**: Historisch Interessierte wird es auf der Museumsmeile wahrscheinlich zunächst in das Doku-Zentrum ziehen. Die erste Abteilung informiert umfassend über Vorgeschichte, Planung und Baugeschichte des KdF-Bades sowie über die Nutzung der Bauruine während des Krieges und nach Kriegsende. Die zweite Sektion konzentriert sich unter dem Schlagwort „Volksgemeinschaft" auf die sozial- und gesellschaftshistorischen Hintergründe des Nationalsozialismus: Bilddokumente und Schautafeln befassen sich mit der Idee der Volksgemeinschaft und deren gewaltsamer „Formierung" in Alltag und Lebenswelt. In diesem Zusammenhang werden auch die Themen Propaganda und Massenkultur behandelt.

Die im Jahr 2000 eröffnete Ausstellung befindet sich noch im Aufbau. 2004 wurden die Exponate zur Dauerausstellung MACHTUrlaub zusammengefasst. Weitere Abteilungen werden wahrscheinlich in nicht allzu ferner Zukunft hinzukommen. Wechselnde Sonderausstellungen und Veranstaltungen flankieren die Dokumentation. Kurzum: Die ambitionierten und tiefgründigen Ausstellungen des Dokumentationszentrums sind unbedingt sehenswert.

Ganzjährig tägl. geöffnet, Juni–Aug. 9.30–19 Uhr, März–Mai und Sept./Okt. 10–18 Uhr, Nov.–Feb. 11–16 Uhr. Eintritt 3,50 €, erm. 2 €, Kinder unter 15 Jahren frei. Objektstraße 1, 18609 Binz/OT Prora, ✆ 038393-13991, 📠 13934, www.proradok.de.

▸ **KulturKunststatt Prora**: Vier Museen in einem, dazu Galerien und ein Kaffeehaus auf insgesamt fünf Stockwerken. Hier nur eine Auswahl: Im Erdgeschoss gibt es im *Kdf-Museum* eine Foto- und Filmdokumentation sowie ein Modell der geplanten Gesamtanlage von Prora (im Maßstab 1:250 bei einer Länge von über 18 Metern); darüber hinaus ist im fünften Stock ein KdF-Seebad-Zimmer zu besichtigen. Über die unteren vier Etagen erstreckt sich das *NVA-Museum* (Unterrichtsraum, Bibliothek, Informationen und Exponate zur hier stationierten 16. Kompanie der NVA sowie über den Bundeswehr-Standort Prora). Das *Rügen-Museum* befasst sich mit der Geschichte der Insel. In der *Bilder Galerie* sind Gemälde von zahlreichen Rügener Künstlern zu sehen und zu erwerben. Zudem gibt es Sonderausstellungen. Im fünften Stock kann man sich dann von dem Museums-Marathon im *Wiener Kaffeehaus* erholen und stärken (toller Blick über die Wiek).

Ganzjährig tägl. geöffnet, Sommer 9–19 Uhr, Winter 10–16 Uhr. Eintritt 6,50 €, Stud./Schüler/Rentner/Arbeitslose 4 €, Kinder bis 6 Jahre frei, Fotografieerlaubnis 1 €, Video 1,50 €; die Preise gelten für alle Museumsteile. KulturKunststatt Prora. Objektstr. Block 3, TH 2, 18609 Binz/OT Prora, ✆/📠 038393-32696, www.kulturkunststatt-prora.de.

▸ **Eisenbahn- und Technikmuseum**: Ein Stück nördlich von der Museumsmeile ist auf 10.000 m² überdachter Fläche das Eisenbahn- und Technikmuseum untergebracht. In der mittleren Halle stehen vor allem Oldtimer, darunter schmucke Exemplare wie ein roter Chevy (Impala von 1960), ein 328 Roadster von BMW und

Die Feuersteinfelder

Granitz
Karte S. 119

eine echte *Tin Lizzy* (Ford, 1911); außerdem noch eine andere Art Oldtimer: eine MIG 21, ein Düsenjäger aus sowjetischer Produktion von 1965. In der rechten Halle befinden sich dann die Lokomotiven (ab Baujahr 1903), besonders sehenswert die Dampfschneeschleuder von 1930. Die abgeteilte linke Halle beherbergt weitere Loks sowie alte Feuerwehrautos.

April–Okt. tägl. 10–17 Uhr. Eintritt 6 €, Kinder 3 €. Am Bahnhof „Prora", hinter dem Bahnhof links, bald rechter Hand (ausgeschildert). 18609 Binz/Prora, ✆ 038393-2366, 📠 2349.

Nördlich von Prora

Eine geologische Besonderheit gibt es im nördlichen Teil der Schmalen Heide zu sehen, nämlich die so genannten **Feuersteinfelder**. Auf einer Länge von ca. 2½ Kilometern erstrecken sich mehrere bis zu 300 Meter breite Wälle aus Feuerstein. Wie diese Geröllbänke aus schwarz-weiß verkrustetem Gestein entstanden sind, lässt sich nicht mit Sicherheit bestimmen: Wahrscheinlich wurde das Geröllmaterial während schwerer Stürme auf bereits bestehende Sandbänke aufgeworfen. Eingefasst in das „Naturschutzgebiet Steinfelder in der Schmalen Heide" befindet sich im Norden der Feuersteinfelder ein kleiner Mischwald aus Kiefern, Ahorn und Eichen, während sich im Westen ein lang gestrecktes Sumpfgebiet anschließt. Auf dem kargen Boden der Geröllwälle und entlang seiner Ränder wachsen vor allem Wacholder, Vogelbeere, Heiderose und Heidekraut.

Anfahrt Ein (kostenpflichtiger) Parkplatz befindet sich südlich von Neu Mukran, von hier aus führt ein Fußweg zunächst parallel zu den Bahngleisen, dann auf der anderen Seite nach Süden zu den Feldern (ca. 20. Min.).

Baden

In einem leichten Bogen zieht sich der kilometerlange, feinsandige Strand am Ostseeufer der Schmalen Heide entlang. Das Badeparadies reicht bis nach Neu Mukran im Norden sowie nach Binz und an den Rand der Granitz im Süden. Die Prorer Wiek fällt flach ins saubere Meer ab, das mit der Blauen Flagge für ausgezeichnete Wasserqualität geadelt ist. Im Rücken schützt der Kiefernwald. Der Strand ist unterteilt, aber so weitläufig, dass man sicher einen passenden Platz findet, manche Abschnitte werden von der DLRG überwacht. Näheres über Unterteilungen und Service → Binz/Baden S. 128.

Weiter nach Sassnitz → S. 173

Südlich von Binz: Lancken-Granitz

Südlich der Granitz befindet sich das kleine Dorf, dessen Nordrand von der Bundesstraße von Bergen nach Sellin und ins Mönchgut durchschnitten wird. Auch die Straße aus Binz mündet hier. Wäre da nicht diese viel befahrene Straße (Autofahrer: fest installierter Blitzer!), ginge es in dem Ort viel ruhiger zu. Nichtsdestotrotz verfügt der Kern des ehemaligen Bauerndorfes über ein hübsches Ortsbild mit einer alten Backsteinkirche, in deren unteren Teil große Findlinge eingearbeitet sind. Im Innern der Andreaskirche ist vor allem das hölzerne Kruzifix aus dem 15. Jh. sehenswert. Ein Stück außerhalb des Dorfes in südöstlicher Richtung liegt ein prähistorisches Großgräberfeld (→ unten).

• *Information* Tourist-Info Lancken-Granitz, Mo–Fr 9–13 Uhr. Dorfstr. 8, 18586 Lancken-Granitz ✆ 038393-95678, ✆ 87215.

• *Verbindungen* siehe Sellin, außer natürlich Schiffsverbindungen und Bäderbähnchen; außerdem zu beachten: Die Haltestelle des Rasenden Roland liegt einen knappen Kilometer nördlich des Dorfes, am Waldrand der Granitz.

• *Übernachten* **Jägerhof**, Pension mit 24 Zimmern, DZ mit Bad, TV und Frühstücksbuffet 72 €, auch Ferienwohnungen teils unter Rohrdach, Fahrradverleih. Dorfstr. 37, 18586 Lancken-Granitz, ✆ 038303-85963, ✆ 87409, www.jaegerhof-ruegen.de.

Parkpension Haus Godewind, eine Hand voll Appartements für 2–4 Pers. mit Bad, TV und Terrasse zwischen 38 € und 82 €, Fahrradverleih möglich, Hunde erlaubt. Dorfstr. 34 a, 18586 Lancken-Granitz, ✆ 038303-87967, ✆ 87969, www.godewind-ruegen.de.

• *Wandern* René Geyer bietet geführte Wanderungen zu den Hügelgräbern von Lancken-Granitz an, hierbei erfährt man nicht nur etwas über die prähistorische Geschichte, sondern auch über die Sagen, die sich um die Gräber ranken, sowie nebenbei etwas über Kräuterkunde (Erw. 9 €, Kinder 6–14 Jahre 3 €, Familienticket 18 €). Treffpunkt ist die Kleinbahn-Haltestelle Garftitz nördlich von Lancken-Granitz. Zuletzt waren die Termine im Winter Mi/Fr 10 Uhr, So 13 Uhr. April–Sept. Mi 10 Uhr, So 13 Uhr (siehe auch Kräuterwanderung bei Groß Zicker). Telefonische Anmeldung ist ratsam. Bäckertrift 13, 18586 Lancken-Granitz ✆ 0173-9898031, www.naturgeyer.de.

▸ **Hügelgräber von Lancken-Granitz**: Südöstlich des kleinen Dorfes Lancken-Granitz mündet die Landstraße in den Fünffingerweg, eine Kreuzung, bei der fünf Pisten zusammenlaufen. Nördlich der Kreuzung liegen in einem Abstand von ca. 50 Metern fünf Megalith-Gräber. Sie sind bereits von weitem zu erkennen dank der Baumgruppen, die sie beschatten. Die Relikte aus der Jungsteinzeit gehören zu den ältesten Grabanlagen Mitteleuropas und sind teils als Dolmen vergleichsweise gut erhalten (gerade deshalb sollte man nicht darauf herumklettern, die Steine liegen hier zwar seit 5000 Jahren, sind aber nicht unzerstörbar).

Zwischen Lancken-Granitz und Sellin

Östlich von Lancken-Granitz Richtung Sellin trifft man auf eine zauberhafte Landschaft, erschlossen durch einige hübsche Alleen und eingefasst von dem Neuensiener und dem Selliner See. An den Rändern eines niedrigen Hügels liegen die kleinen Dörfer Alten- und Neuensien, Seedorf und Moritzdorf, verwaltungstechnisch Ortsteile von Sellin. Die beiden Brackwasser-Seen sind nur durch schmale Wasserläufe mit der Having und dem Meer verbunden. Entlang der Lanckener Bek, die zum Neuensiener See führt, erstrecken sich die ineinander übergehenden Orte *Neuensien* und das beschauliche *Seedorf*, einstmals ein bedeutender Ankerplatz samt Werft, heute ein kleiner, bei Freizeitseglern beliebter Hafen. Die Baaber Bek (auch Moritzdorfer Bek) mündet in den Selliner See. Über die schmale Wasserstraße verkehrt eine alte und für die Gegend einzigartige Fähre: Mit einem Ruderboot kann man sich vom Baaber Bollwerk zum denkmalgeschützten *Moritzdorf* übersetzen lassen. Über die Reetdächer des malerischen Ortes erhebt sich ein 37 Meter hoher Hügel, auf dem sich eine traditionsreiche Ausflugsgaststätte befindet. Von ihrer Terrasse hat man einen grandiosen Blick über die Having und das Mönchguter Land.

• *Information* siehe Sellin (oder auch Baabe).

• *Verbindungen* Der Selliner **Ortsbus** (**Line 25**) fährt vom Ostseebad (ab Seebrücke) nach Neuensien und Seedorf sowie nach Altensien und Moritzdorf (jeweils 7-mal am Tag).

• *Übernachten/Essen* **Hotel Moritzdorf**, gemütliches und vor allem absolut ruhig am südlichen Rand des kleinen hübschen Weilers gelegenes Hotel, nettes Restaurant mit regionalen Gerichten (auch vegetarisch), Tische auch vor dem Haus mit schönem Ausblick, Preise für das Gebotene in Ordnung, behagliche Zimmer. DZ mit Bad, TV und Frühstück 96–128 € (je nachdem, ob mit Seesicht, Balkon und/ oder Couchecke), zur Nebensaison deutlich günstiger, kein Ruhetag. Moritzdorf 15, 18586 Ostseebad Sellin, ✆ 038303-186, 📠 18740, www.hotel-moritzdorf.de.

Moritzburg, beliebtes Ausflugslokal, oberhalb des Dorfes; etwas anstrengender Aufstieg über zahlreiche Stufen, am Ende des Weilers noch ein paar Schritte weiter und dann rechter Hand die lange Treppe hoch; hier kann man Kaffee und Kuchen oder die herzhafte regionale Küche (auch Steaks vom heißen Stein) genießen – samt herrlicher Aussicht über die Boddenlandschaft; nur in der Saison ab 11 Uhr, abends dann nicht allzu lange. Moritzdorf 14, ✆ 038303-95884.

Binnen und Buten, in *Seedorf*, gemütliche Gaststätte, viel Fisch, aber auch Auswahl

Beschattetes Großsteingrab

an Fleischgerichten, nicht zu teuer, freundlicher Service, etwas zurückgesetzt vom Seedorfer Hafen, Nov. geschlossen, Jan.–März Mo/Di Ruhetag, sonst ab 12 Uhr geöffnet. Seedorf Nr. 8, ✆ 038303-87436.

Gasthof Drei Linden, in *Seedorf*, trotz des neutralen Namens auch hier mit unvermeidlichem seemännischen Ambiente, große Auswahl an regionalen Speisen, Preise o. k., auch einfache Zimmer (frühzeitig anfragen). Seedorf Nr. 7, ✆/📠 038303-87241.

Wizlaw, in *Seedorf*, beliebtes Fischrestaurant und Kneipe, Teile der Einrichtung vielleicht ein wenig zu sehr auf maritim getrimmt (wie die kleine bootsförmige Empore), März–Okt. geöffnet, mittags und abends. Neuensien Nr. 10, ✆ 038303-87227.

• *Hafen* Für die Größe der kleinen Ortschaft weitläufiger Sport- und Fischerhafen in *Seedorf*, 35 Liegeplätze bei 3,50 m Tiefe, ✆ 038303-95650 oder 0170-5769694.

Sellins Seebrücke heute ...

Ostseebad Sellin

Auch in Sellin bestimmt grandiose Bäderarchitektur das Stadtbild. Besonders hervorzuheben: die in der Ortsmitte gelegene Wilhelmstraße, gesäumt von weiß getünchten Villen, sowie die berühmte Selliner Seebrücke, zu deren Füßen sich ein herrlicher Sandstrand erstreckt.

Sellin ist das zweitgrößte Ostseebad der Insel nach Binz und vor Göhren und liegt auf halbem Weg zwischen den beiden Schwestern. Eingerahmt wird der Ort von den südlichen Ausläufern der Granitz sowie dem Selliner See. Die Hauptverbindung zur bis zu 40 Meter hohen Steilküste bildet die Prachtallee Sellins, die *Wilhelmstraße*, eine Flaniermeile in Weiß, die ihre „Verlängerung“ in der berühmten Seebrücke findet. Wie ein Steg in eine andere Zeit reicht die einzige bebaute Seebrücke Rügens, in dessen prachtvollen Gebäuden stilvolle Restaurants untergebracht sind, in die Ostsee hinein. Das Verbindungsstück der beiden außergewöhnlichen Beispiele der Bäderarchitektur ist die „Himmelstreppe“, eine Freitreppe, die über 99 Stufen vom Ende der Wilhelmstraße auf die Brücke und hinab zum breiten, feinsandigen Strand führt.

Am unteren Ende der Wilhelmstraße „gabelt“ sich der Sellin. Nach Nordwesten erstreckt sich der „ältere“ Ort entlang der Hauptstraße bis zum Bollwerk, dem kleinen Hafen im Selliner See. In südöstlicher Richtung zieht sich der Ort am Selliner Forst entlang und mündet in der neuen Appartementanlage. Dazwischen befindet sich eine park-ähnliche Grünfläche mit kleinen Teichen und verzweigten Wegen. Nicht ganz so gelungen zeigt sich dabei die genannte Appartementanlage *Seepark* neben der Durchgangsstraße, die ins Mönchgut und nach Baabe führt. Die Neubausiedlung fühlt sich zwar offensichtlich architektonisch der Bädertradition verpflichtet, erzeugt aber eher den Eindruck eines Bäderghettos. Hier findet man auch das riesige Freizeitbad „Inselparadies“ sowie zahlreiche Parkplätze. Eine südliche Ortsgrenze ist schwer auszumachen, unmerklich geht Sellin in den Nachbarort Baabe über.

... und „gestern“

Die Selliner Seebrücke

Bevor der Rügendamm das Festland mit der Insel verband, war genau das für die Anreise ein Problem, was die Ostseestrände familienfreundlich und attraktiv macht: Sehr flach fällt der Sand vom Ufer ins Meer ab, schön für Badeurlauber, schwierig für Schiffe mit Tiefgang. Einst mussten die meisten Besucher der Ostseebäder Sellin, Binz oder Göhren in oft waghalsigen Manövern von Bord der Bäderdampfer in kleine Segelboote umsteigen, um an ihren Urlaubsort zu gelangen. Abhilfe schafften erst die Seebrücken, die sich auf hölzernen Pfählen weit genug ins Meer streckten, damit die Fähren eine Handbreit unter dem Kiel hatten, um anlegen zu können.

Die erste Seebrücke entstand 1902 in Binz, 500 Meter Holzplanken gestützt auf zahllose Pfähle. Schon bald zeigte sich jedoch die Anfälligkeit dieses exponierten Bauwerks, am Neujahrsmorgen 1904 zerstörte ein schwerer Orkan die gesamte Brücke. Gleichzeitig mit dem Neubau in Binz entstand auch die Seebrücke von Sellin, die ebenfalls über 500 Meter in die Ostsee hineinreichte.

Schon früh entdeckten Einheimische und Gäste die Selliner Pfahlkonstruktion als Flaniermeile und aus der Anreisehilfe wurde eine Attraktion, „Passeggiata“ auf Norddeutsch: sehen und gesehen werden. Schnell wurden die ersten Aufbauten errichtet, ein Pavillon und ein Restaurant, die die Anziehungskraft der Seebrücke weiter steigerten. Doch das Wetter beutelte auch die Selliner Seebrücke. Diverse Sturmschäden ließen sich noch beheben, das schwere Eis im Winter 1924 aber führte zu ihrem Einsturz. Sie wurde wieder aufgebaut und musste sich jedoch, ebenso wie die übrigen Seebrücken der Bäderküste, im Winter 1942 erneut dem Eis geschlagen geben. Danach stand nur noch das Brückenhaus, in dem ab den 1950er Jahren ein legendäres Tanzlokal untergebracht war. 1978 wurde auch dieser klägliche Rest des einst prächtigen Steges abgerissen. Erst in den 1990er Jahren erfolgte der Wiederaufbau. Nach historischem Vorbild gestaltet, ist die Selliner Seebrücke heute die einzige bebaute Seebrücke Rügens.

Ursprünglich war Sellin nur ein winziges Fischerdorf am Rande der ausgedehnten Ländereien der Herren zu Putbus, in dem noch 1806 kaum mehr als 100 Menschen lebten. Der Aufschwung zum Seebad erfolgte parallel zu den Nachbarn Binz und Göhren mit dem Anschluss des Dorfes an die Schmalspurbahn im Jahr 1895. Ein Jahr später ließ Fürst Wilhelm zu Putbus eine breite, „flanierbare" Allee anlegen, die Grundausstattung für einen mondänen Urlaubsort. Ursprünglich sollten Kastanien die Prachtstraße säumen, doch war den Bäumen der Boden zu karg, so dass sie durch Linden ersetzt werden mussten. Zeitgleich entstand 1896 auch das erste Hotel auf dem Hochufer. Namensgeber für Promenade und Herberge war ihr Initiator Fürst Wilhelm zu Putbus.

In schneller Folge wurden weitere Gebäude errichtet, alle im Stile der Zeit, reich verziert, strahlend weiß und mit Veranden, Loggien und Balkonen versehen. Bis 1912 hatte sich die Wilhelmstraße zu dem entwickelt, was sie heute ist: eine außergewöhnliche Bäderarchitektur-Meile. Ganzer Stolz des jungen Bades war die 1906 eröffnete Seebrücke. 1998 wurde das wiedererrichtete Wahrzeichen Sellins fertig gestellt.

Information/Verbindungen/Diverses

• *Information* **Touristen-Information Sellin**, sehr freundlich und kompetent, umfassende Informationen, außerdem Zimmervermittlung, Bus- und Schiffstickets. Juli/Aug. Mo–Fr 10–20 Uhr, Sa 10–19 Uhr. So 10–13 Uhr, April–Juni sowie Sept./Okt. Mo–Sa 10–18 Uhr, So 10–13 Uhr, im Winter Mo–Fr 10–17 Uhr, Sa 10–12 Uhr, in einem hübschen Eckhaus (Verlängerung der Hauptstraße), August-Bebel-Str. 5, 18586 Sellin, ✆ 038303-87006, 📠 86075; www.ostseebad-sellin.de.

Kurverwaltung Sellin, freundlich und kompetent, umfassende Informationen, Zimmervermittlung, Bus- und Schiffstickets, Fahrradverleih (5 €/Tag), Internetzugang (1 €/7 Min., 2 €/15 Min.) und Reservierung Strandkorb (2 €/h, 6,50 €/Tag). Mo–Fr 8.30–19 Uhr, Sa/So 10–18 Uhr, im Winter Sa nur bis 16 Uhr, So geschl. Seitenstraße am oberen Teil der Wilhelmstraße, beim Kurpark. Warmbadstr. 4, 18586 Sellin, ✆ 038303-1611, 📠 87205; www.ostseebad-sellin.de.

• *Kurtaxe* Mitte Mai bis Mitte Sept. sowie Weihnachten/Neujahr 2,30 €, Kinder 1,15 €, sonst 1,20 €, Kinder 0,60 €. In der Kurtaxe enthalten ist die Benutzung der Bäderbahn.

• *Parken* Nicht ganz einfach, manche der Hotels verfügen über weniger Parkplätze als Zimmer, so dass es mit Parkmöglichkeiten manchmal eng wird. Ein kleiner kostenpflichtiger Parkplatz befindet sich am nördlichen Ortsrand, schräg gegenüber der Tourist-Information, sowie bei der Kurverwaltung. Ein weiterer (kostenpflichtiger) Großparkplatz entstand jüngst am südöstlichen Ortsrand (beim Seepark und Erlebnisbad).

• *Taxi* **Sellin** ✆ 038303-87062 oder 0171-1722240, **Mönchgut-Taxi** ✆ 038303-85045 oder 0171-4185045, **Zentrale Binz** ✆ 038393-2424.

• *Verbindungen* **Bus-Linie 20** verbindet Sellin mit *Binz*, *Prora*, dem *Fährhafen Sassnitz* bei Neu Mukran, der Stadt *Sassnitz* und (seltener) direkt mit dem Königsstuhl sowie in anderer Richtung mit den Ostseebädern *Baabe*, *Göhren* und ganz im Süden *Thiessow*, fast stündlich, bis Sassnitz bzw. Göhren häufiger. Nach Bergen fährt **Linie 24**, allerdings relativ selten direkt, so dass man mit **Linie 20** zum Wendeplatz Serams fahren und dort in die **24** umsteigen muss.

Kleinbahn: Der *Rasende Roland* fährt auf seinem Weg entlang der Ostseebäder auch an Sellin vorbei (Haltestellen am südlichen und westlichen Stadtrand: 6-mal tägl. über *Baabe* nach *Göhren* und in anderer Richtung nach *Binz* und *Putbus*, von Juni bis Anfang Sept. 11-mal (nach Lauterbach nur 6-mal). Preise: einfach nach Göhren oder Baabe 1,60 €, erm. 0,80 €, nach Binz 3,20 € (1,60 €), nach Putbus 8 € (4 €), Fahrrad 2,10 €, auch Familien-, Wochen- und Monatskarten, ✆ 038301-80112. Weitere Infos z. B. zu Ausflugsangeboten → Kasten im Kapitel Putbus, S. 111.

Der **Ortsbus** fährt von der Seebrücke nach Neuensien und Seedorf sowie nach Altensien und Moritzdorf (jeweils 7-mal am Tag).

Schiffsverbindungen zu Rügens Ostseebädern: Die **Reederei Ostsee-Tour** verbindet Sellin mit dem *Sassnitzer Stadthafen* (ca. 3-mal tägl.; Erw. 7 €, Kinder 4–14 Jahre 3,50 €; Dauer ca. 1 h 15 Min.) sowie mit den Seebrücken von *Binz* (ca. 3-mal tägl.; Erw. 4,50 €, Kinder 4–14 Jahre 2,25 €; Dauer ca. 30 Min.)

und *Göhren* (ca. 3-mal tägl.; Erw. 4,50 €, Kinder 4–14 Jahre 2,25 €; Dauer ca. 30 Min), auf allen Strecken Kinder bis 4 Jahre frei, Hund 3 €, Fährbetrieb April–Okt., auch Familientickets und Kombitickets mit *Rasendem Roland* möglich, Karten an Bord. Reederei Ostsee-Tour, Hafenstraße 12 j, 18546 Sassnitz, ✆ 038392-3150, ℻ 50672. Bordtelefon der Schiffe: *MS Cap Arkona* ✆ 0160-7474673, *MS Binz* ✆ 0160-7474674, *MS Marco Polo* ✆ 0160-7474675, www.reederei-ostsee-tour.de.

• *Ausflugsschiffe* Die **Reederei Ostsee-Tour** bietet neben dem Fährverkehr auch *Ausflugsfahrten zum Kreidefelsen* (April–Okt. 4-mal tägl., Erw. 16 €, Kinder 4–14 Jahre 8,50 €; Dauer 3½ Std.) sowie *Rundfahrten* um die Insel an (Mai bis Ende Sept. jeden Mo, Erw. 40 €, Kinder 4–14 Jahre 20 €; Dauer 9½ Std.); auf allen Strecken Kinder unter 4 Jahren frei, kein Landgang, Adresse → oben.

Ausflugsfahrten zum Kreidefelsen hat auch die Reederei **Adler-Schiffe** im Programm. Die *MS Mönchgut* fährt April–Okt. 1-mal tägl., via Binz, Dauer 4 Std., Erw. 15 €, Kinder bis 14 Jahren frei, Hund 3 €, ✆ 038378-47790, www.adler-schiffe.de.

Übernachten/Essen (→ Karte S. 143)

In Sellin steht dem Besucher das gesamte Unterkunftsspektrum zur Verfügung: von zahlreichen Hotels und Pensionen bis zur neuen Jugendherberge. Die größte Dichte bietet die Wilhelmstraße. In einigen Häusern gibt es Wellness-Angebote. Als preisgünstig kann man Sellin allerdings nicht bezeichnen.

***** **Cliff-Hotel**, noble Hotelanlage südlich von Sellin (nahe Baabe), der riesige Komplex befindet sich in Alleinlage mitten im Wald und bietet alles, was man von Fünf Sternen eben erwartet, darunter ein umfangreiches Wellness-Angebot. DZ mit Bad, TV und Frühstück ab 144 €, Suite 260 €. Cliff-Hotel, 18586 Sellin, ✆ 0800-2543346, ℻ 8495, www.cliff-hotel.de.

**** **Hotel Bernstein (4)**, malerisch auf dem Hochufer gelegenes, sympathisches Hotel (südlich der Wilhelmstraße), aussichtsreiches, gutes **Restaurant** mit Terrasse (schön auch für das Frühstück) sowie Lounge/Bar. Großer Wellnessbereich mit zahlreichen Angeboten samt Sauna, Fitnessraum und Schwimmbad (indoor, aber dank eines wintergartenähnlichen Panoramafensters mit Ostseeblick). Sehr freundlich. Die meisten Zimmer mit Balkon, viele davon mit Meerblick. DZ mit Bad, TV, Frühstücksbuffet und Balkon ab 160 €, EZ 92 €, Suite ab 180 €. Hochuferpromenade 8, 18586 Sellin, ✆ 038303-1717, ℻ 1718, www.hotel-bernstein.de.

**** **Hotel Kurhaus Sellin (2)**, neuer Prachtbau mit der hotelketten-typischen, eigenwilligen Fassadenfarbe an traditionsreicher Stelle – hier stand einst das erste Hotel Sellins, das „Fürst Wilhelm". Heute gehört das Kurhaus ebenfalls zu den ersten Adressen des Ostseebads, mit ballsaal-artigem, gehobenem **Restaurant**, nicht eben günstig. DZ mit Bad, TV und Frühstücksbuffet ab 139 €, Turmzimmer ca. 230 €, Suite ab 238 €, perfekte Lage oberhalb der „Himmelsleiter", freundlicher Service. Wilhelmstr. 27, 18586 Sellin, ✆ 038303-95100, ℻ 95155, www.tc-hotels.de.

**** **Hotel Park Ambiance (9)**, großer Komplex an der Wilhelmstraße bestehend u.a.

Bäderarchitektur in der Wilhelmstraße

aus den schönen Bäderarchitektur-Gebäuden *Rugia*, *Vineta* und *Sella* (sowie dem Blockhaus *Finja*), dem eleganten Restaurant **Ambiance** (gehoben) sowie den französisch inspirierten Restaurants **clou** und **Le Jardin** (im schicken Wintergarten), außerdem große Wellness-Landschaft (Lagunenbad, Massagen, Kreidepackungen, Sauna etc.) und ein eigener kleiner Hotelpark. Der Luxus hat natürlich seinen Preis: DZ mit Bad, TV, Frühstücksbuffet und Nutzung der Bade- und Wellness-Landschaft 189– € (EZ 98–135 €), Superior-Zimmer 216 €, Deluxe 243 €, Suite ab 270 €. Wilhelmstr. 34, 18586 Sellin, ✆ 038303-1220, 📠 122122, www.hotel-ambiance.de.

*** **Hotel Villa Subklew (3)**, jüngst renoviertes Hotel in der obersten Seitenstraße der Wilhelmstraße, vergleichsweise günstige Zimmer: DZ mit Bad, TV und Frühstück 97,50 €, EZ 62,50 €, Juniorsuite 112,50 €; im Haus auch **Fischgaststätte** (mittleres bis gehobenes Preisniveau) und Kneipe; Fahrradverleih (3-Gang 5 €/Tag, 7-Gang 6 €/Tag); ruhig gelegen, Nähe Kurverwaltung. Warmbadstr. 1, 18586 Sellin, ✆ 038303-85987, 📠 87342, www.villa-subklew.de.

** **Hotel Xenia (5)**, hinter der schlichten Fassade befinden sich, was die Fensterreihen erahnen lassen, geräumige und helle Zimmer, preisgünstig, DZ mit Bad und TV 80 €, Appartement 90 €, EZ 53 €, Hund 7,50 €. Rechts und links vom Eingang liegen zwei Restaurants, rechts das etwas sterile *Hotelrestaurant*, links gibt es *böhmische Küche* zu fairen Preisen. Wilhelmstr. 26, 18586 Sellin, ✆ 038303-87374, 📠 87552, www.hotel-xenia.de.

Hotel Lottum (8), weitere nette, traditionsreiche Unterkunft im oberen Teil der Wilhelmstraße, rückwärtig großes baumbestandenes Grundstück, preisgünstig, DZ mit Bad, TV und Frühstück ab 75 €, mit Veranda 95 €, EZ ab 55 €, Hund 5 €, im Haus auch ein kleiner Wellness-Bereich sowie ein Restaurant/Café (auch vegetarisch). Wilhelmstraße 32, 18586 Sellin, ✆ 038303-85941, 📠 86042, www.lottum.de.

Pension Tatjana (6), Rügens rotes Russlandhaus in der weißen Wilhelmstraße, große, teils individuell von Künstlern vor allem aus Russland und Rügen gestaltete Zimmer, dabei *work in progress*, denn immer wieder wird das ein oder andere Zimmer neu eingerichtet und ausgestattet. DZ mit Bad und TV 60–70 €, EZ 37–43 €, Parkplätze am Haus, schöne Dachterrasse, Sauna. Zur Pension gehört auch die russische Teestube **Tschai Kowski**, große Teeauswahl, Frühstück und Mittagstisch mit russ. Spezialitäten. Ca. 200 m vor der Seebrücke, Wilhelmstr. 28, 18586 Sellin, ✆ 038303-1450, 📠 85693, www.pension-tatjana.de.

• *Jugendherberge* **JH Sellin (12)**, 2004 eröffnetes Haus, in dem auch 8 DZ (mit Bad und Frühstück) für 54 €/Nacht zur Verfügung stehen (JH-Ausweis nötig); ansonsten 4er-Zimmer. Im südlichen Ortsteil, Kiefernweg 4, 18586 Sellin, ✆ 038303-95099, 📠 95098, jh-sellin@djh-mv.de.

Essen & Trinken

Auch in Sachen Restaurants findet man die größte Auswahl entlang der Wilhelmstraße, oft gehören sie zu Hotels und Pensionen (siehe auch oben). Hier nur noch eine kleine ergänzende Auswahl:

Palmengarten und Kaiserpavillon (1), durchaus als Erlebnisgastronomie zu bezeichnen, ob auf einen Kaffee oder einen Drink im stilvollen Café oder zum Dinner im schicken Restaurant, das einzigartige Ambiente schafft der Standort: die Seebrücke, geschmackvoll eingerichtet, freundlicher Service und für das Gebotene (und den Ort) gar nicht einmal teuer (Hauptgericht ab 14 €, Pasta ab 9 €); tägl. 10–22 Uhr, kein Ruhetag. Seebrücke Sellin, ✆ 038303-829600, www.seebrueckesellin.de.

Tschai Kowski (6) russische Teestube in der *Pension Tatjana* (→ oben), große Teeauswahl, Frühstück und Mittagstisch mit russ. Spezialitäten (wer sein Russisch ein bisschen auffrischen will, hat hier die Möglichkeit: die Karte ist zweisprachig). Ca. 200 m vor der Seebrücke. Wilhelmstr. 28, ✆ 038303-1450, www.pension-tatjana.de.

Villa Fernsicht (10), Café und Bistro in einer historischen Bädervilla, geöffnet ab dem Frühstück, auch Kaffee- und Kuchen, auf der Abendkarte finden sich schmackhafte Gerichte zu fairen Preisen, sehr gemütliche Terrasse vor dem Haus. Auch Ferienwohnungen. Wilhelmstraße 41, ✆ 038303-1210, www.fernsicht-sellin.de.

Selliner Kleinbahnhof (13), nochmals Erlebnisgastronomie, das Restaurant gleicht in Teilen einem kleinen Eisenbahnmuseum, ein anderer Teil (der „grüne Waggon") ist wie ein alter Eisenbahnwagon eingerichtet. Wenn zufällig draußen der *Rasende Roland* vorbeifährt, könnte man meinen, auf Reisen zu sein. An den Gleisen auch eine Terrasse, auf der Karte vor allem Fisch, auch Kneipe. An der B 196, Nr. 3, 18586 Sellin, ✆ 038303-87971, 📠 87972.

Zum Skipper (7), Fischrestaurant in der Wilhelmstraße, innen maritim, draußen Terrasse, beliebt, Preise in Ordnung, tägl. 11–22 Uhr (im Winter eingeschränkt). Wilhelmstraße 31, ✆ 038303-90740.

Fischers Fritze Fischgaststätte (11), in der Gaststätte mit dem zungenbrecherischen Namen befindet sich sowohl ein Fischrestaurant (Preise o. k.) als auch ein Take-away (Fischbrötchen unter 2 €), nur in der Saison geöffnet, dann ganztägig. Am unteren Ende der Wilhelmstraße in der Seepark-Passage, Granitzerstr. 10, ✆ 038303-871517.

Aktivitäten

• *Ausflugsfahrten* zu Wasser oder zu Lande → oben, Verbindungen.

• *Bootsverleih* beim Hafen, Seestr./Am Bollwerk, ✆ 038303-86830.

• *Einkaufen* **Goldschmiede** und **Bernsteinschmuck**, im gleichen Gebäude wie das Bernsteinmuseum (Granitzerstr. 43, ✆ 038303-87279); sowie gegenüber: **Zum Katen**, Kunsthandwerk und Souvenirs aus Keramik und Bernstein (Granitzerstr. 11 a, ✆ 038303-86689).

• *Eisbahn* Schlittschuhlaufen im Ostseebad? Seit Dez. 2004 möglich, die 555 m² große Eisbahn befindet sich neben dem Bad Inselparadies. Mo–Do 13–20 Uhr, Fr–Sa 10–21 Uhr und So 19–20 Uhr (natürlich nur im Winter), Erw. 3,30 €, Kinder 2,30 € (jeweils für 3 Std.), auch Schlittschuhverleih und Kufenschleifer, abends Eishockey (5 €).

• *Erlebnisbad* Das **Inselparadies** ein Hallenbad zu nennen wäre wahrlich untertrieben: Abenteuer- und Warmbecken, Wildwasserkanal und Sprudelliegen, über 100 m lange Rutsche und, und, und ... natürlich auch große Saunalandschaft und Gastronomie. Tägl. 10–22 Uhr. Badstr. 1, 18586 Sellin, ✆ 038303-1230, ✆ 12345, www.inselparadies.de.

• *Fahrradverleih* bei der Kurverwaltung (oben) sowie **Rental Station**, großes Sortiment an Leihfahrrädern, z. B. 3-Gang-Tourenrad 5,50 €, 7-Gang 7,50 €, Tandem 13,50 €, MTB 8,50 €, Kinderrad 4,50 €, Anhänger 6,80 €, Bollerwagen 5 €. April–Okt. tägl. 9–12 Uhr und 15–19 Uhr. Im Seepark, Parkstr. 2, ✆ 038303-86655.

• *Feste* u. a. Seebrückenfest am letzten Juli-Wochenende, Granitzlauf (10 km) zum Mittsommer. Veranstaltungskalender über die Tourist-Information oder im Internet unter www.ostseebad-sellin.de.

• *Historische Ortsführungen* zu den Themen „Selliner Seebrücke", „Bäderarchitektur" und „Wilhelmstraße" werden ganzjährig von der *Touristen-Information* Führungen angeboten, Infos dort (→ oben).

• *Minigolf* Leser empfahlen den Platz beim Freizeitbad „Inselparadies".

• *Strandkörbe* Reservierung über die Kurverwaltung oder einfach am Hauptstrand anmieten.

Sehenswertes

Bernsteinmuseum: Anhand von Schautafeln und Fundstücken erhält man hier einen Einblick in die erdgeschichtlichen Vorgänge, die aus Harztropfen (und ihren Inklusien) honigfarbene Edelsteine schufen. Auch wie das traditionelle Kunsthandwerk mit dem weichen Stein umging und wie er zu vielgestaltigem Schmuck verarbeitet wurde, ist zu sehen. Besonderes Ausstellungsstück des Museums: der größte Bernstein Rügens.

Mo–Fr 10–12 Uhr und 14–17 Uhr, Sa 10–12 Uhr, sollte zu diesen Zeiten geschlossen sein, im Geschäft nachfragen. Eintritt 1,50 €, Kinder 0,50 €. Granitzerstr. 43, ✆ 038303-87279, www.bernsteinmuseum-sellin.de.

Baden

Die Blaue Flagge, die Auszeichnung für hervorragende Wasserqualität, ziert auch Sellins Strand. Er teilt sich in zwei Abschnitte. Unterhalb des Hochufers bei der Wilhelmstraße erstreckt sich vor der Seebrücke der lange und breite *Nordstrand*. Etwas nördlich (hier etwas steinig) sowie südlich beginnen Hundeabschnitte, noch etwas weiter nach Süden der FKK-Bereich. Daran anschließend befindet sich der *Südstrand* (Vorteil: länger Sonne), den man am leichtesten über den Weißen Steg erreicht (Ostbahnstraße, dann vor dem Seepark abbiegen, strandnah auch ein kostenpflichtiger Parkplatz). An beiden Strandabschnitten stehen Strandkörbe, Gastronomie und sanitäre Einrichtungen zur Verfügung. Der Nordstrand wird auf der Höhe der Seebrücke, der Südstrand bei der Einmündung des Weißen Steges von der DLRG überwacht. Beide Strandabschnitte sind natürlich feinsandig, nahezu steinfrei und traumhaft.

Traditionsreich: Ruderbootfähre am Baaber Bollwerk

Mönchgut
Karte S. 119

Mönchgut

Das Mönchgut vereint wie ein kleines Mosaik die verschiedenen Landschaften Rügens: lange Sandstrände an der Ostsee, im Westen eine Boddenküste, teils mit steil abbrechenden Hochufern, teils mit dicht bewachsenen Niederungen. Hinzu kommen das Ostseebad Göhren sowie zahlreiche beschauliche Dörfer.

Mehr wie eine Inselgruppe streckt sich das hügelige Land des Mönchguts, südöstlich der Granitz gelegen, weit ins Meer hinein. Am südlichsten Ende ragt *Thiessow* am Lotsenberg aus der Landschaft hervor, gleich daneben liegt *Klein Zicker* auf einer kreisrunden, 38 Meter hohen Erhebung. Es folgen die Zickerschen Berge zwischen *Gager* und *Groß Zicker*. Als Verbindungsstücke untereinander und mit dem nördlichen Teil des Mönchgutes erstrecken sich flache, schilfreiche Landstreifen. In zwei eleganten Schwüngen zieht sich die Ostseeküste vom Nordperd bei *Göhren* über die kleine Landzunge Lobber Ort zum Südperd bei Thiessow. Der südliche Abschnitt ist ein einziges kilometerlanges, feinsandiges Badeparadies, schlicht (und zutreffend) der *Große Strand* genannt. Die westliche Küste hingegen ist stark zergliedert, weit springen die hügeligen Halbinseln in den Bodden hinein und formen lang gestreckte Buchten.

Der Name *Mönchgut* kommt nicht von ungefähr: Keine 100 Jahre nach dem Fall Arkonas und der Christianisierung Rügens verkaufte der slawische Fürst Jaromar II. den nördlichen Teil der Halbinsel an das Zisterzienserkloster Eldena bei Greifswald (1252). Nachdem 1360 auch der südliche Teil an das Kloster ging, war die gesamte Halbinsel in der Hand der Zisterzienser und hieß fortan: *Monke Gudt*. Das Gut der Mönche ist klar begrenzt, natürlich durch die Küste und im Norden durch den *Mönchgraben*. Der Wallgraben, der sich oberhalb von Baabe von der

Ostsee bis zum Selliner See erstreckt und die Granitz vom Mönchgut trennt, stammt aber wahrscheinlich bereits aus slawischer Zeit. Die Mönche und ihre Bauern, die auf Grund strenger monastischer Regeln weitgehend isoliert vom Rest der Insel waren, lebten vom Fischfang und vom Anbau von Gemüse, Obst und (natürlich) Hopfen. Auch nachdem mit der Reformation die Klosterregeln gelockert wurden und schließlich die Mönche im 17. Jh. gegangen waren, änderte sich nichts Grundlegendes für die Bewohner der Halbinsel: Sie lebten immer noch von der Landwirtschaft und vor allem von der Fischerei und galten auch weiterhin als nicht gerade kontaktfreudig. Heute hat sich das praktisch ins Gegenteil verkehrt: Der Tourismus ist die Haupteinnahmequelle der Region.

Salzwiesen und Trockenrasen

Das Mönchgut ist Teil des *Biosphärenreservats Südost-Rügen*. Die meisten Gebiete gehören zur Schutzzone II, der so genannten Pflegezone – hier greift der Mensch korrigierend ein, um den Naturraum zu schützen; nur der äußerste Küstenstreifen des Zickerschen Höfts ist Kernzone, jegliches menschliches Eingreifen ist hier verboten. Zu den Besonderheiten des Schutzgebietes gehören zwei so gegensätzliche Naturräume wie Salzwiese und Trockenrasen.

Die Voraussetzungen für Trockenrasen sind auf dem Mönchgut günstig. Die Halbinsel gilt als die niederschlagsärmste Gegend Rügens, und die Böden auf den Hügeln bestehen aus magerem Sand. Mit dem Rückgang der Wälder machte sich eine genügsame Vegetation auf dem nährstoffarmen, saueren Boden breit, die ansonsten auf die steilen Uferabbrüche beschränkt war: Niedrig wachsende Gräser, Kräuter und Blumen wie wilder Thymian, Strohblumen oder Silbergras kennzeichnen den Trockenrasen (z. B. in den Zickerschen Bergen).

Salzwiesen hingegen entstehen im Marschland zwischen Land und Meer (auf dem Mönchgut z. B. südlich von Middelhagen). Regelmäßig vom Meerwasser überflutet, entfaltet sich auf dem salzreichen, sumpfigen Boden und an Brackwassertümpeln eine ganz eigene Vegetation, wie z. B. die Salzbinse. Außerdem dient das Feuchtgebiet als Rückzugsraum für zahlreiche Vogelarten. Salzwiesen finden sich auch auf Ummanz und Hiddensee.

Ostseebad Baabe

Das so genannte „Tor zum Mönchgut" hat zwei Gesichter: Einerseits erkennt man vielerorts noch das verschlafene ehemalige Fischerdorf, andererseits ist Baabe ein Seebad im Ausbau. Richtung Süden wird das Städtchen von den Wäldern der Baaber Heide eng umschlossen.

Baabe versucht seit der Wiedervereinigung, an die großen Schwestern im Norden und im Süden anzuschließen, doch bis heute ist der Ort, in dem außerhalb der Saison keine Tausend Menschen wohnen, ein ruhiges Ostseebad geblieben. Der Tourismus spielte zwar seit dem Ende des 19. Jh. wie in den übrigen Bädern eine Rolle, aber das Bäderleben gedieh hier nur verhältnismäßig spärlich. Ein begrünter Boulevard, in dessen Mitte ein Fußgängerweg zum Strand führt, ein paar sorgsam renovierte Beispiele der Bäderarchitektur und eine Hand voll von Bäumen beschattete Seitenstraßen zeugen von vergangenen und aktuellen Ambitionen. Fertig gestellt ist der nette Kurgarten samt Haus des Gastes am Ende der Strandstraße, weiter gebaut wird am Dünenweg, hier entstehen bunte kleine Ferienhäuschen im Schwedenstil.

Auf der gegenüberliegenden Seite der Göhrener Chaussee zeigt sich das andere Gesicht Baabes: Boddenseits erstreckt sich in einem leichten Bogen das alte Fischerdorf, heute vor allem ein ruhiges Wohngebiet, bis an das von einem Schilfgürtel gesäumte Ufer des Selliner Sees. Ein gutes Stück jenseits der Ortsgrenze endet die Dorfstraße am Bollwerk, dem kleinen Hafen von Baabe. Ein paar Fischer legen hier noch ab. Außerdem gibt es ein Ausflugsschiff, und ein Fährmann setzt in einem Ruderboot über nach Moritzdorf. Neben dem Bollwerk befindet sich ein elegantes Hotel.

Information/Verbindungen/Diverses

• *Information* **Tourist-Information** in einem Pavillon aus Holz und Glas am Anfang der Strandstraße (mit Blick Richtung Meer linker Hand); Mo–Sa 9–12 Uhr und 13–17 Uhr, ✆ 038303-14242. Nov.–März geschlossen, dann Infos in der **Kurverwaltung Baabe**, die zuletzt in das neue *Haus des Gastes* umgezogen ist, hier auch Spielplatz, Minigolfanlage und Bocciabahn. Am Kurpark 9, 18586 Baabe, ✆ 038303-1420, 14299, www.baabe.de.

• *Kurtaxe* Erw. 2,30 €, Jugendliche 16–18 Jahre 1,15 €, Kinder bis 16 Jahre frei. In Baabe wird die Kurtaxe wie überall üblich vom Vermieter angenommen, zusätzlich gibt es eine Tageskurkarte, d. h. auch Tagesgäste müssen eine Karte lösen (2,50 €), z. B. für die Strandbenutzung, hierfür steht am Zugang zum Strand ein Automat, an dem man sich ein Ticket ziehen kann.

• *Taxi* **Sellin** ✆ 038303-87062 oder 0171-1722240, **Mönchgut-Taxi** ✆ 038303-85045 oder 0171-4185045, **Zentrale Binz** ✆ 038393-2424.

• *Verbindungen/Ausflüge* **Buslinie 20** fährt fast stündlich von *Sassnitz (Stadt)* (seltener auch direkt von/ab Königsstuhl) über den *Fährhafen Sassnitz* bei Neu Mukran, *Prora*, *Binz* und *Sellin* nach Baabe und von hier weiter nach *Göhren*, *Thiessow* und *Klein Zicker* – und das Ganze auch in anderer Richtung. Nach Bergen fährt die **Linie 24**, allerdings relativ selten direkt, so dass man mit **Linie 20** zum Wendeplatz Serams fahren und dort in die **24** umsteigen muss.

Kleinbahn: Der *Rasende Roland* hält auf seinem Weg entlang der Ostseebäder auch in Baabe: 6-mal tägl. nach *Göhren* und in anderer Richtung nach *Sellin*, *Binz* und *Putbus*, von Juni bis Anfang Sept. 11-mal (nach Lauterbach nur 6-mal). Preisbeispiele: einfach nach Göhren oder Sellin 1,60 €, erm. 0,80 €, nach Binz 3,20 € (1,60 €), nach Putbus 6,40 € (3,20 €), Fahrrad 2,10 €, auch Familien-, Wochen- und Monatskarten, ✆ 038301-80112. Weitere Infos z. B. zu Ausflugsangeboten → Kapitel Putbus, S. 111.

„Stadtbus": *Uns lütt Bahn* pendelt 9-mal tägl. zwischen der Strandpromenade und Bollwerk hin und her, Einzelfahrt 1 €, erm. 0,50 €, Tageskarte das Doppelte, mit Kurkarte frei, nur Ostern bis Ende Okt.

> Am Bollwerk, Baabes Hafen am Bodden, verbindet eine **Personenfähre** Baabe mit *Moritzdorf*. Der Fährmann rudert zur Saison tägl. zwischen 9 und 21 Uhr über die schmale Wasserstraße zwischen Having und Selliner See. Da das Fährhaus am anderen Ufer steht, muss man am Steg diesseits mit der Schiffsglocke läuten, um sich bemerkbar zu machen. Einfache Fahrt 0,50 €, Fahrrad1 €.

Ausflugsschiff: Mit der *MS Lamara* durch das Biosphärenreservat Südost-Rügen, um die Insel Vilm und zurück, nach Ostern an schönen Tagen tägl. 11 Uhr, Mai–Sept. tägl. 11 Uhr und 14 Uhr, Juni/Aug. auch Abendfahrten (Di und Do 18 Uhr), Okt. tägl. 14 Uhr; Erw. 12 €, Kinder 4–14 Jahre 7 €, Hund 3 €, freie Fahrt für Geburtstagskinder, Dauer 2 Std. ✆ 038308-909951 oder 0160-96677899, 909952, www.ms-lamara.de.

• *Fahrradverleih* bei **Casa Atlantis** in der Sandstraße, 7-Gang-Fahrrad 6 €/h, 8-Gang, gefedert 8 €, MTB 7,50 €, auch Kinderräder 3,50 € sowie natürlich Zubehör (Helm, Nachläufer, Korb etc.). Strandstr. 5, ✆ 0151-18427010, www.fahrradverleih-baabe.de.

• *Hafen* Kleiner Sportboothafen an der Having, 30 Liegeplätze bei 2,80 m, ✆ 038303-86410.

• *Minigolf* Neue Anlage beim Haus des Gastes im Kurpark, hier auch eine Bocciabahn. Am Kurpark 9.

Mönchgut Karte S. 119

• *Sport* **Kiteschule Atlantis** in der *Casa Atlantis*, Schnupperkurs (50 €/4 h) und Kitekurs (z. B. 260 €/12 h, auch mehrtägig) inkl. Material, auch in Verbindung mit Unterkunft (z. B. 3 Übernachtungen mit Frühstück und Kurs 395 €). Sandstr. 5, 18586 Baabe, ✆ 038303-95565, 📠 95525, www.ruegen-action.de oder www.casa-atlantis.de.

Wandern: Der Weg, der am Strand entlang von Sellin nach Göhren führt, bzw. der lange Strand selbst bieten von Baabe aus schöne Gelegenheiten für Kurzwanderungen in die beiden Nachbarbäder (nach Sellin sind es 2 km; nach Göhren 3 km).

• *Strandkorbverleih* über die Kurverwaltung oder direkt am Strand (ca. 5 €/Tag); Reservierung auch unter ✆ 0171-6991635.

• *Theater* **Lachmöwe**, Kleinkunst zwischen politischem Kabarett und Comedy, Mitte Juni bis Mitte Sept. tägl. 20.30 Uhr. Strandstraße 26, ✆ 038303-99075, www.kabarett-theater-lachmoewe.de.

Übernachten/Essen

Hotel Solthus am See – unser Tipp: Am Bollwerk, in einem architektonisch interessanten Gebäudekomplex mit tief hängendem Rohrdach, befindet sich das stilvolle Hotel, von den Balkonen und Terrassen der Zimmer hat man einen herrlichen Blick, auch vom Hallenbad Aussicht auf den Bodden, zudem Wellness-Bereich und Sauna; zum Haus gehört ein Restaurant, dessen ausgezeichneter Küchenchef auch den Gourmet zufrieden zu stellen weiß. DZ mit Bad, TV, Nutzung des Wellness-Bereichs und Frühstücksbuffet 150–170 €, EZ 110 €, Juniorsuite 200 €, Hund 10 €, auch (Wellness-) Komplettangebote, ganzjährig geöffnet. Bollwerkstr. 1, 18586 Baabe, ✆ 038303-87160, 📠 871699, www.solthus.de.

Hotel-Pension Eden, die Inhaber der ehemaligen Klosterschenke in Bergen betreiben nunmehr dieses kleine Hotel samt Restaurant, und da der Küchenchef mit umgezogen ist, verspricht auch die Küche empfehlenswert zu sein, wie Leser begeistert bestätigten. Geboten werden saisonal wechselnde, regionale Gerichte. Im Haus 10 DZ ab 70 € oder 6 DZ in der *Villa Waldesruh* 60–80 €, jeweils inkl. Frühstück. Dorfstr. 1, 18586 Ostseebad Baabe, ✆ 038303-90955, 📠 95521, www.hotel-restaurant-eden.de.

*** **Hotel Strandpavillon**, traditionsreiches Haus am strandnahen Ende des „Boulevards“, modern eingerichtete Gaststätte, geräumige Zimmer teils mit Balkon, Terrasse oder Loggia, DZ ab 112 €, Strandstr. 37, 18586 Baabe, ✆ 038303-183, 📠 184910, www.strandpavillon.info.

*** **Strandhotel**, schönes Hotel direkt an der Strandstraße (und demnach strandnah), mit Kegelbahn, Sauna und Fahrradverleih, hoteleigenes Restaurant mit regionaler Küche (mittags und abends geöffnet). DZ mit Bad, TV und Frühstück 110 €, EZ 75 €. Auch Appartements in den Häusern *Seepferdchen*, *Strandläufer*, *Seeadler* und *Neptun* ab 100 €/2 Pers., ganzjährig geöffnet. Strandstr. 24–28, 18586 Baabe, ✆ 038303-150, 📠 15150, www.strandhotel-ruegen.de

Pension/Restaurant Birkenhof, sympathischer Familienbetrieb, in der hellen Gaststube gutbürgerliche Küche zu fairen Preisen (auch vegetarisch), auch günstige Zimmer, DZ zwischen 68 € (klein) bis 83 € (groß mit Terrasse), geöffnet März bis Mitte Nov. und über Weihnachten/Silvester, Restaurant 12–14.30 Uhr und 17–21.30 Uhr. Birkenallee 7, 18586 Baabe, ✆ 038303-86431, 📠 86320, www.birkenhof-ruegen.de.

Hotel Waldidyll, das niedrige Haus scheint mitten im Wald zu liegen und ist doch keine 200 m vom Strand entfernt, einfache, kleine Zimmer um einen grünen Innenhof, hier auch der Biergarten zur Gaststätte. DZ mit Bad, TV und Frühstück 75–82 €. Jakobsberg 4–6, 18586 Baabe, ✆ 038303-126980, 📠 1269899.

Fischrestaurant Zum Fischer, uriges Gasthaus einer alteingesessenen Fischerfamilie, die auch heute noch fängt, demnach ist der Fisch, der aus der Küche kommt, mit Sicherheit frisch, sehr beliebt, auch eigene Räucherei und Verkauf, von März bis Anfang Okt. ab 12 Uhr geöffnet, Fischverkauf ab 8 Uhr, am südwestl. Dorfrand am Weg zum Hafen, Bollwerkstr. 4, ✆ 038303-95643.

Casa Atlantis, sehr sympathisches Café/Bistro (auch Pension, Kiteschule, Fahrradverleih und ...); günstige Tagesgerichte (spanische Küche), vor allem junges Publikum, gemütlich und stilsicher eingerichtet, sehr freundlich, ein paar Tische auch draußen, im Haus schöne Zimmer (DZ mit Bad, WC und Frühstück 70 €, EZ 45 €), außerhalb auch Ferienwohnungen, die aber oft von Kursteilnehmern der zum Haus gehörenden Kiteschule belegt sind, daher früh reservieren. Sandstr. 5, 18586 Baabe, ✆ 038303-95565, 📠 95525, www.casa-atlantis.de.

Das Rookhus in Göhren: Teil der Mönchguter Museen

Mönchgut
Karte S. 119

Ostseebad Göhren

Das Ostseebad mit den zwei Stränden – der feinsandige Nordstrand samt Promenade und der naturbelassene, „wildere" Südstrand. Dazwischen erhebt sich der Kurort Göhren auf einer Anhöhe. Bäderarchitektur auch hier, allerdings bei weitem nicht so imposant wie in Binz und Sellin.

Endlos an der Strandpromenade aneinander gereihte, strahlend weiße Bädervillen sucht man in Göhren vergebens. Dafür lässt das bewaldete *Nordperd*, die für Inselverhältnisse durchaus bergige Landzunge, auf die der Ort gebaut wurde, einfach keinen Platz. Dennoch gibt es ihn selbstverständlich auch hier, den breiten, weißen Sandstrand samt eindrucksvoller Seebrücke. Dahinter erstreckt sich der neu gestaltete Kurpark des Ortes mit Musikpavillon aus dem Jahr 1924, in dem heute, nach sorgsamer Restaurierung, wieder regelmäßig Konzerte stattfinden. Von der „Bernsteinpromenade" am Kurpark kann man am Strand entlang bis ins drei Kilometer nordwestlich gelegene Baabe wandern, in entgegengesetzter Richtung führt eine kleine Rundwanderung oberhalb der Steilküste um das dicht bewachsene Nordperd und zum beliebten Südstrand, der von Göhren bis nach Lobbe reicht.

Im Ortszentrum stößt man dann auf das ganz alte Göhren: In den traditionellen Fachwerkhäusern mit Rohrdach hat man heute die Mönchguter Museen untergebracht, die Fischer- und Heimatmuseen, in denen alles Wichtige über die Geschichte Göhrens und des Mönchgutes zu erfahren ist. Darüber hinaus finden sich besonders auch in den Seitenstraßen der Hauptachse Strandstraße/Poststraße zahlreiche schöne Beispiele der klassischen Bäderarchitektur. Einen wunderbaren Blick auf die Umgebung kann man von der roten Backsteinkirche etwas außerhalb vom Ort genießen: Von hier fällt der Blick auf das Göhren'Höft mit der Landzunge

Nordperd und in südlicher und südöstlicher Richtung auf das gesamte Mönchgut, bei guter Sicht manchmal sogar bis nach Usedom.

Der Name Göhren stammt aus dem Slawischen und bedeutet so viel wie „bergiger Ort", der im Jahr 1165 erstmals dokumentiert wurde. Der Name Nordperd (ursprünglich: Nordpeert) deutet dagegen auf einen „nördlichen Landvorsprung" hin. Im Mittelalter befand sich hier über drei Jahrhunderte eine Außenstelle des Greifswalder Zisterzienserklosters.

Der Aufstieg Göhrens zum beliebten Bade- und Kurort erfolgte Ende des 19. Jh.: Zunächst erklärte man den Ort 1878 zum Ostseebad, 1899 wurde dann der Anschluss an die Schmalspurbahn „Rasender Roland" vollzogen, deren Endhaltestelle sich noch heute in Göhren beim Kurpark befindet. In den 1920er Jahren entstand ein Kurbad im größeren Stil mit Wandelhalle und Pavillon, das man nach Renovierung im Jahr 2003 wieder eröffnet hat. Bereits 1993 wurde die 280 Meter lange Seebrücke nach historischem Vorbild wieder aufgebaut.

Information/Verbindungen/Diverses (→ Karte S. 152/153)

• *Information* Zwei Informationsbüros: **Kurverwaltung Göhren**, im Sommer (15. 5.–30. 9.) Mo–Fr 9–18 Uhr, Sa 9–12 Uhr, So geschlossen. Im Winter Mo–Fr 9–12 und 13–16.30 Uhr, Di bis 18 Uhr, Fr bis 15 Uhr. Umfangreiches Infomaterial, Stadtplan usw. Poststr. 9, 18586 Göhren, ✆ 038308-66790, ℻ 667932, www.goehren-ruegen.de.

Fremdenverkehrsverein Ostseebad Göhren e. V., hier auch kurzfristige Zimmervermittlung und Fahrradverleih. Juni–Sept. Mo–Fr 8.30–19 Uhr, am Wochenende 10–18 Uhr, Okt.–Mai Mo–Fr 8.30–17 Uhr, Sa 10–16 Uhr, So geschlossen. Berliner Str. 8, 18586 Göhren, ✆ 038308-25156, www.zimmervermittlung-goehren.de.

• *Kurtaxe* 15.5.–14.9. 2,10 €, 15.9.–14.5. 1 €, Kinder unter 14 Jahren frei.

• *Parken* Größerer kostenpflichtiger Parkplatz am Bahnhof. Ansonsten in abgelegenen Nebenstraßen oder beim jeweiligen Hotel.

• *Taxi* **Sellin** ✆ 038303-87062 oder 0171-1722240, **Mönchgut-Taxi** ✆ 038303-85045 oder 0171-4185045, **Zentrale Binz** ✆ 038393-2424.

• *Verbindungen* **Bus-Linie 20** verbindet Göhren mit *Baabe*, *Sellin*, *Binz*, *Prora*, dem *Fährhafen Sassnitz* bei Neu Mukran und der *Stadt Sassnitz* (seltener auch direkt mit dem Königsstuhl) sowie in anderer Richtung mit *Thiessow* und *Klein Zicker*, fast stündlich. Nach Bergen fährt die **Linie 24**, allerdings relativ selten direkt, so dass man mit **Linie 20** zum Wendeplatz Serams fahren und dort in die **24** umsteigen muss. Haltestelle am Kleinbahnhof und im Zentrum.

Bahn: In Göhren ist die Endhaltestelle des *Rasenden Rolands*. Dank der Dampflok besteht 11-mal tägl. eine Verbindung mit den Ostseebädern Baabe und Sellin, über die Granitz nach Binz sowie nach Putbus (nach Lauterbach nur 6-mal), in der Nebensaison (Sept.–Mai) 6-mal tägl. Preise: einfach nach Baabe 1,60 €, erm. 0,80 €, nach Sellin 3,20 € (1,60 €), nach Binz 4,80 € (2,40 €), nach Putbus 8 € (4 €); Fahrrad 2,10 €, auch Familien-, Wochen- und Monatskarten. ✆ 038301-80112, weitere Infos z. B. zu Ausflugsangeboten → Kapitel Putbus, S. 111.

Göhrener Bäderbahn, die Touristenbahn verkehrt während der Saison von 9 bis 16 Uhr zwischen Kleinbahnhof, Seebrücke, Kino, Südstrand, Hotel Hanseatic und retour zum Kleinbahnhof. Tageskarte 2 € (Kinder 5–11 Jahre 1 €), Einzelfahrt 1 € (0,50 €).

Schiffsverbindungen zu Rügens Ostseebädern: Die **Reederei Ostsee-Tour** verbindet Göhren mit dem *Sassnitzer Stadthafen* (Mai–Sept. 2-mal tägl. außer Mo; Erw. 8 €, Kinder 4–14 Jahre 4 €; Dauer ca. 2 Std.) und auf dem Weg mit den Seebrücken von *Binz* (Erw. 7 €, Kinder 4–14 Jahre 3,50 €; Dauer ca. 1 Std.) und *Sellin* (Erw. 4,50 €, Kinder 4–14 Jahre 2,25 €; Dauer ca. 30 Min.), Kinder bis 4 Jahre frei, Hund 3 € auf allen Strecken, Fährbetrieb Mai–Sept.; auch Familientickets und Kombitickets mit *Rasendem Roland* möglich. Karten an Bord. Reederei Ostsee-Tour, Hafenstraße 12 j, 18546 Sassnitz, ✆ 038392-3150, ℻ 50672, www.reederei-ostsee-tour.de. Bordtelefon der Schiffe: *MS Cap Arkona* ✆ 0160-7474673, *MS Binz* ✆ 0160-7474674, *MS Marco Polo* ✆ 0160-7474675.

Etwas günstiger ist man mit **Adler-Schiffe** unterwegs: Die *MS Mönchgut* fährt im Sommer tägl. um 11 Uhr nach Sellin (4 €/

Kinder 2 €) und Binz (7 €/3,50 €), von dort weiter zum Kreidefelsen (hin/zurück 15,50 €/ 8 €). Rückfahrt ab Binz immer ca. 15 Uhr (Sellin 15.30 Uhr), Ankunft in Göhren ca. 16 Uhr. Fahrrad 5 €, Hund 3 €. Tickets bei der Kurverwaltung oder an Bord. ✆ 038378-47790, www.adler-schiffe.de.

• *Ausflüge* **Discover Rügen**, vor allem an Familien mit Kindern richtet sich dieses Ausflugsprogramm, u. a. mit Robben-Beobachtungen, Piraten-Touren, Inselausflügen nach Vilm etc. Der Rügen-Gast wird dabei zum Urlaubs-Ranger und kann aktiv am Umweltschutz teilnehmen. Darüber hinaus sind Surfen, Segeln, Bogenschießen, Strandfußball und Sandburgenbauen im Programm. Nähere Infos im Büro von Discover Rügen in der Strandstraße 12 (neben dem Kurzentrum). ✆ 038308-666624, www.avr.de oder www.urlaubsranger.de.

• *Fahrradverleih* Drei Anbieter im Ort: z. B. **Tilly (10)** mit angeschlossener Werkstatt und Fahrradladen. Die Leihfahrräder sind bestens in Schuss, Tourenrad 5–6 €/Tag, MTB 7 €, „Komfortrad" 8 €, Kinderrad 3 €. Ganzjährig geöffnet, April–Okt. Mo–Fr 9–18 Uhr, Sa/So 9–12 Uhr und 17–18 Uhr, Nov.–März Mo–Fr 9–12 Uhr und 13–18 Uhr; in der Hochsaison müssen die Räder abends um 18 Uhr abgegeben werden, in der Nebensaison etwas flexibler. Schulstraße 7, ✆/℻ 038308-2240, www.fahrrad-tilly.de.

Tetzel (12), hier kostet ein Tourenrad ab 5 €/Tag, MTB ab 6 €, Kinderrad ab 2 €. März–Okt. tägl. 9–12 Uhr und 16–18 Uhr. Kastanienallee 9, ✆ 038308-25406.

Klingenberg Fahrrad-Verleih (3) ist der dritte größere Verleiher, hier auch Anhänger und Bollerwägen etc. Gartenweg 2, ✆ 038308-34029.

• *Kuren* **Kurzentrum** in der Strandstr. 12, ✆ 038308-25252, ℻ 25258, www.kurzentrum-goehren.de. Eine Kassenzulassung für Kur-

Abendstimmung im Hotel Hanseatic

Anwendungen haben auch Hotel Hanseatic und das Waldhotel (beide siehe unten), letzteres ist auch für Kneipp-Kuren zertifiziert.

• *Sport* Im Sommer am Strand **Tretbootverleih**, **Beachvolleyball**, öffentliche **Tennisplätze** am Kurpark, die unter ✆ 038308-25018 gemietet werden können.

Übernachten *(→ Karte S. 152/153)*

Seebäder-Villen direkt am Strand findet man in Göhren (fast) nicht, die meisten Hotels liegen etwas oberhalb. Überwiegend gehobenes Niveau, größere Hotels sind in der Regel ganzjährig geöffnet, einige bieten auch Ferienwohnungen an. Ein riesiger Campingplatz (ganzjährig geöffnet) befindet sich am Kleinbahnhof, mit eigenem Strand.

• *Hotels/Ferienwohnungen* **** **Hotel Hanseatic (11)**, traditionsreiches Haus gegenüber vom alten Wasserturm (am höchsten Punkt von Göhren mit Aussichtsturm – dieser ist übrigens ein äußerst beliebter Ort für standesamtliche Eheschließungen, Traumblick inklusive). Ehemals ein Ferienheim für Angehörige der Volkspolizei wurde das Gebäude in den 1990er Jahren fast komplett abgerissen und 2000 nach aufwändigen

Umbauarbeiten neu eröffnet: stilvolles Ambiente, ein Hotel für gehobene Ansprüche mit Restaurant (→ unten), Cocktailbar, Frühstücksraum im Wintergarten, **Turmcafé** (tägl. 14–17.30 Uhr) mit tollem Blick und hoteleigener Bibliothek, im UG Hallenbad, Sauna, Fitness und Wellness-Bereich mit zahlreichen kosmetischen und medizinischen Anwendungen sowie fernöstlicher Massage (Sanshui). Komfortable und stilvoll-modern eingerichtete Zimmer mit Bad, TV, meist französischem Balkon, EZ 129 €, DZ 159–179 €, Frühstück (Buffet) inklusive. Nordperdstr. 2, 18586 Göhren, ✆ 038308-515, ℻ 51600, www.hotel-hanseatic.de, www.ruegen-wellness.de.

**** **Hotel Meeresblick (14)**, am Ortsrand nahe Südstrand mit schönem Blick, zu Fuß wenige Minuten zum Meer. Bekanntes Restaurant (s. unten), Zimmer und Ferienwohnungen über mehrere Gebäude verteilt, dem gehobenen Standard entsprechend eingerichtet: modern, hell und freundlich, mit Bad, TV und Balkon/Terrasse, die Ferienwohnungen mit EBK, außerdem Hallenbad, Sauna, Solarium, Massagen, Wassergymnastik. EZ 93 €, DZ 126 €, Dreier (Suite) 174 €, Vierer (Suite) 192 €, Frühstück jeweils inbegriffen, **Ferienwohnung** für max. 4 Pers. 123–138 €/Tag (in der Nebensaison ca. 40 % günstiger). Friedrichstr. 2, 18586 Göhren, ✆ 038308-5650, ℻ 565200, www.avr.de.

Einige Häuser weiter unterhalb befindet sich die **Villa mit Sonnenhof** von Christina Knobloch. Im 1. Stock der Villa wird eine geschmackvolle **Ferienwohnung** (2 Personen) für 90 €/Tag vermietet. Etwa 5x jährlich finden hier thematische Wochenend-**Kochkurse** mit Peter Knobloch statt (250 €/Pers.). Mehr Infos unter www.villa-mit-sonnenhof.de. Friedrichstraße 8, 18586 Göhren, ✆/℻ 038308-34094.

**** **Waldhotel (6)**, großzügige Anlage über mehrere Häuser im Stil der Bäderarchitektur verteilt, parkähnlicher Garten, Kureinrichtungen sowie Hallenbad, Dampfbad, Sauna und Fitness. Café und empfehlenswertes Restaurant (s. unten), Zimmer mit Bad, TV und teilweise Balkon, EZ 85–90 €, DZ 104–110 €, **Appartements** (mit Küche) für 2 Pers. 98 €, 4 Pers. 118 €, 6 Pers. 135 €, Frühstück 9 € p. P. (Kinder 5 €). In der Nebensaison bis 30 % günstiger. Nette und ruhige Lage am Ortsrand (Waldpromenade), zu Kurpark, Strand und Bahnhof führt ein Treppenweg hinunter. Waldstr. 7, 18586 Göhren, ✆ 038308-50500, ℻ 25380, www.waldhotelgoehren.de.

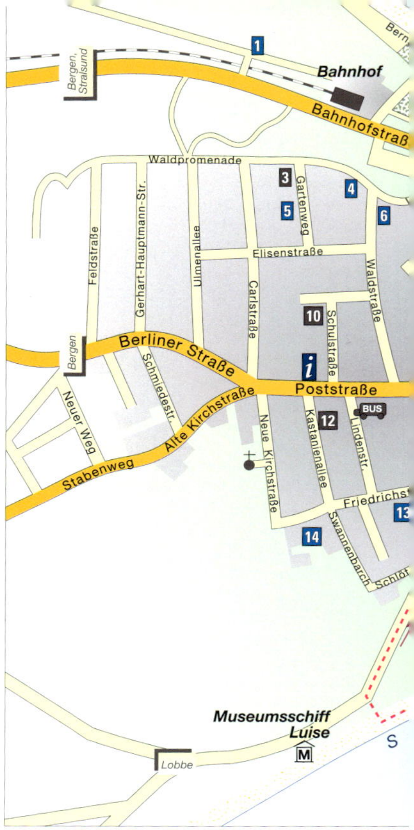

Hotel Stranddistel (8), sympathisches kleineres Hotel in ruhiger Seitenstraße gleich bei der Strandstraße, freundlicher Service, 20 Zimmer sowie 10 **Appartements**. Mit Fitnessraum, Sauna, Solarium, das Hotel veranstaltet zudem ganztägige **Segeltörns** auf eigener Yacht, p. P. ca. 50 € (inkl. Bordpicknick). Zimmer mit Bad und TV, EZ ab 72 €, DZ ab 98 €, Appartement je nach Belegung 145–190 €. Katharinenstr. 9, 18586 Göhren, ✆ 038308-5450, ℻ 54555, www.ruegen-hotel-stranddistel.de.

Villa Erika (4), nettes Anwesen mit eindrucksvoller alter Villa an der Waldpromenade – die Villa Erika ist eines der seltenen Wolgasthäuser, eine Art hölzernes Fertighaus aus dem späten 19. Jh. (siehe auch Kapitel Bäderarchitektur S. 42). 7 Zimmer, diese eher schlicht, aber nicht ungemütlich und sehr gepflegt. Ebenso gepflegt sind Gemeinschaftsküche und das gemeinschaftliche Wohnzimmer, wunderschöner

Garten, Nichtraucherhaus. 4 Zimmer mit Bad, z. T. aber auf dem Flur. EZ 40 €, DZ mit Bad 70 €, mit Waschbecken 50 €. Geöffnet Mai–Sept., für die Hochsaison sollte man möglichst früh buchen. Waldstr. 8, 18586 Göhren, ✆ 038308-2201, im Winter unter ✆ 0421-494141, www.villa-erika-goehren.de.

Pension Mönchgut (13), nach eigenen Angaben Göhrens ältestes Gasthaus (aus dem Jahr 1870!). 22 Zimmer mit Bad und TV, es gibt auch eine Sauna sowie das **Fischrestaurant** im rustikalen Stil mit eigener Räucherei (kalte Platte um 10 €, warme Hauptgerichte 10–15 €). EZ 38 €, DZ 76 €, inkl. Frühstück. Ferienwohnung (2 Pers.) ab 40 €. Beim Rookhus ums Eck gelegen, nahe Südstrand. Friedrichstr. 13, 18586 Göhren, ✆ 038308-91034, 📠 25444, www.pension-moenchgut.de.

Villa Speranza (5), schicke **Ferienwohnungen** in ruhiger Lage nahe der Waldpromenade, renovierte Villa (Nichtraucherhaus), Wohnungen mit Balkon/Terrasse, Küche, Bad, TV, z. T. auch im modernen Nebengebäude. Für 2 Pers. 60 €/Tag, 3 Pers. 65–75 €, 4 Pers. 85 €, Endreinigung 30–35 €. Gartenweg 1, 18586 Göhren, Buchungen unter ✆ 02333-74166 oder im Internet: www.villa-speranza.de.

• *Camping* **Regenbogen Camp (1)**, riesiges Areal beim Bahnhof, mit Öko-Streifen und großem Strandabschnitt. Professionell geführte Anlage mit Restaurant, Snack-Bar und eigenem Spar-Markt, am Strand Segeln, Surfen, Beachvolleyball etc. Idyllische Stellplätze für Zelte im Waldstreifen (hier werden auch einige Bungalows vermietet), weniger romantisch die Wohnmobil-Stellplätze. Erw. 5,30 €, Kind 1,70 €, Zelt 3–11,50 €, Wohnwagen/-mobil 12,60–13,80 €, Auto 4,30 €, Hund 4,65 €, Strom 2,90 €. Nov. bis Mitte Dez. geschl. Am Kleinbahnhof, 18586 Göhren, ✆ 038308-90120, 📠 2123, www.regenbogen-camp.de.

Essen & Trinken/Nachtleben/Unterhaltung (→ Karte S. 152/153)

Natürlich steht auch in Göhren überall frischer Fisch auf der Speisekarte, teilweise als Haute Cuisine, teilweise sehr bodenständig und deftig, entsprechend groß ist die Preisspanne. In der Hochsaison sollte man für den Abend (zumindest am Wochenende) reservieren.

• *Restaurants* **Meeresblick (14)**, gehobenes Restaurant im gleichnamigen Hotel, eines der Besten auf der Insel, Chefkoch Peter Knobloch ist nicht nur weit über die Insel hinaus bekannt, sondern hat vom Edel-Gastro-Guide *Gault Millau* auch eine anhaltend „bestechende Form" an den Kochtöpfen bescheinigt bekommen. Modernes Ambiente und hervorragender Service, das 4-Gang-Menü kommt auf etwa 40 €. März–Okt. mittags und abends geöffnet, Mi geschlossen. Friedrichstr. 2, ✆ 038308-565514.

Berliner Salon (11), das Restaurant im Hotel Hanseatic, auch hier gehobene, junge Küche in stilvollem Ambiente, jeden Monat wird ein neues 4-gängiges Menü angeboten, Preis etwa 48 €, à la carte etwas teurer. Mo–Sa ab 18 Uhr. Nordperdstr. 2, ✆ 038308-515.

Friesenstube (6), gute Küche zu leicht gehobenen, aber angemessenen Preisen, das Restaurant mit Schwerpunkt Fisch gehört zum Waldhotel. Mai–Okt. tägl. nur abends geöffnet. Waldstr. 7, ✆ 038308-50500.

Muschelbar (2), nette Lage am Strand mit großer schöner Terrasse und Ostseeblick, innen recht uriges Ambiente, klassische Rügener Fischküche (auch kalte Fischgerichte ... und natürlich Muscheln), vergleichsweise günstig, freundlicher Service, bekannt ist die Muschelbar für ihre ausgezeichnete Fischsuppe. Kleines Restaurant, abends wird es hier schnell voll. Während der Saison ganztägig durchgehend geöffnet. Am Nordstrand 1, ✆ 038308-25442.

An den Hauptstraßen Strandstraße und Poststraße diverse weitere Restaurants, z. B. italienisch, sowie Fischbrötchen, Crepes, Currywurst etc., alles allerdings vergleichsweise teuer.

• *Nachtleben* **Globetrotter Cocktailbar (7)**, karibisch anmutende Bar in einer Seitenstraße im Zentrum, bei hervorragenden Cocktails versinkt man in tiefen Rattansesseln. Sehr freundliche und entspannende Atmosphäre, flotter Service, gemischtes Publikum. Caipirinha und Pina Colada je 7 €, große Whiskey-Auswahl (je ca. 7 €), es werden auch kleine Speisen angeboten. Mai–Okt. tägl. abends geöffnet, Mo Ruhetag. Katharinenstr. 5, ✆ 038308-25414.

Bistro 91° (9), an der Strandstraße, in der Saison tägl. ab 17 Uhr, auf Großleinwand Fußballspiele oder Musikvideos, auch Snacks. ✆ 038308-66491.

• *Unterhaltung* Im Sommer regelmäßig kostenlose **Kurkonzerte** in der Muschel im Kurpark; zudem in der Kirche von Göhren während der Saison regelmäßig Konzerte (nicht nur Kirchenmusik), Programme liegen in den Info-Büros aus. Das **Kino** von Göhren befindet sich mitten im Zentrum in der Waldstraße, Wochenprogramm hängt aus.

Sehenswertes

Mönchguter Museen Göhren: Vier verschiedene Heimatmuseen gibt es in Göhren. Sie alle liegen mehr oder minder im Zentrum, sind locker zu Fuß zu erreichen und auch bei intensiver Besichtigung an einem Nachmittag zu bewältigen. Es lohnt daher durchaus, das Sammelticket zu lösen (s. unten).

Im **Heimatmuseum** (Strandstraße/Ecke Thiessower Str., mitten im Zentrum), das es hier schon seit 1963 gibt, erhält man zunächst einen guten Einblick in Entstehung und Geschichte des Seebades Göhren. Zu sehen sind u. a. eine nachgestellte alte Bauernstube des ehemaligen Bauern- und Fischerdorfes, außerdem Trachten, alte Stiche und besonders viele alte Fotos (lustige Strandkorbbilder). Im ersten Stock folgen alte Schiffsmodelle und -bilder sowie weitere Fotos und Erläuterungen zu Göhren – u. a. zum Bau der Seebrücke –, Fossilien aus der Umgebung und Dokumentationen zur jüngsten Geschichte seit 1989. Das alte Museumshaus selbst stammt aus dem frühen 19. Jh. Es ist leicht zu finden, den vor dem Eingang liegt ein riesiger Anker.

Museumshof, nur wenige Schritte auf der Strandstraße bergab rechter Hand; untergebracht in einem teilweise originalen, teilweise rekonstruierten Gebäude eines bäuerlichen Gehöftes. Nachgebaut wurde außerdem ein Strandschuppen der Fischer. In seinem Inneren kann man eine bunte Mischung aus kleineren Landmaschinen, Trensen, Sätteln, Leiterwagen und anderen Utensilien besichtigen, dazwischen immer wieder alte Fotos von der Rügener Landwirtschaft (mit Schautafeln und Erläuterungen). Besonders sehenswert sind der alte Spritzwagen der Göhrener Feuerwehr von 1900 sowie verschiedene Kutschen und Schlitten. Im Garten sind noch alte landwirtschaftliche Geräte wie z. B. ein Pflug zu sehen. Das Gelände des heutigen Museumshofes wurde von der Gemeinde Göhren bereits 1969 gekauft, bald darauf rekonstruierte man hier den bäuerlichen Hof aus dem 18./19. Jh. Das alte Wohnhaus beherbergt heute die Museumsverwaltung der Mönchguter Museen und ist leider nicht zu besichtigen. In regelmäßigen Abständen wird auf dem Museumshof nach alter Art Brot gebacken.

Göhrens Strandpromenade

Das **„Rookhus"** (Rauchhaus) liegt ein Stück unterhalb des Heimatmuseums an der Straße zum Südstrand (Thiessower Straße). Für viele ist das Rookhus das eindrucksvollste Gebäude im Ort: ein Fachwerkhaus mit tief herabhängendem Rohrdach, drumherum ein hübscher kleiner Garten. Auch im Rookhus sind neben zahlreichen Arbeitsgerätschaften der Bauern und Fischer Schautafeln mit Fotos und Erläuterungen zur Landwirtschaft auf dem Mönchgut, Fischfang, Leibeigenschaft, Hausbau auf der Insel (und an der Ostsee generell) zu sehen.

Das **Museumsschiff „Luise"**, das vierte Mönchguter Museum in Göhren, liegt am Südstrand, zu Fuß gut 10 bis 15 Minuten vom Zentrum. Die Luise ist auf Beton aufgebockt und über eine Leiter begehbar. Man kann am Steuerrad drehen und die Schiffsglocke läuten, unter Deck ist neben dem Motor auch eine Fotoausstellung zu besichtigen. Auf der Wiese vor dem Schiff liegen außerdem diverse Anker, Bojen, alte Boote, Netze, Bootsgeräte usw.

Heimatmuseum: in der Saison 10–17 Uhr (Juli/Aug. tägl. 10–18 Uhr), Mitte Okt.–Mitte April 10–16 Uhr.

Museumshof: geöffnet wie Heimatmuseum (im Winter nur Mo–Fr).

Rookhus: nur Mitte April bis Mitte Okt. tägl. 14–17 Uhr.

Museumsschiff: ebenfalls nur Mitte April bis Mitte Okt., Juli/Aug. tägl. 10–17 Uhr, sonst tägl. 10–13 Uhr.

• *Eintritt* jeweils 3 €, ermäßigt 2,50 € (Kinder/Kurkarte); wer alle 4 Museen besuchen möchte, sollte sich das Kombiticket für 8 € (erm. 6 €) anschaffen.

Sand satt: Göhrens Strand

Buskam: Vor dem Nordstrand Göhrens ragt ein gewaltiger Fels aus dem Wasser: Der mutmaßlich über 1600 Tonnen schwere und im Umfang 40 Meter umfassende Granitblock ist der größte Findling der deutschen Ostseeküste. Zuweilen wird er auch der „größte Stein Nordeuropas“ genannt, was allerdings zu beweisen wäre. Natürlich ranken sich um solch einen markanten Klotz zahlreiche Legenden und Geschichten, Meerjungfrauen sollen sich hier sonnen und Hexen Versammlungen abhalten.

Speckbusch: Das Hügelgrab hinter der Kirche von Göhren (Neue Kirchstraße) stammt bereits aus der Bronzezeit. Von hier hat man einen schönen Blick über das Mönchgut. Die rote Backsteinkirche mit den beiden Türmen stammt aus dem Jahr 1930.

Baden

Wie in Sellin verteilen sich die Badenden auf zwei Strände: einen Hauptstrand im Norden und einen weniger frequentierten Südstrand. Unterteilt werden die Abschnitte durch den Nordperd, die in die Ostsee hereinreichende Landzunge. Beide Strände erstrecken sich über mehr als vier Kilometer: der Nordstrand bis nach Baabe, der Südstrand zum Lobber Ort (hinter dem ein weiterer langer und breiter Badestreifen beginnt: der *Große Strand*). Der attraktivere Badespot ist zweifellos der feinsandige, flach ins Meer abfallende Nordstrand; hier befindet sich auch das übliche Angebot: vom Eis auf der Promenade bis zum Strandkorb im Sand. Der südliche Abschnitt ist ruhiger und hat länger Sonne, ist aber nicht so ansehnlich wie das nördliche Pendant. Der letzte Strandabschnitt Richtung Nordperd ist in zwei FKK-Strände und einen Hundestrand unterteilt. Übrigens: Neben Binz, Sellin und Baabe wurde der Nordstrand von Göhren 2007 zum wiederholten Mal mit der „Blauen Flagge“ für besondere Sauberkeit und Umweltfreundlichkeit ausgezeichnet.

Wanderung 4: Rund um das Nordperd

Charakteristik: kaum anstrengender Spaziergang entlang der bis zu 60 Meter hohen Steilküste am Nordperd. Es geht auf Waldpfaden auf und ab, mit Abstieg zum Strand (dort dann etwas anstrengender) und am Meer entlang zum Südstrand. Von dort in wenigen Minuten ins Zentrum. **Dauer**: ca. 1½ Std. **Einkehrmöglichkeit**: in Göhren im Zentrum, keine Möglichkeiten auf dem Weg. **Start/Anfahrt**: Pension „Robinson Jr." am östlichen Ende der Strandpromenade am Nordstrand. **Karte**: S. 152/153.

Achtung: Keinesfalls nach starken Regenfällen oder bei Tauwetter am Strand unterhalb des Hochufers entlang wandern: Erdrutschgefahr! Siehe auch Kapitel Wandern, S. 52.

Wegbeschreibung: An der Pension „Robinson Jr." läuft man rechts vorbei (also an der Landseite) und auf dem hier beginnenden Pfad in den Wald hinein. Dieser gabelt sich gleich darauf: Hier geht es nun rechts bergauf und nach wenigen Metern – am Holzgeländer – links ab (weiß-gelb-weiße und weiß-rot-weiße Markierung). Nun verläuft der Weg geradeaus oberhalb der Küste entlang, nach ca. 10 Minuten gelangt man zu einer Kreuzung, die man geradeaus überquert (weiß-gelb-weiße Markierung). In leichtem Auf und Ab folgt man dem Pfad durch den Wald an der Küste entlang, immer wieder eröffnen sich hier tolle Ausblicke.

Nach insgesamt etwa 30 Min. kommt man zu einer Gabelung, an der man nun links bergab abbiegt (weiß-gelb-weiße Markierung, Beschilderung „Höftspitze") und nach 100 m zu einer weiteren Gabelung, an der man sich wiederum links hält. In wenigen Minuten ist nun das *Nordperd* erreicht (Hinweisschild), der östlichste Teil der Insel, ein recht steiler Treppenabstieg führt hinunter zum Strand, oben gibt es auch einen Rastplatz.

Auf dem oben verlaufenden Weg geht es – bei weiß-gelb-weißer Beschilderung – weiter an einem Geländer entlang. Nach etwa 5 Min. kommt man erneut zu einer Gabelung: Links auf Treppen hinunter gelangt man zu einer kleinen Aussichtsplattform mit Holzbank (netter Picknickplatz mit schöner Aussicht), unser Weg führt aber nach rechts und weiter durch den Wald, der hier nun mit seinen Efeu umrankten Baumstämmen besonders dicht wirkt. Nach weiteren 5 Min. geht es nach links hinunter zum Meer, aber Achtung: Die Treppen sind teilweise recht steil.

Unten angekommen wendet man sich nach rechts und folgt dem Pfad in südwestlicher Richtung am Strand entlang. Nach etwa 30 Min. teilweise recht anstrengender Strandwanderung (einmal müssen umgestürzte Bäume überklettert werden) geht es – bei den ersten Laternen und einer Hütte mit blauem Tor – hinauf zur Straße, in die man rechts einbiegt und in wenigen Minuten das Zentrum von Göhren erreicht. Wer sich an der Straße links hält, gelangt in wenigen Schritten zum Museumsschiff „Luise" (→ S. 155).

Südlich von Göhren

Von Göhren aus ins südliche Mönchgut gelangt man am leichtesten, wenn man die Bundesstraße 196 bis zur Abzweigung nach Norden zurückfährt und dort links abbiegt. Man durchquert zunächst einen Hohlweg, bevor man aus dem Wald herauskommt (Achtung bei umgekehrter Fahrtrichtung: je nach Sonnenstand hat man das Gefühl gegen eine schwarze Wand zu fahren, wenn man am Waldrand in den Hohlweg hineinfährt). Ganz in der Nähe befindet sich das so genannte *Herzogsgrab*, ein bedeutendes, über 4000 Jahre altes Großsteingrab, aus dem zahlreiche Funde zu Tage gebracht wurden (teils in Stralsund ausgestellt). Für Laien ist ein Blick auf das Hünengrab nicht unbedingt lohnenswert, ein Spaziergang durch den schönen Wald hingegen kann es durchaus sein (kurz nach oben genannter Abzweigung führt ein Forstweg nach Westen, von hier aus sind es ein paar hundert Meter zum Großsteingrab).

Middelhagen

Im Herzen des Mönchguts liegt der Ort Middelhagen mit einem winzigen historischen Dorfkern, in dem alles beisammensteht: Kirche, Dorfkrug und Schulhaus. Trotz der Nähe zur Durchgangsstraße ein idyllisches Fleckchen.

Die Gründung Middelhagens geht auf eine Rodung der Eldenaer Mönche zurück, die den Verwaltungssitz ihres Gutes hierher verlegten. Das einzig erhaltene mittelalterliche Bauwerk ist die Dorfkirche, die von den Zisterziensern in der Mitte des 15. Jh. errichtet wurde. Zusammen mit dem Schulhaus, dem niederdeutschen Hallenhaus, dem alten Gasthof und den anschließenden rohrgedeckten Häusern bildet die **St. Katharinakirche** ein malerisches Ensemble.

St. Katharinakirche

Zu Beginn des Besuchs in der alten Kirche ein kleines *Memento Mori*: Man betritt das Gotteshaus über alte Grabplatten. Die rote Fassade des Backsteinbaus, der auf einem Fundament aus Findlingen steht, wird durch eingesetzte Feldsteine aufgelockert. Treppen- und Dachturm stammen aus dem 17. Jh. Im Inneren besonders bemerkenswert ist der kostbare, geschnitzte Flügelaltar, auf dem Szenen aus dem Leben der Hl. Katharina dargestellt sind.

Die Kirche ist während der Saison tägl. geöffnet.

An der Stelle, an der sich heute das **Schulmuseum** befindet, stand seit jeher das Haus des Middelhagenschen Küsters. Im Laufe der Generationen wurde aus dem Küster, der nebenbei den Kindern Lesen und Schreiben beibrachte, ein Dorflehrer, der sich auch um die Kirche kümmerte. Mit der umdefinierten Jobausschreibung änderte sich auch die Gestalt des Küster-/Schul-Hauses. Bereits 1677 beantragte der Küster, man möge ihm wegen des gestiegenen Schüleraufkommens die Schlafstatt in ein Unterrichtszimmer umbauen, weil es in der Stube zu eng wurde. Das bis heute erhaltene Gebäude stammt aus dem Jahr 1825. Bis 1962 wurden hier bis zu acht Jahrgänge in einer Klasse unterrichtet. Dank der Initiative der ehemaligen Dorflehrerin und späteren Museumsrätin in Göhren Ruth Bahls wurde das Haus ab 1978 renoviert und ein Schulmuseum eingerichtet, das den *Mönchguter Museen* angegliedert wurde.

Anspannung vor Unterrichtsbeginn

Mönchgut
Karte S. 119

Heute ist der Wohn- und Arbeitsraum der Dorflehrer zu besichtigen sowie Küche, Schlafstatt, Studierzimmer, Stube und natürlich das Klassenzimmer mit allen erdenklichen Schulutensilien wie z. B. einer Schönschrifttafel. Es findet noch immer Unterricht statt – und zwar historische Schulstunden für Besucher. Hierfür zwei Tipps. Erstens: Im Gegensatz zu manch anderem Schulunterricht herrscht hier seitens der „Schüler" reges Interesse, es empfiehlt sich, sich vorher anzumelden. Außerdem: Möglicherweise werden vor Unterrichtsbeginn die Fingernägel kontrolliert ...

Nebenan steht ein aus dem frühen 17. Jh. stammender Hof, ein **Hallenhaus** mit tief heruntergezogenem, rohrgedecktem Dach sowie ein rückwärtiges Gebäude (das bis 1988 bewohnt war!). Im Hallenhaus kann man sich nicht nur die typische Bauweise eines Mönchguter Bauernhofes ansehen, es sind auch Exponate zur Alltagsgeschichte bäuerlicher Kultur und Schautafeln über Fischerei und Landwirtschaft ausgestellt sowie wechselnde Sonderausstellungen.

Schulmuseum und Hallenhaus Feb.–April und Okt. Di–So 10–16 Uhr, Mai/Sept. 10–17 Uhr, Juni–Aug. 10–18 Uhr; historische Schulstunden Mi 10 Uhr (Juli/Aug. auch Di 10 Uhr), bei Bedarf kann auch mal „nachgesessen" werden. Eintritt 3 €, Schüler/Stud. 2 €, Schulstunden 2 € bzw. 1 €. Anmeldung/Infos unter ✆ 038308-2478.

• *Information* **Kurverwaltung Middelhagen** Juni–Aug. Mo–Do 9–18 Uhr, Fr 9–14 und Sa 9–11 Uhr, April/Mai und Sept./Okt. Mo–Do 9–16 Uhr (Di 9–18 Uhr), Fr 9–12 Uhr; der Umgangston lässt zuweilen zu wünschen übrig, im Zweifelsfall gleich nach Göhren ausweichen; von Göhren kommend vor dem Ortskern links, geduckter grüner Gemeindebau, daneben großer kostenpflichtiger Parkplatz. Dorfstr. 4, 18586 Middelhagen, ✆ 038308-2153, 📠 2154, www.middelhagen.info.

• *Kurtaxe* Juni–Aug. 1 €, erm. 0,50 €, April/Mai und Sept./Okt. 0,50 €, erm. 0,25 €.

• *Verbindungen* **Buslinie 20** verbindet *Sellin* und *Göhren* fast stündlich mit *Thiessow* und hält in Middelhagen, nach Norden weiter bis *Binz* und *Sassnitz* (seltener direkt bis zum Königsstuhl), zudem Verbindung nach Bergen (möglicherweise am Wendeplatz in Serams umsteigen).

Achtung: Die **Kleinbahn**-Haltestelle *Philippshagen* befindet sich 2 km nördlich von Middelhagen/Phillippshagen mitten in der Baaber Heide.

Das Schulmuseum in Middelhagen

• *Übernachten/Essen* **Zur Linde**, historisches Gasthaus in der Dorfmitte, ob es sich tatsächlich um den ältesten Gasthof der Insel handelt, müssen die Wirte der Linde und des Schifferkrugs auf Wittow unter sich ausmachen. Nichtsdestotrotz ist der Besuch an sich schon ein Erlebnis, hier gibt es auch Bier aus der hauseigenen Brauerei (bei Interesse nachfragen, der Braumeister lässt sich über die Schulter sehen), in der guten Küche werden regionale Produkte zubereitet, innen rustikal gemütlich, außen mit Biergarten. Geräumige Zimmer, DZ mit Bad, TV und Frühstück 73 € (zur Straße), 83 € (zum Deich), weiteres Bett 15 €/Person, auch Wellness-Angebot, Sauna und geführte Wanderungen. Ganzjährig und ganztägig geöffnet (zuletzt Ende Jan. Betriebsurlaub). Dorfstr. 20, 18586 Middelhagen, ✆ 038308-5540, ✆ 55490, www.zur-linde-ruegen.de.

Gasthof Büdnerstube, in dem hübschen Rohrdachhaus gibt es tägl. ab 18 Uhr günstige regionaltypische Gerichte, auch Zimmer (DZ mit Bad und TV ab 50 €) und Ferienwohnungen (ab 60 €/2–5 Pers.) auf Wunsch mit Frühstück. Dorfstr. 33, 18586 Middelhagen, ✆/✆ 038308-25498.

Lesertipp: **Brasserie/Café Zum Froschkönig**, mit Sonnenterrasse direkt am Rad- und Wanderweg Richtung Alt Reddevitz, leckere Fischgerichte, köstlicher Kuchen, cremiges Softeis. ✆ 038308-25663.

• *Einkaufen* **Mönchgut-Keramik**, Töpferei und Galerie; Mo–Fr 14–18 Uhr, Sa 10–12 Uhr. Dorfstr. 18 b, 18586 Middelhagen, ✆ 038308-25227.

• *Fahrradverleih* **Radlerhus**, 3-Gang-Tourenrad 5,50 €, 7-Gang-Tourenrad 7 €, Cross-Rad 7 €, Kinderräder ab 4 €, mehrtägiger Verleih günstiger, auch Trailer (5 €), Bollerwagen (4 €), Helm, Hundekorb etc., zudem Ferienwohnungen. Dorfstr. 34/35, 18586 Middelhagen, ✆ 038308-25482, www.radlerhus-deutschmann.de.

Alt Reddevitz und das Reddevitzer Höft

Nordöstlich von Middelhagen liegt das schmucke 150-Seelen-Dorf am Nordufer der Hagenschen Wiek. In seinem Kern befindet sich ein hübsches Ensemble mit reetgedeckten Häusern, darunter ein uriger Brauereigasthof in einer Scheune. Von einem Grünstreifen gesäumt schließt sich an den Dorfrand ein kleiner steiniger Badestrand an.

Weit zieht sich von hier eine lange dürre Landzunge in den Bodden. Kaum breiter als 500 Meter, aber über vier Kilometer lang liegt das Reddevitzer Höft wie ein

Speer zwischen den Küstengewässern Having und Hagensche Wiek. Ein Plattenweg führt über die ganze Halbinsel, anfangs am Ufer, später auf dem Hügelkamm bis zur Landspitze (die in der Tat wie eine Speerspitze geformt ist). Hier befindet sich ein hübsches Ausflugslokal, von dem ein Fußpfad hinab ans Ufer führt. Vom niedrigen Hügelrücken aus hat man immer wieder grandiose Ausblicke über das Mönchgut. Die Strecke von Alt Reddevitz oder Middelhagen über das Reddevitzer Höft bietet sich übrigens für eine kleine Radtour an (4 km bzw. 6½ km einfach).

• *Übernachten/Essen* **Gasthof Kliesow's Reuse**, in einer reetgedeckten Scheune von immensen Ausmaßen ist das urgemütliche Gasthaus mit eigener Backstube und Brauerei untergebracht, traditionelle Gerichte zu fairen Preisen, im ehemaligen Bauernhof stehen auch schöne Ferienwohnungen zur Verfügung (75 €/4–6 Pers., 60 €/2–4 Pers.), Nov.–März geschlossen, sonst durchgehend 9–22 Uhr geöffnet, Di Ruhetag. Dorfstr. 23 a, 18586 Alt Reddevitz, ✆ 038308-2171, ℻ 25527, www.gasthof-kliesows-reuse.de.

Restaurant Seeblick, Haus am Ufer, von der Terrasse ein schöner Blick über die Hagensche Wiek, interessante Karte, wie wäre es z. B. mit Seelachsmedaillons in Schwarzbierteig gebacken? Hauptgerichte um 10 €. Auch Bootsverleih (→ unten), Strandkörbe und Ferienwohnungen (je nach Größe 80–100 €), zur Saison ganztägig geöffnet. Dorfstr. 25, 18586 Alt Reddevitz, ✆ 038308-25973, Buchung über ✆ 038393-3870, ℻ 038393-38777, www.moenchgut.de.

Oase, Café/Restaurant in einem kleinen, schilfgedeckten Haus am südlichen Rand des Ortes, von der sonnigen Terrasse hat man einen guten Blick auf die beiden, die Wiek flankierenden Halbinseln, innen kleiner Schankraum, April–Okt. tägl. ab 11 Uhr, Nov.–März Fr–So ab 12 Uhr. Dorfstr. 18 a, ✆ 038308-25427.

• *Außerhalb* **Having Hof**, Hofanlage am äußersten Ende des Reddevitzer Höfts, nettes Ausflugslokal in herrlicher Umgebung (und absoluter Alleinlage), zur Saison tägl. 12–15 Uhr und 18–22 Uhr geöffnet, sonst Mi Ruhetag, auch Ferienwohnungen (ab 46 €/2 Pers.). Alt Reddevitz 49, 18586 Middelhagen, ✆ 038308-5500, ℻ 55025, www.having-hof.de.

Naturparadies Teutenberg, in Alleinlage auf einer kleinen Anhöhe (ca. 300 m vom Ortsausgang Alt Reddevitz nach Westen auf das Höft, dann rechts abbiegen und 300 m auf Feldweg), toller Blick, inmitten einer alten Obstwiese, für Hausgäste auch Fahrradverleih. Kleine Appartements mit Bad und Balkon 62 €, ohne Balkon 59 €, kleine Bungalows 59 € (Handtücher und Bettwäsche mitbringen). Alt Reddevitz 35, 18586 Middelhagen, ✆/℻ 038308-2419, www.natur-paradies.de.

• *Camping* **Campingplatz Alt Reddevitz**, sehr schöner Platz auf abgelegenem, weitläufigem Gelände. Erw. 5 €, Kind 2,50 €, Hund 2,50 €, Zelt 5,50 €, Pkw 2 €, Caravan 8 €, auch Ferienwohnungen; ein Stück nordwestlich von Alt Reddevitz, dann Abzweigung nach Norden (beschildert). ✆ 038308-25539, ℻ 66941 www.ruegencamping.de.

• *Bootsverleih* beim Restaurant *Seeblick*, Tretboot 6 €/h, Ruderboot 7 €/h, Motorboote (kein Führerschein nötig, aber gegen Kaution von 100 €) 35 €/3 h für 2 Pers. bzw. 45 €/Tag, Dorfstr. 25, ✆ 038308-25973.

• *Einkaufen* **Pokenstuw**, gut sortierter Laden mit allerlei Rügenprodukten: Obstler, Tee, Käse und Wurst und alles, was sich aus Sanddorn machen lässt, aber auch einfach nur Brötchen, zudem Keramik, Mönchguter Trachtenpuppen etc., Versand möglich, im idyllischen Hof auch ein Café-Betrieb, zuvorkommend und freundlich, im Sommer Mo–So 7–18 Uhr, So und feiertags 8–18 Uhr, im Winter werktags 9–17 Uhr. Dorfstr. 19 a, 18586 Alt Reddevitz, ✆ 038308-6680, ℻ 258080, www.ruegentypisch.de.

Mönchguter Hofbrennerei „Zur Strandburg", die hier destillierten Obstbrände und Liköre werden im angeschlossenen Hofladen angeboten (hier auch Nicht-Hochprozentiges wie Marmeladen oder Säfte); dazu Verkostung, Führungen, Seminare, zudem gibt es nunmehr auch einen Rügenwhisky, der allerdings noch etwas lagern muss – ausgeliefert wird 2010. Sicherheitshalber kann man sich schon mal eine Flasche vorbestellen. Hofladen im Sommer 10–18 Uhr, im Winter 11–16 Uhr. Auch Ferienwohnungen. Alt Reddevitz Nr. 36 (Hövt). ✆ 038308-34105, www.hofbrennerei-strandburg.de.

• *Reiten* **Reiterhof Pisch**, ein Stück nordwestlich von Alt Reddevitz gelegen, sympathischer Hof (auch Ferienwohnungen), geführte Ausritte und Unterricht, auch für blutige Anfänger geeignet, Ponyreiten und Kutschfahrten, Pensions-Pferde möglich, eigene kleine Quarter-Horse-Zucht. Reiterhof Pisch, 18586 Alt Reddevitz, ✆/℻ 038308-2370.

Mönchgut Karte S. 119

Lobbe

Hier wächst das Material, das die alten Rügener Dächer dicht hält. Wenn man von Middelhagen Richtung Lobbe fährt, kommt man durch ausgedehnte Schilffelder, die sich in der Lobber Seeniederung erstrecken. Die Binsen werden im Herbst „geerntet", zu „Schoofen" gebündelt und lange getrocknet, bevor das atmungsaktive, wasserdichte, sturmresistente und frostsichere Rohr die Häuser deckt. Auf dem Weg sieht man außerdem ein altes, restauriertes Windkraftschöpfwerk, ein mit Windkraft betriebenes Pumpwerk, mit dem ab 1900 das sumpfige Gebiet entwässert wurde. Es ist das letzte verbliebene Schöpfrad, aber seit langer Zeit nicht mehr in Betrieb und lediglich ein technisches Denkmal.

Lobbe selbst ist meist nur eine Durchgangsstation bei der Erkundungstour durch das Mönchgut. Doch in dem unspektakulären Dorf zwischen Salzwiesen, Schilfbinsen und Ostsee lässt es sich auch gut einkehren und übernachten, nahebei zudem ein großer Campingplatz. Die Attraktion: Beim *Lobber Ort*, einer 19 Meter hohen Klippe, beginnt der *Große Strand*.

• *Übernachten/Essen* **Aparthotel Eldena**, schickes Wellness-Hotel, ruhig an der Seitenstraße zwischen Göhren und Lobbe gelegen, nahe am Strand mit eigenen Strandkörben, nettes Restaurant und Hotelbar, umfangreiches Wellness-Programm (Packung ab 25 €, Entspannungsbad ab 23 €, Peeling ab 19 €, Massagen ab 25 €). DZ mit Bad, TV und Frühstücksbuffet 94 €, EZ 60 €. Göhrener Weg 40, 18586 Lobbe, ✆ 038308-500, ℻ 2232, www.hotel-eldena.de.

Vom Wind bewegt: das letzte Schöpfwerk

Hotel-Pension Sonnenstrand Mönchgut, Garni-Hotel mit rostroter Fassade, nicht zu übersehen, unweit des Strandes, jüngst eröffnet; 12 Zimmer zwischen gemütlich und geräumig: DZ mit Bad, TV und Frühstück 75–87 €, EZ 69 €, auch Ferienwohnungen. Dorfstr. 25, 18586 Lobbe, ✆ 038308-34123, ℻ 34122, www.sonnenstrand-moenchgut.de.

Gasthof Zum Walfisch, traditionsreicher, in vierter Generation betriebener Gasthof, regionaltypische Fischgerichte (natürlich von heimischen Fischern), leicht gehobenes Preisniveau, sehr beliebt und oft voll; warme Küche tägl. 11.30–21.30 Uhr, Mi erst ab 17 Uhr. Auch Zimmer (DZ mit Bad und TV ab 62 €) und Appartements. Lobbe 32, 18586 Middelhagen, ✆ 038308-25467, ℻ 25451, www.walfisch-ruegen.de.

• *Camping* **Freizeit-Oase Rügen**, der lang gezogene Platz erstreckt sich beidseitig der Straße nach Thiessow, der östliche Teil somit direkt am Strand, 300 Stellplätze, nicht allzu viel Schatten; Gaststätte, Laden, Fahrradverleih, Minigolf und Veranstaltungen. Erw. 5 €, Jugendliche 12–17 Jahre 4 €, Kind 6–11 Jahre 2,50 €, Hund 3 €, kl. Zelt 7,50 €, Caravan oder großes Zelt inkl. Auto 14 € bzw. 15,50 € (Seeseite), Pkw 2 €, Strom 3 €. Geöffnet April–Sept. 18586 Lobbe, ✆ 038308-2314, ℻ 25127, www.campingruegen.de.

Baden

In einem sanften, lang gestreckten Bogen zieht sich der „Große Strand" vom Landvorsprung *Lobber Ort* bis hinunter zum *Südperd* bei Thiessow: über fünf Kilometer feiner, weißer Sand, dahinter ein schmales Kiefernwäldchen, das die Landenge vor dem Wetter schützt.

Mehrere gebührenpflichtige Parkplätze befinden sich an der Verbindungsstraße zwischen Thiessow und dem Norden. Kleine Wege führen durch das schmale Kiefernwäldchen zum Strand. Parallel zum Strand verläuft ein Radweg im Wald. Strandservice, vom Strandkorb bis zum Kalt-Getränk, gibt es ganz im Norden und bei Thiessow sowie in der Mitte (auf Höhe der Abzweigung nach Groß Zicker/Gager, siehe dort und Fahrradverleih). Streckenweise ist auch der *Große Strand* in Hunde-, Textil- und FKK-Zonen unterteilt, etwas weiter entfernt von den Badeorten wird das aber nicht allzu eng gesehen.

Vom Wind geformt: Windflüchter am Zickerschen Höft

Groß Zicker und Gager

Wie eine Insel erheben sich die „Zickerschen Berge" aus Bodden, Salzwiesen und Schilfmeer. An ihren Rändern liegen der kleine Hafenort Gager und das Dorf Groß Zicker.

Die höchste Erhebung der Halbinsel ist mit 66 Metern der **Bakenberg**, von dem aus man einen herrlichen Panoramablick über die Halbinsel, Bodden und Ostsee genießen kann. Blumenreicher Trockenrasen erstreckt sich über die Hügel, aufgelockert durch vereinzelte Baumgruppen und kleine Wäldchen. Um den westlichen Ausläufer der Erhebung, Zickersches Höft genannt, verläuft über dem Uferabbruch ein hübscher Wanderweg (detaillierte Wegbeschreibung → unten).

Bevor die Mönche kamen, hieß übrigens die gesamte Halbinsel Mönchgut *Tikaroe*, von dem sich der Name *Zicker* ableitet und das wahrscheinlich mit dem deutschen Wort *sickern* verwandt ist. *Tikaroe* (oe oder ø bezeichnet eine Insel → Hiddensee) bedeutete dann in etwa „sickernde Insel", was angesichts der feuchten Böden der Gegend (v. a. auf der Landverbindung zum Rest Rügens) einleuchtet.

Von der Verbindungsstraße von Norden nach Thiessow zweigt im rechten Winkel die Straße ab, die auf die Zickerschen Berge zuläuft. Dort gabelt sich der Weg. Im Süden befindet sich das malerische Groß Zicker, an der Nordseite der überschaubaren Hügelkette gelangt man über eine Allee in das Fischerdorf **Gager**. Früher lag hier eine kleine Fischerei-Flotte an der Hafenmole, heute teilen sich die wenigen verbliebenen Fischer die Liegeplätze mit den Segelbooten im neuen Sportboothafen. Mittlerweile ist auch der „Port Gager", eine Anlage mit Ferienhäusern, Lachsräucherei, Laden und Restaurant, weitgehend fertig gestellt.

In **Groß Zicker** auf der anderen Seite des Bakenbergs hingegen kann es schon einmal etwas voller werden, vor allem dank des idyllischen Ortsbildes. Nichtsdestotrotz hat sich das unter Denkmalschutz stehende Dorf seinen beschaulich ländlichen Charakter bewahrt. Backsteinrot und kalkweiß erstrecken sich die schmucken Häuser, reetgedeckt und von blühenden Gärten umgeben, entlang einer holprigen kopfsteingepflasterten Straße. Am Ortseingang duckt sich eine alte Kirche unter prächtige Bäume. Erstmals erwähnt wurde ein Gotteshaus in Groß Zicker 1360, und zwar in der Verkaufsurkunde, mit der das Kloster Eldena den südlichen Teil des Mönchguts erwarb. Der heutige Backsteinbau mit Kreuzrippengewölbe im Chor wurde wenige Jahrzehnte später errichtet (der hölzerne Dachturm, der der Kirche ein gedrungenes Gesamtbild verleiht, stammt aus dem 19. Jh.). Das Kruzifix auf dem Altar kommt noch aus dem Mittelalter, und im Chorraum stehen alte Grabplatten mit Hausmarken (zu den Hausmarken siehe auch S. 236).

In der Dorfmitte befindet sich das *Pfarrwitwenhaus*, ein ausgezeichnet erhaltenes Beispiel eines niederdeutschen Hallenhauses, mit der für Rügen typischen Besonderheit des so genannten Zuckerhutdachs. Das Haus wurde 1720 gebaut, nachdem der ansässige Pfarrer verstorben war und seine Witwe mittel- und obdachlos hinterließ. Zwar war es bis ins 18. Jh. in Pommern üblich, dass ein neuer Pfarrer mit dem Amt auch Tochter oder Witwe des verstorbenen Geistlichen „übernahm“, doch in diesem speziellen Fall wurde die Pfarrstelle an einen verheirateten Familienvater vergeben. Daraufhin musste eine Unterkunft für die arme Frau geschaffen werden, und die Gemeinde stiftete das Geld zur Erbauung des Witwenhauses. Bis 1984 (!) diente das Hallenhaus, das bereits 1892 als Postkartenmotiv debütierte, als Wohnhaus (nach kurzem Intermezzo als Schule), danach wurde es sorgsam renoviert und 1988 zu einem Museum umfunktioniert. Es handelt sich um eines der ältesten Wohnhäuser auf Rügen, ursprünglich war es ein Rookhus, der Schornstein wurde erst nachträglich in das spitz zulaufende Rohrdach integriert. Sehenswert.

Ostern–Okt. Mo–Sa 10–17 Uhr, So 13–17 Uhr (Juni und Sept. jeweils bis 18 Uhr, Juli und Aug. bis 19 Uhr), Nov.–Ostern geschlossen. Eintritt 2 €, Kind 1 €. Auch wechselnde Kunstausstellungen. ✆ 038308-8248.

Information/Verbindungen/Sonstiges

• *Information* Die **Kurverwaltung Gager/ Groß Zicker**, in *Gager* (beim Campingplatz links und nach 300 m bei Gabelung noch mal links, im flachen Gemeindegebäude). Im Sommer Mo–Fr 9–18 Uhr, Sa/So 10–12 Uhr, im Winter Mo/Mi/Fr 8–12 Uhr, Di 8–17 Uhr, Do 8–15 Uhr; hier gibt es auch jede Menge Landkarten und einen Fahrradverleih, Tourenräder 5,50 €/Tag, Kinderräder 4,50 €. Zum Hövt 15 a, 18556 Gager, ✆ 038308-8210, 📠 30213, www.gager.de.

• *Kurtaxe* Juni–Aug. 1 €, erm. 0,50 €, Mai und Sept. 0,50 €, erm. 0,25 €.

• *Parken* In Gager kostenloser Parkplatz am Hafen, in Groß Zicker kostenpflichtiger Parkplatz hinter der Kirche (Beschilderung *Landhotel Boddenblick* folgen).

• *Verbindungen/Ausflugsschiffe* **Bus**: Die **Linien 20 und 24** biegen ca. 6-mal tägl. von ihrer Route von und nach Thiessow auf die Halbinsel ab, für häufigere Verbindung die 2 km bis zur Verbindungsstraße vorlaufen (Haltestelle an der Abzweigung, hier auch ein Fahrradverleih), nach Norden bis in die Ostseebäder mit Anschluss nach *Sassnitz* (**20**) und *Bergen* (**24**, möglicherweise mit der **20** zum Wendeplatz in Serams und dann in die **24** umsteigen).

Schiff: Die *MS Hanseat* der **Boddenreederei Rügen** verbindet zur Saison Gager Di–Sa 1-mal tägl. mit *Peenemünde* auf Usedom (freitags mit Ausflug auf die Insel *Greifswalder Oie*); Aufenthalt 3½ Std., einfach 14,50 €, Kind 4–13 Jahre 9,50 €, Hund 3 €, hin/zurück 22,50 €, Kind 14,50 €. Montags Rundfahrt zur und um die *Insel Vilm*, Dauer 2 Std., Erw. 16 €, Kind 10 €, Hund 3 €, auch Sonntags- und Abendfahrten. Boddenreederei Rügen, Zum Höft 10, 18556 Gager, ✆ 038308-8389, 📠 8392, www.boddenreederei-ruegen.de.

• *Fahrradverleih* in der Kurverwaltung in Gager (→ oben) oder aber an der Abzweigung von der Verbindungsstraße Göhren/ Thiessow: **Kraftrad**, Fahrradverleih und Strandbedarf, Tourenräder ab 5 €/Tag, MTB

Malerisch: das Pfarrwitwenhaus in Groß Zicker

Mönchgut
Karte S. 119

ab 6 €, Kinderräder 3 €, auch Tandem, Anhänger und Helme, außerdem Strandutensilien aller Art vom Schwimmreifen bis zum Eis, Verleih von Strandkörben, Hundekörben und Windschutz (ca. 3 €). Rainer Kraft ist zudem als Reiseleiter tätig und bietet Touren und geführte Wanderungen (ab 5 Pers.) an, z. B. wenn die Kraniche kommen. Boddenstr. 3, 18586 Groß Zicker, ✆ 038308-30512, 📠 8290.

- *Hafen* Kleiner, durch die Mole perfekt geschützter Hafen, den sich Ausflugsschiffe, Fischkutter und Segelboote teilen, ca. 30 Liegeplätze bei 2–4 m Tiefe, ✆ 038308-8210.
- *Sport* Weit über das heimische Ufer bekannt ist das Angebot von **Seekajakreisen**. Mit dem Kajak über Bodden und Meer, Küstenlinien entlang, die man von keiner Straße aus sieht, Abenteuer Biosphäre (natürlich in Abstimmung mit dem Nationalparkamt). Das Angebot reicht von halbtägigen Einführungskursen (49 €/4 h) über zahlreiche Tagestouren, z. B. um das Reddevitzer Höft (69 €/6 h) oder entlang der Küste bis zu den Kreidefelsen (99 €/10 h, Start Binz), bis zu mehrtägigen Rügenumrundungen (z. B. 8 Tage für 399 € ohne Übernachtung), alle Touren sind geführt, Teilnehmerzahl zwischen 2 und 6 bzw. 8 Pers., Mindestalter 12, bei manchen Touren 18 Jahre, Material wird gestellt, bei vielen Touren auch Verpflegung. Auch Verleih von Kajaks, Canadiern und Material. Das Seekajakzentrum befindet sich auf dem Campingplatz. Zum Höft, 18586 Gager, ✆ 038308-34880, www.seekajakreisen.de.
- *Wandern* kenntnisreich und sympathisch führt René Geyer **Kräuterwanderungen** in die Zickerschen Berge, dass man dabei mehr erfährt als nur Infos über die Flora und die Anwendung von Heilkräutern, versteht sich (Erw. 9 €, Kinder 6 bis 14 Jahre 3 €, Familienticket 18 €). Treffpunkt ist am Ende der Boddenstraße von Groß Zicker, bei der Gaststätte *Taun Hövt*. Termine zuletzt April–Sept. Mo/Do/Fr 10 Uhr, Sa 13 Uhr, telef. Anmeldung ist ratsam. Bäckertrift 13, 18586 Lancken-Granitz, ✆ 0173-9898031, www.naturgeyer.de.

Übernachten/Essen

- *In Gager* **Port Gager**, neben „Lachsmanufaktur und Räucherei" sowie Unterkünften (Meerbettzimmer bzw. Mannschaftskajüte für 15 €/Bett, Offizierskajüte DZ 100 €, Reedersuite 120 €, auch Ferienwohnungen) ist am Hafen das schicke Restaurant **Alte Bootswerft** entstanden, hier gibt es natürlich vornehmlich Lachs, günstige Mittagskarte, abends gehobenes Preisniveau, Terrasse mit Blick auf die Marina. Am Hafen, 18586 Gager, ✆ 038308-66470, www.portgager.de.

Pension Am Hafen, schönes reetgedecktes Haus mit schmuckem Garten, natürlich am Hafen gelegen, neun freundliche Zimmer, Aufenthaltsraum, kleine Bar und Liegewiese, DZ mit Bad, TV und Frühstück 70 €, ganzjährig geöffnet. Am Höft 29, 18586 Gager, ✆ 038308-30160.

Pension Fröhlich, Zimmer und Ferienwohnungen in einem hübschen kleinen Gehöft, Inneneinrichtung mit viel Holz, abends wird der Frühstücksraum zur Gaststube, auch für *non-residents* (wenn das Schild draußen hängt oder nach telefonischer Absprache), dann gibt es Fisch nach Mönchguter Art. DZ mit Bad, TV und Frühstück 56 € (mit Balkon 62 €), EZ 28 €, Hund 3 €. Zum Höft 33, 18586 Gager, ✆/📠 038308-8250, www.pensionfroehlich.de.

Gaststätte Zum Anker, innen wie außen mit dem Charme der 50er Jahre ausgestattet, gutbürgerliche Küche mit viel frischem Fisch, sehr beliebt und günstig! Ganzjährig geöffnet (warme Küche von 11–20.30 Uhr), Mo Ruhetag, ein Parkplatz befindet sich hinter dem Haus bei der Kurverwaltung, Am Höft 13, ✆/📠 038308-8241.

• *In Groß Zicker* **Taun Hövt**, unser Tipp: sehr beliebtes Restaurant mit guter Küche, malerisch in Alleinlage am äußersten (westlichen) Rand von Groß Zicker, von der großen Terrasse (nebenan ein neuer Spielplatz) herrlicher Blick über Wiesen und Bodden, sehr freundlicher Service, innen jüngst renoviert und sehr schick, die Preise sind für das Gebotene völlig in Ordnung, nachmittags auch Kaffee und Kuchen. Auch Ferienwohnungen (ganzjährig) ab 80 € für zwei Pers./Tag (in der Hauptsaison nur wochenweise), ganztägig geöffnet. Boddenstr. 61, 18586 Groß Zicker, ✆ 038308-5420, 📠 30054, www.taun-hoevt.de.

Landhotel „Boddenblick", freundliches Hotel neben der Kirche, geräumige Zimmer mit knallrotem Teppich, Fischrestaurant mit gemütlicher Terrasse (auch Kaffee und Kuchen). DZ mit Bad, TV und Frühstücksbuffet ab 82 €, EZ 56 €, Suite 102 €, weiteres Bett 15 €, Hunde nach Absprache, ganzjährig geöffnet. Boddenstr. 16, ✆ 038308-8254, 📠 340034, www.landhotel-boddenblick.de.

Fischrestaurant Kaiser's Gaststuben, umfangreiche Karte, nicht teuer, schöner Wintergarten mit Blick auf den Bodden, zur Saison durchgehend geöffnet, auch große Eiskarte. Boddenstr. 43, ✆ 038308-30091, 📠 8384.

Lesertipp: **Fischbrötchen** beim Imbiss von Peter und Irmtraut Dumrath, Fischerei und Ferienwohnungen. Kleiner Hof mit einigen Tischen und winzigem Laden, bei Radwanderern beliebt. Boddenstraße 25.

Frischen Fisch gibt es im Hafen von Gager vom Kutter aus, die Verkaufszeiten hängen aus.

• *Camping* **Am Bodden**, direkt am Hafen von *Gager* (Ortseingang rechts), netter, nicht mehr ganz neuer Platz, mit Imbiss und kleinem Laden, gut 200 Stellplätze auf relativ engem Raum, nicht überall Schatten, Erw. 3,50 €, Jugendliche 12–17 Jahre 2,50 €, Kind 6–11 Jahre 1,70 €, Hund 2 €, Zelt 7–11 €, Caravan 12,50 €, Strom 2 €, Pkw 2 €, auch Bungalowvermietung. Geöffnet April–Okt. 18586 Gager, ✆ 038308-30199 oder 0173-9325643, www.campingplatz-ruegen.de.

Wanderung 5: Über die „Zickerschen Berge"

Charakteristik: Die Wanderung über den Hügel, der manchmal auch „Zickersche Alpen" genannt wird, ist bei einer maximalen Höhe von 66 Metern gewiss keine Gebirgstour, vielmehr führt eine leichte Rundwanderung um die Halbinsel über schöne Wanderwege am „Hoch"-Ufer, durch das idyllische Groß Zicker und zu einem herrlichen Aussichtspunkt auf dem Bakenberg. **Länge/Dauer**: etwa 9 km, reine Gehzeit kaum 3 Std. **Einkehrmöglichkeiten**: in Gager und Groß Zicker. **Start/Anfahrt**: in Gager bei der Bushaltestelle am Hafen (hier auch Parkplätze).

Wegbeschreibung: Vom **Hafen** in Gager (WP 01) Richtung Westen, gleich an der ersten Weggabelung links und auf dem gepflasterten Weg an Lebensmittelladen, Biergarten und der Pension Am Hafen vorbei. Die nächste Abzweigung linker Hand ignorieren (WP 02), weiter durch den Ort und bei der nächsten Weggabelung rechts (WP 03). Bald geht es auf Schotter weiter (Markierung gelber Querbalken), rechts liegt die Hagensche Wiek, links die letzten rohr-

gedeckten Häuser von Gager. Schließlich gelangt man zum Parkplatz am Eingang des **Naturschutzgebietes** (WP 04).

Nahe am Ufer entlang führt ein Wiesenweg weiter, der bald zu einem Wanderpfad wird. Immer wieder läuft man durch kleine Wäldchen, dann zwischen dem Rand eines schönen Laubwaldes und der Küste (zuweilen bricht der Weg zum Ufer hin ab, er liegt zwar nicht hoch genug, um wirklich gefährlich zu sein, dennoch auf Kinder und Hunde achten). Kurz nach einem **Aussichtspunkt** an der Westspitze des Zickerschen Höfts (WP 05) lässt man den Wald hinter sich und geht auf einem sandigen Pfad leicht ansteigend weiter. Der Weg beschreibt eine Kurve und verläuft über Wiesen weiter bis zu einer Kreuzung (WP 06, bis hier etwa 1 Std. reine Gehzeit). Hier rechts hinunter (Markierung gelber Querbalken). Nach etwa 200 m zweigt ein Pfad zum **Nonnenloch** ab (WP 07, beschildert): Über eine Treppe gelangt man hinunter zum hübschen, schmalen Sand-/Kiesstrand (WP 08) mit zwei großen Granitfindlingen.

Das **Nonnenloch** soll ein Liebesnest gewesen sein. So will es jedenfalls die Legende. Hier sollen sich die Zisterzienserbrüder des Mönchguts mit ihren Schwestern im Glauben aus dem Bergener Kloster heimlich zu dem ein oder anderen Stelldichein getroffen haben.

Zurück an der Abzweigung (WP 07) geht es über blumenreiche Wiesen, genauer über Sandtrockenrasen, nach Osten weiter Richtung Groß Zicker. Nach einem kleinen Hügel ergibt sich ein schöner Blick auf den Ort und die gegenüberliegende Halbinsel Klein Zicker.

Nach insgesamt 1½ Std. reiner Gehzeit erreicht man bei der Gaststätte **Taun Hövt** (WP 09) den äußeren Rand von Groß Zicker. Von hier aus geht es geradewegs in den Ort hinein, am **Pfarrwitwenhaus** (WP 10) vorbei bis zum **Spielplatz** (WP 11). Hier links abbiegen (wer die Kirche besuchen will, muss noch ein kurzes Stück geradeaus und bei der Gabelung rechts). Am Spielplatz und dem schönen Pfarrhaus vorbei läuft man auf ein kleines Wäldchen zu und in die Zickerschen Berge hinein. Hinter dem Nadelgehölz verläuft der Weg über sanft gewellte Blumenwiesen, bis bei einer Gabelung (WP 12) links ein Abstecher zum **Bakenberg** (WP 13) führt. Von der höchsten Erhebung des Mönchguts hat man einen fantastischen 360-Grad-Blick. Vom Bakenberg aus geht es schließlich ein kurzes Stück zurück, durch ein kleines Wäldchen und rechter Hand der Markierung grüner Querbalken folgend über Wiesen hinunter zum Ortsrand von Gager (WP 14) und zurück zum Ausgangspunkt.

Ostseebad Thiessow und Klein Zicker

Wie ein krummer Haken reicht die Südspitze der Halbinsel Mönchgut in den Greifswalder Bodden hinein. Ein idealer Standort für Lotsen, um den Schiffsverkehr durch die schwierigen Gewässer zu dirigieren. Heutzutage steuern vor allem Touristen das kleine Ostseebad an.

Seit jeher war es die Pflicht der Mönchguter Fischer, Handelsschiffe an den Untiefen der heimischen Küste vorbeizumanövrieren. Erst im 19. Jh. wurde der Lotsendienst professionalisiert. Ab 1830 arbeiteten die angestellten Lotsen zunächst noch als Teilzeitkräfte, dann mit der Errichtung der Thiessower Lotsenstation 1859 als Beamte. 1909 wurde auf der Anhöhe hinter dem Ort der Lotsenturm samt Wache errichtet. 1949 wurde die Station aufgelöst.

Thiessows Ortsbild ist relativ unspektakulär. Das Kapital des kleinen Ostseebads sind nicht hübsche Fassaden in malerischen Gassen, sondern seine Lage: Mit dem Rücken zum Lotsenberg, der 36 Meter über das Meer ragenden Erhebung, ist Thiessow meerumschlungen und von drei Seiten von Küste gesäumt. Kein Wunder, dass es heißt, hier sei die salzige Luft gesünder als anderswo, kann doch der Wind eigentlich nur vom Meer her wehen. Aber es sind weniger die Luftkurgäste, die es nach Thiessow verschlägt, als die Sonnenhungrigen und die Wassersportler. Die einen schätzen den Oststrand, die anderen das Surfrevier um den Thiessower Haken, das als eines der Besten der Ostseeküste gilt.

Eine niedrige Landenge verbindet Thiessow mit dem fast kreisrunden, 38 Meter hohen Hügel, an dessen Süd-Ost-Flanke das Dorf **Klein Zicker** liegt. Am Ortsanfang nimmt ein kostenpflichtiger Parkplatz die Autos auf, sehr viel weiter würde man aber ohnehin nicht kommen, denn nach wenigen hundert Metern sind mit der Straße auch Ort und Insel zu ende. Ein Spazierweg führt rund um die kleine Halbinsel, mit schönen Ausblicken über Zickersee und die große Schwester im Norden. Die beiden Halbinseln wären wahrscheinlich längst zusammengewachsen, würde man nicht die Fahrrille zum Thiessower Fischereihafen immer wieder freilegen. Von Norden und von Süden ragen Sandhaken in die Bucht und flankieren den Eingang zum Zickersee wie zwei natürlich gewachsene Hafenmolen.

Fischerboote im kleinen Hafen von Klein Zicker

Information/Verbindungen/Sonstiges

• *Information* **Kurverwaltung Thiessow**, Mai–Sept. Mo–Fr 9–12 und 13–18 Uhr, Sa 10–12 Uhr, Okt.–April 9–12 und 13–16 Uhr, Di bis 18 Uhr, Fr Nachmittag und Sa/So geschlossen; auch *Internet* (1 €/5 Min.), zudem eine kleine Ausstellung zur Geschichte Thiessows als Lotsenort, schönes reetgedecktes Haus, etwas von der Hauptstraße zurückversetzt, von Norden kommend auf der linken Seite gegenüber vom Parkplatz. Hauptstr. 36, 18586 Thiessow, ✆ 038308-8280, 📠 30191, www.ostseebad-thiessow.de.

• *Kurtaxe* April–Mitte Juni sowie Mitte Sept.–Okt. 1 €, Kinder 0,50 €, Mitte Juni–Mitte Sept. 1,50 €, Kinder 1 €.

• *Parken* Kostenpflichtiger Parkplatz am Ortseingang von Klein Zicker sowie mehrere in Thiessow.

• *Verbindungen* Die **Bus-Linien 20** und **24** verbinden Thiessow mit *Göhren* und *Sellin* fast stündlich, mit Anschluss nach *Bergen* sowie *Binz* und *Sassnitz* (möglicherweise am Wendeplatz in Serams umsteigen).

• *Baden* Die Strände um den Thiessower Endhaken (Süd- und Weststrand) bieten sich nicht unbedingt zum Baden an, eher zum Surfen, der Oststrand hingegen ist ein Badeparadies (zum *Großen Strand* siehe auch S. 162f.), oft windgeschützt durch das Kiefernwäldchen im Rücken. Hier werden auch Strandkörbe vermietet, kostenpflichtiger Parkplatz am Fuß des Lotsenberges.

• *Fahrradverleih* **moewe07**, an der Hauptstraße, Tourenrad 6 €/Tag, Kinderfahrrad 3,50 €, auch Familienkutsche (7 €/h), Bollerwagen (3,50 €/Tag), Kindersitze, Helme etc. Neben dem Haus eine „Mini-Minigolfanlage", auch Ferienwohnungen, normalerweise ist während der Saison tägl. von 9–19 Uhr jemand da, im Zweifelsfall anrufen. Sandstr. 1, 18586 Thiessow, ✆ 038308-34384, 📠 34385, www.moewe07.de.

• *Sport* **Sail & Surf Rügen**, von Mitte Mai bis Mitte Sept. befindet sich ein Außenposten der Surfschule aus Altefähr auf den Thiessower Campingplätzen, großes Angebot: Surfkurse für Anfänger (145 €/12 h), Fortgeschrittene (99 €/3 h) oder Kinder (120 €/10 h), auch Scheinerwerb, zudem Kitesurfen (z. B. Anfänger 160 €/6 h) und Katamaran (z. B. Anfänger 230 €/12 h oder Umsteiger 120 €/4 h). Materialverleih (z. B. Brett ab 8 €/Std., ab 20 €/Tag, Katamaran ab 20 €/Std., ab 70 €/Tag oder Seekajak 10 €/h und 35 €/Tag). Während der Saison ist zwischen 10 und 18 Uhr meist jemand da (oder auf dem Wasser). Die Thiessower Anschrift: Dörpstrat. 2, 18586 Klein Zicker, ✆ 038308-30360, www.segelschule-ruegen.de.

Übernachten/Essen

• *In Thiessow* **** **Fürst Jaromar**, Nobel-Resort nördlich von Thiessow, umfassendes Wellness-Angebot von der Gesichtsmassage bis zur Heilkreidepackung, mit Schwimm- und Dampfbad, finnische Sauna etc. Hotel im Haupthaus, Appartements in den Gebäuden auf dem Gelände, im Restaurant Odin gehobene Küche, eigener Strandabschnitt mit Strandkorbvermietung, großzügige, stilvolle Zimmer und Appartements. DZ mit Bad, TV und Frühstücksbuffet 140 €, Appartements (2 Pers.) ab 125 €, in der Nebensaison deutlich günstiger. Hauptstr. 1, 18586 Thiessow, ✆ 038308-345, ℻ 346000, www.jaromar.de.

Hotel „Godewind", sympathisches Haus mitten im Ort, geräumige Zimmer, im Haus auch ein Restaurant (nur April–Okt. abends geöffnet, Di Ruhetag, Juni–Aug. tägl.). DZ mit Bad, TV und Frühstücksbuffet 80 €, Suite mit Balkon 100 €, EZ 50 €, auch Appartements (Mindestaufenthalt 3 Tage, ab 70 €/Tag), Hotel ganzjährig geöffnet. De niege Wech 7, 18586 Thiessow, ✆ 038308-3420, ℻ 34220, www.godewind-thiessow.de.

Mönchguter Fischerklause, traditionsreiches Lokal am südlichen Rand des Ortes, vor allem natürlich Fisch, aber auch Fleisch und Vegetarisches, beliebt, nicht teuer, Mittagstisch von 12–15 Uhr, abends ab 18 Uhr. Hauptstr. 48, ✆ 038308-30397.

Zum Hafen, Fischrestaurant direkt am Thiessower Hafen, der Weg, den der fangfrische Fisch vom Kutter in die Küche nimmt, ist also denkbar kurz; nicht teuer, rustikale Inneneinrichtung mit viel Holz. Ostern bis Ende Okt. tägl. ab 11.30 Uhr. Am Hafen, ✆ 038308-30001.

Strandcafé Thiessow, hält, was der Name verspricht: Terrasse über dem Südende des *Großen Strandes*, neben Kaffee und Kuchen (oder Waffeln) auch Restaurant-Betrieb mit durchgehend warmer Küche, tendenziell günstig, freundlicher Service, geöffnet Mitte März bis Anfang Nov., tägl. ab 11 Uhr. Strandpromenade, ✆ 038308-8345.

Zum Südperd, Café/Restaurant im nördlichen Ortsteil (Nähe Fahrradverleih), große Karte, Preise o. k., Eierpfannkuchen süß oder würzig (u. a. Zimt und Zucker, Käse oder Krabben), selbst gemachter Kuchen, die Einrichtung etwas bieder; in der Saison tägl. ab 11.30 Uhr. Sandstr. 28, ✆ 038308-30908.

• *In Klein Zicker* **Zum trauten Fischerheim**, Gaststätte und Pension, gute Küche (mittags und abends geöffnet, mittleres Preisniveau), auch Café-Betrieb, uriger Gastraum und schöne Terrasse (hier kann man im Strandkorb sitzend und mit Blick auf den Greifswalder Bodden Kaffee und Kuchen genießen), die Zimmereinrichtung ist rustikalen Bauernmöbeln nachempfunden, DZ mit Bad, TV und Frühstücksbuffet 52 €, mit Seeblick 57 €, EZ 29 €, Appartement (2 Pers.) 62 €, Preise gelten ganzjährig. Dörpstrat 15, 18586 Klein Zicker, ✆ 038308-30152, ℻ 30153, www.kleinzicker.de.

Zollhaus, Café/Restaurant mit aussichtsreicher Terrasse, umfangreiche Karte, günstig, sehr freundlich, auch einfache Ferienwohnungen 66 €/Nacht, ganzjährig geöffnet, nach Voranmeldung auch Frühstück. Dörpstrat 9, 18586 Klein Zicker, ✆ 038308-8312, ℻ 8317, www.zollhaus-ruegen.de.

• *Camping* **Camping-Oase Thiessow**, der lang gezogene Platz erstreckt sich am Ortseingang entlang der Straße, 320 Stellplätze, viele mit Schatten, kleine Gaststätte und kleiner Laden, nur durch Straße und den 150 m breiten Kiefernwald vom Großen Strand getrennt, Fahrradverleih und Veranstaltungen. Erw. 5 €, Jugendliche 12–17 Jahre 4 €, Kind 6–11 Jahre 2,50 €, Hund 3 €, kl. Zelt 7,50 €, Caravan oder großes Zelt inkl. Auto 17 €, Pkw 2,50 €, Strom 3 €, geöffnet April–Okt. Hauptstr. 4, 18586 Thiessow, ✆ 038308-8226, ℻ 8297, www.campingruegen.de.

Während sich in der Camping-Oase vor allem Familien aufhalten, treffen sich die Surfer in der Dependance **Surf-Oase Klein Zicker** (am anderen Ortsrand, über den Norddeich keinen Kilometer), 60 Stellplätze v. a. von Caravans genutzt, kein Schatten, direkt am eigenen Strand. Geöffnet Mai–Sept. Erw. 4,50 €, Jugendliche 12–17 Jahre 3,50 €, Kind 6–11 Jahre 1,50 €, Hund 1,50 €, kl. Zelt 7 €, Caravan oder großes Zelt inkl. Auto 13 €, Pkw 2 €, Strom 2 €. Auch Surfertagesticket 5 € (17,50 €/Woche) – klingt teuer, umfasst aber Nutzung der Duschen (für Mensch und Material), bewachten Parkplatz und Teeküche. Dörpstrat 2, 18586 Klein Zicker, ✆/℻ 038308-30125, www.windsurfen-ruegen.de. Auf dem Platz befindet sich auch die Surfschule *Sail & Surf Rügen* (→ oben).

• *Räucherfisch* am Fischereihafen von Thiessow und gegenüber vom Fahrradverleih *moewe07* sowie am Ortsrand von Klein Zicker (Imbiss *Snack tau'n Bodden*).

Wald, Kreide, Meer: im Nationalpark Jasmund

Jasmund

Jasmund
Karte S. 172

Die spektakuläre Steilküste und die ausgedehnten Wälder des Nationalparks rahmen das Wahrzeichen Rügens ein: den Königsstuhl, die 118 Meter hohe, blendend weiße Kreideklippe. Am Rand des Nationalparks befindet sich die quirlige Hafenstadt Sassnitz, im Westen hingegen schilfreiche, flache Binnenküste.

Insgesamt drei lang gezogene Landengen verbinden die Halbinsel Jasmund mit dem Kernland der Insel Rügen und der nördlich gelegenen Halbinsel Wittow: im Süden die Schmale Heide sowie der Eisenbahn-/Straßendamm bei Lietzow und im Norden die Schaabe. Besondere Attraktion der Halbinsel Jasmund ist der gleichnamige Nationalpark. Sein ausgedehntes Waldgebiet, die *Stubnitz*, erstreckt sich über den gesamten nordöstlichen Teil Jasmunds und bricht hart von den Klippen der Kreidefelsen zum Meer hin ab. Ob vom Hochuferweg oder vom Strand aus, von einem der Ausflugsschiffe oder gar aus dem Flugzeug, die Steilküste mit ihren markanten Kreideformationen bietet atemberaubende Anblicke. Hoch über dem Meer liegt der lichte Buchenwald und dazwischen die blendend weißen Steilabbrüche, die sich aus der Hangvegetation erheben, darunter ein romantischer, naturbelassener Strand, übersät mit Treibholz, abgestürzten Bäumen und groben Steinen. Die berühmtesten der Kreidekliffs sind zweifellos die hohen Felsen der *Stubbenkammer*: der *Königsstuhl*, Rügens Fotomotiv Nr. 1, und die *Viktoria-Sicht*. Hier befindet sich auch das nagelneue und sehenswerte Besucherzentrum des Nationalparks.

Aber Jasmund besteht nicht nur aus Kreide und Buche. Am südlichen Rand des Nationalparks liegt eingerahmt von Wald und Meer *Sassnitz*, die zweitgrößte Stadt der Insel. Der lange Zeit bedeutende deutsche Ostsee-Fährhäfen Sassnitz ist nunmehr

fünf Kilometer in den Süden nach *Neu Mukran* verlegt, so dass der große Stadthafen gänzlich den Fischern und Touristen vorbehalten ist. Hier findet man Ausflugs- und Museumsschiffe, nördlich der Mole erstreckt sich die lange Strandpromenade und in deren Rücken eine kleine sehenswerte Altstadt. Im Norden des Nationalparks befindet sich über dem flacher werdenden Steilufer der hübsche Ort *Lohme*. Eine romantischere Ansicht des Kap Arkona, vor allem wenn dahinter eine rote Sonne im Meer versinkt, wird man nirgends finden. Die übrige sanft hügelige Halbinsel ist vor allem landwirtschaftlich geprägt, nordwestlich von Sassnitz wird zudem im Tagebau noch Kreide abgebaut. Die Binnenküste ist von typischer Boddenvegetation gesäumt. Verstreut finden sich entlang des Boddenufers einige wenige, aber interessante touristische Angebote: z. B. *Martinshafen*, ein Anlaufpunkt für Surfer, Segler und Kanuten, in *Polchow* eine beliebte Fischgaststätte und nicht zuletzt *Schloss Spyker*, in dem heute Hotel und Restaurant untergebracht sind.

Wer auf Jasmund Badeurlaub machen möchte, sollte ein wenig mobil sein. Zwar hat Sassnitz einen Stadtstrand, aber der ist nicht sonderlich attraktiv. Auch die Steilküste wird von einem Strandstreifen gesäumt, der natürlich angesichts der Kreidefelsen zu den schönsten Stellen der Insel zählt, allerdings – auf Grund der groben Steine – kein Badeparadies darstellt. Dafür aber findet man endlose feinsandige Strände an den „Ausläufern" Jasmunds: entlang der Schaabe im Norden und natürlich bei Prora auf der Schmalen Heide im Süden.

An der Strandpromenade von Sassnitz

Sassnitz

Die „Weiße Stadt am Meer" war einst das „Tor des Nordens" – auch wenn der Fährhafen heute aus der Stadt in den Süden verlegt wurde, lockt das vielseitige Sassnitz immer noch zahlreiche Besucher an.

Eins vorneweg: Nach Sassnitz kommt man nicht, um zu baden. Es sind andere Attraktionen, die die Hafenstadt interessant machen: drei maritime Museen am Hafen, der angrenzende Nationalpark Jasmund, die sehenswerte Altstadt und nicht zuletzt die vielen Restaurants, von denen das ein oder andere sogar über Rügen hinaus bekannt ist.

So abwechslungsreich wie das Angebot zeigt sich auch das Gesicht der Stadt. Im Süden und Osten Sassnitzs erstrecken sich vor allem Wohn- und Gewerbegebiete. Eine Art modernes Zentrum findet sich in der kleinen Fußgängerzone, der **Rügen-Galerie**, zwischen Bahnhof und dem äußerlich unansehnlichen Rügenhotel, in dem die *Therme* untergebracht ist. Zum **Hafen** hin fällt die Stadt steil ab. Von dem weitläufigen Platz bei der Therme führt eine neue, abenteuerliche Fußgängerbrücke in kühnem Schwung hinunter zum Hafen (ein wenig schwindelfrei sollte man schon sein – und Vorsicht nach Regen, dann kann der Boden etwas rutschig sein). Dort liegen, geschützt von der fast eineinhalb Kilometer langen Mole, Fischkutter und Ausflugsschiffe, Yachten und Segler und sogar ein U-Boot vor Anker. Letzteres, die *H.M.S Otus*, wird aber nicht mehr abtauchen, denn es wurde vor der Verschrottung gerettet, um als Museumsschiff zu dienen. Vor dem *Sassnitzer Fischerei- und Hafenmuseum* trifft man auf ein weiteres Museumsschiff, die *Havel*, und im südlichen Bereich des Hafens beherbergt die ehemalige Fährhalle heute das *Museum für Unterwasserarchäologie*. Am oberen Teil des Hafens beginnt die **Strandpromenade**

Jasmund
Karte S. 172

mit der kleinen Seebrücke und reicht bis zur **Altstadt**. Herrliche Bauten im Stil der Bäderarchitektur stehen in den verwinkelten kleinen Gassen rund um den alten Markt. In den vielen Restaurants, Cafés und Bars im Altstadtviertel und entlang der Strandpromenade kann man einen lauen Sommerabend gemütlich ausklingen lassen. Oberhalb der Altstadt, bei der Abzweigung von der Hauptstraße, die zur Stubbenkammer führt, steht von viel Grün umrahmt die neugotische *Johanniskirche* (1880–1883), deren schlanker, asymmetrisch gesetzter Turm weithin sichtbar ist.

Stadtgeschichte

Bis weit ins 19. Jh. hinein war Sassnitz nicht mehr als ein kleines Fischerdorf, das sich an das steile Ufer schmiegte. Das blieb auch noch so, als immer mehr Besucher kamen und sich Sassnitz zum ersten Seebad Rügens entwickelte. Einer der ersten Urlauber, der noch in einer Fischerkate unterkommen musste, war der bekannte Berliner Theologe und Philosoph *Friedrich Schleiermacher*. Bald danach entstanden die ersten Hotels und Pensionen, in deren Gästebücher klangvolle Namen eingetragen wurden, Fontane zum Beispiel (in Effi Briest heißt es: „Nach Rügen reisen heißt nach Sassnitz reisen“) oder Johannes Brahms, der hier den letzten Satz seiner 1. Sinfonie in c-Moll vollendete. Doch in den Goldenen Zwanzigern des 20. Jh. verblasste der Ruhm des Ortes, die jüngeren Seebäder Binz, Sellin und Göhren hatten ihm den Rang abgelaufen. Aber Sassnitz hatte noch eine zweite Karriere eingeschlagen. Bereits 1878 wurden Fährlinien nach Stettin und Rønne auf Bornholm eingerichtet. Als die Schienen der Eisenbahn 1891 Sassnitz erreichten, war der Hafenausbau schon fertig gestellt (1889). Das „Tor zum Norden“ war aufgestoßen. 1897 legten erste Postdampfer aus Trelleborg (Schweden) in Sassnitz an, die Fährverbindung wurde bald als *Königslinie* bekannt. 1906 fusionierte das noch immer dorfähnliche Sassnitz (heute die Altstadt) mit dem südlich gelegenen Bauern- und Fischerdorf Crampas (im südlichen Hafenbereich). Dank des Fährverkehrs erlebte Sassnitz einen bescheidenen Aufschwung, weithin sichtbarer Ausdruck dafür war die Entstehung der 1½ Kilometer langen Mole zwischen 1889 und 1912, damals wie heute die längste Außenmole Europas. Der berühmteste Durchreisende hatte übrigens keinen Blick für den kleinen Hafenort übrig, denn er saß in einem verplombten Eisenbahnwagon: Auf seiner legendären Reise aus der Schweiz und in die Revolution nutzte Lenin die Verbindung Sassnitz–Trelleborg, um nach St. Petersburg zu gelangen.

Das Tor des Nordens

Im Zweiten Weltkrieg musste Sassnitz seine Bedeutung als wichtiger Fährhafen teuer bezahlen, eine alliierte Bomberstaffel legte in den letzten Kriegsmonaten Stadt und Hafen, in denen sich unzählige Flüchtlinge befanden, in Schutt und Asche. Nach dem Krieg wurde der Hafen wieder aufgebaut und die Fährverbindungen erneut aufgenommen. Mit dem Aufbau des Fischkombinats wurde ein weiterer traditionsreicher Wirtschaftszweig der Region gestärkt, die Verarbeitungsfabriken wurden von bis zu 200 Fischkuttern beliefert. Dritter Wirtschaftsfaktor war die Kreide, die im Hinterland abgebaut und im Hafen verladen wurde. Erst 1957 erhielt Sassnitz das Stadtrecht. 1986 wurde die Linie Sassnitz–Klaipeda (Litauen) eingerichtet, doch diese Fähren landeten bereits in Mukran, etwa fünf Kilometer südlich, an. Dieser neue Fährhafen wurde nach 1990 weiter ausgebaut und der gesamte Fährverkehr dorthin verlegt, um den Stadthafen zu entlasten.

Information und Allgemeines

• *Information* **Tourist Service der Stadt Sassnitz**, das Hauptbüro befindet sich beim Bahnhof (Bahnhofstraße 19 a), eine Außenstelle gibt es am Stadthafen, am Fuß der Mole (Strandpromenade 12).
Hauptbüro tägl. 9–17 Uhr, im Winter nur Mo–Fr, am Hafen tägl. 10–17 Uhr, im Winterhalbjahr tägl. 10–16 Uhr. Vermittlung von Zimmern und Wellness-Angeboten, geführte Wanderungen, Tickets sowie Fahrradverleih (5,50 €/Tag). ✆ 038392-6490 (Bahnhof), ✆ 038392-66945 (Stadthafen), ℻ 64920, www.insassnitz.de.

• *Kurtaxe* in der Hauptsaison 1 €, in der Nebensaison 0,80 €.

• *Parken* Gebührenpflichtige Parkplätze im Zentrum neben dem Rügenhotel sowie beim Bahnhof, am Stadthafen vor der Strandpromenade und beim Fischerei-Museum.

• *Taxi* Zentrale ✆ 038392-3030.

• *Autoverleih* z. B. **Rügen Car**, an der B 96, 18546 Sassnitz, ✆ 038392-57811.

• *Fahrradverleih* → Tourist Service; außerdem: Wolfgang Sock, Fischerring, ✆ 038392-32898; Andreas Harm, Hafenstr. 19 b, ✆ 038392-35075. Preise für ein 3- bzw. 5-Gangfahrrad 5 €–7,50 €/Tag.

• *Sporthafen* Das „Tor des Nordens" verfügt natürlich auch über einen großen Sporthafen mit allen Einrichtungen: Tankstelle, Werkstatt, Slipanlage, 6-t-Kran, 120 Liegeplätze bei 3–6 m Tiefe, ✆ 038392-690020.

• *Therme* **Rügentherme**, mehr als nur ein Hallenbad, Gegenstrombecken, kleiner Wasserfall, Saunalandschaft, Dampfbäder und diverse Wellness-Angebote, im *Rügenhotel*, Seestr. 1.

Wanderungen ab Sassnitz
→ *Wandern im Nationalpark*, ab S. 188.

Jasmund
Karte S. 172

Verbindungen und Ausflugsschiffe

• *Verbindungen* **Bahn**: Regionalbahn über Bergen nach und von *Stralsund* zw. 4 und 22 Uhr zu fast jeder vollen Stunden (bisher letzter Zug ab Stralsund um 23.04 Uhr, ab Sassnitz um 22.03 Uhr).

Schiffsverbindungen nach Skandinavien vom *Sassnitzer Fährhafen* bei Neu Mukran: **Scandlines** führt die Tradition der „Königslinie" von *Sassnitz* nach *Trelleborg (Schweden)* fort: 5-mal tägl., Dauer 3 h, 45 Min. Erw. 15 €, Kinder 4–11 Jahre 7,50 €, bis 4 Jahre frei, Hund 7,50 €, Fahrrad 5 €, Auto (in der HS eine Stunde vor Abfahrt am Hafen sein!) inkl. Insassen Mo–Do 102 €, Fr–So 117 €.

Nach *Rønne (Bornholm, Dänemark)*, Juli–Sept. Sa/So 2-mal tägl., Mo–Fr 1-mal tägl., in der Nebensaison sehr seltener, im Winter gar nicht, Dauer 3 h, 30 Min., Erw. 22 €, Kinder 4–11 Jahre 10 €, bis 4 Jahre frei, Hund 10 €, Erw. mit Fahrrad 28 €, Auto (in der HS eine Stunde vor Abfahrt am Hafen sein!) inkl. Insassen Mo–Do 116 €, Fr–So 176 €. Servicecenter Scandlines, Fährhafen Sassnitz, 18546 Sassnitz, ✆ 038392-64420, ℻ 64429, www.scandlines.de.

Bus: **Linie 13** verbindet mehrmals täglich Sassnitz mit Sagard, Glowe und Altenkirchen (und weiter über die Halbinsel Wittow bis Dranske). **Linie 20** fährt hinauf zum Königsstuhl, verbindet Sassnitz aber in anderer Richtung auch mit dem *Fährhafen Sassnitz* bei Neu Mukran, *Prora* und den Ostseebädern *Binz, Sellin, Baabe, Göhren* und ganz im Süden *Thiessow*, fast stündlich, bis Göhren häufiger. **Linie 23** schließlich fährt von Bergen nach Sassnitz (5-mal tägl., Sa/So häufiger!) und ebenfalls weiter zum Königsstuhl.

Zudem **Stadtbusse (Linie 18)** mit Anschluss nach Alt Mukran und bis zum Eingang des Nationalparks (Wedding), werktags halbstündlich, Sa/So stündlich.

Schiffsverbindungen zu Rügens Ostseebädern: **Reederei Ostsee-Tour** fährt vom *Sassnitzer Stadthafen* zu den Seebrücken von *Binz* (ca. 4-mal tägl.; Erw. 6 €, Kinder 4–14 Jahre 3 €; Dauer ca. 45 Min.), *Sellin* (ca. 4-mal tägl.; Erw. 7 €, Kinder 4–14 Jahre 3,50 €; Dauer ca. 1 h, 15 Min.) und *Göhren* (ca. 2-mal tägl.; Erw. 8 €, Kinder 4–14 Jahre 4 €; Dauer ca. 1 h, 45 Min.), Kinder bis 4 Jahre frei, Hund 3 € auf allen Strecken. Fährbetrieb April–Okt., auch Familientickets und Kombitickets mit *Rasendem Roland* möglich. Reederei Ostsee-Tour, Hafenstraße 12 j, 18546 Sassnitz, ✆ 038392-3150, 📠 50672, www.reederei-ostsee-tour.de, Bordtelefon der Schiffe: *MS Cap Arkona* ✆ 0160-7474673, *MS Binz* ✆ 0160-7474674, *MS Marco Polo* ✆ 0160-7474675.

• *Ausflugsschiffe* Ein Highlight des Rügenaufenthalts: die Kutterfahrt zu den Kreidefelsen. Aber auch wenn es kein alter Fischkutter ist, sondern eine moderne Ausflugsfähre, das Küstenpanorama bleibt das gleiche. Die Auswahl jedenfalls ist umfangreich.

Die **Reederei Ostsee-Tour** bietet neben und mit dem Fährverkehr auch Ausflugsfahrten zum Kreidefelsen (April–Okt. 5-mal tägl., Erw. 11 €, Kinder 4–14 Jahre 5,50 €; Dauer 1 h 15 Min.), zum Kap Arkona (Mai bis Sept. Di–Fr, Erw. 19,50 €, Kinder 4–14 Jahre 10 €; Dauer 4 h) sowie Rundfahrten um die Insel an (Mai bis Ende Sept., Mo, Erw. 40 €, Kinder 4–14 Jahre 20 €; Dauer 9 h 30 Min.). Auf allen Strecken Kinder unter 4 Jahren frei, Hund 3 €, kein Landgang, Adresse → oben.

Die **Reederei Lojewski** fährt ebenfalls zu den Kreidefelsen, zur Saison 4-mal am Tag legt die *MS Insel Rügen* (Liegeplatz schräg gegenüber vom Fischerei- und Hafenmuseum, ✆ 0171-6429396) und ebenso oft die *MS Nordwind* (Liegeplatz an der Mole, ✆ 0171-9903294) ab. Erw. 10 €, Kinder 5 €, Kinder unter 4 Jahren frei, Dauer 1½ Std., Kartenverkauf am Fuß der Mole, auch Charterfahrten. Landadresse: Kpt. Fred Lojewski, Schlossallee 4–5, 18546 Sassnitz, ✆ 038392-35136, 📠 23363.

Last but not least: Auch die **M.J. Kalinin**, ein hochseetauglicher Fischkutter, unternimmt knapp zweistündige Ausflugsfahrten 4-mal tägl., Erw. 9,50 €, Kinder bis 4 Jahre frei, bis 12 Jahre 5 €, bis 16 Jahre 7 €; ganzjährig auch Charterfahrten und Mehrstundenfahrten auf Vorbestellung, an Bord kann Räucherfisch gekauft werden. KTG Kalinin Touristik, Kapitänsweg 4, 18546 Sassnitz, ✆ 038392-32180, Bordtelefon 0171-7258234, www.kalinin-sassnitz.de.

Achtung: Sämtliche Ausflugsfahrten sowie der Bäderverkehr sind natürlich wetterabhängig!

Übernachten/Essen

Kurhotel Rügen (11) und **Rügenhotel (9)**, beide im Zentrum, Ersteres in einem hübschen Haus, das einst als Seemannsheim diente, das Zweite ist zwar renoviert, aber unansehnlich und unübersehbar, hier befindet sich die *Rügentherme*, zu der die Gäste beider Hotels freien Zugang haben, beide auch mit Restaurant und Wellness-Angebot, ganzjährig geöffnet, weitere Besonderheit des Rügenhotels: der Frühstücksraum liegt panoramareich im neunten Stock. *Kurhotel Rügen* (DZ mit Bad, TV und Frühstücksbuffet 92–112 €, EZ 52–62 €, Suite 123 €). Hauptstr. 1, ✆ 038392-530, 📠 53333; *Rügenhotel* (DZ 72–85 €, EZ 58–67 €), Seestr. 1, ✆ 038392-53100, 📠 53550 – beide www.ruegen-hotel.de, auch Ferienwohnungen in *Villa Seeblick* und *Fürstenhof*.

Hotel/Restaurant Gastmahl des Meeres (4), vor allem ein über die Stadtgrenzen hinaus bekanntes, traditionsreiches Fisch-Restaurant am unteren Ende der Strandpromenade, Spezialitäten aus Bodden und Ostsee in gediegen-maritimem Ambiente, sehr beliebt, auch Zimmer (DZ mit Bad, TV und Frühstücksbuffet 90 €, EZ 70 €, keine Hunde). Strandpromenade 2, 18546 Sassnitz, ✆ 038392-5170, 📠 51733.

Parkhotel Sassnitz (1), schönes Haus oberhalb der Altstadt (ca. 200 m von der Kirche

entfernt), gepflegte Atmosphäre auch im angeschlossenen Restaurant im Untergeschoss, sehr freundlich. DZ mit Bad, TV und Frühstücksbuffet 88–114 € (je nach Größe und Blick), EZ 62 €. Hauptstr. 36, 18546 Sassnitz, ✆ 038392-6950, 📠 695199, www.parkhotel-del-mar.de.

Ringhotel „Villa Aegir" (5), oberhalb des Hafens gelegen, vom Restaurant (gutbürgerliche Küche, mittlere Preisklasse) und der schönen Terrasse hat man einen herrlichen Blick hinab (in der Hauptsaison mittags und abends, in der Nebensaison nur abends). 36 freundliche Zimmer, DZ (mit Bad, TV und Frühstück) 95–135 €, EZ 65–95 €, Suiten bis 135 € (je nach Größe, mit oder ohne Seeblick oder Balkon), in der Nebensaison deutlich günstiger. Mittelstr. 5, 18546 Sassnitz, ✆ 038392-3020, 📠 302777, www.villa-aegir.de.

Hotel/Restaurant „Villa Seestern" (3), Hotel im Stil der Bäderarchitektur oberhalb der Promenade gelegen, mit gutem Fischrestaurant in pavillon-artigem Anbau, auch ausgefallene Gerichte, hübscher Garten. Die Zimmerpreise staffeln sich von unten nach oben (dort die Suiten mit Balkon), aber alle (außer EZ) mit Meerblick. DZ mit Bad, TV und Frühstück ab 71 €, EZ ab 45 €. Mühlenstr. 5, 18546 Sassnitz, ✆ 038392-33257, 📠 36765, www.villa-seestern-sassnitz.de.

„Villa-Anna" (2), geräumige Appartements für 2–5 Pers. in historischer Bädervilla, über den Garten ist es nur ein Katzensprung in die Altstadt. Auch Fahrradverleih, Frühstück auf Wunsch. Appartements ab 90 € (Aufpreis bei weniger als 5 Übernachtungen). Johannes-Brahms-Str. 6, ✆ 038392-30130, 📠 301350, www.ruegen-villa-anna.de.

Pension „Kapitänsmesse" (6), kleine Pension über dem Hafen, das Interieur entspricht dem Namen, Halbpension auf Anfrage, schöne Terrasse mit herrlichem Blick auf Hafen und Meer, freundliche DZ mit Bad, TV und Frühstücksbuffet 66–75 €, früh buchen. Walterstr. 8, 18546 Sassnitz, ✆ 038392-57858, 📠 038392-57859, kapitänsmesse@gmx.de.

Hotel „Waterkant" (10), Garni-Hotel mit sehr schönem Garten oberhalb des Hafens und entsprechend herrlichem Ausblick, DZ mit Bad, TV und Frühstücksbuffet 70–95 €, EZ 60–70 € je nach Seeblick, Größe oder (mit/ohne) Balkon. Zuletzt im Jan. Betriebsferien, ansonsten ganzjährig geöffnet. Walterstr. 3, 18546 Sassnitz, ✆/℻ 038392-50941 oder 50961, ℻ 50844, www.hotel-waterkant.de.

Gasthof & Pension „Zur Altstadt" (13), nette Zimmer mit Bad, Wohnküche und separatem Schlafzimmer, gemütliches Gasthaus in der Altstadt unterhalb des Marktes, April–Okt. geöffnet. Kleine „FeWo" 55 €/Tag für 2 Pers., mit Seeblick 58 €, große FeWo bis 6 Pers. 75 €, frühzeitig reservieren. Bachpromenade 4, 18546 Sassnitz, ✆ 038392-23448, ℻ 23447, www.pension-zur-altstadt.de.

Grundtvighaus (8), Kulturzentrum mit Café, Kino, Töpferei, Zimmervermietung, Veranstaltungen, Workshops, Seminaren etc. Sehr sympathisches Café (Di–Do nachmittags geöffnet) mit viel Liebe fürs Detail eingerichtet, wintergarten-ähnliche Fensterfront zum Hafen, große Kaffee- und Teeauswahl, auch Kuchen, günstig; ebenso wie die sechs einfachen Zimmer (DZ mit Etagenbad 40 €) sowie eine FeWo, früh buchen. Seestr. 3, 18546 Sassnitz, ✆/℻ 038392-63515, www.grundtvighaus.de.

Florita Cocktailbar (12), einladende Bar mit chromblitzendem Tresen innen und gemütlicher Terrasse zum alten Markt hin, große Auswahl an Cocktails (um 5–6 €), auch günstige Gerichte, im Sommer Live-Gigs diverser Bands mit diversen Stilen, ✆ 038392-23610.

Kutter 4 (7), die Fischgaststätte der Fischereigenossenschaft am Stadthafen, der Fisch ist hier natürlich fangfrisch, denn er kommt tatsächlich direkt vom Kutter, tägl. ab 9 Uhr, auch Imbiss. ✆ 038392-51355, www.kutterfisch.de.

Außerhalb **Gasthaus Waldhalle** → Nationalpark Jasmund/Übernachten/Essen.

• *Räucherfisch* frisch vom Räucherschiff, Fischereihafenbrücke 3.

Sehenswertes

Museum für Unterwasserarchäologie: Das Museum befindet sich in der früheren Abfertigungshalle des alten Sassnitzer Fährhafens, einem denkmalgeschützten Gebäude, ehemals prestigeträchtig und an sich schon sehenswert, wenn auch architektonisch eigenwillig. In der weitläufigen Halle sind nicht nur aus der Ostsee geborgene Originalfunde ausgestellt, Schautafeln und Exponate informieren auch über Techniken und Geschichte der Unterwasserarchäologie sowie über Konservierungsmethoden und die mühselige Arbeit der Rekonstruktion. Weiterhin kann man etwas über die Geschichte der Ostseeschifffahrt erfahren, von der Ur- und Frühgeschichte über mittelalterliche Hafenanlagen bis hin zur Suche nach der im Großen Nordischen Krieg vor Rügen gesunkenen schwedischen Flotte. Die „Flagschiffe" des Museums sind die nach ihrem jeweiligen Fundort benannten Schiffe Gellenkogge und das Boot von Ralswiek. Die 1997 aus den Untiefen der Südspitze Hiddensees geborgene Gellenkogge war ein etwa 30 Meter langes Handelsschiff, das in der Mitte des 14. Jh. auf seinem Weg von Öland (Schweden) über die Ostsee gesunken war. Die Überreste des Fundes vor Ralswiek hingegen sind noch älter, es handelt sich nämlich um ein etwa tausend Jahre altes Slawenboot. Das Museum war zuletzt wegen Renovierung geschlossen. Die Wiedereröffnung ist für die erste Jahreshälfte 2008 geplant.

Die neuen Öffnungszeiten und Preise standen zu Redaktionsschluss noch nicht fest. Zuvor waren das: April–Okt. tägl. 10–18 Uhr, Nov.–März 10–17 Uhr (24./25. 12. geschlossen). Eintritt 2,50 €, Kinder, Stud. und Rentner 1,50 €, Familienticket 5 €. Nähere Infos in der Kurverwaltung oder beim Museum für Unterwasserarchäologie, Alter Fährhafen, 18546 Sassnitz, ✆/℻ 038392-32300.

U-Boot-Museum: „Jawohl, Herr Kaleun" wird man im Bauch des Stahlkolosses vielleicht öfter mal zu hören bekommen, wenngleich das – streng genommen – nicht angebracht ist, denn bei diesem *Boot* handelt es sich um die *HMS Otus*, ein 1963 in

Dienst genommenes U-Boot der Royal Navy. 28 Jahre war die 68 Mann starke Besatzung in dem U-Boot der Oberon-Klasse in den Weltmeeren unterwegs, bevor es verschrottet werden sollte. Stattdessen aber wurde es nach Stralsund geschafft und erhielt von den Torpedoklappen bis zum Heckstabilisator einen neuen Anstrich, um fortan als *Erlebniswelt U-Boot* eine Attraktion am Sassnitzer Hafen zu sein – und ein „Spaziergang“ durch die Enge des 90,7 Meter langen, aber nur 8,1 Meter breiten Stahlschlauchs ist in der Tat ein Erlebnis („mind your head!“).

Erlebniswelt U-Boot ganzjährig geöffnet: April–Okt. 10–19 Uhr, Nov.–März 10–16 Uhr. Eintritt 5,50 €, Kinder 3 €, diverse Familientickets. Hafenstr. 12 j, 18546 Sassnitz, ✆ 038392-31516, www.hms-otus.com.

Fischerei- und Hafenmuseum: Das Museum am Hafen geht auf eine Initiative Sassnitzer Bürger zurück, die einen Ort schaffen wollten, in dem die Geschichte ihrer Stadt fassbar und lebendig wird. Die ersten Ausstellungen wurden anlässlich des 100-jährigen Baubeginns der Mole 1996 eröffnet, seither ist das Museum weiter angewachsen und vereint ein interessantes Sammelsurium nautischer Exponate: von Handbüchern über Knotentafeln und Sextanten bis zu Fischernetzen und Schiffspapieren. Außerdem sind zahlreiche Modelle zu bewundern, darunter auch ein Hafenmodel. Kurzum: allerlei Interessantes und Informatives über Fischfang und -verarbeitung, Stadt- und Hafengeschichten seit der ersten Hälfte des 19. Jh. (als der erste genossenschaftsähnliche Fischerverbund gegründet wurde). Zudem wechselnde Sonderausstellungen.

Zum Museum gehört auch ein Fischkutter. Die *Havel* liegt gegenüber vom Museum und bietet einen bei Besuchern beliebten Einblick in die harte Arbeit auf See.

Sassnitzer Fischerei- & Hafenmuseum mit Museumsschiff „Havel“ April–Okt. tägl. 10–18 Uhr, Nov.–März Di–So 10–17 Uhr. Eintritt 3,50 €, Kinder ab 6 Jahre 1,50 €, darunter frei. Stadthafen Sassnitz, 18546 Sassnitz, ✆ 038392-57846, ✆ 57846, www.sassnitz-museum.de.

Jasmund
Karte S. 172

Überschaubar: die Altstadt von Sassnitz

Weitere Sehenswürdigkeiten: der **Tierpark Sassnitz**, in dem vor allem heimische Tierarten zuhause sind, und der **Schmetterlingspark**. Zahllose bunte Schmetterlinge können hier in einer tropenhaus-ähnlichen Halle inmitten wild wuchernder Pflanzen bewundert werden, eine Cafeteria ist angeschlossen.

Tierpark Sassnitz April–Sept. 10–18 Uhr, Okt.–März 10–16 Uhr, letzter Einlass jeweils eine halbe Stunde früher. Eintritt 3,50 €, erm. 2 €, Hund 1 €, Familien 8 €. Hauptstraße bis hinter die Kirche, dann links; Steinbachweg 4, 18546 Sassnitz, ✆/📠 038392-22381, www.tierpark.sassnitz.de.

Schmetterlingspark April–Mitte Okt. tägl. 10–17.30 Uhr, im Okt. bis Einbruch der Dämmerung, im Winter geschl. Eintritt 6 €, Kinder 4–14 Jahre 3,50 €, Jugendl./Schüler 4,50 €. Straße der Jugend 6, 18546 Sassnitz, ✆ 038392-66442.

Nationalpark Jasmund

Über den ganzen Höhenrücken von Sassnitz bis Lohme erstreckt sich ein herrlicher Buchenwald, der beste Wandermöglichkeiten bietet. Zum Meer hin wird er begrenzt von der eindrucksvollen Steilküste, deren Kreidefelsen sich imposant über das strahlend blaue Meer erheben. Die ganze Region ist im Nationalpark Jasmund zusammengefasst.

Beeindruckend ist vor allem die Steilküste: Als würden Wind und Wetter die Kreidefelsen blank polieren, ragen die imposanten Klippen und die bizarren Felsformationen leuchtend weiß aus der üppig grünen Vegetation. Entwurzelte Bäume hängen oft über dem Abgrund oder liegen malerisch am Geröllstrand. Der Besuchermagnet schlechthin ist natürlich die **Stubbenkammer**, der Küstenabschnitt im Nordosten. Ob mit dem Pendelbus von Hagen, zu Fuß über die Wanderwege, auf dem Ausflugsschiff von Sassnitz oder sogar aus der Luft: ein Blick auf den **Königsstuhl**, den hohen, steil abfallenden Kreidefelsen, wollen die wenigsten Reisenden auf Rügen versäumen. Von Land aus hat man die beste Aussicht auf das Wahrzeichen der Insel von der **Viktoria-Sicht**, eine nicht minder imposante schneeweiße Klippe. Beim Königsstuhl ist kürzlich das **Nationalpark-Zentrum** mit einem sehenswerten naturkundlichen Museum eröffnet worden. Im Hinterland der Stubbenkammer befindet sich der idyllische **Herthasee**, von dem Wilhelm von Humboldt schwärmte: „Schwerlich dürfte noch ein anderer Ort einen solchen Charakter der Heiligkeit und Ehrfurcht an sich tragen.“

Wem der Rummel in der Stubbenkammer zu viel wird, kann abseits auf einem der zahlreichen Wanderwege, die durch den Nationalpark führen, mehr Ruhe finden. Der vielleicht schönste, sicherlich aber der berühmteste Wanderweg Rügens ist der **Hochuferweg**. Er verläuft entlang der Küstenlinie von Sassnitz nach Lohme. Hoch über dem wunderschönen Naturstrand kann man immer wieder grandiose Ausblicke auf die Kreideküste und das Meer genießen. Zahlreiche Bäche fließen durch den naturbelassenen Rotbuchenwald, deren Wasser sich tief in die erosionsfreundliche Kreide gegraben hat und so malerische kleine Schluchten, so genannte Lieten, schuf.

Aus der Stubnitz sind frühe Naturschutz-Maßnahmen überliefert – wenngleich natürlich nicht ein Stück Wald um seiner selbst willen bewahrt werden sollte, sondern ein lebenswichtiger Rohstoff. Der Holzbedarf von Generationen hatte den Wald beinahe vernichtet, als 1551 alle Wege in die Stubnitz gesperrt und das Holzschlagen verboten wurde. In dieser Zeit entstanden z. B. bei Hagen so genannte Baumhäuser, die Unterkünfte der Beamten, die über die Einhaltung des Verbots zu wa-

Zauberhaft: Moorlandschaft nahe dem Herthasee

chen hatten. Auch als die Stubnitz Teil des schwedischen Kronwaldes war (1648–1815), stand sie unter besonderem Schutz. Das Freiholz, das sich die Bauern aus dem Wald schlagen durften, war strikt beschränkt. Unter der preußischen Oberförsterei wurde das Freiholzen sogar abgeschafft und brachliegende Flächen wieder aufgeforstet. 1929 wurde über die Hälfte des Waldgebietes unter Naturschutz gestellt, aber weiterhin forstwirtschaftlich genutzt. Das änderte sich 1990, als der Nationalpark Jasmund gegründet wurde.

Nationalpark Jasmund

Mit 3000 Hektar Gesamtfläche handelt es sich bei dem geschützten Gebiet um den kleinsten Nationalpark Deutschlands. Er umfasst nicht nur das ausgedehnte Waldgebiet, die Stubnitz (ca. 2200 Hektar), sondern auch Moore, Feuchtwiesen, ehemalige Kreidebrüche sowie die Kreidefelsen, den Strand und 603 Hektar Ostsee, d. h. einen 500 Meter breiten Streifen entlang der Steilküste. Weit über 80 Prozent des Nationalparks sind als *Kernzone* ausgewiesen, d. h. dass auf diesem Gebiet in keiner Weise eingegriffen wird, während in der so genannten *Pflegezone* vorsichtige Waldnutzung und Pflanzen-„Pflege“ betrieben werden.

Für den Nationalpark gelten die üblichen Verhaltensregeln: auf den Wanderwegen bleiben (Ausnahme: der Strand), Finger weg von Flora und Fauna, Hunde an die Leine, Autos auf den ausgewiesenen Parkplätzen lassen und den produzierten Müll wieder mitnehmen.

Weitere Informationen: Nationalparkamt Rügen, Blieschow 7 a, 18586 Lancken-Granitz, ✆ 038303-8850, www.nationalpark-jasmund.de.

Die Stubnitz ist das größte Rotbuchenwald-Gebiet der deutschen Ostseeküste. Dazwischen mengen sich in den Feuchtgebieten der Bachquellen Erlen und Eschen sowie an den Steilhängen der Küste Ahorn, Ulmen, Wildobstbäume und sogar die seltenen Eiben. In den Mooren finden sich zahlreiche seltene Moose und Blumen wie der Sonnentau oder der dreiblättrige Fieberklee. Nicht minder artenreich ist die Vegetation an den kargen Kreidehängen, hier sind unter anderem auch Orchideen zu sehen. Auch was die Tierwelt angeht, ist die Stubnitz reich gesegnet: Rot- und Damhirsch, Reh, Wildschwein, Dachs, Fuchs und sogar Seeadler leben hier, ebenso wie Kamm- und Teichmolch, Spring- und Laubfrosch sowie Rotbauchunke. Häufiger zu sehen (allerdings schwerer zu spezifizieren) sind die zahlreichen Insekten, darunter ca. 1000 verschiedene Arten von Käfern.

Es sind vor allem drei „Eingänge", die in den Nationalpark führen. Im Süden, genauer im nördlichen Stadtbereich von Sassnitz (beim Parkplatz am Ende der Weddingstraße) beginnt der Hochuferweg, der zunächst zur Waldhalle führt. Dorthin gelangt man auch über eine holprige Straße, die einen knappen Kilometer nördlich von Sassnitz abzweigt (bis Ende Februar 2005 standen hier die Wissower Klinken, → S. 187). Der Zugang, den der Großteil der Besucher wählt, ist Hagen an der Verbindungsstraße zwischen Sassnitz und Lohme. Hier befindet sich ein Großparkplatz, von dem aus ein Pendelbus zum Königsstuhl fährt (die Straße dorthin ist tagsüber für Privat-Pkw gesperrt). Schließlich führt der Hochuferweg von Lohme aus in einem schmalen Waldstreifen in die Stubbenkammer. Die beste Tageszeit für einen Besuch ist der Vormittag, wenn die Sonne auf die Kreidefelsen scheint und die Stubnitz in sanftes Licht taucht.

Information/Verbindungen

• *Information* in Sassnitz (siehe dort) im Nationalparkamt Rügen (Blieschow 7 a, 18586 Lancken-Granitz, ✆ 038303-8850, www.nationalpark-jasmund.de) oder am Königsstuhl im **Nationalpark-Zentrum Königsstuhl**, ✆ 038392-661766, www.koenigsstuhl.com.

• *Parken* Großparkplatz bei Hagen, 1 Std. 1,30 €, 5–8 Std. 5,20 €, 24 Std. 8 € (auch Caravanstellplatz, Nebenkosten extra). Hier auch Tickets für den Shuttle-Bus, die Angebote des Nationalpark-Zentrums bzw. diverse Kombitickets (→ unten).

• *Verbindungen* **Shuttle-Bus (Linie 19)** zwischen Großparkplatz *Hagen* und Königsstuhl (einfach 1,40 €, erm. 0,95 €, Fahrrad 1,60 €, hin/zurück 2,70 €, erm. 1,80 €, Fahrrad 2,70 €,) mind. stündlich, ab 10 Uhr häufiger, ab 11 Uhr alle 15 Min., ab 16 Uhr in gleicher Weise abnehmend, im Winterhalbjahr etwas weniger, bei Bedarf wird der Takt dichter, letzter Bus ab Hagen gegen 19.00 Uhr, ab Königsstuhl 19.10 Uhr.

Von und nach *Sassnitz* **Linien 20** und **23** in etwa stündliche Verbindung, über Mittag auch halbstündlich, die meisten fahren direkt zum Königsstuhl, morgens und abends aber muss man an der Abzweigung Königsstuhl in den Pendelbus (Linie 19) umsteigen, letzte Verbindung direkt nach Sassnitz 19 Uhr.

Die Haltestellen befinden sich unterhalb des Nationalpark-Zentrums. **Achtung**: rechts befindet sich die Haltestelle des Pendelverkehrs zum Großparkplatz Hagen, links ist die Haltestelle der Linie 20/23 nach Sassnitz.

Übernachten/Essen

Ob man nach dem Tagesausflug nur etwas essen oder längere Zeit im Nationalpark verbringen will, im kleinen Dorf **Hagen** gibt es ausreichend Möglichkeiten unterzukommen. Die Gegend ist aber nicht gerade unbekannt. Wer ein Zimmer sucht, sollte in der Hochsaison besser reservieren.

• *Im Nationalpark* **Bistro** im Nationalpark-Zentrum, siehe dort.

Hotel/Restaurant Baumhaus Hagen, auf dem heute im Nationalpark liegenden Gelände lebte einst der „Waldgraf", der über den Forst zu wachen hatte, im urigen, holzverkleideten Restaurant gibt es auch Wildgerichte aus der Stubnitz, nicht teuer (Wildschwein um 10 €), außerdem Fisch, mittags und abends geöffnet (im Winter nur abends), auch gute Zimmer (mit Bad, TV und Frühstück 75 €) und Appartements (95 € für 2 Pers.), an der Verbindungsstraße Sassnitz–Lohme bei der Abzweigung in die Stubbenkammer. Stubbenkammer, 18546 Sassnitz, ✆ 038392-22310, 📠 66869, www.baumhaushagen.im-web.de.

Gasthaus Waldhalle, urige Gaststätte mitten im Wald, tägl. 11–18 Uhr, im Winter geschlossen, Anfahrt über eine holprige Piste. Auch Zimmer (ab 59 €). An den Wissower Klinken, ✆ 038392-22478, 📠 36037.

• *In Hagen* **Alte Försterei**, rustikale Wildgaststätte mit viel Jagdambiente, dementsprechend gibt es natürlich u. a. Wild aus dem heimischen Revier (9–15 €), sympathischer Service, auch Pension, DZ mit Bad und TV 61 €. Dorfstraße 53 a, 18551 Hagen, ✆ 038302-90017, 📠 90901, www.kleine-foersterei-ruegen.de.

Pension Hertha, neue, freundliche Landpension in Hagen, Zimmer mit Balkon oder Terrasse, DZ mit Bad, TV und Frühstück (oder kleiner Küchenzeile) 75 €, EZ 55 €, 3er mit Bad, TV und Küchenzeile 80 €. Stubbenkammer 33, 18551 Hagen, ✆ 038302-9305, 📠 9316, www.pensionhertha.de.

• *Camping* → Lohme

Die Stubbenkammer – Königsstuhl und Viktoria-Sicht

Jeder kennt den majestätischen Kreidefels, auch ohne jemals in dem „Große Stubbenkammer" genannten Küstenabschnitt gewesen zu sein, er ist das viel fotografierte Wahrzeichen der Insel.

Senkrecht erhebt sich die schneeweiße Wand des *Königsstuhls* 118 Meter über das Meer. Gekrönt wird er von einem Aussichtsplateau, das bereits vor 300 Jahren auf dem Gipfel befestigt wurde, um den weiten Blick über die Ostsee zu ermöglichen. Die beste Aussicht auf den Königsstuhl selbst hat man natürlich vom Meer aus. Zu Land kann man von einem weiteren, etwa einen halben Kilometer südlich gelegenen Aussichtspunkt, der *Viktoria-Sicht* in der *Kleinen Stubbenkammer*, einen Blick

Weiter Blick über die Stubbenkammer

auf den berühmten Kreidefelsen werfen. Oder aber man steigt hinab zum Strand: zwischen Königsstuhl und Viktoria-Sicht zieht sich ein lange, steile Treppe hinunter zu den Füßen der Kreidefelsen. Doch der Abstieg ist beschwerlich: Über 400 Stufen benötigt man, um die 110 Höhenmeter hinunter zum Strand zu überwinden – Stufen, die man auch wieder hinauf muss!

Sagenhaftes

Zahlreiche Mythen und Legenden ranken sich um die Stubbenkammer; sie erzählen von schönen Frauen, die in die Kreidefelsen verbannt waren, von blutigen Opferriten und natürlich von diversen Schlupfwinkeln und Schätzen Störtebekers. Auch der *Königsstuhl* verdankt seinen Namen einer Legende: Vor langer Zeit waren die eigenwilligen Bewohner Rügens nicht bereit, sich von ungelenken Feiglingen regieren zu lassen. Jeder Anwärter auf den Thron musste zunächst den Mut und die Geschicklichkeit beweisen, den 118 Meter hohen, markanten Kreidefelsen zu erklimmen. Erst nachdem er sich als Felsbezwinger (heute würde man Freeclimber sagen) bewährt hatte, wurde er als König anerkannt und durfte sich auf seinem Thron ausruhen. Dabei handelte es sich um einen steinernen Thron auf dem Gipfel der Kreideklippe, den Königsstuhl (andere Versionen erzählen gar von regelrechten Freeclimbing-Events, deren Gewinner noch auf dem Königsstuhl gekrönt wurden).

Einer Legende jüngeren Datums zufolge soll sich der wagemutige schwedische König *Karl XII.* die Tradition zunutze gemacht haben. Es heißt, er habe die riskante Kletterei unternommen, um sich vor den Bewohnern der Insel als würdig zu erweisen, König auch über Rügen zu sein, das zu seiner Zeit Teil des schwedischen Großreiches war. Wahrscheinlicher, aber nicht minder unbewiesen ist es, dass Karl XII. in der Tat auf dem Königsstuhl Platz genommen hat, aber nicht um irgendetwas zu beweisen. Vielmehr habe er den hoch aufragenden Felsen genutzt, um eine Seeschlacht des Großen Nordischen Krieges (1700–1721) zu beobachten.

Auch der *Waschstein*, ein markanter, vermutlich 59 Tonnen schwerer Findling zu Füßen des Königsstuhls, erhielt seinen Namen auf Grund einer Sage. Alle sieben Jahre soll im ersten Licht des Morgens bei dem Granitkoloss eine Frau zu sehen sein, die mühsam ihre Kleider wäscht – in einer reißerischen Variante handelt es sich um ein blutiges Leinenhemd. Die arme Frau ist natürlich verflucht und kann nur durch die Worte „Guten Morgen, Gott hilf!" erlöst werden (und wie so oft springt auch ein Schatz als Belohnung dabei raus). Literarisch verarbeitet hat *Adelbert von Chamisso* die Legende in seiner Ballade *Die Jungfrau von Stubbenkammer* („Ich trank in schnellen Zügen / Das Leben und den Tod / Beim Königsstuhl auf Rügen / Am Strand im Morgenrot"). Der Name der *Viktoria-Sicht* erklärt sich weit unspektakulärer: Er wurde von König Wilhelm I. verliehen zu Ehren seiner Cousine, der englischen Königin Victoria.

Achtung: Zutritt auf die Plattform des Königsstuhls nur mit einem Ticket des Nationalpark-Zentrums! In dieser Kombination o. k., horrend allerdings ist der Preis, sollte jemand nur auf den Königsstuhl-Aussichtspunkt wollen (→ unten). Man sieht aber ohnehin nicht viel von der Attraktion, wenn man draufsteht. Weite Aussicht *und* einen schönen Blick auf den Königsstuhl hat man von der Viktoria-Sicht aus.

Die Erinnerung an eine Hochzeitsreise gibt Rätsel auf

Im Jahr 1818 überraschte der Maler *Caspar David Friedrich* (1774–1840) seinen Freundeskreis: Er heiratete. Der Künstler galt als sehr menschenscheu und lebte zurückgezogen. Nachdem er und Christiane Caroline Bommer sich das Jawort gegeben hatten, begaben sie sich auf Hochzeitsreise, die über Greifswald, den Geburtsort des Malers, und Stralsund nach Rügen führte. Später verarbeitete Caspar David Friedrich die Eindrücke der Reise in dem angeblich beliebtesten Gemälde der Deutschen: „Kreidefelsen auf Rügen", das heute in der Stiftung Oskar Reinhart in Winterthur (Schweiz) zu besichtigen ist.

Eine Frau und zwei Männer stehen am Rande der Klippen, seitlich von ihnen türmen sich die weißen Kreidefelsen auf und geben den Blick auf das Meer frei, auf dem in weiter Ferne zwei Segelboote dem Horizont entgegen fahren.

Eine stimmungsvolle Erinnerung an die Hochzeitsreise? Die Kunsthistoriker sind sich nicht einig. Friedrichs Landschaftsgemälden haftet stets etwas Geheimnisvolles an, doch schwieg sich der Maler über die tiefere Bedeutung seiner Werke aus. So häufen sich die Theorien über die „Kreidefelsen auf Rügen". Es sei einfach nur eine Erinnerung an die Hochzeitsreise, eine Allegorie auf die Liebe zu seiner Frau. Oder wollte der Maler, der sich auf dem Bild vorsichtig zum Klippenrand kriechend dargestellt hat, seine Angst vor der Sexualität thematisieren? Sagt das Gemälde nicht auch, dass alles Glück endlich ist, schließlich erinnert der von den Felsen eingerahmte Horizont an den oberen Teil einer Sanduhr, und stellen die zwei Segelschiffe nicht Lebensschiffe dar? Oder sollte das Bild durch seine geheimnisvolle Ausstrahlung einfach nur zum Nachdenken über Mensch und Natur anregen? Letzteres Ziel hat Friedrich wohl auch erreicht, das belegt zweifellos die Vielzahl der Theorien.

Die Felsformation, die dem Maler Modell stand, sucht man allerdings vergeblich. Zum einen gibt es die Kreidefelsen, die Friedrich sah, nicht mehr, Wind und Wetter haben der Küste längst ein neues Aussehen verliehen. Außerdem schuf der Künstler das Gemälde im Atelier und nutzte dabei seine vor Ort gezeichneten Skizzen. Drittens setzte er das Gemälde wahrscheinlich aus verschiedenen Felsformationen zusammen. So ist möglicherweise der rechte Fels ein Abbruch des Königsstuhls, während die linke Bildseite einen Felsen der Kleinen Stubbenkammer darstellt.

Jasmund
Karte S. 172

Nationalpark-Zentrum Königsstuhl

Das neue Zentrum des Nationalparks ist rundum gelungen. Das gilt für Architektur und Innenausstattung, Informationsgehalt und Unterhaltungswert.

Der Einstieg ist etwas umständlich und kann, je nach Besucherandrang, ein wenig Geduld erfordern. Jeder Besucher erhält zunächst einen Kopfhörer, über den die Informationstexte vor den jeweiligen Objekten abgerufen werden können. Dabei kann man zwischen verschiedenen Arten der „Reise" wählen, denn die Texte werden von bekannten Synchronsprechern gelesen. Wer zum Beispiel die „romantische

Tour" vorzieht, bekommt die Erklärungen von den deutschen Stimmen von Julia Roberts und Kevin Costner vorgetragen (der Text freilich bleibt der gleiche). Sobald jeder seinen Kopfhörer hat, geht es mit dem Fahrstuhl zurück in die Kreidezeit.

Hier erwarten den Besucher allerlei Sensationen. Da lässt sich ohne Kraftaufwand ein 4-Tonnen-Findling bewegen, in einen Raum ragt ein Miniaturgletscher, oberhalb der Treppe kann man alle 5 Minuten einen Sonnenuntergang erleben oder andernorts die Entstehung eines Kreuzspinnennetzes an die Wand projizieren. Zwischen diesen aufwändigen Installationen findet man natürlich jede Menge naturkundliche und inselspezifische Informationen: über Entstehung und Beschaffenheit der Kreidefelsen und die Feuersteinbänder, die sich durch die Kreide ziehen, die letzte Eiszeit, den Klang des Waldes oder Flora und Fauna unter der Erde und in den Feuchtwiesen.

Die Tour lässt sich komplettieren durch einen Besuch in der Multivisionsschau, in der Eingangshalle des Zentrums befindet sich zudem ein großer Büchertisch. Im Außenbereich kam jüngst ein Kletterwald (auch für Kinder) hinzu.

Ostern–Okt. 9–19 Uhr, Nov.–Ostern 10–17 Uhr; die Multivisionsschau beginnt zu jeder vollen Stunde und dann im 20-Min.-Takt, Dauer 15 Min. Letzter Einlass in die Ausstellung ist eine Stunde vor Schließung des Nationalpark-Zentrums. Eintritt 6 €, Kinder (6–14 Jahre) 3 €, Familien (2 Erw., Kinder unbegrenzt) 12 €, inkl. Ausstellung, Multivisionsschau, Königsstuhlplattform. Hunde gestattet, außer in der Ausstellung und der Multivisionsschau. Nationalpark-Zentrum Königsstuhl, Stubbenkammer 2, 18546 Sassnitz, ✆ 038392-661766, www.koenigsstuhl.com.

• *Essen & Trinken* Das **Bistro** wird vom Hofgut Bisdamitz (S. 196) geführt, dementsprechend werden vor allem regionale Bio-Produkte angeboten, natürlich auch vegetarische Gerichte, sowie Kaffee und Kuchen; schöne Terrasse neben dem Holzkreiselbau des Nationalpark-Zentrums. ✆ 038302-9207, www.hofgut-bisdamitz.de.

Herthasee

Rund um den idyllischen Waldsee hat die paganische Erdgöttin *Nerthus*, auch Hertha genannt, ihre Spuren hinterlassen, zumindest was die Namensgebung betrifft. In der Herthaburg soll sie gewohnt haben, auf dem Opferstein seien ihr zu Ehren blutige Kulte abgehalten worden, die rauschenden Blätter der Herthabuche wären ihre Stimme gewesen und in dem „unergründlichen" See habe sie gebadet, wobei der Sage zufolge die dabei behilflichen Diener ihr Leben lassen mussten, um niemandem offenbaren zu können, was sie gesehen hatten. Doch die vielen Sagen um die Göttin beruhen auf einem alten Zuordnungsfehler. *Philipp Klüver* behauptete fälschlicherweise in seinem Werk „Germania antiqua" (1616) den Ort gefunden zu haben, den Tacitus in Zusammenhang mit dem Nerthus-Kult erwähnte. Die glaubhafteren Erklärungen klingen nüchterner: Der Wall war eine der vielen slawischen Burgen, die auf Rügen zu finden sind. Bei dem Opferstein mit seinen eigenartigen Vertiefungen handelt es sich um einen prähistorischen Mahlstein, der seit langer Zeit immer wieder mit dramatisch roter Farbe bemalt wird. Der See schließlich, dessen Unergründlichkeit etwa elf Meter tief ist, ist wahrscheinlich durch einen riesigen Eisblock entstanden, der gegen Ende der letzten Eiszeit hier hängen blieb und langsam dahinschmolz.

Aber auch ohne legendäres Beiwerk ist der Herthasee einen Abstecher wert (ein knapper Kilometer vom Nationalpark-Zentrum entfernt, detaillierte Wegbeschreibung bei Wanderung 8). Auf dem Weg zum See passiert man einen pittoresk verwachsenen Schwarzerlensumpf, der zuweilen intensiv, fast unwirklich grün leuch-

Waldwasseridyll: der Herthasee

tet. Der Herthasee selbst liegt einsam und still im Wald. Über das Ufer ragen die Äste der Buchen weit in den See und beschatten die dunkle Wasseroberfläche, die von kaum einem Lufthauch gekräuselt wird.

Jasmund Karte S. 172

Die Wissower Klinken

... *waren* eine der meist fotografierten Sehenswürdigkeiten der Insel. Kaum eine touristische Broschüre, die nicht von den markanten Felszacken geschmückt wurde. Kaum ein Rügenbesucher, der nicht die Sonne zwischen den Felsflügeln steigen sehen wollte, wenn sanftes Licht das Meer in schimmernde Türkistöne tauchte. Eine schöne Symphonie sei an den Wissower Klinken hängen geblieben, soll Brahms geschwärmt haben. Nun gibt es die berühmte Felsformation nicht mehr.

Ende Februar 2005 stürzte der Kreidefelsen ins Meer. Ohne Vorwarnung geschah das nicht,. Risse im Fels hatten den Abbruch angekündigt. Dann rutschte ein erstes Stück Kreide ab (etwa 1000 Kubikmeter), bevor beim Hauptabbruch weit über 50.000 Kubikmeter Kreide hinabstürzten und mit ihr die beiden bis zu 20 Meter hohen Hauptzinnen der Wissower Klinken.

Hochküstenabbrüche sind nichts Ungewöhnliches. Vielmehr handelt es sich um ein natürliches Phänomen, das vor allem in Folge von so genannten Frostsprengungen auftritt. Nach starken Regen oder Schneefällen saugt sich die poröse Kreide voller Wasser, das bei folgendem Frost das Kliff im wahrsten Sinne des Wortes aufsprengt, aber noch zusammenhält. Erst bei Tauwetter gerät der aufgesprengte Fels unter dem Druck des eigenen Gewichts in Bewegung und stürzt herab.

Piratenschlucht

Natürlich hat die Schlucht ihren Namen keinem Geringeren als Störtebeker zu verdanken, denn hier soll sich der legendäre Freibeuter vor seinen hanseatischen Häschern versteckt haben. In der Tat kann man sich die Einkerbung in der Steilküste sehr gut als provisorisches Piratennest vorstellen. Die kleine Schlucht ist wie ein T geformt: Von der Küste führt ein schmaler Durchlass ein Stück ins Land hinein und endet abrupt vor einem steilen Hang, während sich die Vertiefung rechts und links fortsetzt. Heute verbindet eine hölzerne Treppen-Steg-Konstruktion den wildromantischen Strand mit dem Hochuferweg.

Die Piratenschlucht befindet sich einen knappen Kilometer nördlich vom Sassnitzer Stadtrand (detaillierte Wegbeschreibung unter Wanderung 6). Hier soll übrigens auch der sagenhafte Schatz Störtebekers verborgen sein, aber den Spaten sollte man besser zu Hause lassen. Nicht nur, dass das Löcher-Graben im Nationalpark wie auch Raubgrabungen generell unter Strafe stehen, es ist auch äußerst unwahrscheinlich, dass man hier fündig wird. Mindestens ein Dutzend anderer Stellen auf und um Rügen konkurrieren mit der Piratenschlucht um die Ehre, Hüter des Schatzes zu sein ...

Wanderungen im Nationalpark

Wandern durch die Stubnitz, das ist Erholung pur. Ob man gemütlich auf einem Pfad unter Rotbuchen entlang schlendert, den spektakulären Weg über der Küste einschlägt oder aber am Strand im Schatten der Kreidefelsen spaziert, im Nationalpark gibt es zahlreiche Möglichkeiten, einen Tag in der Natur zu verbringen.

Manches Wegstück wird man sich mit anderen (manchmal vielen anderen) Ausflüglern teilen müssen, denn vor allem die Küstenlinie um den Königsstuhl ist natürlich kein Geheimtipp, eher ein Fall für die Kategorie Was-Sie-auf-Rügen-auf-keinen-Fall-versäumen-sollten. Aber auch Ruhesuchende werden auf ihre Kosten kommen: Der Nationalpark ist groß genug, um sich zu verlaufen, lautstarke Wanderergespräche werden vom Wald geschluckt oder vom Geschrei der Möwen übertönt.

Drei der schönsten Wanderungen durch den Nationalpark Jasmund werden im Folgenden vorgestellt: eine Rundwanderung ausgehend von Sassnitz, an der Küste entlang und durch den Wald zurück; der Hochuferweg von Sassnitz die Küstenlinie entlang zum Königsstuhl; eine Rundwanderung von Lohme zu Königsstuhl und Herthasee und zurück. Die Wanderungen sind natürlich kombinierbar, sei es durch One-way-Abstecher oder aber durch die Verbindung zu einer großen Tour von Sassnitz nach Lohme.

Beste Wanderzeit für alle drei Wanderungen ist Frühjahr bis Herbst; ideal ist der Vormittag, wenn die Sonne auf die Kreidefelsen scheint, schön aber auch gegen Abend, wenn die schräg fallenden Sonnenstrahlen den Wald in allen Grüntönen leuchten lassen.
Achtung: Keinesfalls nach starken Regenfällen oder bei Tauwetter am Strand unterhalb des Hochufers entlang wandern: Erdrutsch- und Kreideabbruchgefahr! Siehe auch Wandern, S. 52.

Lohme
Schwanenstein
Hankenufer
Start 1
2
3
P
13
Ranzow
Stubbenhörn
4
12
Waschstein
Teufels-
grund
5
6
Königsstuhl
7
11
Große Stubbenkammer
Victoriasicht
Nipmerow
Opfersteine
Herthaburg
Herthasee
11
10
9
8
10
Kleine
Stubbenkammer
Äser Ort
NATIONAL
Hagen
Pendelbus zum
Königsstuhl
P
Hagen
Baumhaus
Kollicker
Ort
9
8
Kollicker Bach
Kollicker Ufer
Brisnitzer Bach
PARK
Kieler
Wasserfall
7
Kieler Ufer
Kieler Bach
Wanderung 6: Nördlich von Sassnitz
Wanderung 7: Auf dem Hochuferweg
Wanderung 8: Von Lohme zum Königsstuhl
JASMUND
Tipper
Ort
6
8
7
6
5
Waldhalle
Wissower
Berg
Kreidebruch
Forstamt
9
4
Dargast
Lenzer Bach
Wissower Ufer
3
Hengst
2
10
Piraten-
schlucht
Lancken
11
1
Start
Sassnitz
450 m
Nationalpark Jasmund

Wanderung 6: Rundwanderung nördlich von Sassnitz

Charakteristik: Die leichte Wanderung verläuft vollständig im herrlichen Laubwald des Nationalparks. Sie führt zuerst den Hochuferweg entlang (hier ein paar An- und Abstiege, teils über Treppen) bis zur Waldhalle. Von hier aus geht es auf Waldwegen, die nach Regen streckenweise recht matschig sein können, zurück zum Ausgangspunkt in Sassnitz. **Länge/Dauer**: 6½ km, reine Gehzeit knapp 2 Std. **Einkehrmöglichkeiten**: natürlich in Sassnitz sowie in der *Waldhalle*. **Start/Anfahrt**: Die Wanderung beginnt am nördlichen Stadtrand von Sassnitz. Die oberhalb der Altstadt verlaufende Hauptstraße (die später Berg- bzw. Weddingstr. heißt) führt bis zum Waldrand. Hier, am Eingang zum Nationalpark, befindet sich ein kostenpflichtiger Parkplatz.

Wegbeschreibung: Vor dem **Parkplatz** befindet sich eine Info-Tafel des Nationalparks (WP 01). Rechter Hand beginnt der breite Wanderweg unterhalb des Parkplatzes, von dem aus nach 100 m links eine Treppe hinauf auf den **Hochuferweg** führt (Markierung: *blauer Querbalken*).

Gleich zu Beginn der Wanderung bietet sich eine interessante, aber anstrengendere **Variante** an: Über steile Stiegen, die Erste direkt am Ausgangspunkt, ist das Ufer zu erreichen, so dass man einen Teil der Strecke am steinigen Strand zurücklegen kann. Hinter dem Parkplatz nach wenigen Metern rechts (Strand beschildert), hinter einer Häusergruppe führt die Treppe runter. Der Weg am Strand ist wegen der groben Steine nicht leicht zu gehen, Aufstieg zum Hochuferweg durch die Piratenschlucht.

Nach etwa 10 Min. durch den Buchenwald auf dem Hochuferweg erreicht man die Treppe, die in die wie ein *T* geformte **Piratenschlucht** hinabführt (WP 02). Die Schlucht soll ihren Namen dem berühmtesten Freibeuter der Ostsee verdanken, denn hier habe kein Geringerer als Klaus Störtebeker sich, seine Mannschaft und seine Beute vor dem Zugriff wütender Hansehändler versteckt. Danach geht es leicht bergauf und eine kurze Treppe hoch. Oben angelangt kann man den slawischen Burgwall, den **Hengst**, überblicken, von dem noch ein Halbkreis zu erkennen ist. Dann stößt man erneut auf eine Treppe, die hinunter zum **Lenzer Bach** führt und auf der anderen Seite wieder hinauf (WP 03). Oben rechts halten und weiter an der Küste entlang. Immer wieder eröffnen sich herrliche Ausblicke auf die Küstenlinie, bis der Weg nicht mehr hart am Geländer, sondern etwas weiter waldeinwärts verläuft. Nach insgesamt etwas mehr als 30 Min. geht es wiederum eine Senke hinab und über die hölzerne **Wissower Brücke** (WP 04), danach wieder hinauf und auf einem breiten, stetig steigenden Waldpfad bis zu einer Weggabelung. Von hier aus sind es rechter Hand noch etwa 50 m bis zu der Stelle, an der sich früher die berühmten **Wissower Klinken** (WP 05) erhoben haben (Näheres siehe oben; weiter Richtung Königsstuhl → Wanderung 7; reine Wegstrecke bis hier 2 km).

Linker Hand führt ein breiter Waldweg zu der Lichtung, auf der sich die **Waldhalle** (WP 06) befindet (Angaben s. o.).

An der Waldhalle vorbei gelangt man auf eine Kopfsteinpflasterstraße (Richtung Westen), die man nach 200 m an einer Linksbiegung (WP 07) wieder verlässt und geradeaus auf dem Waldweg weitergeht (Markierungen: gelb-weiß). Der Waldweg, teils auf altem Kopfsteinpflaster, teils auf Schotter, ist von viel Farn gesäumt.

Nach ca. 15 Min. (von der Waldhalle) passiert man eine Strommastenschneise, der der Weg eine Weile parallel versetzt folgt. Alle Abzweigungen, v. a. Reiterwege, ignorieren. Nach einer Wegbiegung um eine Eichenpflanzung (wieder auf der anderen Seite der Stromleitungen) kommt man zu einer Abzweigung, hier links halten (Beschilderung „Alte Kiesgrube", WP 08). Rechts des Wegs liegt eine kleine Wiese, die wenig später zu einem lang gezogenen Feuchtgebiet samt See wird. An einer Kreuzung (WP 09) geht es rechts zum Forsthaus (noch ca. 200 m), die Wanderung aber führt weiter geradeaus auf Kopfsteinpflaster wieder in den herrlichen Buchenwald hinein (Markierung *Grüne Diagonale*).

An einer Fünf-Wege-Kreuzung (WP 10) überquert man die Zufahrtsstraße zur Waldhalle und folgt geradeaus der Beschilderung „Sassnitz" (Markierung nun: *blauer Querbalken*). Schließlich gelangt man an den Stadtrand von Sassnitz, oberhalb der ersten Häuser links halten (WP 11) und zurück zum Parkplatz.

Kreidezacken in der Stubbenkammer

Wanderung 7: Auf dem Hochuferweg am Rand des Nationalparks

Charakteristik: der Klassiker und vielleicht der schönste Wanderweg Rügens, dementsprechend nicht ganz unbekannt. Am Rand des Nationalparks oft hart an der Abbruchkante des Steilufers führt der Wanderweg von Sassnitz bis zur Großen Stubbenkammer und dem Königsstuhl. Wer Zeit und Lust hat, kann den gesamten Hochuferweg bis Lohme laufen (→ Wanderung 8). Nach Regen können manche Wegpassagen aufgeweicht und dadurch etwas schwierig sein. **Länge/Dauer**: etwas mehr als 8 km, ca. 2½ Std. reine Wegstrecke. **Einkehrmöglichkeiten**: in der *Waldhalle* und am Königsstuhl (Achtung: Eintritt erforderlich → oben, Nationalparkzentrum). **Start/Anfahrt/Rückweg**: Start in Sassnitz, am kostenpflichtigen Parkplatz am Nationalparkrand (Weddingstraße, hier auch Haltestelle des Stadtbusses); zurück mit der Linie 20 oder 23, mindestens stündliche Verbindung, in der Hochsaison öfter.

Wegbeschreibung: Der erste Teil der Wanderung entspricht der Anfangs-Teilstrecke der Wanderung 6, also vom Parkplatz am Ortsrand über den Hochuferweg oberhalb der **Piratenschlucht** und am **Hengst** vorbei bis zu der Stelle, an der einst die **Wissower Klinken** standen (WP 01–05, reine Gehzeit ca. 40 Min.). 200 m weiter wird die Absturzkante des Steilufers wieder durch ein Geländer gesichert. Es geht weiter auf dem Hochuferweg entlang, links der lichte Buchenwald und rechts das Meer. Bald führt eine Holztreppe in eine Senke hinab, auf der anderen Seite wieder hinauf und kurz darauf zu einem **Aussichtspunkt**, der *Ernst-Moritz-Arndt-Sicht* (WP 06). Achtung: In der Folge ist die Abbruchkante des Hochufers teilweise ungesichert! Es eröffnen sich aber auch immer wieder atemberaubende Blicke auf die Kreidefelsen.

Zunächst aber geht es ein wenig landeinwärts in den Wald (im Herbst ist die Orientierung durch laubverdeckte Wege erschwert, zudem spärliche, teils verblasste Markierung *blauer Balken*). Bald sollte links eine kreisrunde Kuhle mit 10 m Durchmesser erscheinen. Unvermittelt gerät man in dichteren Wald, durch den ein langer Holzsteg führt. Wenn dieser endet, geht es leicht bergab und in einer Senke wieder über einen Holzsteg durch dichtes Unterholz. Schließlich gelangt man über zwei Treppen hinunter zum **Kieler Bach** (ca. 4½ km von Sassnitz). Es geht ein kurzes Stück auf Holzplanken durch die Schlucht, bis rechts eine Treppe hinaufführt, links geht es über eine steile Treppe hinunter zum Kieler Ufer und dem pittoresken Wasserfall (WP 07). Oben auf der anderen Seite des Baches läuft man wieder näher am Steilufer entlang (teils gesichert), up and down, wobei man aber stetig an Höhe gewinnt. Nach einer weiteren Senke mit Treppe kommt man zum Steg über den **Kollicker Bach** (WP 08, ca. 5½ km von Sassnitz). Oberhalb davon entstand zur Zeit der Recherche ein Abstieg zum Ufer, dem Kollicker Ort (WP 09).

Weiter geht es in nordwestlicher Richtung, wobei sich der Weg zweimal ein Stück in den Wald wendet, bevor dann ein Holzsteg über einen Senkengrund führt. Beim zweiten Mal ist es der **Steinbach**, den man überquert, auf der anderen Seite führt der Weg hinauf zur **Viktoria-Sicht** (WP 10). Kurz davor gabelt sich der Weg. Links geht es zum Parkplatz und den Bushaltestellen, rechts zum Aussichtspunkt und weiter bis auf den **Königsstuhl** (WP 11).

Am Königsstuhl kann man das neue Nationalpark-Zentrum besuchen oder nebenan auf einen Kaffee oder zum Essen einkehren. Zurück geht es mit dem Bus (Haltestelle unterhalb des Nationalpark-Zentrums, Achtung: rechts befindet sich die Haltestelle des Pendelverkehrs zum Großparkplatz Hagen, links ist die Haltestelle der Linie 20 oder 23 zurück nach Sassnitz).

Oder aber man setzt die Wanderung bis nach Lohme fort, entweder weiter auf dem Hochuferweg (hinter dem Nationalpark-Zentrum rechts halten, 1. Teilstrecke der *Wanderung 8* in entgegengesetzter Richtung) oder über den Herthasee (*Wanderung 8* ab WP 09).

Wanderung 8: Rundwanderung von Lohme zum Königsstuhl

Charakteristik: Die abwechslungsreiche Wanderung verläuft zunächst auf einem weniger frequentierten Stück des Hochuferwegs und führt zu den Höhepunkten der Stubbenkammer: Königsstuhl, Viktoria-Sicht, Herthaburg und Herthasee. Ein wenig Kondition ist von Nutzen, nach Regen können die Waldwege aufgeweicht sein. **Länge/Dauer**: ca. 9 km, reine Gehzeit gut 3 Std. **Einkehrmöglichkeiten**: in Lohme und am Königsstuhl. **Start/Anfahrt**: Die Wanderung beginnt beim Dorfladen von Lohme, am östlichen Ortseingang kurz nach der Kurve (hier auch nahe gelegene Parkplätze und ein Wohnmobilstellplatz, Näheres und Verbindungen → Lohme, S. 194).

Wegbeschreibung: Rechts von dem kleinen **Dorfladen** (WP 01) führt ein Schotterweg rechts am Caravan-Stellplatz vorbei und geradeaus bis an den Waldrand (WP 02). Hier gleich rechts der Beschilderung „Königsstuhl" folgen

(Markierung *blauer Balken*). Der Weg führt durch einen schmalen **Waldstreifen**, der sich den steilen Abhang entlang zieht: Rechter Hand erstrecken sich Wiesen und Felder, links unten rauscht das Meer. Man passiert diverse Abstiege, eine kleine Stahlbrücke und läuft weiter am Hang entlang, bis eine Holztreppe zu einer Wiese hinaufführt (WP 03), oben links und weiter im Wald. Nach ca. 2 km erreicht man eine beschilderte Weggabelung, hier links Richtung Königsstuhl (Markierung *blauer Balken*, der Weg rechts führt nach Hagen). Bald kommt man zu einem **Aussichtspunkt** (WP 04). Achtung: Das hohe Ufer bricht unversehens ab, Kinder und Hunde an die kurze Leine nehmen (wenig später ein weiterer Aussichtspunkt mit Bänkchen, allerdings ohne viel Aussicht). Es geht weiter geradeaus und um die kleine Schlucht mit dem dramatischen Namen *Teufelsgrund* herum, bis man (nach etwa 1 km) an eine Abzweigung gelangt (WP 05). Hier rechts halten und weiter zum Zentrum des Nationalparks (WP 06) und zu einem der berühmtesten Aussichtspunkte Deutschlands: dem **Königsstuhl** (WP 07, Wegstrecke bis hier 4 km). Näheres zum Königsstuhl → S. 183ff.

Ein berühmtes Stück Kreide: der Königsstuhl

Nach dem ein oder anderen Blick vom Kreidefelsen oder in das Nationalpark-Zentrum kann die Wanderung mit einem **Abstecher zur Viktoria-Sicht** fortgesetzt werden. Hierzu geht es zunächst zum unterhalb des Zentrums liegenden Busparkplatz. In der hinteren Ecke linker Hand geht man neben Imbiss- und Souvenirbuden zunächst der Beschilderung folgend links, am Hochufer wieder rechts (Markierung *blauer Balken*) – geradeaus führt ein Abstieg auf über 400 Stufen 110 Höhenmeter hinunter zum Strand. Weiter auf dem Hochuferweg erreicht man kurz darauf die Viktoria-Sicht (WP 08). Etwa 10 m weiter nach Süden unterhalb des Aussichtspunktes verläuft halbrechts ein breiter Weg oberhalb des **Steinbachs**, auf dem man nach wenigen Minuten zum Restaurant *Am Königsstuhl* (WP 09) und zurück zur Straße nach Hagen kommt. Auf dieser geht man, an der Bushaltestelle vorbei, bis zu einer Weggabelung (WP 10). Hier verlässt man die Asphaltstraße auf dem mittleren Weg und erreicht bald den malerischen **Herthasee**: zuerst den grün schimmernden Teich mit seiner fast mystischen Ausstrahlung und dann (Abzweigungen zum Opferstein zunächst ignorieren) an der Herthabuche den eigentlichen See (WP 11). Durch einen Hohlweg rechter Hand kann man in den Kessel der Wallanlage Herthaburg steigen (hierzu auch S. 186). Die Wanderung führt wieder zurück Richtung Straße und dann bei der nächsten Abzweigung (beschildert) links zum Opferstein.

Zurück auf der Straße (WP 10) nimmt man nun die linke Abzweigung, der Weg verläuft auf Kopfsteinpflaster nördlich von Herthaburg, -see und -buche. Nun auf dem Hauptweg bleiben und alle Abzweigungen ignorieren (Markierung *blau-weiß*, später Beschilderung *Ranzow, Lohme*). Alternativ führen rechts Pfade zurück zum Hochuferweg, der Weg ist aber länger. Schließlich tritt man etwa 400 m nach der letzten Abzweigung aus dem Wald (WP 12) und erhält einen herrlichen Blick auf das Kap Arkona. Es geht weiter nach Ranzow, geradeaus durch den Ort, am Reiterhof vorbei und auf Asphalt bis zur Landstraße (WP 13). Auf der läuft man rechts das letzte Stück zurück nach Lohme und zum Ausgangspunkt.

Lohme

Ein ausgezeichneter Standort, um den Nationalpark zu erkunden oder um einfach nur auszuspannen. Hoch über der Ostseeküste gelegen, bietet Lohme herrliche Blicke auf das Meer und das Kap Arkona.

Mit dem Rücken zu einer zauberhaften Landschaft liegt Lohme direkt an der 70 Meter hohen Steilküste im Norden Rügens. Eine Holztreppe führt hinab zum Hafen, der zu den idyllischsten der Insel zählt. Der Tourismus hat in dem ehemaligen Fischerdorf Tradition, bereits in den 1860er Jahren begann hier ein Hotelbetrieb: das *Strandhotel Hagemeister* (heute *Panorama Silence Hotel*). Eine bemerkenswerte touristische Infrastruktur hat sich bis heute gehalten, dennoch kommt hier keine Bäderhektik auf. Der Grund dafür liegt wohl darin, dass sich der kiesige Strand eher für einen Spaziergang eignet als zum Baden. Aber gerade die Beschaulichkeit macht den Charme Lohmes aus – ganz zu schweigen von der herrlichen Gegend und den grandiosen Sonnenuntergängen hinter dem Kap Arkona ...

Südlich von Lohme befindet sich das kleine Dorf **Nipmerow**, zwischen beiden Orten liegt nahe der Straße der Grabhügel *Magelowberg* mit Hünenbett, Steinkreis und Ganggrab, nicht zwingend einen Besuch wert, es sei denn wegen der Aussicht.

• *Verbindungen* **Bus-Linie 14** kommt aus Glowe, fährt zum Parkplatz Hagen und weiter zum *Königsstuhl* (dort umsteigen nach Sassnitz).

• *Übernachten/Essen* **Panorama Silence Hotel**, das Hotel hält, was der Name verspricht und bietet noch mehr. In dem traditionsreichen Haus stehen stilvoll eingerichtete, helle Zimmer zur Verfügung, teils mit herrlichem Panoramablick, gut ausgestattete Unterkünfte bieten zudem die angeschlossenen Gästehäuser. DZ mit Bad, TV und opulentem Frühstücksbuffet ab 89 € (mit Seeblick ab 136 €), EZ ab 62 €, Suite ab 178 €. Ausgezeichnet ist auch das **Restaurant**: Von dem herrlichen Wintergarten hoch über dem Ufer hat man einen grandiosen Blick, empfehlenswert ist das Menü (ca. 30 €, die hervorragend investiert sind): zunächst kommt der Gruß aus der Küche, die Vorspeise könnte ein Blattsalat in Sanddorn-Vinaigrette sein, gefolgt vielleicht von Spanferkelrücken im Waldwiesenheu-Fond pochiert. Und als Dessert Calvadoscreme auf Mandel-Biskuit? Tägl. 12–21.30 Uhr. An der Steilküste 8, 18551 Lohme, ✆ 038302-9110, ✆ 911132, www.lohme.com.

Haus am Meer, neues Haus an der Holztreppe zum Hafen, schöne Appartements, alle mit Meerblick, auch ein Café (Frühstück ab 8 Uhr), das Restaurant leicht gehoben (tägl. ab 12 Uhr), Appartement (Mindestmietdauer 3 Tage) für 2 Pers. 88 €, 4 Pers. 112 € (plus 20 € Endreinigung), in der Nebensaison deutlich günstiger, Frühstück auf Anfrage. Zum Hafen 7, 18551 Lohme, ✆ 038302-88523 (Restaurant ✆ 88524), ✆ 88526, www.hausammeer-lohme.de.

Gästehaus Daheim, mit Restaurant (Ankonastr. 10) und Biergarten an der Hauptstraße (gegenüber Parkplatz); sechs freundlich eingerichtete Ferienwohnungen für 2–4 Personen in zwei Häusern, günstig (42–74 € am Tag, plus Endreinigung), früh buchen. An der Steilküste 1, 18551 Lohme, ✆ 038302-9352, 📠 90117, www.daheim-lohme.de.

Traditionsräucherei, in der urigen Räucherei im Ortszentrum gibt es auch ein bodenständiges Fischlokal. ✆ 038302-9205.

Café Niedlich, hübsches Café mit toller Holzterrasse über dem Hafen, große Auswahl an Kaffees, Eis, Kuchen etc., nicht teuer.

Imbiss Klöneck, kleine Imbissstube unten am Hafen, ein paar Tische am Steg, tägl. 8–22 Uhr, warme Küche bis 20.30 Uhr, günstige, einfache Fischgerichte.

• *Camping* **Wald-Campingplatz Nipmerow**, in gewisser Weise ein Seiteneinstieg in den Nationalpark, denn der einfache, aber herrlich gelegene Campingplatz befindet sich in einem baumreichen Ausläufer der Stubnitz, dementsprechend viel Schatten, kleiner Laden, einfache Gaststätte, Fahrradverleih, Fußballplatz, Riesenschach ... Erw. 6 €, Kinder 3–16 Jahre 2,50 €, Zelte (je nach Größe) 4–5 €, Auto 2 €, Caravan 8 €, Hunde frei, Strom 2 €; von Sassnitz kommend in Nipmerow zunächst Richtung Lohme, dann gleich rechts rein. 18551 Lohme, OT Nipmerow, ✆ 038302-9244, 📠 56308, www.wald-camping-nipmerow.m-vp.de.

• *Caravanstellplatz/Fahrradverleih* Im **Dorfladen** (der auch *Dorfladen* heißt) am Parkplatz kann man nicht nur das Nötigste einkaufen, hier ist zudem ein kleines **Bistro** untergebracht, außerdem ein **Fahrradverleih** (Trekkingräder 5 €/Tag, 30 €/Woche, auch Kinderräder und -sitze); hinter dem Haus ein **Caravanstellplatz** (8 €/Nacht, 1 €/Strom), man kann sich einfach abends hinstellen und am nächsten Morgen im Laden melden. Mo–Fr 7.30–12 Uhr und 15–18 Uhr, Sa 7.30–13 Uhr, So im Sommer 15–18 Uhr, im Winter So geschl. Dorfstr. 9, 18551 Lohme, ✆ 038302-88557, 📠 88889.

• *Baden* Nicht ideal – kleiner Kiesstrand rechter Hand vom Hafen.

Niedlich: das Café am Hafen von Lohme

• *Reiten* **Pferdehof Ranzow**, auch Unterricht, Ferienkurse, Geländeritte, Wanderreiten, u. a., mit Reithalle und Springplatz, Gastpferde möglich, Ferienwohnungen. Im östlich von Lohme gelegenen OT Ranzow. Dorfstr. 2, 18551 Lohme, OT Ranzow, ✆ 038302-2788, 📠 51441, www.pferdehof-koenigstuhl.de.

• *Sporthafen* Wasserwander-Rastplatz mit 55 Liegeplätze bei ca. 3 m Tiefe. ✆ 038302-90909 oder 0171-7100928.

Entlang der Jasmunder Nordküste

Weite Felder, gelegentliche Hügel mit vereinzelten Baumgruppen, schöne Alleen sowie abgeschiedene Strandabschnitte bestimmen den Norden der Halbinsel Jasmund. Eine kurvige Straße verläuft parallel zur Ostseeküste, doch nur wenige reetgedeckte Gehöfte stehen entlang des Weges: **Nardevitz** z. B. mit seiner alten Kopfsteinpflasterallee, von der eine holprige Straße zum *Rugeshus*, einer idyllisch gelegenen Pension, führt, oder das Gutshaus **Bisdamitz**, heute ein etabliertes Bio-Hofgut. Bei **Ruschvitz**, der Legende nach Geburtsort Störtebekers, mündet die schmale Straße in die Verbindungsstraße von Bergen nach Glowe und weiter nach Wittow. Der Küstenabschnitt zwischen Lohme und Glowe ist zum Baden nur bedingt geeignet, da meist steinig, dafür bieten sich Spaziergänge über diese entlegenen Geröllstrände umso mehr an.

• *Übernachten* **Pension/Café Rugeshus**, im Hochuferwäldchen gelegenes, allein stehendes Haus. Ein Fußpfad führt durch eine kleine Schlucht hinab zum Meer (Strand mit sehr groben Kieseln); das **Café** hat geöffnet, wenn jemand da ist, was während der Saison meist der Fall ist (auch Frühstück), warme Gerichte auf Vorbestellung. Sehr sympathische Leitung; acht individuell eingerichtet Zimmer (früh reservieren!), DZ mit Bad, TV und Frühstück 84–108 € (je nach Größe), Haustiere willkommen. Von Lohme kommend am Ortseingang von Nardevitz rechts und noch ca. 500 m auf Schotter. Am Ufer 2, 18551 Lohme, OT Nardewitz, ✆ 038302-88960 oder 9120, 📠 91220, www.rugeshus.de.

• *Essen & Trinken, Einkaufen* **Hofgut Bisdamitz**, Bioprodukte im Hofladen und in der Gaststätte, Herz des Hofguts ist die eigene Käserei, in dem wintergarten-artigen Restaurant kann man die Produkte des Hofes probieren; tägl. 10–18 Uhr, im Sommer bis 20 Uhr, warme Küche bis 17.30 Uhr. Hofgut Bisdamitz, 18551 Lohme, ✆ 038302-9207, 📠 90199, www.hofgut-bisdamitz.de.

Bobbin und die Jasmunder Boddenküste

Im Westen von Jasmund trifft man auf die Binnenküste des Großen Jasmunder Boddens. Hier wächst die typische niedrige Boddenvegetation an den sumpfigen Ufern. Wenige schmale, von Bäumen beschattete Wege durchziehen die Felder. Die meisten Besucher kommen in die Gegend, um das Schloss Spyker in der Nähe von Bobbin zu besichtigen.

Das Dorf **Bobbin** ist nur rund um seine Kirche auf dem Hügel nett anzusehen, der Rest verläuft sich an der Durchgangsstraße. Zur Kirche gelangt man, wenn man kurz vor dem nördlichen Ortsausgang die kopfsteingepflasterte Straße hinaufsteigt. Die gotische *St. Paulikirche* wurde um 1400 aus Feldsteinen errichtet und die Zwischenräume mit Backstein gefüllt, was der Fassade ein ganz eigenes Aussehen verleiht. Der gedrungene Turm entstand wahrscheinlich 100 Jahre später, die Inneneinrichtung präsentiert sich verhalten barock. Den sehenswerten Altar stiftete der Herr von Spyker, *Carl Gustav Wrangel* 1668.

Die St. Paulikirche ist täglich geöffnet, im Sommer finden in der Kirche Di abends oft Konzerte statt, Termine hängen aus.

Von Bobbins Oberdorf bei der Kirche sowie dem südlich gelegenen, fast 60 Meter hohen *Tempelberg* (direkt an der Straße, vom Parkplatz aus führt eine Treppe hinauf) hat man eine herrliche Aussicht. Bei passendem Wetter überblickt man den großen Bodden, seine nur durch schmale Wasserengen verbundenen nördlichen Buchten *Mittelsee* und *Spyker See* sowie die Schaabe und die Halbinsel Wittow. Unweit des nördlichen Ortsausgangs führt eine schmale Straße zum **Schloss Spyker**. Das alte Herrenhaus bietet im Sommer dank seiner dunkelroten Fassade im Kontrast zum üppigen Grün der Umgebung einen farbenprächtigen Anblick.

Westlich von Bobbin liegt das kleine Dorf **Polchow**, dessen Häuser sich zwischen goldgelben Weizen- und Rapsfeldern, Schilfgürteln und dem Großen Jasmunder Bodden verstreuen. Bekannt ist hier vor allem das Fischlokal „Am Jasmunder Bodden" sowie die Fischräucherei des Ortes. Ein wenig südlich davon befindet sich inmitten

Schloss Spyker

Die ungewöhnliche, für Rügen untypische Farbe der Fassade, ein dunkles ins rostbraun neigende Rot, verdankt das alte Herrenhaus seinem vormaligen Besitzer: *Carl Gustav Wrangel*, schwedischer Generalfeldmarschall im Dreißigjährigen Krieg, erhielt das Herrenhaus samt Ländereien, nachdem der lange Krieg zu Ende gegangen und Rügen zu einem Teil des schwedischen Reiches geworden war. Unter seiner Regie erhielt das Schloss Spyker sein heutiges Aussehen: die runden Türme an jeder Ecke, bedacht von niedrigen Hauben, und eben den roten Putz über dem Backstein. Als Vorbild diente das Heimatschloss der Wrangels in Schweden.

Wie so oft auf Rügen ist das Schloss zwar öffentlich zugänglich, wird aber nicht museal genutzt. Hier befindet sich heute ein nobles Hotel, samt zwei Restaurants, Bar und Café.

Schloss Spyker

Hotel Schloss Spyker, ungemein stilvolles Hotel, das Gebäude beeindruckend, das Ambiente fein. DZ mit Bad, TV und Frühstück ab 110 €, Turmzimmer 160 €, Luxuszimmer 180 €, Hund 10 €, auch Fahrradverleih ab 6 €/Tag. Das Restaurant *Zum alten Wrangel* befindet sich im Gewölbekeller (auch Sitzgelegenheiten auf der Terrasse) und ist vor allem auch bei Nichthotelgästen beliebt, gute Küche, leicht gehobenes Preisniveau, für die Lage und das Gebotene aber nicht teuer. Im Sommer finden auch klassische Konzerte statt (meist montags), außerdem werden diverse Festivitäten veranstaltet, u. a. Schloss- oder Grillfeste. Schlossallee 1, 18551 Spyker, ✆ 038302-770, ℻ 53386, www.schloss-spyker.de.

Jasmund Karte S. 172

eines Meeres aus Schilf **Martinshafen**, ein kleines Wassersportzentrum an den Rändern von Nirgendwo. Die Boddenvegetation endet im Süden am Gnewer Ufer, dem Küstenabschnitt der waldreichen Semper Heide oberhalb von Lietzow (→ S. 103). Hier wird es noch ruhiger: einige enge Straßen, hin und wieder eine verlassene landwirtschaftliche Anlage und jede Menge Schilf.

- *Verbindungen* Von *Sassnitz* fährt **Buslinie 13** etwa 10-mal tägl. (Sa/So bis zu 6-mal) über *Sagard* nach Bobbin und weiter über *Altenkirchen* und *Wiek* nach *Dranske*. **Linie 14** verbindet Lohme mit dem *Königsstuhl* ca. 7-mal am Tag und weiter via *Ruschwitz* nach *Glowe* (Sa/So 3-mal); **Rugia-Reisen (Linie 110)** verbindet etwa 10-mal tägl. (Sa/So 4-mal) *Bergen* mit Bobbin (via Ralswiek und Sagard) und fährt ebenfalls weiter über Juliusruh, Altenkirchen und Wiek nach Dranske.

- *Übernachten/Essen* **Hotel Der Wilde Schwan**, schönes, 2002 eröffnetes Appartementhotel in Alleinlage nahe dem Bodden, mit Gartenanlage einschließlich von Strandkörben gesäumtem Teich, Reitstall, Kegelbahn, Sauna, Fahrradverleih und freundli-

Abseits gelegen: Martinshafen

chem, hellem Restaurant, auch ausgefallene Gerichte bei mittlerer bis gehobener Preisklasse. Appartement mit Bad, TV und Frühstück ab 108 €, auch Maisonettesuiten für 4 Pers. (212 €). Anfahrt entweder über Polchow oder (einfacher) von der Umgehungsstraße Sagards Richtung Neuhof ab (beschildert), nach ca. 2 km auf schmaler Asphaltstraße links. Neuhof 10, 18551 Sagard, ✆ 038302-8030, 📠 80329, www.hotel-der-wilde-schwan.de.

Gaststätte Am Jasmunder Bodden, ungekünsteltes Landlokal in Polchow, vor allem für seinen guten, günstigen und fangfrischen Fisch berühmt (zw. 8–11 €), wenig Fleischgerichte, beliebt und in der Saison oft bis zum letzten Platz besetzt, schöne Terrasse im Sommer, von Bobbin kommend auf der rechten Seite. Dorfstr. 8, ✆ 038302-53003.

Peter's Fischräucherei, in Polchow, Mo–Fr 8–18 Uhr, Sa 8–13 Uhr. Dorfstr. 38, ✆ 038302-78030.

• *Sport* **Jasmunder Segel- und Surfschule**, großes Angebot an Wassersport, nicht nur im Bodden, sondern auch auf der Ostsee, Surfkurse (z. B. Einsteigerkurs 85 €, Aufbaukurs 80 €, auch Schein), Segelunterricht (Einsteiger 80 €, Grundkurs 160 €, Scheinerwerb möglich) und Katamarankurse (Einsteiger 115 €, Grundkurs 160 €, ebenfalls Schein möglich); außerdem Materialverleih (z. B. Surfboard ab 12 €/h, Jollen ab 20 €/h und Katamarane ab 25 €/h, natürlich auch tageweise), Yachtcharter und Unterricht, Erwerb von Bootsführerscheinen (z. B. Sportboot 220 €, inkl. 14 h Unterricht in Praxis und Theorie). Saison ist von Mitte April bis Ende Oktober, tel. Anmeldung ratsam (Martinshafen liegt etwas ab vom Schuss, wenn alle auf dem Wasser sind, war der Weg umsonst). Neuhof 1, 18551 Sagard, ✆ 038302-56880, mobil 0172-3257762, 0174-3162471, 📠 03802-56882, www.windrider.de.

Zu Lietzow → S. 103; Wanderung durch die Semper Heide → S. 105

Sagard und Umgebung

In **Sagard**, dessen Ortskern in den letzten Jahren hübsch herausgeputzt wurde, geht es beschaulich zu. Dabei hat der Tourismus im Ort einen frühen, viel versprechenden Anfang genommen. Hier und nicht, wie man meinen möchte, an den Stränden der Ostseeküste entstand der erste Kurbadebetrieb – dank einer eisenhaltigen Quelle. Gespeist von dem „Gesundbrunnen“ wurde 1794 die „Brunnen-,

Bade- und Vergnügungsanstalt" eröffnet, die sich regen Zuspruchs erfreute. Zumindest für wenige Jahre, denn schon Anfang des 19. Jh. verlor der Kurbetrieb von Sagard rapide an Bedeutung. Heute ist nur der kleine Ortskern um Markt und Kirche einen Zwischenstopp wert. Die Halle der imposanten *St. Michaelskirche* (natürlich ein Backsteinbau) wurde bereits um 1210 errichtet, die An- und Ausbauten, Chor, Sakristei, Seitenschiffe, Gewölbe des Hauptschiffs und Turm erfolgten sukzessive in den folgenden Jahrhunderten. Prunkstück der Kirche ist die größte und vielleicht schönste Barock-Orgel der Insel.

Der Vorraum der Pfarrkirche St Michael ist täglich geöffnet, die Orgel ist von dort aus aber nicht zu sehen; im Sommer finden freitags oft Orgelkonzerte statt, Termine hängen aus.

Etwas südlich von Sagard liegt direkt an der Bundesstraße das größte bronzezeitliche Hügelgrab Norddeutschlands: **Dobberworth**. Allerdings ist damit bereits alles gesagt, denn außer dem kreisrunden, von dichtem Strauchwerk bewachsenen Hügel mit über 10 Metern Höhe und einem Durchmesser von ca. 50 Metern ist nicht viel zu sehen.

Etwas mehr als zwei Kilometer nördlich von Sagard befinden sich Neddesitz und Gummanz. Die direkte Verbindung ist eine schöne Allee mit altem Kopfsteinpflaster, aber dadurch sehr holprig. Mit dem Auto geht es schneller, wenn man zunächst Richtung Glowe fährt und dann rechts abbiegt. **Neddesitz** wäre ein verschlafener, kleiner Flecken mit einer Handvoll Höfe, hätte sich nicht im nahe gelegenen Gutshaus und den umliegenden Ländereien das Steigenberger Resort-Hotel samt **Jasmund Therme** niedergelassen.

Ganz in der Nähe wurde in einem lange stillgelegten Kreidebruch ein Freilicht-Museum angelegt. Im **Kreide- und Naturlehrpfad Gummanz** kann man sich vor Ort über den heilpraktischen und industriellen Rohstoff informieren. Ein Film informiert über die Geschichte der Kreidegewinnung auf Rügen von der ersten Klärschlämmerei 1827 bis heute, Schautafeln und Ausstellungsstücke illustrieren die Entstehung von Kreide und Feuerstein. Im Außenbereich sind alte Gerätschaften ausgestellt. Hier kann man auch einen Blick in einen ehemaligen Kreidebruch werfen (heute ein Feuchtbiotop). Ein 10-minütiger Spaziergang führt auf die andere Seite des Bruchs und auf einen „Kleiner Königstuhl" genannten Kreidefelsen.

Kreide- und Naturlehrpfad Gummanz, beim Gutshaus befindet sich ein großer Parkplatz, dann rechter Hand ca. 500 m zu Fuß weiter; Juni–Okt. tägl. 10–17 Uhr, Ostern–Mai Di–So 10–17 Uhr, Nov.–Ostern Di–So 11–17 Uhr. Eintritt 3 €, erm. 1,50 €, Familienkarte 7 €, weitere Infos unter ✆ 038302-56229.

• *Übernachten/Essen* ****__Steigenberger Resort Hotel__**, trotz alter Bausubstanz des schönen Gutshauses ziemlich retortenhaft, Zimmer im Hotel (DZ mit Bad, TV und Frühstück ab ca. 150 €), Suiten im Gutsherrenhaus (ab ca. 190 € für 2 Pers.), Ferienwohnungen (in der Hauptsaison nur wochenweise, sonst ca. 90 € für 2–4 Pers.) in den Häusern auf dem riesigen Areal im Rücken der Therme (alle Preise übrigens inkl. Nutzung der Jasmund Therme), diverse Restaurants: die noble, stilvolle *Gutsschänke*, etwas günstiger die *Tränke* oder auch italienisch in *L'Osteria*. Außerdem natürlich die **Jasmund Therme** eine Bade- und Wellnessanlage auf 1000 m², mit Saunalandschaft, Massage und Kreidebädern, Rutsche etc., natürlich auch für *non-residents* geöffnet. 18551 Sagard, OT Neddesitz, ✆ 038302-95, ℻ 96620, www.ruegen.steigenberger.de.

Hotel Am Markt, einzige Übernachtungsmöglichkeit in Sagard selbst, nette Zimmer über dem ungarischen Restaurant *Puszta*, freundlich, im Sommer hier auch Fahrradverleih (ab 5 €/Tag); DZ mit Bad, TV und Frühstück 75 €, EZ 55 €, in der Nebensaison deutlich günstiger, ganzjährig geöffnet, in der Saison ab Mittag, im Winter unter der Woche nur abends (Sa/So ab Mittag). August-Bebel-Str. 14, 18551 Sagard, ✆ 038302-3716 oder 3718, ℻ 3721, www.puszta-ruegen.de.

Sonnenuntergang bei Glowe

Glowe und die Schaabe

Glowe ist ein kleines, lang gestrecktes Straßendorf am nordwestlichen Rand der Halbinsel Jasmund. Seine einzige Attraktion, dem das ehemalige Fischerdorf eine beschauliche wirtschaftliche Blüte verdankt, beginnt am kleinen Hafen: Von der Landzunge Königshörn im Norden Glowes zieht sich in einem leichten Halbbogen ein kilometerlanger herrlicher Sandstrand bis nach Juliusruh.

Die Nehrung, die die Ostsee vom Jasmunder Bodden trennt, die **Schaabe** genannt, gehört zu den jüngeren Teilen Rügens. Erst im 19. Jh. wuchs (unter Zuhilfenahme straßenbaulicher Maßnahmen) die Anlandung zu einer Landbrücke zusammen, welche die Halbinsel Wittow mit Jasmund und dem Rest Rügens verbindet. Ab 1860 wurde damit begonnen, das angeschwemmte Land durch Pflanzungen von Kiefern und Birken zu befestigen. Auch heute noch ist die Schaabe fast auf ihrer gesamten Länge von über acht Kilometern mit einem lichten Wald bedeckt. Während sich an der Ostseeseite der Nehrung erwähnter Strand erstreckt, geht der Wald an der Boddenküste der Schaabe in einen breiten Schilfgürtel über. Über die Landbrücke verläuft nicht nur die Straße nach Altenkirchen und Putgarten, sondern auch ein Wanderweg, der von Glowe bis Breege/Juliusruh führt (wegen der Kreuzottern ist festes Schuhwerk ratsam).

• *Information* **Tourismusbüro Glowe**, im östlichen Ortsteil; Mo–Do 8–12 Uhr und 14–18 Uhr, Fr nur bis 16 Uhr, Sa 9–12 Uhr. Hauptstr. 37, 18551 Glowe, ✆ 038302-5221, ℻ 5252, www.glowe.de.

• *Verbindungen* Sehr gute Busanbindung: Eine Linie der **Rugia-Reisen (Linie 110)** verbindet 10-mal tägl. (Sa/So 4-mal) Glowe via Ralswiek und Sagard mit *Bergen* und fährt über die Schaabe nach Altenkirchen und weiter bis Wiek und Dranske. **Linie 14** fährt 7-mal tägl. (Sa/So 3-mal) via Lohme zum Königsstuhl. **Linie 13** fährt mehrmals täglich von Sassnitz nach Glowe und weiter über die Halbinsel Wittow nach Altenkirchen und bis Dranske.

• *Parken* in der „Dorfmitte" stehen kostenpflichtige Parkplätze zur Verfügung.

• *Übernachten/Essen* **** **Bel Air Strandhotel Glowe**, das erste Haus am Platz, 30 stilvolle Zimmer, 5 Appartements, im Haus auch Schwimmbad, Sauna, Solarium, Fitnessraum, Restaurant „Ruiani". DZ mit Bad, TV und Frühstück ab 148 €, EZ 112 €, Appartement ab 165 €, in der Nebensaison erheblich günstiger. Waldsiedlung 130 a, 18551 Glowe, ✆ 038302-7470, 📠 747120, www.bel-air-hotels.de.

Hotel/Restaurant Alt Glowe, freundliches Haus, mitten im Ort und keine 200 m vom Strand entfernt, Preise o. k.; nicht nur zum Nachmittagskaffee auch Waffeln, netter Biergarten, mittags und abends geöffnet (im Winter nur abends, Sa/So auch Mittagstisch). DZ mit Bad, TV und Frühstück 75–85 €, EZ 50 €, außerhalb der Saison deutlich günstiger, Halbpension möglich. Hauptstr. 37, 18551 Glowe, ✆ 038302-53059, 📠 53067, www.altglowe.de.

Gasthaus/Pension „Zur Schaabe", beliebtes Restaurant, das mit alten Werbetafeln geschmückt ist, freundlicher Service, gutbürgerliche, mecklenburgische Küche zu fairen Preisen, natürlich viel Fisch; freundliche Zimmer. DZ mit Bad, TV und Frühstück ab 88 €, Hund 6 €. Hauptstr. 92, 18551 Glowe, ✆ 038302-7100, 📠 71033, www.schaabe.de.

Landgasthof Fischerhus, urige Kneipe, vor allem Fischgerichte, sehr beliebt und nicht teuer, auch fünf kleine, strandnahe Ferienwohnungen für 2 Pers. (mit Bad und TV, auf Wunsch Frühstück) etwa 55 €. Hauptstr. 53, 18551 Glowe, ✆ 038302-5235, 📠 71877, www.ruegen-schewe.de.

• *Einkaufen* **mode aus wildseide**, Mo–Sa 10–18 Uhr, Hauptstr. 46 (schräg gegenüber vom Edeka-Markt), ✆ 038302-71852.

Alles dabei? Strandzugang auf der Schaabe

• *Fahrradverleih*, im Edeka-Markt, Fahrräder 6 €/Tag, auch Kinderfahrräder, geöffnet in der Saison auch Sa/So nachmittags. In der „Dorfmitte", Hauptstr. 82, ✆ 038302-5243.

• *Sporthafen* Am Königshörn, einer kleinen Landzunge oberhalb von Glowe, befindet sich der neue Wasserwander-Rastplatz am Südufer die Tromper Wiek, etwa 60 Liegeplätze bei ca. 3 m Wassertiefe. ✆ 03802-80022 oder 0175-2624841.

Baden

Das lange Ostseeufer der Schaabe ist zweifellos einer der schönsten Strände der Insel. Zwischen Wald und Meer erhebt sich ein sanfter Dünengürtel, ein feinsandiger Strand zieht sich von Glowe bis hinauf nach Juliusruh, flach fällt das steinlose Ufer in die Tromper Wiek. Der Strand ist unbebaut, es gibt dementsprechend keinerlei Service, was der Beliebtheit aber keinen Abbruch tut. Wie an den anderen größeren Badeküsten ist der Strand in Abschnitte aufgeteilt, aber in der Praxis schert sich hier niemand darum, ob in Textil oder FKK (sonnen-)gebadet wird.

Entlang der Straße über die Schaabe liegen mehrere (kostenpflichtige) Parkplätze, von denen aus schmale Pfade durch das Kiefernwäldchen zum Strand führen.

Das Kap

Wittow

Die Halbinsel wird auch das „Windland" genannt – eine treffende Bezeichnung, denn der salzige Seewind wird hier von kaum einer Erhebung behindert. Das Innere Wittows ist von weiten Kornfeldern geprägt, an den Küsten liegen die Ferienorte Juliusruh/Breege, Wiek und Bakenberg. Besondere Sehenswürdigkeit sind die Leuchttürme von Kap Arkona.

Weitgehend flach erhebt sich Wittow nur an seiner nördlichen „Spitze" bis auf 46 Meter. Hier befinden sich die Hauptattraktionen der Halbinsel: die Leuchttürme am *Kap Arkona.* Das Kap ist ein geschichtsträchtiger Ort und heute Flächendenkmal. Es lässt sich am besten von dem hübschen kleinen Ort *Putgarten* mit seinem zu groß geratenen (und doch oft voll gestellten) Parkplatz aus erreichen. In der Nähe liegen auch die *Jaromarsburg,* ein breiter slawischer Burgwall, und das malerische, leider meist hoffnungslos überlaufene Fischerdörfchen *Vitt.*

Der „Zugang" zu Wittow befindet sich im Doppelort *Breege-Juliusruh,* wo die Halbinsel dank der Schaabe mit Rügen verbunden ist. Stilles wirtschaftliches Zentrum von Wittow ist das Städtchen *Altenkirchen* mit seiner schönen alten Kirche, eine der ältesten auf Rügen. Gleichzeitig dient der Ort aber auch als Verkehrsknotenpunkt, an dem die Straßen aus allen Richtungen zusammenlaufen.

Bakenberg ist – von den zahlreichen Tagesausflüglern ans Kap Arkona abgesehen – das touristische Zentrum der Halbinsel Wittow, beliebt dank des langen Badestrandes an der Nordküste. Im Waldstreifen oberhalb des Strandes befinden sich zahlreiche Campingplätze und Ferienanlagen. Den nordwestlichen Schlusspunkt Rügens bildet *Dranske,* eine ehemals blühende Ortschaft. Jenseits des Ortes endet die Straße am Anfang der langen Landzunge mit Namen Bug. Der unter Natur-

schutz stehende Haken, der auf Hiddensee zuwächst, darf nur im Rahmen einer Führung betreten werden.

Auf der anderen Seite des Wieker Boddens, der vom Bug gegen die Ostsee geschützt wird, liegt der ansehnliche Hafenort *Wiek* und acht Kilometer entfernt, an der Südspitze der Halbinsel die alte *Wittower Fähre*, die das „Windland" mit dem „Muttland" verbindet.

Seebad Breege-Juliusruh

Der Brückenkopf der Schaabe ist ein kleiner Doppelort mit zwei Gesichtern: auf der einen Seite *Juliusruh*, ein Straßendorf mit Seebad-Gepränge an der Ostseeküste, und auf der anderen Seite der kleine, gemütliche Boddenhafen *Breege*. Dank des kilometerlangen Sandstrandes an der Tromper Wiek haben sich um Juliusruh zahlreiche Pensionen und Ferienanlagen angesiedelt. Besonderheit des Seebades ist sein alter Park. Er wurde 1795 vom größten Grundbesitzer auf Rügen *Julius von der Lancken* als weitläufiger Garten seiner (nicht mehr erhaltenen) Sommerresidenz angelegt – und kurz darauf verkauft. Heute dient er als *Kurpark* und liegt landseits zwischen den beiden Orten. Seit 1928 ist Juliusruh mit Breege, das sich die Boddenküste entlang zieht, zu einer Gemeinde vereint. Der alte Ort (der Name stammt aus dem Slawischen und bedeutet schlicht „Ufer“) war einst ein wichtiger Hafen- und Gemeindeflecken. Die schilfgedeckten Kapitäns- und Fischerhäuser erinnern noch an diese wohlhabende Zeit. An der Hauptstraße nach Altenkirchen wurde übrigens die erste Ampel auf der Halbinsel Wittow in Betrieb genommen, eine Fußgängerampel, die den Zugang zum Strand erleichtern sollte ...

• *Information* **Informationsamt Seebad Breege-Juliusruh**, Wittower Str. 5, 18556 Juliusruh, ✆ 038391-311, 📠 13235, www.ostseebad-breege.de.

• *Verbindungen* **Bus**: Eine Linie der **Rugia-Reisen (Linie 110)** verbindet etwa 10-mal tägl. (Sa/So 4-mal) Juliusruh via Ralswiek und Sagard mit *Bergen* und fährt über Altenkirchen und Wiek weiter bis Dranske. **Linie 13** fährt von *Sassnitz* bis zu 10-mal tägl. (Sa/So bis 6-mal) nach Juliusruh und ebenfalls weiter über Wiek nach Dranske. Zudem mit **Linie 10** ca. 3-mal tägl. eine Runde über die Halbinsel (über Wiek werktags zur Wittower Fähre).

Schiff: Mit den Fähren der **Personenschifffahrt Kipp** von und nach *Vitte/Hiddensee*: zwischen 1- und 3-mal tägl. (März–Okt., Achtung: manche Fähren nur werktags). Dauer ca. 75 Min. Hin- und Rückfahrt 15 € (einfach 8 €), Kinder 4–12 Jahre 8 € (5 €), Kinder unter 4 Jahren frei, Familienkarte 40 €, Hund 8 € (5 €), Fahrrad 6 € (4 €). Personenschifffahrt Kipp, Dorfstr. 101, 18556 Breege, ✆ 038391-12306, 📠 12307, www.reederei-kipp.de.

• *Übernachten/Essen* ****__Hotel Aquamaris Strandresidenz__**, direkt an der Schaabe gelegene Anlage mit großem Angebot (3 Restaurants, Kneipe, Tanzbar, Bistro, Kiosk, Hallenbad, Sauna, Dampfbad, Fitnessraum, Wellness, Tennisplatz, Kegelbahn, Billard, Fahrradverleih und Kinderprogramm), über 250 Hotelzimmer, Suiten und Ferienwohnungen, die alle nach Vögeln benannt sind: Die Übernachtung z. B. im Doppelzimmer „Wildgans“ kostet 164 €, im Einzelzimmer „Wildente“ 98 €, in der Suite „Albatros“ 274 € (alle inklusive Bad, TV, Frühstücksbuffet sowie Nutzung des Hallenbads, Saunabereichs etc.). Wittower Str. 4, 18556 Juliusruh, ✆ 038391-44405, 📠 44141, www.aquamaris.de.

Strandhotel Dünenhaus, direkt am Strand liegt das große, in den 1920er Jahren erbaute Hotel, mit Sauna, Solarium und Fitnessraum, auch Restaurant mit schöner Terrasse, landseitiges DZ mit Bad, TV und Frühstück 95 €, EZ 60 €, seeseitiges DZ 105 €, mit Balkon 125 €, Hund 5 €. Ringstr. 5, 18556 Juliusruh, ✆ 038399-4070, 📠 40769, www.duenenhaus.im-web.de.

Kapitänshäuser Breege, Ferienanlage direkt am Hafen von Breege, die Ferienwohnungen sind natürlich nach berühmten „Kapitänen“ benannt wie Drake oder Cook, auch DZ, das große Freizeitangebot reicht von Tret- und Motorbootverleih bis zu Sauna und Hallenbad, auch Fischrestaurant *Zum alten Fischer*. Hochzeitsberg 16, 18556 Breege, ✆ 038391-420, 📠 12005, www.kapitaens-haeuser.de.

Hotel garni Dorothea, neues Hotel im Landhausstil mit 10 individuell gestalteten, stilvollen Zimmern zw. dem Breeger Hafen und dem Strand von Juliusruh. DZ mit Bad und TV 90–122 €, EZ 75–91 €. Dorfstr. 112, 18556 Breege/Juliusruh, ✆ 038391-76470, 📠 764722, www.hotel-dorothea.de.

Zum alten Fischer, *Lesertipp*, am Hafen von Breege; hier kann man gut und preiswert essen – kein Gericht, ob Fisch oder Fleisch, über 10 €.

Pension Mola, neues Haus direkt am Hafen von Breege (sowie eine Dependance etwas außerhalb). Da die Pension zur gleichnamigen Segelschule gehört und gern von Segelschüler belegt wird, ist es ratsam, früh zu reservieren. Mit Restaurant *Mayday*. DZ mit Bad, TV und Frühstück 80–140 € (je nach Größe, Balkon, Seeblick). Boddenweg 1–2, 18556 Breege, ✆ 038391-4320, 📠 43211, www.mola.de.

• *Camping* **Freizeitcamp Am Wasser**, schöner Campingplatz im Wald und am Wasser, südlich von Juliusruh auf der Schaabe zwischen Bodden und Meer. Neue sanitäre Einrichtungen, Fahrrad- und Ruderbootverleih, Spielplatz, Laden, Gaststätte. Erw. 6 €, Kind 3–14 Jahre 3,50 €, Hund 3 €, Zelt 5–6 €, Caravan 8 €, Pkw 2,50 €, Strom 2 €; auch Ferienwohnungen. Wittower Str. 1–2, 18556 Ostseebad Juliusruh, ✆ 038391-43928, 📠 237, www.freizeitcampamwasser.m-vp.de.

Zwei weitere strandnahe Campingplätze liegen nördlich von Juliusruh, am Ortsausgang Richtung Altenkirchen rechts abbiegen:

Campingplatz Drewolke, mit Gaststätte, Laden und Fahrradverleih, Erw. 6 €, Kind 4–14 Jahre 3,50 €, Hund 3 €, Zelt 6–7,50 €, Caravan 9 €, Pkw 3,50 €, Strom 2,50 €, auch

Mietwohnwagen und Bungalows. Geöffnet April–Okt. Zittkower Weg 27, 18556 Altenkirchen, ✆ 038391-12965, www.camping-auf-ruegen.

Wittower Campingpark, Naturcamping, Stellplätze mit Seeblick, aber nicht überall Schatten; Erw. 4,50 €, Kind 3–14 Jahre 2,50 €, Hund 1,50 €, Zelt 3,50–4,50 €, Caravan 7 €, Pkw 2,50 €, Strom 2 €, auch Ferienwohnungen. Geöffnet April–Okt. Zittkower Weg 30, 18556 Altenkirchen, ✆/📠 038391-13320, www.wittower-campingpark.de.

• *Baden* → Glowe und die Schaabe, S. 201.

• *Sport* **Mola**, sympathische Segelschule, auch Törns, Yachtcharter und Pension (→ oben). Großes Angebot, Grundkurs (210 €/6 Tage) oder Kindersegeln, alle Scheine. Auch Jollenvermietung (80 €/Tag). Boddenweg 1–2, 18556 Breege, ✆ 038391-4320, 📠 43211, www.mola.de.

• *Sporthafen* Im Norden der Schaabe am Breeger Bodden befindet sich der Wasserwander-Rastplatz von Breege, etwa 50 Liegeplätze bei ca. 3 m Wassertiefe, Tankstelle, Slipanlage, ✆ 03891-579.

Altenkirchen

Als „Antiqua Ecclesia" taucht die namensgebende Kirche des Ortes erstmals 1314 in der Überlieferung auf. Dem Dorf, das sich um das Gotteshaus herum erstreckt, sieht man heute nicht an, dass es das Zentrum der Halbinsel ist. Auch wenn alle Wege auf Wittow nach Altenkirchen führen, geht es hier ruhig und beschaulich zu.

Die Attraktion des Ortes ist zweifellos die zweitälteste Kirche Rügens, nach der St. Marienkirche in Bergen. Sie ist der Nachfolgebau einer Kirche, die im Zuge der Christianisierung Rügens durch die dänischen Eroberer 1168 errichtet worden war. Mittelschiff und Chor wurden wahrscheinlich um 1200 erbaut. Die Außenseite des Chores ist unterhalb des Daches mit Schmuckfriesen verziert, deren kleine untere Anschlusssteine Gesichter darstellen. Ursprünglich als dreischiffige romanische Basilika konzipiert, wurde die Backsteinkirche mehrfach umgebaut, u. a. entstand ein einheitliches, spätgotisches Kreuzrippengewölbe. Die Ausstattung der Kirche

Die alte Kirche

Wittow
Karte S. 203

ist in mehrfacher Hinsicht bemerkenswert: Der Taufstein, aus dem vier bärtige Gesichter in alle Himmelsrichtungen ragen, stammt aus der Zeit um 1250. Die das Kreuzrippengewölbe schmückenden Malereien sind nach Originalfunden aus dem 13. Jh. rekonstruiert. Die Tierfiguren im Gewölbe wurden 1967 freigelegt, bemerkenswerterweise sind drei der vier Darstellungen heidnischer Natur: Das Schwein ist ein slawisches Kultobjekt, die zwei Hähne werden der Gottheit Svantevit zugeschrieben, und nur der Pelikan kommt eindeutig aus der christlichen Symbolik.

Der meist fotografierte Stein der Kirche, der so genannte *Svantevit-Stein*, liegt versteckt im südlichen Seitenanbau des Chores. Es handelt sich wahrscheinlich um eine Grabplatte, die aus der Zeit vor 1168 stammt. Zu sehen ist darauf ein bärtiger Mann, der ein großes Füllhorn in Händen hält. Ob es sich dabei um die slawische Gottheit selbst handelt, ist ungeklärt, dagegen spräche, dass Svantevit meist mit vier Gesichtern dargestellt wird. Wahrscheinlicher ist, dass es sich um einen slawischen Fürsten (möglicherweise Jaromar selbst) handelt oder einen Svantevit-Priester des Heiligtums von Arkona. Letztere nämlich sollen das Füllhorn benutzt haben, um die Ergiebigkeit der kommenden Ernte vorherzusagen: Schwand über Nacht das Met im Horn, hieß es den Gürtel enger schnallen. Der Svantevit-Stein ist nicht leicht zu finden: Im Altarraum geht es rechter Hand in den Seitenanbau, hier ist er entgegen der meisten gedruckten Abbildungen nicht aufrecht, sondern quer in die rechte Wand eingemauert.

Poet und Pastor: Gotthard Ludwig Theobul Kosegarten

Der Pfarrer, der 1792–1808 die Gottesdienste in Altenkirchen hielt, hieß *Gotthard Ludwig Theobul Kosegarten* und war seinerzeit ein bekannter Schriftsteller. Zahlreiche namhafte Zeitgenossen, wie Otto Runge, Ernst Moritz Arndt oder Caspar David Friedrich, waren Gast in seinem Pfarrhaus; mit Goethe, Schiller und Herder stand Kosegarten in Briefkontakt. Ein nicht geringer Teil seines literarischen Werkes entstand in Altenkirchen, dass es heute kaum noch bekannt ist, liegt wohl zu allererst an dem Übermaß an Empfindsamkeit, mit der er zur Feder griff. Nicht zuletzt wenn Kosegarten über das vom ihm innig geliebte Rügen schrieb, übersprang er zumeist die schmale Linie zwischen Kunst und Kitsch. Beispiel gefällig?

„Dort, wo umschäumt Arkona / Die Brust den Wogen beut, / Schaut glanzberauscht das Auge / in die Unendlichkeit. / Es späht in Ost und Westen, / In Süd und Nord der Blick, / Und späht umsonst. Nicht draußen, / Nur drinnen wohnt das Glück.“

Auf Rügen wurde der Pfarrer vor allem durch seine Uferpredigten bekannt (→ Kasten, S. 212). 1808 nahm er in der Stadt, in der er auch studiert hatte, in Greifswald, eine Professur für Geschichte an, 1817 einen Lehrstuhl für Theologie. Kosegarten starb am 16. Oktober 1818. Er liegt auf dem alten Friedhof in Altenkirchen begraben.

Etwa drei Kilometer nordöstlich von Altenkirchen befindet sich nahe der Küste der so genannte **Riesenberg** bei Nobbin (ab dem kleinen Weiler ein paar hundert Meter zu Fuß Richtung Meer, kaum zu verfehlen). Hierbei handelt es sich um ein gut 5000 Jahre altes, steinzeitliches Megalithgrab. Die zwei trapezförmigen und von zwei großen Wächtersteinen begrenzten Steinreihen, mit einer Länge von ca. 34

Metern, inspirierten schon *Caspar David Friedrich*, der die Eindrücke des Großsteingrabes wahrscheinlich in dem Gemälde *Hünengrab* verarbeitete.

• *Verbindungen* Sehr gute Busanbindung: Eine Linie der **Rugia-Reisen (Linie 110)** verbindet ca. 10-mal tägl. (Sa/So 4-mal) Altenkirchen via Ralswiek und Sagard mit *Bergen* und fährt über Wiek weiter bis Dranske. **Linie 13** fährt von *Sassnitz* aus etwa 10-mal tägl. (Sa/So 3-mal) nach Altenkirchen und ebenfalls weiter über Wiek nach Dranske. Nach Putgarten mit **Linie 11** ca. 15-mal tägl. (Sa/So 7–mal tägl.) und schließlich mit der **Linie 10** ca. 3-mal tägl. rund um Wittow (werktags auch über Wiek zur Wittower Fähre).

• *Übernachten/Essen* **Gasthof zur Post**, bodenständige, sympathische Gaststätte mit nettem Garten, sehr günstig, schräg gegenüber von der eigentlichen Post, auch zwei Ferienwohnungen im Holzhaus für 2–4 Pers. (ca. 60 €), kein Ruhetag. Max-Reimann-Str. 21, 18556 Altenkirchen, ✆/℻ 038391-12403.

Gasthaus Nobbin, freundliches, ruhig gelegenes Restaurant, vor allem Fisch, nur zur Saison geöffnet, tägl. ab 11.30 Uhr (warme Küche bis 14 Uhr und wieder ab 18 Uhr, dazwischen Kaffee und Kuchen). DZ mit Bad, TV und Frühstück 70 €, EZ ab 45 €, Appartement 90 €, Hund 7 €, auch Fahrradverleih (5 €/Tag, Kinderräder 2,50 €/Tag). Etwa 2 km hinter Altenkirchen Richtung Putgarten, ✆ 038391-12088, ℻ 12087, www.gasthausnobbin.de.

• *Camping* → Juliusruh

• *Fahrradverleih* **Wittow Bike**, *die* Alternative, um die Parkgebühren in Putgarten zu sparen, gute 7-Gang-Tourenräder 5,50 €, MTB (das man auf Wittow nicht wirklich braucht) 6,50 €, Kinderräder 3,50 €, Kinderanhänger 5,50 €, auch Helme und Kindersitze, Anlieferung zum Urlaubsquartier (auf Wittow) gegen geringen Aufpreis, während der Saison von 9–18 Uhr geöffnet, außerhalb der Saison auf tel. Nachfrage. Straße des Friedens 10, ✆/℻ 038391-13071 oder ✆ 0173-3758390, www.fahrradverleih-auf-ruegen.de.

Putgarten und das Kap Arkona

Das Flächendenkmal zwischen Putgarten, dem Kap und dem hübschen Fischerdörfchen Vitt ist reich an Sehenswürdigkeiten – und reich an Besuchern. Nicht nur in der Hochsaison kann es hier eng werden.

Das Kap ist geschichtsträchtiges Land. Schon die germanischen Rugier siedelten hier und hinterließen oben genanntes Großsteingrab. Unter den Slawen entstand in der Tempelfestung Arkona das religiöse Zentrum der Insel. Die Zerstörung der Burg und ihres Heiligtums 1168 durch die Dänen unter *Absalon*, Bischof von Roskilde, leitete die Christianisierung Rügens ein. Der Rügenfürst Jaromar I. erkannte die dänische Lehenshoheit an und ließ sich taufen. Daraufhin wurde, wahrschein-

Von Vitten, Hanse und Hering

Wie *Vitte* auf Hiddensee verdankt auch *Vitt* seinen Namen dem Hering. *Fitten* oder *Vitten* wurden zu Zeiten der Hanse die Orte genannt, an denen sich die Fischer mit den Händlern des Städtebundes trafen, wenn im Spätsommer/Herbst die großen Heringsschwärme um die Inseln zogen. Letztere brachten das Salz mit zum „Fischzulegen". Was damals *fitten* hieß, lässt sich heute mit „Fische in Salz einlegen" übersetzen. Im 13./14. Jh. glichen Fitten (als Orte) eher Piratennestern als Fischfang-Umschlagplätzen: ein paar provisorische Hütten in einer meist gottverlassenen Bucht, mehr nicht. Die Hütten dienten teils als Lager, teils als Unterkunft. An den anfangs nur zur kurzen Fangsaison genutzten Plätzen begannen sich später Fischer mit ihren Familien niederzulassen. So entstanden allmählich Dörfer. Insgesamt sechs gab es auf Rügen und Hiddensee, vier davon lagen auf Wittow. Die beiden wichtigsten haben bis heute ihren Namen behalten.

lich um die Überlegenheit des christlichen über den alten Glauben zu verdeutlichen, an der Stelle des Heiligtums die erste Kirche Rügens errichtet, von der heute allerdings nichts mehr zu sehen ist. In der Folge schwand die Bedeutung Arkonas. Einzig die Gefährlichkeit des Kaps, auf dem erst im 19. Jh. die beiden Leuchttürme entstehen sollten, war durch die Jahrhunderte unter den Ostseefahrern berühmt und berüchtigt. An den Rand großer europäischer Geschichte rückte das Kap nochmals kurz, als im Zuge des Deutsch-Dänischen Krieges 1864 die dänische Flotte vor Rügen kreuzte. Der Wärter des mit einem hochmodernen Telegrafen ausgestatteten Leuchtturms sandte sofort Meldung nach Berlin – allerdings per berittenem Boten, denn zu diesem Zeitpunkt war der Mann noch nicht an der neuen Technik ausgebildet und musste trotz engagierter Versuche am Morsegerät scheitern.

Das ganze Gebiet, das sich zwischen dem „Nordkap Rügens" (das ist allerdings nicht Kap Arkona selbst, sondern der nordwestlich gelegene *Gellort*), den Leuchttürmen und der Jaromarsburg bis hinunter nach Vitt erstreckt, ist heute Landschafts- und Naturschutzgebiet. Das Fischerdorf *Vitt*, das malerisch in einer kleinen, sich zum Meer öffnenden Schlucht liegt, steht komplett unter Denkmalschutz.

Das Landschafts- und Naturschutzgebiet ist autofreie Zone. Der Einstieg befindet sich in Putgarten, wo ein riesiger Parkplatz am Ortseingang die Besucherfahrzeuge aufnimmt. Von hier aus ist der Rundgang zu allen Sehenswürdigkeiten etwa fünf Kilometer lang; die unten beschriebene Wanderung, die nicht nur zu Sehenswürdigkeiten, sondern auch in ruhigeres Gebiet führt, erstreckt sich über etwa zehn Kilometer (detaillierte Wegbeschreibung vom Gellort über das Kap bis nach Vitt und zurück nach Putgarten ab WP 05).

Zum Baden sind die steinigen Strände unterhalb der Steilküste nicht geeignet. Zum Strand rund um Kap Arkona gelangt man nur von Vitt aus oder über drei steile Treppen, die über das Kap verteilt sind. Die nördlichste Treppe befindet sich beim Gellort und klettert hinab zum Siebenschneiderstein, einem Findling von geschätzten 165 Tonnen. Vom Kap Arkona selbst führt die Königstreppe über 42 Meter hinab, 1995 nach historischem Vorbild wiederaufgebaut. Schließlich gelangt man noch knapp unterhalb des slawischen Burgwalls über die Veilchen-Treppe hinunter zum Strand, auch hier liegt ein Findling im Wasser: der Kosegartenstein. Die zum Baden geeigneten Strände erstrecken sich westlich des Gellortes und südlich der Veilchentreppe.

Putgarten

Der Name Putgarten stammt wohl aus dem Slawischen. Er setzt sich zusammen aus *pod* (unterhalb, bei) und *gard* (Burg, Festung) und bedeutet demnach so viel wie „Siedlung unterhalb der Burg". Gemeint ist die slawische Tempelfestung von Arkona (siehe auch unten unter *Jaromarsburg*). Dies ist ein weiterer Hinweis darauf, dass sich hier in slawischer Zeit ein wichtiges kulturelles Zentrum befand, mit dem Hafen in der Schlucht von Vitt, der Fluchtburg samt Heiligtum über der Steilküste und eben der Handelssiedlung Putgarten im Hinterland.

Heute ist das kleine Dorf vor allem der viel besuchte „Eingang" und die Durchgangsstation zum Kap Arkona. Der große Parkplatz am Ortseingang lässt den Besucherandrang in Hochphasen erahnen. Das Fahrverbot gilt auch für Putgarten selbst. Die einzige Sehenswürdigkeit des Ortes findet sich jedoch im **Rügenhof Arkona**, ein Kultur-, Handwerks- und Geschäftszentrum, das so vielgesichtig ist wie der alte Gott Svantevit. In dem alten Gutshof begann zuerst der *Töpferhof Arkona*

Beliebtes Ausflugsziel: der Rügenhof in Putgarten

mit traditionellen Techniken und Design Keramiken herzustellen und vor Ort zu verkaufen. Hinzu gesellten sich u. a. eine Korbflechterei, ein Kerzenmacher und die Historische Druckwerkstatt. Die Handwerker schließen sich dabei nicht in ihren Werkstätten ein, sondern lassen sich über die Schultern schauen. Bemerkenswert vor allem die **Historische Druckwerkstatt**: Museum, Galerie und Laden in einem. Hier kann man nicht nur alte Maschinen und Setzkästen betrachten, hier werden mit dem alten Gerät auch noch Drucke produziert und an manchen Tagen sogar Büttenpapier handgeschöpft.

Zum „Rahmenprogramm" des Handwerkszentrums gehören wechselnde Ausstellungen in der Galerie in der Kulturscheune, Streichelzoo, Kräutergarten, diverse Veranstaltungen und natürlich das Gutshauscafé mit hübschem Garten. Einkaufen kann man unter anderem im *Handelsschiff* (vor allem Mode und Schmuck) und im *Rügenladen* (v. a. Ess- und Trinkbares aus Rügen), außerdem stehen ein paar Ferienwohnungen zur Verfügung.

Wittow Karte S. 203

• *Information* **Tourismusgesellschaft Kap Arkona**, in der Hauptsaison 9–17 Uhr, in Vor- und Nebensaison eingeschränkt, in jedem Fall kürzer, auch Zimmervermittlung. Am Parkplatz, 18556 Putgarten, ✆ 038391-4190, 📠 41919, www.kap-arkona.de.

• *Verbindungen* Aus Altenkirchen kommt **Linie 11** ca. 15-mal tägl. (Sa/So 9-mal tägl.). Vom Ortseingang weiter zum Kap oder nach Vitt (Haltestelle bei der Kapelle) fährt die kleine **Arkona-Bahn**, während der Saison von 9–20.15 Uhr, im Winter von 10–16 Uhr, meist alle 30 Min. Erw. 2 € (hin/zurück 3,50 €), Kinder 1 € (1,50 €), Hund 0,50 € (1 €).

Bei **Rundfahrten** mit der **Kutsche** gibt es diverse Erläuterungen zum Kap, Dauer etwa 1,5 Std. bei 30 Min. Aufenthalt bei den Leuchttürmen (ca. 6 km), Abfahrt ebenfalls beim Parkplatz. Erw. 8 €, Kinder 4 €, nur während der Saison.

• *Parken* Großer Parkplatz am Ortseingang, 3 €/Tag, hier auch Imbissbuden.

• *Fahrradverleih* direkt am Parkplatz, 5 €/3 h, 8 €/Tag, auch Kindersitze; während der Saison 10–18 Uhr, ✆ 038391-13340.

• *Rügenhof* Die Adresse des alten, umfunktionierten Gutshofes lautet: Rügenhof, Dorfstr. 22, 18556 Putgarten, Infos unter

✆ 038391-4190, 📠 41917, www.ruegenhof.de. Wer nicht auf seinen Urlaub warten möchte oder während des Rügenaufenthalts nichts mit sich rumschleppen will, kann sich über *Rügen-direkt* das Sortiment des Ladens nach Hause schicken lassen (nicht nur Kulinarisches, sondern auch Souvenirs), Bestellungen tel. unter ✆ 038391-439990 oder im Internet unter www.ruegen-direkt.de.

Historische Druckwerkstatt, Eintritt 1 €, Kinder frei, Führungen nach Anmeldung, tägl. 10–18 Uhr, im Sommer eine Stunde länger, ✆ 038391-13248.

• *Übernachten* **Hotel/Pension Zum Kap Arkona**, familiär geführtes, freundliches Haus mit 33 Zimmern, Bar, Restaurant und teils weitem Ausblick. DZ mit Bad, TV und Frühstück ab 84 €, Hund 5 €, ganzjährig geöffnet. Dorfstr. 22 a, 18556 Putgarten, ✆ 038391-4330, 📠 43351, www.zum-kap-arkona.de.

Rügenhof, auf dem Gelände des alten Gutshofes stehen 16 Ferienwohnungen für 2–5 Pers. zur Verfügung, zwischen 60 € (2 Pers.) und 140 € (bis 5 Pers.) pro Tag, Hund 8 € extra, Information und Buchung unter obiger Adresse.

Leuchttürme und das Kap

Gleich drei Türme teilen sich den Standort Kap Arkona: der Veteran unter den Leuchttürmen ist der so genannte Schinkelturm, sein Nachfolger muss sich mit dem Namen „neuer Leuchtturm“ begnügen, etwas abseits steht der Marinepeilturm. Nach jahrelanger Planungsphase, der erste Entwurf lag bereits 1819 vor, fand am 5. Mai 1826 endlich die Grundsteinlegung für den Bau eines Leuchtfeuers auf dem Kap Arkona statt. Maßgeblich beteiligt an der Errichtung des Leuchtturms war der umtriebige Architekt *Karl Friedrich Schinkel.*

Der Schinkel-Turm

Kein Geringerer als der Vorsitzende der preußischen Oberbaudeputation, der berühmte Architekt und Maler *Karl Friedrich Schinkel* (1781–1841), entwarf den Leuchtturm für das Kap Arkona: ein Gebäude auf quadratischem Grundriss mit drei jeweils leicht voneinander zurückgesetzten Geschossen und darauf schließlich der eigentliche verglaste Aufsatz für das Leuchtfeuer. Bei der Gestaltung der Fassade griff Schinkel sowohl auf die Formenstrenge der norddeutschen Backsteingotik als auch auf die symmetrische Ästhetik des Klassizismus zurück. Ähnliche Stilelemente verwandte er 1831 in der Berliner Bauakademie, deren Fassade an die des Leuchtturms erinnert und die zum Vorbild für viele Industriebauten des 19. Jh. wurde. Bei Errichtung des Leuchtturms war Schinkel allerdings nicht persönlich anwesend, die Bauleitung hatte der Oberbau-Inspektor Michaelis inne. Am 1. Januar 1828 konnten die 17 Öllampen in der Laterne des 21 Meter hohen Leuchtturms ihren Dienst aufnehmen. Damit ist der „Schinkelturm“ eines der ältesten festen Leuchtfeuer an der Ostsee. Bis ins 20. Jh. wies er den Schiffen den Weg, dann galt seine Technik als veraltet. Mit der Fertigstellung des zweiten Leuchtturms am Kap Arkona wurde der Schinkelturm außer Dienst gestellt.

Der neue Leuchtturm war zwar 1902 fertig gestellt, den Schinkelturm aufs Altenteil schicken konnte man aber erst 1905, wegen technischer Probleme mit dem „elektrischen Schnellblinkfeuer“! Der mit 33 Metern höchste Turm am Kap ist übrigens heute noch in Betrieb, einen Leuchtturmwärter aber sucht man vergeblich. Das modernisierte System wird von der Zentrale auf Dänholm/Stralsund „fern-gesteuert“, und im ehemaligen Wärterhaus kann man nun Souvenirs erstehen. Der dritte Turm, der nahe der Jaromarsburg steht, entstand als Marinepeilturm, wird jetzt aber nur noch „zivil“, heißt: touristisch genutzt.

Ungleiche Verwandte: die beiden Leuchttürme am Kap

Schinkelturm mit Museum über Schinkels „Schaffen in Pommern und auf der Insel Rügen“: ganzjährig geöffnet, in der Saison 10–19 Uhr, im Winter 11–17 Uhr. Eintritt 2 €, erm. 1,50 €, Kinder unter 6 Jahren frei, Familienticket 5,50 €. Über eine gusseiserne Treppe gelangt man in die oberen Etagen und auf die Aussichtsplattform.

Neuer Leuchtturm April–Okt. 11–18 Uhr, Eintritt 3 €, erm. 1,50 €, Kinder unter 6 Jahren frei.

Marinepeilturm mit Atelier, April–Okt. sowie von Weihnachten bis Neujahr 10–18 Uhr, Eintritt 2 €, erm. 1,50 €, Kinder unter 6 Jahren frei, Familienticket 5,50 €.

• *Einkaufen* Im Marinepeilturm befindet sich das Atelier *Peilturm*, hier sind jede Menge kunstvoll gestalteter Schmuckstücke ausgestellt, viel Bernsteingeschmeide, ✆ 0162-2018630, www.sonnenschmuck.com. Bei den beiden älteren Türmen kann man allerlei *Souvenirs* erwerben, außerdem gibt es zur Stärkung diverse *Imbissbuden*, deren Preise genauso exponiert sind wie ihre Lage.

• *Veranstaltungen* **TheaterSommer am Kap**, im Juli/Aug. werden Theaterstücke auf der Open-Air-Bühne am Kap Arkona aufgeführt; aktueller Spielplan, Karten und weitere Infos in den Informationsbüros, unter ✆ 0700-79705910 oder www.theatersommer-am-kap.de.

Wittow
Karte S. 203

Die Jaromarsburg

Die Tempelfestung war das religiöse Zentrum der Slawen auf Rügen und ihrem Hauptgott Svantevit geweiht. Vor ihrem Fall war sie bedeutend größer, aber es waren nicht die Dänen, die sie geschleift haben, sondern Wind und Wetter. Wie viel Land an der Klippe in den letzten gut acht Jahrhunderten verloren ging, lässt sich heute nicht mit Sicherheit sagen, aber es wird vermutet, dass die sichtbaren Reste des Walls gerade einmal ein Drittel der ehemaligen Gesamtanlage darstellen! Wirklich eindrucksvoll muss sie einst gewesen sein, wie auch der Bericht des dänischen Historikers *Saxo Grammaticus* vermuten lässt, der den Fall der Burg auf Seiten der Angreifer erlebte. Er schrieb: *Sie liegt hoch auf dem Felsen und ist im Osten, Süden und Norden nicht durch natürliche Steilhänge gesichert, die Uferwände sind wie Mauern, deren Höhenrand durch einen Geschoßpfeil unten vom Meere nicht erreicht werden kann. An den drei genannten Seiten ist sie vom Meer umflossen, nach Westen aber ist sie durch einen Wall abgeschlossen ..., dessen untere Hälfte aus Erde war, die obere bestand aus Holz und Erdfüllung ...* Auch wenn man in Betracht zieht, dass der mittelalterliche Chronist zur Übertreibung neigt, und man auf den heute noch 13 Meter hohen Wall *nicht* nochmals 13 Meter Holzbefestigung aufrechnet, bleibt eine Ahnung von den imposanten Ausmaßen der Burg.

Im Innersten der Tempelfestung soll ein gewaltiges hölzernes Standbild des Hauptgottes Svantevit gestanden haben, „weit größer als ein Mensch, seltsam anzusehen mit seinen vier Köpfen und vier Hälsen", weiß Saxo zu berichten. Jeder Kopf blickte dabei in eine andere Richtung. Die christlichen Sieger in der letzten Schlacht um Arkona stürzten auch die Statue und verarbeiteten sie zu Brennholz.

Eintritt Wer den slawischen Burgwall besichtigen will, hat am Peilturm 1 € zu zahlen.

Vitt

Geschützter kann ein Dorf nicht liegen – und idyllischer wohl auch nicht. Ein gutes Dutzend hübscher Häuschen mit rohrgedeckten und von Moos geschmückten Dächern duckt sich in eine schmale Liete. Enge, von Bäumen beschattete Gassen ziehen sich entlang hübscher Fassaden und Gärten und führen zum kleinen Hafen. So viel Idylle hat natürlich ihren Preis. In der Saison ziehen unzählige Besucher in das komplett unter Denkmalschutz stehende Dorf und geben ihm eine wenig beschauliche Atmosphäre.

Uferpredigten

Eine Variation der Geschichte vom Berg und dem Propheten: Die Altenkirchener Pastoren hatten einst das Problem, dass die Bauern und Fischer aus Vitt im Spätsommer jeden Jahres dem Gottesdienst fernblieben. Grund war der Hering, den keiner vorbeiziehen lassen wollte, während man sich vielleicht auf den langen Weg zur Pfarrkirche von Altenkirchen machte. Also kam der Pastor nach Vitt und hielt die Predigten am Ufer ab, während ein Ausguck das Auge auf der See behielt und wenn nötig den Gottesdienst nicht mit einem Amen, sondern mit den Worten „De Hiering kümmt" beendete. Zum Schutz vor den Launen des Wetters ließ der berühmte Pastor Kosegarten (→ S. 206), der bereits jahrelang Uferpredigten abgehalten hatte, die *Vitter Kapelle* errichten.

Der Bau der **Uferkapelle** von Vitt wurde 1806 begonnen, aber erst 1816 beendet. Hoch über dem Dorf entstand das weiß getünchte, reetgedeckte Gotteshaus mit achteckigem Grundriss. Auch im Inneren ist die Kapelle eher schlicht gehalten, hier hängt eine Kopie von *Philipp Otto Runges* Gemälde „Petrus auf dem Meer".

• *Verbindungen* Nach Vitt (Haltestelle bei der Kapelle) fährt die kleine Arkona-Bahn, während der Saison zu jeder vollen und halben Stunde, Erw. 2 €, Kinder 1 €.

• *Essen & Trinken* Die mit pommerscher Geduld ausgestatteten Bewohner Vitts wissen um die Attraktivität ihres kleinen Dorfes und kümmern sich um ihre Gäste. Nahe beim Strand befindet sich das **Café am Meer**, Kaffee und selbst gemachter Kuchen, auch kleine Snacks und vor allem Sanddornprodukte (✆ 038391-12641). Am Hafen gibt es Räucherfisch.

Goldener Anker, eine urige, gemütliche und unbedingt empfehlenswerte Fischgaststätte, die trotz exklusiver Lage günstige Gerichte anbietet; da bleibt es nicht aus, dass der Dorfgasthof oft bis zum letzten Platz gefüllt ist; im Garten davor bei gutem Wetter Cafébetrieb, zudem ein Fischbrötchen-Stand. Nov. und Jan. geschlossen, sonst tägl. 11–20 Uhr. Vitt Nr. 2, 18556 Putgarten, ✆ 038391-12134.

• *Bootsverleih/Ausflugsfahrten* Motorboote (kein Führerschein) ab ca. 15 €/h, auch Kaprundfahrten, allerdings wetter- bzw. andrangabhängig, am Steg nachfragen.

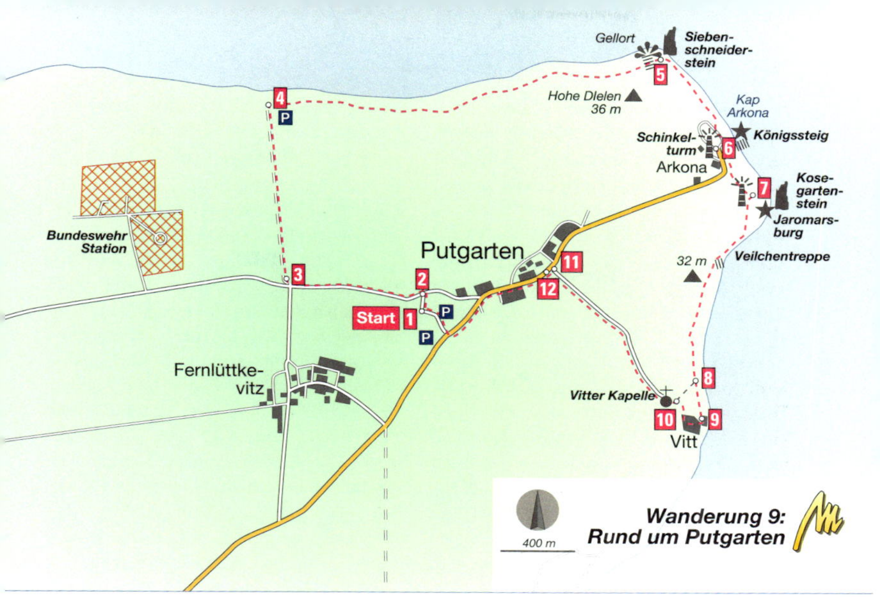

Wanderung 9: Rund um Putgarten

Charakteristik: leichte Wanderung, die zunächst über die Felder und dann auf dem Hochuferweg zum Kap führt, schließlich über Vitt zurück nach Putgarten. Verlaufen kann man sich hier nicht, die Leuchttürme bieten nicht nur dem Seefahrer Orientierung. **Länge/Dauer**: ca. 10 km, knapp 3 Std. reine Gehzeit. **Einkehrmöglichkeiten**: Imbissbuden am Kap, Gaststätten in Vitt, schließlich der Rügenhof in Putgarten. **Start/Anfahrt**: am großen Parkplatz am Ortseingang.

Wegbeschreibung: Vom Eingang des **Parkplatzes** aus (WP 01) geht es zunächst einmal nicht in den Ort hinein, sondern nach Nordwesten. Bald trifft man auf eine T-Kreuzung, den Varnkevitzer Weg (WP 02), hier links weiter auf einer schmalen Asphaltstraße an Feldern vorbei und auf einen pilzköpfigen Militärturm, den Radardom, zu. Nach gut 800 m die Abzweigung linker Hand nach Fernlüttkevitz ignorierend, geht es kaum 30 m dahinter rechts auf einen Plattenweg ab (WP 03). Man läuft nun geradewegs nach Norden auf die Küste zu, links den Radardom, rechts die Leuchttürme des Kaps und dazwischen nichts als Felder. Nach knapp 2 km vom Ausgangspunkt trifft man auf den bewachsenen **Hochuferweg** (WP 04), links geht es zum Bakenberg (8 km), rechts zum Kap. Hier befinden sich auch ein Abstieg zum Sandstrand und ein abgelegener Parkplatz (Pkw 3 €, Caravan 5 €). Die Wanderung führt rechter Hand hinter dem Parkplatz den schmalen Hochuferweg entlang. Der Pfad windet sich zwischen den Feldern und dem Meer, das unten gegen einen steinigen Strand schlägt, geradewegs auf die Leuchttürme zu. Nach insgesamt einer Stunde erreicht man den Aussichtspunkt **Gellort** (WP 05), von dem aus ein Abstieg zum Strand und zum Siebenschneiderstein führt. Das Ufer knickt nun nach Südosten ab, und nachdem man weitere Aussichtspunkte passiert hat, erreicht man die **Königstreppe**, einen 1995 an historischer Stel-

Karte S. 203

le wieder aufgebauten Abstieg, der durch eine Liete, eine vom Regenwasser in die Steilküste gegrabene Schlucht, 42 m hinabführt. Von der Königstreppe aus ist es rechter Hand nur noch ein Katzensprung zu den Leuchttürmen.

Von den beiden alten **Leuchttürmen** (WP 06) geht es dann zum dritten Turm, dem Peilturm bei der Jaromarsburg (WP 07). Die Wanderung führt von hier aus Richtung Süden am Burgwall vorbei und zur etwas versteckt liegenden **Veilchentreppe**. Ein wenig weiter gelangt man an einen Aussichtspunkt, von dem man einen schönen Blick auf das Kap genießen kann. Während auf dem Hochuferweg westlich vom Kap meist wenig los ist, kann dieser Abschnitt (die Verbindung vom Kap zum Fischerdörfchen Vitt) zuweilen ziemlich überlaufen sein.

Bald biegt mit Blick auf die Vitter Kapelle der Hauptweg nach rechts (WP 08), hier aber auf dem Fußpfad geradeaus weiter und kurz darauf über eine Treppe hinab ins Fischerdorf **Vitt** (WP 09). Nach einem Rundgang durch das malerische Dorf kann man entweder auf gleichem Weg zurück oder über den westlichen Ortsausgang (beim Schild *Kirche* rechts die Treppen hoch) gehen, in jedem Fall aber zur **Vitter Kapelle** (WP 10). Von hier aus nämlich führt eine Asphaltstraße direkt zurück nach **Putgarten** – im Ort links halten (WP 11), am Rügenhof (WP 12) vorbei und durch das Dorf zurück zum Ausgangspunkt (beim Feuerwehrhaus links).

Bakenberg/Schwarbe

Über den *Bakenberg* im Nordwesten der Halbinsel erstreckt sich ein lang gezogener Wald (nach dem nahe gelegenen Weiler auch *Schwarbe* genannt), eine Seltenheit in Wittow. An der Steilküste befindet sich dagegen ein herrlicher Badestrand. Der westliche Teil des Kiefernwaldes beschattet zahlreiche Feriendörfer und weitläufige Campingplätze, die natürlich wegen des breiten, feinsandigen und kilometerlangen Strandes beliebt sind. Der Strand ist über zahlreiche Treppen vom bis zu 27 Meter hoch gelegenen Bakenberg aus zu erreichen. In Richtung Osten führt ein Hochuferweg bis zum Kap Arkona, im Westen schließt sich an den Wald das Naturschutzgebiet *Krepitzer Heide* an.

• *Verbindungen* **Linie 13** fährt 6-mal von *Altenkirchen* den Bakenberg an, 3-mal davon mit direkter Anbindung nach *Sassnitz* bzw. in umgekehrter Richtung nach *Dranske*.

• *Übernachten/Camping/Essen* Das Angebot an Campingplätzen und Feriendörfern, die sich in und um den schmalen Waldstreifen am Bakenberg verteilen, ist enorm, hier liegen z. B. *Min Herzing* (www.min-herzing.de) und *Uns Hüsung* (www.uns-huesung-ruegen.de), *Oase* (www.bakenberg.com), *Schwalbennest* (www.windland.de) und, und, und. Im Folgenden nur eine kleine Auswahl, mehr Infos über die Touristinformation in Dranske.

Rugana am Bakenberg, moderne, vor dem Wald gelegene Anlage mit freundlichen Appartements und großem Angebot: Hallenbad, Fitness, Sauna und Solarium, Massagen, Minigolf, Bocciabahn, Fahrradverleih (8 €/Tag), SB-Restaurant und last but not least 6-Loch-Golfplatz mit Driving Range (alle Angebote auch für *non-residents*), Appartements ab 90 € (Erdgeschoss, für 2–3 Pers.) bzw. 103 € (DG, 4 Pers.) und 140 € (Maisonette, 4–6 Pers.) am Tag, in der Nebensaison deutlich günstiger. Nonnewitz 25 A-B, 18556 Bakenberg/Dranske, ✆ 038394-9140, 📠 91414, www.rugana.de.

Ostseewind, Naturcamping, westlich von Bakenberg gelegen, nahe am Strand; sehr ruhiger, kleiner Platz mit 20 Stellplätzen und ein paar einfachen Zimmern, kleine Gaststätte, alles nicht mehr ganz taufrisch. Richtung Dranske, dann rechts abbiegen nach Lancken und weiter in den Ortsteil Kreptitz. Im Dorfe 2, OT Kreptitz, 18556 Dranske, ✆ 03891-89595 oder 0162-4602492 (mobil), www.ostseewind-kreptitz.de.

Regenbogen Camp Nonnevitz, riesiger Campingplatz nördlich von Nonnevitz mit

Schäferidyll im Norden der Insel

580 Stellplätzen im Kiefernwald, viel Schatten und nur ein paar Schritte zum Strand; auf dem Platz Gaststätte, eigene Bäckerei, Fahrradverleih, Beachvolleyball-Felder, neue Sanitäranlagen; geöffnet April–Okt. Erw. 6,95 €, Kind 6–14 Jahre 3 €, Hund 4,65 €, kleines Zelt 3 €, großes Zelt 8,70–11 €, Caravan 11–12,60 €, Pkw 4,25 €, Strom 2,90 €. 18556 Dranske, ✆ 038391-89032, 📠 8765 (Hotline ✆ 0180-5115121), www.regenbogen-camp.de.

Pferdestübchen, ungemein urige und gemütliche Gaststube im Haus Bela (auch Reiterhof → unten; auch Ferienwohnungen, Buchung unter ✆ 03373-132688); günstig und deftig, schöner Biergarten im Hof, in der Saison tägl. ab 11 Uhr (abends sicherheitshalber anrufen). Schwarbe/Siedlung, ✆ 038391-12169, www.haus-bela.de.

• *Sport* **Golf**, 6-Loch-Platz neben der Ferienanlage *Rugana*, mit Driving-Range. Infos unter ✆ 038394-9140.

Reitverein Arkona/Haus Bela, Unterricht und Ausritte, mit Halle und Dressurplatz. 18556 Schwarbe/Siedlung, ✆ 038391-12169, mobil 0162-2317282, www.haus-bela.de.

Wittow
Karte S. 203

Um den Wieker Bodden

Der flache Wieker Bodden, der durch den Bug südlich von Dranske von der Ostsee abgetrennt wird, ist vor allem als beliebtes Surfrevier bekannt. Sand, Wind und Wasser bieten ausgezeichnete Voraussetzungen auch für Einsteiger (Schulen in Dranske und in Wiek). Ansonsten geht es um den Bodden ruhig zu, hier ist eines der vielen „Enden der Welt".

▸ **Wiek**: Das Wappen des hübschen ehemaligen Fischerdorfes Wiek ziert neben dem martialischen Wikingerboot auch ein Bienenstock. Früher nämlich hieß der Ort *Medowe* (aus dem Slawischen *med* – Honig), also in etwa *Siedlung der Honigsammler*. Ob der heutige Name sich von *Wiek*, der flachen Bucht, ableitet oder aber aus dem slawischen *vic* (in etwa *Handelsplatz* oder *Marktsiedlung*), ist umstritten. Wiek ist jedenfalls ein uraltes Siedlungsgebiet, vor den Slawen lebten hier wahrscheinlich bereits die Rugier, nach der Slawenzeit ließen sich Niedersachsen nieder. Bis ins 19. Jh. war Wiek ein bedeutender Handelsplatz und wichtigster Hafen der

Der Reiter in der Wieker Kirche

Halbinsel Wittow. Nachdem mit der Eröffnung des Rügendammes seine Bedeutung rapide schwand, sollte dem Hafen ein neues Standbein gegeben werden. So wurde dort eine Kreideverladebrücke errichtet, über die der am Kap Arkona gewonnene Rohstoff verfrachtet werden sollte, doch der Ausbruch des Ersten Weltkrieges verhinderte die Inbetriebnahme. Die Brücke, heute Baudenkmal, steht noch immer ungenutzt im Hafen.

Lange Tradition hat hier auch der Bootsbau, noch heute werden im Ort die so genannten Wieker Boote produziert (Infos unter www.wiekerboote.de). Darüber hinaus hat sich Wiek als Kurort einen Namen gemacht. 1920 wurde ein Kinderkurheim errichtet, die „Weiße Kinderstadt am Bodden". Heute ist die Anlage saniert und dient weiterhin als Reha-Klinik und Mutter-Kind-Kuranlage.

Sehenswert ist außer dem hübschen Ort selbst vor allem die *St. Georgs-Kirche.* Die Backsteinkirche mit ihrem winzigen Dachtürmchen über einem imposanten Giebel entstand in mehreren Phasen seit 1400, der freistehende Glockenturm um 1600. Die reiche Ausstattung im Innern der Kirche, u. a. die gotische Triumphkreuzgruppe, der barocke Altaraufsatz aus einer Stralsunder Werkstatt, das bemerkenswerte spätmittelalterliche Reiterstandbild, ist Ausdruck des Selbstbewusstseins der Wieker Schiffsbauer und -führer.

Pfarrkirche St. Georg: in der Saison meist Mo–Fr 10–12 Uhr und 13.30–17 Uhr.

• *Information* Das **Informationsbüro** befindet sich im gleichen Haus wie die *Bismarck-Stuben*, nahe der Kirche; in der Saison Mo–Do 8.30–12 Uhr und 13–16.30 Uhr, Fr 8.30–12 Uhr und 13–16 Uhr. Am Markt 5, 18556 Wiek, ✆ 038391-76870, 📠 76871, www.wiek-ruegen.de.

• *Verbindungen* **Bus**: Auf dem Weg nach Dranske machen beide Buslinien einen Abstecher nach *Wiek*: der Bus der **Rugia-Reisen (Linie 110)** von *Bergen* 10-mal tägl., Sa/So 4-mal; die **Linie 13** von *Sassnitz* 10-mal tägl., Sa/So 3-mal.

Schiff: Nach **Vitte** auf Hiddensee (nur Mai–Sept.): etwa 3-mal tägl. hin/zurück 14,50 € (einfach 8 €), Kinder 4–11 Jahre 8,50 € (5 €), Kinder unter 4 Jahren frei, Familienkarte 42 €, Hund 8,50 € (5 €), Fahrrad 6,70 € (4 €). Infos unter ✆ 0180-3212150, www.reederei-hiddensee.de.

• *Übernachten/Camping/Essen* **Landhotel Herrenhaus Bohlendorf**, herrliche Anlage südlich von Wiek, man residiert in einem Gutshaus (auch Ferienhäuser in Wiek), Wintergarten mit Blick auf den Park, gemütliches Kaminzimmer, Sauna, Whirlpool und Fitnessraum, gutes Restaurant mit großer Weinkarte und leicht gehobenem Preisniveau (mittags und abends geöffnet). DZ mit Bad, TV und Frühstück 99 €, EZ 55 €, Suite 125 € Hund 7,50 €. Das Landhotel ist ganzjährig geöffnet. 18556 Bohlendorf (Rügen), ✆ 03891-770, 📠 70280, www.bohlendorf.de.

Hotel/Pension KYP, gegenüber der Kirche gelegene, helle Zimmer und Appartements, auch Restaurant mit Kegelbahn (nebenan, ab 17 Uhr geöffnet), Fahrradverleih (5 €/Tag). DZ mit Bad und TV 78 €, EZ 50 €, Hund 6 €. Nur April–Okt. und Weihnachten/Neujahr geöffnet. Hauptstr. 10, 18556 Wiek,

✆ 038391-76460, ℻ 764622, www.kyp-ferien-ruegen.de.

Alt Wittower Krug, Landhotel im hinteren Ortsteil (beschildert), 38 Zimmer, Restaurant mit mittlerem Preisniveau, schöner Biergarten. DZ mit Bad, TV und Frühstücksbuffet ab 79 €, EZ 45 €, Suite ab 99 €. Gerhart-Hauptmann-Str. 7, 18556 Wiek auf Rügen, ✆ 038391-7600, ℻ 760760, www.alt-wittowerkrug.de.

Camping Nessy, kleiner, ruhig gelegener Platz unweit des Boddens, mit Bistro und nettem Biergarten, Erw. 8 €, Kind 4 €, Hund 1 € (Zelt, Auto, Caravan etc. bereits eingeschlossen). Zur Anlage gehört auch die gleichnamige *Surfschule* (→ unten). Geöffnet während der Saison, so lange das Wetter mitspielt, auf dem Platz eine einfach Kneipe (Kölsch vom Fass und Pizza). Von Altenkirchen aus am Ortseingang rechts und ca. 500 m weiter. Boddenweg 1, 18556 Wiek, ✆ 038391-70711, www.nessys.de.

• *Essen & Trinken* **Bismarck-Stuben**, direkt im Zentrum in der ehemaligen Poststelle, heller, etwas bieder eingerichteter Gastraum, freundlicher Service, gutbürgerliche Küche mit regionalem Touch, günstig; tägl. 11.30–14 Uhr und ab 17.30 Uhr. Am Markt 4, 18556 Wiek, ✆ 038391-70790, ℻ 70791.

Schifferkrug, eine Institution, weit über das Boddenufer hinaus bekannt, aber unverbogen, ungekünstelt und urig – hier wird seit 1455 Bier gezapft. Einfache, herzhafte Küche zu entsprechend ehrlichen Preisen, günstige Fischgerichte. Mo–So 11–22 Uhr. Der Schifferkrug befindet sich an der nördlichsten Ausbuchtung des Wieker Bodden im kleinen Weiler Kuhle (gut 2 km nördlich von Wiek), ✆/℻ 038391-8460.

Imbiss – gute Fischbrötchen entweder auf dem *Räucherschiff* in Kuhle oder im *Fischimbiss* am südlichen Hafenende von Wiek.

• *Fahrradverleih* Verleih und Werkstatt in der Hauptstr. 7, aus Norden kommend vor der Kirche auf der linken Seite. ✆ 038391-70045.

• *Sport* **Surfschule Nessy**, nette Surfschule auf dem Campingplatz mit dem üblichen Angebot: Einsteigerkurs (4 Std.) 50 €, Grundkurs (12 Std.) 120 €, Aufbaukurs (4 Std.) 60 €, Scheinerwerb 25 €, Kitekurse ab 75 €; auch Materialverleih: Board 10 €/Std., 30 €/Tag. Anfahrt und Adresse → *Camping Nessy*.

Blumenmeer mit Seeblick

Segelschuler Sun and Sail, am Hafen, Kurzkurs 99 €, Grundkurs 169 €, auch Kindersegeln, alle Scheine. Zudem Yachtcharter und Jollenvermietung (letztere 79 €/Tag). Am Hafen 4–6, 18556 Wiek auf Rügen, ✆ 038391-430951, ℻ 4309444, www.sunandsail.de.

Reithof Pätzold, in Starrvitz (gleich neben Kuhle, etwas mehr als 3 km nördlich von Wiek), Reitunterricht, Gelände- und Strandritte, Reithalle, auch Platz für Gastpferde, zudem Ferienwohnungen. Haus Nr. 37, 18556 Dranske, OT Starrvitz, ✆ 038391-8233, ℻ 93578, www.reiterhof-paetzold.de.

• *Sporthafen* Am Wieker Bodden liegt der wieder aufgebaute Hafen von Wiek, etwa 150 Liegeplätze bei ca. 3 m Wassertiefe. ✆ 038391-769722 oder 0174-1929726.

Wittow Karte S. 203

▸ **Wittower Fähre**: Wie alt diese Fährverbindung schon ist, kann keiner genau sagen. Sicher ist, dass bereits vor 500 Jahren über die 350 Meter schmale Wasserstraße zwischen Ostsee und Großem Jasmunder Bodden regelmäßig Schiffe verkehrten. Wahrscheinlich aber ist die Verbindung Wittows mit Zentralrügen über Wasser erheblich älter. 1896 wurde die Fähre trajekt-fähig, das heißt: Sie beförderte auch die Kleinbahn, wodurch die Zuganbindung von Altenkirchen an Bergen ermöglicht wurde.

Die Bahnlinie wurde zwar bereits vor Jahrzehnten eingestellt, die Wittower Fähre jedoch, natürlich inzwischen ein moderneres Exemplar, setzt immer noch über. Bis heute ist sie einer der wenigen Fährbetriebe in Deutschland mit großer infrastruktureller Bedeutung, denn auf dem Weg nach Stralsund oder nach Bergen spart man sich dank der Fähre den lästigen Umweg über Jasmund.

• *Verbindung* Die Fähre verkehrt ganzjährig von morgens 5.50 Uhr (ab Nordseite) bis 20 Uhr (ab Südseite), Mai–Aug. eine Stunde länger, Nov.–März eine Stunde kürzer. Pkw (inkl. Fahrer) 4 €, jede weitere Person 1,20 €, Motorrad 3 €, Fahrrad 1,20 €, Kinder (4–11 Jahre) 0,80 €. Auskunft Wittower Fähre ✆ 0172-7526838.

Sollte es tatsächlich jemanden zu Fuß hierher verschlagen haben: Von der anderen Seite fährt ein Bus frühmorgens 1-mal direkt und nachmittags 4-mal via Schaprode nach Bergen.

• *Sporthafen* kleiner Wasserwander-Rastplatz mit 11 Liegeplätzen bei 1,6 m Tiefe, ✆ 038309-1209.

• *Übernachten/Essen* **Restaurant/Pension „Zur Wittower Fähre"**, das Gasthaus befindet sich seit 1991 im ehemaligen Lokschuppen der Kleinbahn, gemütliche Gaststätte mit Kamin. DZ mit Bad, TV, Boddenblick und Balkon ab 66 €, ohne Seeblick 52 €, EZ 35 €, Hund 5 € (kleine Hund 2,50 €!), für Gäste auch Fahrrad- und Motorbootverleih (5 € bzw. 15 €). 18556 Wittower Fähre Nr. 9, ✆ 03891-70334, ℻ 70577, www.pension-wittow.de.

▸ **Dranske**: Einstmals eine muntere Kleinstadt, die vom Marinestützpunkt der NVA auf dem Bug lebte. Nicht unbedingt reich, aber lebendig. Es gab sogar zwei Schulen in Dranske. Heute würde man wohl kaum noch das Lehrerzimmer mit Schülern füllen können. Die meisten der Plattenhochhäuser sind abgerissen, zwischen den Verbliebenen klafft brachliegendes Land, das sich selbst renaturiert. Am Dorfstrand ragt eine zerschlagene kleine Mole in den Wieker Bodden, die einer der nächsten Stürme wohl erlösen wird. Zwischenzeitlich gab es Hoffnung. Auf dem ehemaligen NVA-Gelände sollte ein Hotelkomplex entstehen, aber es passierte nichts. Ob sich der Investor im deutschen Paragraphen-Dschungel verheddert oder, wie ziemlich offen gemunkelt wird, nur die Subventionen abgegriffen hat, ist letztlich gleich. Und natürlich gibt es auch hier Ausnahmen, wie zum Beispiel die sympathische Surfschule am Hafen (boddenseits) oder das nette kleine Caravancamp an der Ostseeseite.

• *Information* **Fremdenverkehrsamt Dranske**, Mo–Fr 9–13 und 14–18 Uhr, Sa 9–12 Uhr. In der Dorfmitte in einem reetgedeckten Klinkerhaus. Karl-Liebknecht-Str. 41, 18556 Dranske, ✆ 038391-89007, ℻ 89424, www.gemeinde-dranske.de.

Marinehistorisches und Heimatmuseum Dranske-Bug, Juli/Aug. Mo–Sa 14–17 Uhr, sonst auf tel. Anfrage. Eintritt 2 €, erm. 0,50 €. Nicht leicht zu finden: die Schulstraße hoch und die Zweite rechts, dann links halten. Max-Reichpietsch-Ring 2, ✆ 038391-8730 oder 89007.

• *Verbindungen* Eine Linie der **Rugia-Reisen (Linie 110)** verbindet 10-mal tägl. *Bergen* mit Dranske (6-mal bis zur Haltestelle Bug), Sa/So 4-mal (via Ralswiek, Sagard, Juliusruh, Altenkirchen und Wiek). **Linie 13** fährt von *Sassnitz* über Sagard, Juliusruh, Altenkirchen und Wiek 9-mal tägl. (Sa/So 3-mal) nach Dranske.

• *Camping* **Caravancamp Ostseeblick**, schöner Platz mit Blick auf Hiddensee an der Ostseeseite von Dranske, direkt am Strand, 60 Stellplätze und lediglich 6 Zeltplätze, diese liegen dafür sehr geschützt, neue Sanitäranlagen, Minimarkt in der Rezeption (kleines Backsteinhaus auf der anderen Straßenseite). Erw. 5,40 €, Kinder 6–16 Jahre 2,10 €, Hund 1,50 €, Strom 2 €, Wohnmobil 6,70 €, Wohnwagen 5 €, Zelt 4 €, Pkw 1,70 €. Seestraße 39 a, 18556 Dranske, ✆ 038391-8196, ℻ 89253, www.caravancamp-ostseeblick.de.

• *Essen & Trinken* **Zum Anker**, ein weiterer Lichtblick im tristen Dranske, gemütliche Gaststätte an der Durchgangsstraße, auf der Karte natürlich viel Fisch, eigene Fischräucherei (und Imbiss) auf dem Räucherschiff im Hafen von Kuhle, günstig und sehr beliebt; tägl. 12–22 Uhr (warme Küche bis 21 Uhr). Karl-Liebknecht-Str. 14, ✆ 038391-89827.

Nach dem Sturm: „Strandräuber" in Dranske

• *Baden* an der Ostseeküste, beim Camping oder südlich von Dranske an der Landenge zum Bug, Sandstrand, nicht immer sauber.

• *Sport* **UST Rügen**, nette Surf- und Segelschule mitten in Dranske mit zahlreichen Angeboten, z. B. Windsurfen (Einstiegskurs/6 Std. 65 €, Grundkurs/12 Std. 134 €), Katamaran (Einführungskurs/12 Std. 199 €, für segelerfahrene Umsteiger 4-Std.-Kurs 109 €), Jollensegeln (Einstiegskurs/7 Std. 90 €, Grundkurs/14 Std. 165 €) und Kitesurfen (Einführungskurs/3 Std. 99 €, Einstiegskurs/8 Std. 198 €); auch Radtouren und Segeltörns; Materialverleih: Windsurf-Board, Kite samt Board, Jolle und Katamaran; Fahrradverleih (ab 7 €/Tag, auch Tandems); April–Okt. tägl. 10–18 Uhr. Auch Bistro, Unterbringung im jugendherbergs-artigen **No-Hotel** (DZ ab 36 €, ✆ 038391-439757). Am Ufer 14 a, 18556 Dranske, ✆ 038391-89898, 📠 89599, www.ustruegen.de.

Wittow Karte S. 203

▸ **Der Bug**: Südlich von Dranske befindet sich der ca. neun Kilometer lange Haken, dessen südliche Spitze Teil des Nationalparks Vorpommersche Boddenlandschaft ist (Schutzzone I, heißt: unbefugtes Betreten verboten). An der schmalsten Stelle der Landzunge, die sich in einem sanften Bogen in Richtung Hiddensee zieht, passt neben den Deich gerade noch die Straße, die zum ehemaligen Militärkomplex führt. Der Bug wurde schon früh militärisch genutzt: Hier war zuerst die kaiserliche Marine stationiert, dann ein Fliegerhorst unter den Nationalsozialisten und schließlich wieder die Marine der NVA. Die friedliche Nutzung des Geländes als Hotelkomplex war zwar geplant, wurde aber nie realisiert. Heute ist der Haken der Flora und Fauna vorbehalten.

• *Geführte Wanderung* über die Südspitze des Bugs mit kundiger Führung, Di und Sa jeweils um 9.30 Uhr, im Juli/Aug. auch Dämmerungswanderung (Do 19.30 Uhr bzw. 19 Uhr) Dauer 3–3½ Std., Mindestteilnehmerzahl 4 Pers., Erw. 5 €, Kinder 2,50 €, Anfahrt mit dem eigenen Pkw/Fahrrad bis zur Schranke am ehemaligen Militärgelände. Anmeldung über das Touristbüro in Dranske, ✆ 038391-8730.

Ein friedliches Plätzchen findet sich überall entlang der Boddenküste

Rügens Westen

Weites Land auf Rügen – kerzengerade Alleen, die sich durch schier endlose Felder ziehen. Hin und wieder ragt ein backsteinroter Kirchturm aus der Landschaft und kündigt das nächste Dorf an.

In Rügens Westen geht es ruhig zu. Die sanftwellige, vor Urzeiten von Gletschern flach geschliffene Moränenlandschaft ist eine landwirtschaftlich geprägte Gegend, in der produziert wird, was der Boden hergibt. Sensationen und Sehenswürdigkeiten sucht man vergeblich (die Ausnahme von der Regel: ein Vergnügungspark in Gingst, der gerade dadurch schon wieder an Charme gewinnt, weil er so deplatziert wirkt), aber es ist gerade der Mangel an geographischen und touristischen Höhepunkten, der den Reiz des Westens ausmacht. Hier und da drängen sich kleine Weiler an die Ränder der Landstraßen, andere liegen abgeschieden zwischen den Feldern. Zuweilen durchbricht ein Waldstreifen die Weite oder ein von undurchdringlichem Gestrüpp geschütztes Hügelgrab hebt sich vom Ackerland ein wenig ab. Doch auch hier im Kernland Rügens ist das Meer nie fern, es sind nie mehr als sieben Kilometer bis zum nächsten Brack- oder Salzwasserufer. Wo das Land im Schilfgürtel endet und wo das stille Meer genau beginnt, lässt sich entlang der vielgliedrigen, oft unzugänglichen Boddenküste nicht immer genau erkennen. Früher nannte der Volksmund das Kernstück der Insel Rügen *Muttland*. „Mutten“, so heißt es, war das gängige Wort für Säue, wodurch die Bezeichnung der Bewohner dieses Teils der Insel als *Muttländer* wenig schmeichelhaft erscheint.

Das stille Zentrum des „Muttlands" ist Gingst. Viele Reisende kennen die Gemeinde nur von der Durchfahrt, denn hier treffen sich die Hauptrouten, die durch den westlichen Teil Rügens führen: die Nord-Süd-Achse verläuft von Samtens (und damit aus Richtung Stralsund) zur Wittower Fähre oder nach Schaprode (dem Fährhafen nach Hiddensee). Die West-Ost-Achse verbindet Bergen mit Ummanz, der stillen Insel im Westen.

Gingst

In dem ehemaligen Handwerkerzentrum dominiert heute Kleinstadtflair. Von der alten Bausubstanz blieb zwar das ein oder andere Gebäude erhalten, doch in erster Linie dient der Ort als Versorgungszentrum des Inselwestens.

Um den Marktplatz findet sich alles, was man in einer kleinen Marktgemeinde so braucht: Lebensmittelgeschäft und Apotheke, Blumen- und Bücherladen, die Post und natürlich das Rathaus; die Gasthäuser heißen *Zum Dorfkrug* und *Gingster Eck*. Und natürlich steht auch die Kirche am Marktplatz, wenngleich sie sich nicht ganz symmetrisch in das Ortsbild einfügt, sondern halbrechts versetzt liegt.

Die **St. Jacobikirche**, ein (wie sollte es auch anders sein) Backsteinbau, fällt zu allererst durch ihren klobigen Turm auf. Die Kirche entstand um 1300 und wurde seither mehrfach erweitert und nach Schäden umgebaut, zuletzt im 18. Jh., als im Innern die Stuckdecke und (das Prachtstück des Gotteshauses) die meisterhaft gearbeitete Orgel (um 1790) hinzugefügt wurden. Außen an der Kirche befindet sich eine mittelalterliche Mordwange (es heißt, ein junger Adliger hätte sie stiften müssen, nachdem er im Rausch den Pastor mit einem Bierkrug erschlagen hatte), die allerdings im 18. Jh. zur Grabplatte umfunktioniert wurde.

Gingst war vormals ein wichtiges Handwerkszentrum und Sitz der Vogtei. Zahlreiche Handwerker hatten hier ihre Werkstätten: Schneider, Schuster und Sattelmacher, Böttcher, Tischler und Schmiede; vor allem die Damastweber der Gemeinde machten sich über die Insel hinaus einen Namen. Heute erinnert das gelungene Museum *Historische Handwerkerstuben* an diese Zeit.

Der Name des Ortes, erstmals nahezu unaussprechlich als *Gynxt* erwähnt (1232), geht auf das Wort *jiniste* zurück, das im alten pommerschen Dialekt in etwa *Raureif* heißt; klingt poetisch, war aber wahrscheinlich nur ein Hinweis auf kalte Winter.

- *Information* **Tourismusverein Westrügen**, Karl-Marx-Str. 19a, 18569 Gingst, ✆/℻ 038305-539899, www.westruegen.net. Ein Tourist-Informationsbüro ist seit Anfang 2008 im Museum in Gingst untergebracht.
- *Verbindungen* **Linie 35** verbindet werktags Bergen mit Schaprode via Gingst (Achtung, der Bus hält am Wochenende nur in Kluis, nicht in Gingst!); **Linie 38** fährt mehrmals tägl. von Gingst nach Waase (und zurück) und **Linie 41** von und nach *Samtens* (hier Anbindung nach Stralsund) sowie 2-mal an Werktagen durchgehend nach *Stralsund*.
- *Übernachten/Essen* *** **Landhotel Rügenpark**, neues großes Haus neben dem Rügenpark, 80 freundliche Zimmer, mit Restaurant *Hiddensee* und Bar. DZ mit Bad, TV und Frühstück 86 €, EZ 55 €, 3er 103 €. Mühlenstr. 33, 18569 Gingst, ✆ 038305-500, ℻ 50190, www.hotel-ruegenpark.de.

In der Umgebung **Pension/Restaurant „Alte Schule"**, rustikales Restaurant im ehemaligen Landschulgebäude, auf den Tisch kommen regionale Produkte (natürlich auch Fisch), stilvoll rustikale DZ mit Bad, TV und Frühstück ab 75 €, ganzjährig geöffnet. In Gagern, 3 km nordöstlich von Gingst (hinter Kluis). Hs.-Nr. 5, 18569 Trent, OT Gagern, ✆/℻ 038305-366, www.alte-schule-gagern.de.

Boldevitzer Rügenkaten und Herrenhaus, inmitten eines großen Parks (samt Teich) stehen in einem Herrenhaus und den ehemaligen Gesindehäusern Ferienwohnungen zur Verfügung, alle frisch renoviert. Außerdem: Sauna, Dampfbad, Tennis, Fahrradverleih, Reithalle und Reitausflüge. FeWo 70–120 €. Knapp 5 km östl. von Gingst (Richtung Bergen). Brunnenhaus, 18569 Trent, OT Boldevitz, ✆ 03838-313976, www.ruegenkaten.de.

Wohnmobilstellplatz am südlichen Ortseingang.

Historische Handwerkerstuben: In dem hübschen Hof mit seinen reetgedeckten Backsteinhäusern sind nicht nur Ausstellungen zur Alltagswelt und zum historischen Handwerk untergebracht, sondern auch ein netter Laden mit gemütlichem

Der Herrensitz von Boldevitz

Café in der Museumsscheune. Der Rundgang beginnt im Haus neben der Straße (sollte hier niemand sein, hinten im Café fragen). Zu sehen sind Gerätschaften und Arbeitsbedingungen von Handwerkern um 1900, u. a. von Schuhmachern und Weißnäherinnen, Friseuren und Schneidern (Achtung: niedrige Decken und Türstöcke). Außerdem informieren Schautafeln über die Ortsgeschichte. Zuweilen werden in den Gebäuden Sonderausstellungen präsentiert. Eine kleine Kuriosität steht im Innenhof: ein Schäferwagen, eine Art historischer Caravan, der allerdings nicht für den Urlaub konzipiert war, sondern sehr karg ausgestattet dazu diente, den Schäfern auf den Weiden vor Wind und Wetter Schutz zu bieten.

Juni–Aug. tägl. 10–17 Uhr, Mai und Sept. Mo–Sa 10–16 Uhr, Okt. Mo–Sa 10–16 Uhr, Nov.–April Mo–Fr 10–17 Uhr. Eintritt 2 €, erm. 1,50 €, Kinder unter 6 Jahren frei, Familien 5 €. Karl-Marx-Str. 19/20, 18569 Gingst, ✆ 038305-304, 📠 55155, www.historische-handwerkerstuben-gingst.de.

Rügenpark: Die weite Welt auf Rügen – en miniature. Im Vergnügungspark, eine Mischung aus Legoland und Abenteuerspielplatz, kann man mal eben von Pisas schiefem Turm zum Leuchtturm von Kap Arkona spazieren und auf dem Weg auch noch Notre Dame und die Freiheitsstatue besichtigen. Zahlreiche Modelle tummeln sich auf 40.000 Quadratmetern, außerdem komplett nachgebaut die Insel Rügen. Wem ein Spaziergang durch so viele Sehenswürdigkeiten zu anstrengend ist, nimmt die kleine Parkbahn und lässt die architektonischen Glanzleistungen der Welt gemütlich an sich vorbeiziehen. Damit aber nicht genug der Attraktionen: Außerdem gibt es Nautic-Jets und Riesenrutsche, Hüpfburgen, Butterfly, Pferdereitbahn, Streichelzoo und, und, und ...

März–Juni Di–So 10–18 Uhr, Juli/Aug. tägl. 10–19 Uhr, Sept.–Nov. Di–So 10–17 Uhr. Eintritt 8,50 €, Kinder (Preis wird nach Körpergröße bemessen) 1,50–6,50 € (bis 3 Jahre frei, egal, wie groß), erm. 6,50 €. Am Marktplatz die Straße Richtung Westen nehmen. Mühlenstr. 22 b, 18569 Gingst, ✆ 038305-55055, 📠 60049, www.ruegenpark.de.

Rügens Westen
Karte S. 221

Halbinsel Lieschow

Die Gemeinde Ummanz umfasst die Halbinsel Lieschow und die mittels Brücke angebundene Insel Ummanz. Die Häuser des Ortes **Lieschow** liegen im Süden der gleichnamigen Halbinsel weit verstreut und abgeschieden entlang der Landstraße, die von der Verbindungsstraße Gingst–Ummanz nach Süden abzweigt. In der ländlichen Einsamkeit haben sich ein paar interessante Anlaufpunkte etabliert, die alle mehr oder weniger mit der agrarischen Ausrichtung der Gegend zusammenhängen: Urlaub auf dem Bauernhof, Streichelzoo, Heuhotel, verschiedene Hofläden und nicht zuletzt die Erste Rügener Edeldestillerie.

• *Übernachten/Essen* **Landgasthof Kiebitzort**, an der Südspitze der Halbinsel Lieschow befindet sich die ockergelbe Anlage, umgeben von einem weitläufigen Garten, gemütliches Restaurant, im Sommer herrlicher Biergarten (nur abends geöffnet). DZ mit Bad, TV und Frühstück 76 €, mit Terrasse 86 €, EZ (mit Balkon) 53 €, außerdem stehen kleine Garten-Ferienhäuschen zur Verfügung (76 €/Tag für 2 Pers., jede weitere Pers. 25 €), Hunde willkommen. Nov.–April geschlossen. 18569 Lieschow/Ummanz, ✆ 038305-55166, 📠 55188, www.kiebitzort-ruegen.de.

• *Einkaufen/Urlaub auf dem Bauernhof* **Bauer Lange**, eine Institution auf Rügen: Im Hofladen gibt es von der Kartoffel bis zum Souvenir alles, was das Land hergibt (tägl. von 9–18 Uhr, im Winter zuletzt nur Mi und Sa 9–17 Uhr); die große Scheune ist ein bäuerliches Bistro/Self-Service-Restaurant, in dem die Speisekarte noch der jeweiligen Saison entspricht, und auf dem Hof grunzt und gackert, mümmelt und miaut, bellt und wiehert allerlei Viehzeug wie in einem großen Streichelzoo. Auch Ferienwohnungen (ab 45 €/Tag für 2 Pers., zusätzliches Bett 6 €, ab 65 €/Tag für 4 Pers.). Von April bis Nov. diverse Veranstaltungen (u. a. Ostermarkt, Grillmeisterschaft, Kartoffelfeuer, Dumperrennen) und vor dem Hof ein riesiges Maislabyrinth. Auf der Straße von Gingst nach Waase links ab zum OT Lieschow, nach etwa 1 km fährt man direkt auf den Hof zu. Hof Nr. 37, 18569 Lieschow/Ummanz, ✆ 038305-55117, 📠 55151, www.bauer-lange.de.

Bauernhof Kliewe, großer Hofladen (Wurstwaren, Marmelade, Sanddornprodukte etc.; Mo–Sa 10–18 Uhr) und Café/Restaurant mit Wintergarten, Terrasse und Spielecke für Kinder, auch Ferienwohnungen (ab 75 €/Tag für 4 Pers.) und Bauernhaus (110 €/Tag für 4 Pers.), auf dem Hof Sauna und Solarium, außerdem: Reitunterricht, Ponyreiten und Ausritte, Streichelzoo und Spielplatz. Kurz nach der Abzweigung nach Lieschow (und vor dem Weiler Mursewiek) führt rechts die Auffahrt zum Hof. Dorfstr. 1, 18569 Mursewiek/Ummanz, ✆ 038305-8130, 📠 55569, www.bauernhof-kliewe.de.

Erste Rügener Edeldestillerie, hier erfährt man nicht nur allerhand Wissenswertes über heimische Obstsorten und deren „Veredelung" zu Hochprozentigem, vor allem kann man die edlen Destillate auch erwerben, Brände von traditionellen Apfelsorten sowie Kirsch, Birne, Zwetschge, aber auch diverse Liköre. Destillerie-Besichtigung nach Absprache, April–Okt. 10–18 Uhr, Nov.–März 10–16 Uhr. Freistehendes Gehöft an der Landstraße auf halbem Weg vom Lange-Hof zum Südende von Lieschow. Haus Nr. 17, 18569 Lieschow/Ummanz, ✆ 038305-55300, www.edeldestillerie.de.

Insel Ummanz und Waase

Die Insel Ummanz schmiegt sich eng an die Westküste des Rügenschen Kernlandes. Kraniche staksen während ihres Stop-overs über die Feuchtwiesen, Kornfelder werden von Entwässerungskanälen begrenzt, Schafe weiden auf den Dämmen. Still ist es hier – und flach.

Die etwa 18 Quadratkilometer der Insel Ummanz ragen kaum mehr als drei Meter aus dem Meer heraus, manche sumpfige Wiese befindet sich sogar ein Stück unter dem Meeresspiegel. Dass der Bodden sich nicht über die von Schilf zerfranste Küste hermacht, wird von langen Deichen verhindert, die sich fast um die ganze

Insel herumziehen. Die Stille, die zwischen den Deichen herrscht, wird nur vom Wind gestört oder von den Vögeln, die auf Ummanz ein unbeschädigtes Naturparadies vorfinden. Scharen von Zugvögeln wie z. B. der Graue Kranich nützen die Insel im Frühjahr und im Herbst als Rastplatz, während sie für sesshaftere Vögel auch als Brutplatz dient.

1901 rückte Ummanz ein gutes Stück näher an die große Schwester heran, denn seither erstreckt sich eine 250 Meter lange Brücke über die schmale Wasserstraße, die die Halbinsel Lieschow von Ummanz trennt. Direkt am Brückenende liegt **Waase**, die einzige dorfähnliche Siedlung der Insel. Hier befindet sich auch die einzige kulturhistorische Sehenswürdigkeit. In der für sich schon sehenswerten **St. Marienkirche** steht ein außergewöhnlicher gotischer Flügelalter. Die filigranen Schnitzereien des kostbaren Altars aus Eichenholz stammen aus Antwerpen und gelangten via Stralsund 1708 nach Waase. Seit der Mitte des 15. Jh. gehörte Ummanz nämlich dem Heilgeist-Kloster der Hansestadt Stralsund, das die Kirche um 1440 errichten ließ. Auch die Malereien im Chor stammen aus dem 15. Jh.

Marienkirche in der Saison Mo 12–14 Uhr, Di–Fr 11–15 Uhr, Sa/So 14–15 Uhr; oder nach Voranmeldung unter ✆ 038305-55050.

Neben Waase verteilen sich nur noch wenige kleine Weiler über die Insel. Ganz im Süden befindet sich das denkmalgeschützte **Freesenort** mit seinen Reetdachhäusern und an der Westküste **Suhrendorf**, die „Ausnahme von der Regel". Hier nämlich säumt schilffreier Strand die Küste, die Insel erhebt sich bis zu sieben Meter aus dem Bodden und richtig ruhig ist es im Sommer auch nicht, dank des Camping-Platzes mit angeschlossenem großem Wassersportangebot. Ganz anders (und Ummanz-typischer) geht es am anderen Ende der Insel zu: bei **Tankow** herrscht absolute Stille, denn hier steht nur ein einziges Gehöft. Außenrum liegt die geschützte

Am kleinen Hafen von Waase auf Ummanz

Boddenlandschaft in herrlicher Ruhe. Nahebei befindet sich eine Vogel-Beobachtungshütte, die natürlich vor allem genutzt wird, wenn sich die Zugvögel zur Rast in den sumpfigen Wiesen niederlassen.

• *Information* **Ummanz-Information**, Insel-Info in der Alten Küsterei, ein schönes reetgedecktes Fachwerk-Backsteinhaus, unregelmäßige Öffnungszeiten. Neue Straße 63 a, 18569 Waase/Ummanz, ✆ 038305-53481, 📠 53483.

• *Verbindungen* **Buslinie 38** verbindet werktags mehrmals tägl. *Bergen* mit Waase (zuletzt nicht am Wochenende, über die Insel nur 3-mal tägl.).

• *Übernachten/Essen* **Pension/Restaurant „Holzerland"**, direkt an der Brücke, demnach das „erste Haus" auf Ummanz, rustikale Kneipe/Restaurant, vor allem Fisch im Angebot, die Terrasse liegt nicht gerade idyllisch an der kleinen Anlegestelle, aber man hat einen schönen Blick auf die schmale Wasserstraße und ein Stück Westrügen. DZ mit Bad, TV und Frühstück 55 €, EZ 35 €, 3er 65 €. Am Focker Strom 17, 18569 Ummanz, ✆ 038305-8159, 📠 60040, www.ruegen-ummanz.de.

Zur Pfarrscheune, Café mit schönem Garten ganz in der Nähe des Hafens, Kaffee und (hervorragender selbst gemachter) Kuchen, zur Saison geöffnet. Am Fockerstrom 1, ✆ 038305-55360.

• *Camping* **Ostseecamp Suhrendorf**, großer Camping- und Caravanplatz direkt am Wasser, Gaststätte, Kiosk, Minigolfplatz, Volleyball etc, vor allem aber das Wassersportangebot: Surfschule und -verleih, Kanu- und Bootsverleih etc. (Tageskarte für Surfer 4,10 €), Zeltplatz je nach Größe 8,75–19 €, Erw. 5,65 €, Kinder 3–15 Jahre, 3,05 €, Hund 2,55 €, nicht parzellierte Plätze (ohne Strom) 4,50–8,75 €, Pkw 2,05 €, in der Neben- und Vorsaison deutlich günstiger, ganzjährig geöffnet, Öffnungszeiten der Rezeption im Sommer 8–22 Uhr (Mittagsruhe 13–15 Uhr), im Winter nur vormittags. Dorfstr., 18569 Suhrendorf/Ummanz, ✆ 038305-82234, www.ostseecamp-suhrendorf.de.

• *Fahrradverleih* an der Hauptstraße, Fahrräder 6 €/Tag, Kinderräder 4 €/Tag, auch Anhänger, in der Saison tägl. geöffnet. Neue Straße 63b ✆ 038305-55114, www.ummanz-fahrradverleih.de.

• *Sporthafen* kleiner Hafen am Focker Strom mit einer Hand voll Liegeplätze (1,6 m Tiefe), ✆ 038305-8159.

• *Sport* **Windsurfing Rügen**, großes Wassersportangebot im *Ostseecamp Suhrendorf*. Z. B. Anfänger- (130 €/10 Std.) und Aufsteigerkurs (95 €/6 Std.), Brettverleih (12 €/Std., 45 €/Tag), Kitekurse und Verleih, Kanutouren und Verleih usw. Weitere Infos unter ✆ 038305-82240, 📠 53443 oder unter www.surfen-auf-ruegen.de.

Reiten, Haflingerzucht Ummanz, Reiten und Reitunterricht, Kutschfahrten (auch Tagestouren) und im Winter Doktor-Schiwago-taugliche Pferdeschlittenfahrten. Am Focker Strom 11, ✆ 038305-53456 oder 0172-3015619 (mobil), 📠 038305-53457, www.haflinger-briesemeister.de.vu.

Nordöstlich von Gingst

Entlang des Westufers des Großen Jasmunder Boddens bis ins Hinterland bei Bergen, Gingst und Trent erstreckt sich stille Landidylle. Enge Straßen, teils kaum besser befestigt als Feldwege, verbinden die kleinen Dörfer und vereinzelten Höfe untereinander und mit der Außenwelt. Durch die Felder ziehen sich Entwässerungsgräben und wo diese nicht hinreichen, befindet sich unbebaubares Feuchtgebiet. Gelegentlich trifft man auf einstmals herrschaftliche Gutshäuser, heute entweder verfallen oder frisch renoviert und zu einem abgeschiedenen Hotel, Restaurant oder Gestüt umfunktioniert.

Im Nordosten liegt an der Binnenküste der berühmte Festspielort *Ralswiek* und in dessen Rücken das Dorf *Patzig* mit dem Hügelgräberfeld *Woorker Berge* (siehe hierzu *Nördlich von Bergen*, S. 100). Jenseits davon wird es ruhig und einsam. Knapp zehn Kilometer nordwestlich der beiden Orte liegt **Rappin**, ein hübsches Dorf, das genauso unverfälscht ist wie bar jeder touristischen Infrastruktur. In Rappin steht umgeben vom Friedhof die sehenswerte *St. Andreaskirche*, deren ältesten Teile um

Rügens Westen
Karte S. 221

Am Liddower Haken

1300 entstanden. Bemerkenswert ist vor allem der freistehende hölzerne Glockenturm von 1635.

Die Kirche ist nur während des Gottesdienstes geöffnet (alle zwei Wochen im Wechsel mit Neuenkirchen, Termine nach Aushang), man kann aber einen Blick durch das Gittertor werfen, die schwere Pforte ist meist offen (kräftig ziehen). Anfragen an Hr. Schott in Neuenkirchen, ✆ 038309-8231.

Rappin liegt zu Füßen der **Banzelvitzer Berge**: Der lang gestreckte, bewaldete Hügel erhebt sich auf immerhin 45 Meter über den Bodden. Hier befindet sich auch ein schöner Strand sowie ein Campingplatz. Im Norden mündet der Hügel in eine schmale Landenge, die zum Liddower Haken führt. Die Halbinsel bzw. der Tetzitzer See, den der Haken vom Jasmunder Bodden trennt, wird von nahezu unberührter Boddenküste gesäumt. Küste, See und Halbinsel sind überwiegend als Naturschutzgebiet ausgewiesen. Der **Liddower Haken** und das Guthaus Liddow sind der treuen Fangemeinde sehr vertraut: Das alte Gutshaus fungiert als Fernseh-Heimat des Seehundes Robbie, Held der beliebten ZDF-Vorabendserie *Hallo Robbie*. Zwar gab es im Umfeld der Dreharbeiten diverse lokalpolitische Querelen, doch letztlich hat sich der Erfolg der Produktion wohl durchgesetzt. Das ZDF drehte inzwischen die nunmehr siebte Staffel von *Hallo Robbie*, und Rügen profitiert ebenfalls von dem Erfolg der Serie – in Binz beispielsweise gibt es längst einen *Hallo-Robbie*-Fanartikel-Shop.

In dem kleinen, ruhigen Ort **Neuenkirchen** thront auf einem Hügel die Kirche *Maria Magdalena*. Die Findlinge, die in die Wände der Kirche eingebaut sind, stammen möglicherweise noch vom Vorgängerbau, der 1308 erstmals erwähnt wurde. Der Backsteinbau selbst mit seinem tief hinunter gezogenen Kreuzrippengewölbe entstand im 15. Jh. Seit der Dachturm 1650 von einem Sturm heruntergerissen wurde, kommt die Kirche, in der sich die älteste Glocke Rügens befindet (1367), ohne Glockenturm aus.

Auch diese Kirche ist nur während des Gottesdienstes geöffnet (alle zwei Wochen im Wechsel mit Rappin, Termine nach Aushang). Anfragen an Hr. Schott in Neuenkirchen, ✆ 038309-8231.

Nördlich von Neuenkirchen schieben sich die Moritzhagener Berge vor die Halbinsel **Lebbin**. Die höchste Erhebung des lang gezogenen Hügels ist mit 44 Meter der *Hoch Hilgor*. Auf ihm befindet sich der hölzerne Grümbke-Turm. Von dem 16 Meter hohen Aussichtsturm hat man allerdings nur begrenzt gute Sicht, da die Baumkronen bereits deutlich ins Blickfeld hineingewachsen sind. Sollte der Turm nicht frei geschnitten werden (und sich von weitem sichtbar über die Baumwipfel erheben), lohnt der Aufstieg nur noch zum Aufbau von Oberschenkelmuskulatur. Die Straße, die von Neuenkirchen über den Hügel und quer über die Halbinsel führt, endet in dem kleinen Weiler *Vieregge* an einer verfallenen Landestelle.

- *Verbindungen* **Bus**, die **Linie 37** fährt an Schultagen ein paar Mal von *Bergen* über die Dörfer, am Wochenende nur mittags und abends.

- *Übernachten/Essen* **** **Gut Tribbevitz**, Hotel und Restaurant, mit Gestüt und Reithalle, mitten im Nirgendwo steht das prächtige gelbe Herrenhaus mit seinen zinnengekrönten Giebeln. Auch ein Trakehnergestüt ist im Gut untergebracht (Pferdepension möglich). Im Sommer ganztägig geöffnetes, gehobenes Restaurant (auch vegetarische Menus). Großzügige DZ mit Bad, TV, Frühstück und Fitnessangebot 100–135 €, EZ 80 €, Zustellbetten möglich, Hund 7 €, auch Fahrradverleih (7 €/Tag). Ca. 3 km südlich von Neuenkirchen, Anfahrt am besten über Neuenkirchen (bzw. bei Neuendorf rechts ab), die „Straße" von Rappin gestaltet sich recht ruppig. Gut Tribbevitz, 18569 Neuenkirchen, ✆ 038309-7080, ℻ 708138, www.gut-tribbevitz.de.

Wirtshaus Neuenkirchen, nicht zu verfehlen, durch das Dorf hindurch Richtung Lebbin, dann auf der linken Seite, traditionsreiches Gasthaus, gutbürgerliche Küche, im Sommer schöner Garten, auch Fremdenzimmer, DZ mit Bad, TV und Frühstück ab 50 €. Dorfstr. 12, 18569 Neuenkirchen, ✆ 038309-70360, ℻ 70361, www.wirtshausneuenkirchen.com.

- *Camping* **Banzelvitzer Berger**, schöner Wald- und Wiesencamping, etwas auf der Höhe am Südausläufer des Hügels gelegen und dadurch mit herrlichem Blick auf den Großen Jasmunder Bodden, mit Gaststube (*Zum Kuckkuck*), kleinem Laden und Fahrradverleih, 180 Stellplätze (Erw. 5 €, Kinder 4–11 Jahre 2,50 €, kl. Zelt 5,50 €, gr. Zelt 9 €, Hund 2,50 €, Pkw 1,50 €, Strom 2 €, Caravan inkl. 2 Pers. 24,50 €), aber auch kleine, hölzerne Ferienhäuser (65 € für 2 Pers., 70–100 € für 4 Pers.). Knapp 1 km hinter Rappin (beschildert). Geöffnet März–Okt. 18528 Groß Banzelvitz, ✆ 03838-31248, ℻ 31260, www.banzelvitzer-berge.de.

- *Baden* schönes, sandiges Boddenufer hinter den Banzelvitzer Bergen (beim Camping).

Selten nötig: Rohrdach-Reparatur

Trent

Inmitten der Felder liegt dieses kleine Dorf an der uralten Handelsstraße von Stralsund ans Kap Arkona. Auch heute noch ist Trent eher gut frequentierter Durchgangsort als Reiseziel. Hier gabelt sich der Weg aus Süden: Rechts geht es zur Wittower Fähre (4 km) und links nach Schaprode und dem Fährhafen nach Hiddensee.

Einen intensiveren Blick ist lediglich die **St. Katharinenkirche** wert. Das um 1400 entstandene Kreuzrippengewölbe des Chors stellt die älteste Bausubstanz des Gotteshauses dar und steht ungewöhnlicherweise längs zur Mittelachse, der wuchtige Turm stammt wahrscheinlich aus der Zeit des Umbaus Ende des 15. Jh.

Die Kirche ist meist verschlossen; Aushänge beachten oder beim Pfarrer in Schaprode nachfragen (✆ 038309-1363).

• *Verbindungen* Die **Buslinie 35** verkehrt werktags fast stündlich zwischen *Bergen* und Schaprode mit Zwischenhalt in Trent, Sa/So 6-mal tägl., davon im Sommer ca. 3-mal mit Fahrradanhänger.

• *Übernachten* **** **Radisson SAS „Hotel Rügen"**, an einem der vielen Ränder Rügens liegt diese Hotelanlage direkt am Bodden, mit dem Rücken zum flachen Land wirkt der Gebäudekomplex wie eine Luxus-Wagenburg, das Innere der Anlage wird von edlem Ambiente dominiert. Das Niveau hat natürlich seinen Preis: DZ mit Bad, TV und Frühstücksbuffet ab 144 €, Suiten bis 239 €; ca. 5 km nordöstlich von Trent, kurz vor dem Fähranleger links. An der Wittower Fähre, Vaschvitz 17, 18569 Trent, ✆ 038309-220, ✆ 22599, www.radissonsas.com.

• *Essen & Trinken* **Die Tenne**, Gasthaus mitten in Trent mit schönem Biergarten hinter dem Haus, gutbürgerliche Küche, Preise o. k., Spezialität des Hauses: Zanderfilet, mittags und abends geöffnet, Mi Ruhetag, ✆ 03809-22778.

Vier Kilometer nördlich von Trent befindet sich eine der letzten Fährverbindungen Deutschlands, die tatsächlich noch als alltägliche Verkehrsader fungiert. Zwischen der Halbinsel Wittow und Zentralrügen pendelt die **Wittower Fähre** über die Meerenge zwischen Breetzer Bodden und Rassower Strom. Man spart sich auf den Weg von oder nach Süden dank der Fähre immerhin den langen Umweg über die Halbinsel Jasmund und um den Großen Jasmunder Bodden.

Die **Wittower Fähre** verkehrt ganzjährig von morgens 5.50 Uhr (ab Nordseite) bis 20 Uhr (ab Südseite), Mai–Aug. eine Stunde länger, Nov.–März eine Stunde kürzer, Pkw (inkl. Fahrer) 4 €, jede weitere Person 1,20 €, Motorrad 3 €, Fahrrad 1,20 €, Kinder (4–11 Jahre) 0,80 €. Auskunft Wittower Fähre ✆ 0172-7526838.

Auch **Busanbindung**: die **Linie 35** von Bergen nach Schaprode (siehe dort) macht 5-mal tägl. einen Abstecher zum Fähranleger.

Schaprode

Schaprode ist das Sprungbrett nach Hiddensee, was zur Folge hat, dass das alte Fischerdorf oft einem Parkplatz gleicht. Doch der Ort hat weit mehr zu bieten als nur den Fähranleger.

Das Dorf hat eine lange Tradition als Fischer- und Fährhafen. Fischer gibt es zwar, abgesehen von den Hobbyanglern, die ihr Glück im Schaproder Bodden versuchen, keine mehr, aber als Fährhafen hat Schaprode Karriere gemacht. Ganzjährig legen hier die Schiffe der Weißen Flotte an und pendeln hinüber nach Neuendorf, Vitte und Kloster auf Hiddensee. Dabei gerät zuweilen aus dem Blick, dass das Dorf trotz der zahllosen Durchgangstouristen viel von seinem Charme bewahrt hat.

Nahe am Hafen liegt in einem engen Radius um die Kirche herum der alte Dorfkern. 1168 landeten hier der Dänenfürst *Waldemar I.* und *Absalon von Roskilde* und starteten die Eroberung und Christianisierung Rügens. Im 17. und 18. Jh. kam Schaprode zu Wohlstand, als die heimischen Kapitäne Ostsee, Nordsee und Atlantik besegelten. Aus dieser Zeit stammen die schmucken Kapitänshäuser, die sich von den schilfgedeckten Backsteinhütten der Fischer dadurch unterscheiden, dass der Eingang Letzterer ebenerdig ist, während die Kapitänshäuser etwas höher liegen und eine kleine Treppe zur Tür führt. In die Backsteinfassaden der Fischerhütten sind zudem Steinplatten eingelassen, auf denen „erbauliche“ Sprüche zu lesen sind, so zum Beispiel: „Die erste Pflicht eines Mannes ist, seinen eigenen Unterhalt zu verdienen und sein Vaterland zu verteidigen.“

Sehenswert ist die bereits erwähnte **St. Johanneskirche**. Sie ist nach der Pfarrkirche von Altenkirchen und der Marienkirche in Bergen die drittälteste Kirche Rügens. Vom ersten Bau aus der ersten Hälfte des 13. Jh. ist noch der romanische Chor vorhanden. Das (ehemals dreischiffige) Langhaus entstand im 15. Jh., der Dachturm 1666. Nachdem man die Kirche über zwei alte Grabplatten betreten hat, sind im Inneren vor allem Ausstattungsstücke aus dem 18. Jh. zu sehen, abgesehen von der spätgotischen Triumphkreuzgruppe (um 1500, die farbliche Ausführung aber stammt aus dem 18. Jh.). Bemerkenswert ist das Bekenntnis zum Protestantismus an der Kanzel. Auf ihr sind die Reformatoren Luther und Bugenhagen mit folgendem Schüttelreim abgebildet: „Was Luther an das Licht gebracht / hat Bugenhagen bekandt gemacht“.

Zur Saison täglich ab 10 Uhr geöffnet (über Mittag geschlossen).

Die Reformation in Kurzform

Eine Kuriosität befindet sich am Ortseingang Schaprodes: die **Mordwange**. Der Sühnestein stammt aus dem Jahr 1368. Die Reste eines Kreuzreliefs sind noch zu erkennen, nicht mehr aber das Wappen des Mordopfers, dem mit diesem Stein gedacht werden sollte (alten Fotos zufolge soll es ein Mitglied der Familie von Platen gewesen sein).

• *Verbindungen* **Bus**, unter der Woche fast stündlich mit **Linie 35** nach *Bergen* und retour, Sa/So 6-mal tägl., davon ca. 3-mal mit Fahrradanhänger. **Fährverbindungen** → unten stehender Kasten.

• *Übernachten/Essen* **Hotel/Restaurant Zur alten Schmiede**, 1 km nördlich von Schaprode im Ortsteil Poggenhof (dort gleich rechts), schönes, einem alten Gutshof nachempfundenes Haus mit Sauna, Sonnenterrasse, Kaminbar und hübsch gestaltetem Innenhof, im Restaurant gibt es ausgezeichnete regionale Küche, Menü um 23 €, Feinschmeckermenü ca. 45 €. DZ mit Bad, TV und Frühstück 93–143 € (je nach Zimmergröße, Balkon etc.), EZ 93 €, Hund 8 €, Ferienhaus für 4 Pers. 185 €. OT Poggenhof Nr. 25, 18569 Schaprode, ✆ 038309-70500, www.ruegen-schmiede.de.

Landgasthof Schafshorn, sympathisches Haus in ruhiger, boddennaher Lage im südöstlichen Teil des Ortes (vom Weg aus in zweiter Reihe stehend). Im Sommer auch Restaurantbetrieb mit großer Karte (natürlich viel Fisch, aber auch vegetarische Gerichte), Preise o. k., außerdem Café mit schöner Terrasse/Wintergarten (in der HS ganztägig geöffnet), Fahrradverleih (6 €/Tag),

Rügens Westen
Karte S. 221

sehr freundlich. DZ mit Bad, TV und Frühstückbuffet 89 €, EZ 70 €, Hund 8 €. Streuer Weg 65 a, 18569 Schaprode, ✆ 038309-1313, 📠 1448, www.schafshorn.de.

Die Alte Schule, Erlebnisgastronomie im alten Schulgebäude nahe der Kirche, der eigenwillige Gastraum (in der ehemaligen 6. Klasse) sieht aus wie ein kleines Schulmuseum: lehrreiche Schautafeln, alte Klassenbücher, Tafellineal und -zirkel und natürlich eine große Schiefertafel, auf der das Tagesmenu steht (keine Sorge: es gibt keine eingepackten Stullen mit Apfel als Pausenbrot, sondern gute pommersche Küche, und zum Bezahlen muss man auch nicht an die Tafel vortreten und selber rechnen). Im Haus stehen zudem DZ (mit Bad 55 €) und Appartements (75–82 €) zur Verfügung, inklusive Frühstücksbuffet, das es im *Landhotel Schafshorn* gibt. Das Restaurant ist tägl. abends geöffnet, in der HS auch über Mittag. Lange Str. 32 a, ✆ 038309-1454.

Zum Fährmann, ungekünstelte Gaststätte direkt am Fähranleger (neben dem großen Parkplatz), beliebt, nicht nur, wenn man auf die Fähre wartet. ✆ 038309-20123.

• *Camping* **Am Schaproder Bodden**, der Name verspricht nicht zu viel, der große Platz liegt in der Tat in direkter Strandnähe, über 100 Stellplätze (wenig Schatten), moderne Sanitäranlagen, kleiner Shop, Fahrradverleih, Wassersportmöglichkeiten, geöffnet April–Okt. Erw. 6,50 €, Kinder 3–15 Jahren 3,50 €, Zelt 2,75–3,75 €, Caravan 5 €, Hund 1,25 €, Strom 1,50 €. Lange Straße 24, 18569 Schaprode, ✆/📠 038309-1234, www.campingplatz-schaprode.de.

• *Fahrradverleih* Im Landgasthof Schafshorn, 6 € am Tag. Streuer Weg 65 a, ✆ 038309-1313, sowie am Campingplatz.

• *Sporthafen* Bestens ausgebauter Hafen im Schaproder Strom (der engen Wasserstraße zwischen dem Ort und der vorgelagerten kleinen Insel Öhe), zahlreiche Liegeplätze bei 3–4 m Wassertiefe, Tankstelle, Slipanlage, 10 t-Kran und Werkkran. ✆ 038309-1209; *Yachtservice* ✆ 038309-28010.

Die Fähren nach Hiddensee

Die *Reederei Hiddensee*, ein Teil der Weißen Flotte, verbindet Schaprode mehrmals täglich mit Neuendorf, Vitte und Kloster auf **Hiddensee**. Im Sommer wird Hiddensee 16-mal angesteuert, im Winter 10-mal. Fahrtzeit zwischen 30 Min. (nach und von Neuendorf) und 45 Min. (nach Kloster bzw. 90 Min. mit Stopps in Neuendorf und Vitte). Die Fähren laufen nie alle drei Häfen an, so dass man gegebenenfalls auf das nächste Schiff warten muss, um an den gewünschten Zielort zu gelangen. *Fahrradtransport* ist grundsätzlich möglich, aber nur auf der *MS Vitte* garantiert (nur im Hochsommer relevant, wenn viel los ist). An Bord gibt es kleine, nicht überteuerte Bistros.

Da auf Hiddensee keine Autos erlaubt sind, müssen alle Kraftfahrzeuge am Fährhafen abgestellt werden. Dazu steht ein großer gebührenpflichtiger Parkplatz am Ortseingang von Schaprode zur Verfügung. Preise: ca. 2 €/Tag.

Reederei Hiddensee, Achtern Diek 4, 18565 Vitte, www.reederei-hiddensee.de; oder unter: **Weiße Flotte**, Fährstr. 16, 18439 Stralsund, ✆ 03831-268138 oder ✆ 0180-3212150 (9 ct/min.), 📠 268130, www.weisse-flotte.com.
Preise: Hin- und Rückfahrt 15,30 € (einfach 9,30 €), Kinder 4–11 Jahre 8,90 € (5,50 €), Kinder unter 4 Jahren frei, Familienkarte 43,90 €, Hund 8,90 € (5,50 €), Fahrrad 6,70 € (die Preise gelten für die Überfahrt nach Kloster und Vitte, nach Neuendorf etwas günstiger). Achtung: unterschiedliche Saisonfahrpläne!

Rund um die Uhr fahren **Wassertaxis**, die in Schaprode ankern oder bestellt werden können (✆ 038309-21110); oder direkt an Bord: Die *Pirat* ist mobil unter ✆ 0171-7457713 zu erreichen, die *Störtebeker* unter ✆ 0171-7457710, die *Anna Maria* unter ✆ 0171-6428021. Weitere Infos unter www.reederei-hiddensee.de.
Preise: Überfahrt von Schaprode nach Hiddensee im Wassertaxi (1–7 Personen) ca. 55 €.

Stress- und autofrei: Insel Hiddensee

Hiddensee

Schmal und lang gezogen liegt die Insel vor Rügens Westküste. Was von Westen her an Wind und Wellen kommt, bricht sich an der Küste Hiddensees.

Hiddensee ist eine wunderschöne Insel. „Perle der Ostsee“ und „Capri Pommerns“ sind ihre klingenden Beinamen. Noch aussagekräftiger aber ist der Umstand, dass die meisten, die Hiddensee besucht haben, früher oder später wiederkommen.

Auch Hiddensee ist ein erdgeschichtlich junges und bis heute stetig wachsendes Eiland, das mit jeder Welle ein paar Sandkörner mehr Land gewinnt. Vom Enddorn im Norden, wo die beiden Landzungen Alt- und Neubessin in den Vitter Bodden hineinragen, bis zum südlichen Ausläufer des Gellen sind es knapp 17 Kilometer. An ihren schmalsten Stellen, in Vitte und südlich von Neuendorf, misst die Insel nicht einmal 300 Meter.

Die drei Dörfer der Insel könnten nicht unterschiedlicher sein, auch wenn sie sich auf Grund der Schlankheit der Insel alle zwischen Hafen und Strand erstrecken. *Kloster* im Norden ist eine grüne, dicht bewachsene Oase. Zuweilen scheint es, als läge der Ort in einem lichten Wald. Beschatten mal keine Bäume die Häuser, werden diese von dichten Gärten umgeben. *Vitte* hingegen ist gut ausgestattet mit großzügigen Wegen und sogar einem kleinen Zentrum. *Neuendorf* wiederum verzichtet fast ganz auf Wege, seine Häuser stehen weit verstreut auf einer Wiese.

Hiddensee ist zu jeder Jahreszeit ein lohnenswertes Reiseziel. Im Frühling an den ersten warmen Tagen des Jahres am Strand spazieren zu gehen, ist ein unvergessliches Erlebnis. Im Sommer wird dieser lange Sandstrand, der sich fast über die gesamte Westflanke der Insel erstreckt, zum Anziehungspunkt für unzählige Gäste

Karten S. 249 und S. 253

Von Hedin und Mutter Hidden – der Name Hiddensee

Erwähnt wurde die Insel Hiddensee bereits in der Edda, der altnordischen Liedersammlung. „Dort wartete König Helgi, bis Heere aus Hedinsey kamen", heißt es dort. Wie allerdings ein so schmales Eiland Heere von Wikingern hervorbringen soll, bleibt eines der Geheimnisse der Edda. Die Endung *-ey*, *-oe* oder einfach nur *-ö* bedeutet *Insel*. Hiddensee ist demnach „die Insel Hedins" oder latinisiert *insula hithini*, wie sie der dänische Historiker *Saxo Grammaticus* nannte. Saxo wusste außerdem von einer alten Sage zu berichten, die den Namen erklären soll: In lange vergangener Zeit sollten Hithin/Hedin und ein König namens Högin auf der Insel gegeneinander gekämpft haben – ihr Streit ging um Liebe, Ehre und (natürlich) um eine Frau, des einen Tochter, des anderen Gattin, und er endete für beide Parteien tödlich. Zurück blieb die unglückliche Frau und der Name der Insel.

Eine Volkssage kennt dagegen einen ganz anderen Ursprung des Namens und liefert die Entstehungsgeschichte der Insel gleich mit. Die Geschichte, die sich natürlich noch viel wortreicher erzählen lässt, geht in der Kurzfassung so: Ein Mönch suchte ein Nachtlager und klopfte bei Mutter Hidden an, die genauso wenig arm wie gastfreundlich war und ihn davonjagte. Im nächsten Haus aber fand der Mönch Obdach: Es war die arme Mutter Vitten, die ihn aufnahm. Am folgenden Morgen bedankte sich der Mönch und segnete die erste Arbeit, die Mutter Vitten an diesem Tag beginnen sollte. Die gute Frau dachte sich nichts dabei und begann, wie geplant, ihr Leinentuch abzumessen. Aber so viel sie auch maß, das Leinentuch nahm kein Ende, bis das ganze Haus voller Tuch und Mutter Vitten reich war. Ihre Nachbarin hingegen erblasste vor Neid, als sie davon erfuhr. Nach einiger Zeit kam der Mönch erneut vorbei und Mutter Hidden ging ihm gierig entgegen, um ihm ein Nachtlager anzubieten. Am nächsten Morgen wiederholte der Mönch seinen Segen und Mutter Hidden, geizig aber nicht dumm, wollte ihr Erspartes zählen, damit es kein Ende nähme, bis das ganze Haus voller Geld war. Als sie aber beginnen wollte, schrie die Kuh im Stall und Mutter Hidden ging, um sie zu tränken, denn sie wollte bei ihrer Zählerei nicht gestört werden. Doch nachdem sie den ersten Eimer aus dem Brunnen gezogen hatte, konnte sie für den Rest des Tages nicht aufhören, Wasser zu schöpfen, bis schließlich alles umliegende Land von Wasser bedeckt und Hiddensee entstanden war.

und Tagesbesucher. Ob man nun die Dünung entlang schlendert oder sich zum Sonnenbaden hinlegt, ein Stück Insel für sich allein zu finden, wird schwer, denn im Seebad Hiddensee ist einiges los. Kuratmosphäre oder gar Club-Feeling kommen allerdings nicht auf, dazu ist die Insel zu klein und zu ursprünglich geblieben. Ruhiger wird es erst wieder im Herbst, wenn sich ein ganz eigener melancholischer Charme über die Landschaft legt. Ein mattes Farbenspiel breitet sich über die Heide aus und vermischt sich mit den Grautönen von Himmel und Meer. Heftige Herbstwinde machen den Kopf frei und sollen alle möglichen Leiden lindern, seien es nun Allergien oder Liebeskummer. Im Winter kommt die Stille. Das kulturelle, gastronomische und touristische Angebot schwindet: Die Fähren fahren seltener, es schließt das ein oder andere Restaurant, die Ferienhäuser werden winterfest gemacht, bis schließlich nur noch wenige Gasthäuser geöffnet haben. Zwischen Weihnachten und Neujahr ändert sich das Bild ebenso wie auf Rügen für ein kurzes Intermezzo. Dann kehren die Besucher auf die Insel zurück, um hier den Jahreswechsel zu feiern. Die Feuerwerksraketen steigen übrigens zuhauf beim Leuchtturm auf dem Bakenberg, ein besonders gefragter Platz, um auf das neue Jahr anzustoßen.

Die unzähligen Besucher, die an schönen Tagen auf die Insel strömen, können nicht darüber hinwegtäuschen, dass Hiddensee eine kleine Gemeinde ist. Etwa 1200 Menschen leben auf der Insel, manche noch von Fischerei und Landwirtschaft. Zum Einkaufen muss man ins ferne Bergen oder nach Stralsund übersetzen. Von den ehemals drei Schulen, ist nur noch die in Vitte übrig geblieben. Wer seine Kinder über die zehnte Klasse hinaus auf die Schule schicken will, muss sie in Stralsund oder Bergen, also im Internat oder bei Bekannten und Verwandten unterbringen. Lediglich einen Allgemeinarzt gibt es auf Hiddensee, er praktiziert in Vitte, während der einzige Zahnarzt seine Praxis in Kloster hat. Der Doktor ist übrigens einer der wenigen, der das Privileg hat, auf der Insel Auto fahren zu dürfen. Hinzu kommen noch der Dienstwagen des Inselpolizisten, der Inselbus, der Löschzug der Feuerwehr und der ein oder andere Trecker oder Unimog. Ansonsten ist die Insel autofrei.

Land unter 1872

Am 12./13. Nov. 1872 erlebte Hiddensee ein unvergleichliches Sturmhochwasser. Keine Schlecht-Wetter-Chronik – die älteste datiert immerhin auf 1304 – wusste bis dato von einer ähnlichen Katastrophe auf der Insel zu berichten. Der Wasserstand lag zeitweilig bei 2,40 m über NN, während gleichzeitig ein Orkan über die Reste der Insel tobte, die nicht unter Wasser standen. Bereits bei 1,50 m über NN spricht man von einem Sturmhochwasser (oder, geläufiger, von einer Sturmflut). Sie entsteht, wenn bei anhaltend starken (Nord-)West-Winden Wassermassen durch den Skagerrak in die Ostsee gedrückt werden. Was der Orkan 1872 nicht niederriss, erledigte schließlich das Wasser: die Insel wurde praktisch entzweigerissen. Neuendorf und Vitte wurden komplett überflutet, viele Lehmhäuser fielen in sich zusammen, und die meisten Fischerboote wurden zerstört.

Aber schwere Zeiten bringen oft mutige Vorhaben hervor. Der Dorfschulze von Vitte, Johann Karl (Jan Korl) Schluck, machte sich auf nach Berlin, um beim deutschen Kaiser höchstpersönlich um Hilfe zu bitten. Schluck und seine Begleiter kamen in der Tat nicht nur bis in die Hauptstadt, sondern sogar bis ins Audienzzimmer Seiner Majestät. Doch wer sie dort empfing, war nicht der Kaiser, sondern dessen Sohn, Kronprinz Friedrich. Schluck war damit nicht ganz einverstanden und sagte ohne Rücksicht auf Etikette: „Je, wi wull'n eigentlich den Ollen spräken." Friedrich zeigte sich ob der derben Begrüßung keineswegs pikiert, hörte sich das Anliegen der Hiddenseer an und versprach Hilfe. „Na denn stell'n Sei Vaddern dat man ordentlich vör", soll Schluck zum Abschied dem Kronprinzen mit auf den Weg gegeben haben.

In den Jahrzehnten um die Jahrhundertwende ins 20. Jh. wirkte Hiddensee wie ein Magnet auf die Größen des deutschen Geisteslebens. Nobelpreisträger gaben sich hier die Klinke in die Hand, Maler und Architekten schufen aus Gebäuden Kunstob-

Hiddensee
Karten S. 249 und S. 253

jekte, und ganze Künstlerzirkel definierten ihre Kreativität von Hiddensee aus. Die Liste prominenter Gäste ist lang: Thomas Mann, Sigmund Freud, Franz Kafka, Albert Einstein, Bertolt Brecht, Gustav Gründgens, Max und Käthe Kruse, Gottfried Benn, Asta Nielsen, Joachim Ringelnatz, August Macke, Stefan Zweig und natürlich Gerhart Hauptmann, der Hiddensee das „geistigste aller deutschen Seebäder“ nannte und an anderer Stelle mahnte: „nur stille, stille, dass es nicht etwa ein Weltbad werde.“

Ein Saint Tropez der Ostsee ist Hiddensee sicherlich nicht geworden, wegzudenken ist der Tourismus von der Insel seit der Promi-Invasion des frühen 20. Jh. allerdings auch nicht mehr. Nach den Wirren des Zweiten Weltkriegs avancierte die Insel fast notwendigerweise zu einem bedeutenden Urlaubsziel der DDR, wobei es auf Grund der engen Kontingentierung der Besucher nicht eben leicht war, eine Unterkunft auf Hiddensee zu ergattern. Wie heute auch waren die meisten Gäste Tagesausflügler. 1995 wurde Hiddensee offiziell in den Kreis der deutschen Seebäder aufgenommen.

Hausmarken

Auf Hiddensee, vor allem in Vitte und Neuendorf, ist eine regionale Besonderheit zu beobachten. Neben Eingangstüren oder an Wegen zugewandten Fassaden sind eigentümliche Zeichen mit runenartiger Kantigkeit angebracht. Die so genannten Hausmarken dienten einst der Zuordnung von Arbeitsgerät, sei es ein Ruder, eine Heugabel oder ein Waschzuber. Dabei bezogen sich die Zeichen weniger auf die Personen und Familien, als vielmehr auf die Häuser, in denen sie wohnten. Wurde ein Haus vererbt oder anderweitig veräußert, erhielt der neue Bewohner, ob aus derselben Familie wie der Vorbesitzer oder nicht, die Hausmarke gleich mit. Wurde hingegen ein neuer Hausstand eröffnet, so erhielt der Sohn die Hausmarke der Familie mit einem zusätzlichen Strich, einer „Afmark“. Und auch bei unliebsamen Arbeiten der Fischer in Neuendorf dienten die Hausmarken auf „Kaveln“ gekerbt als Loshölzer. Wie bedeutend die Hausmarken einst für die Hiddenseer waren, zeigt sich auf dem Friedhof von Kloster: Hier finden sich heute noch Grabsteine, auf denen kein Name eingraviert ist, sondern neben dem Todesjahr nur noch die Hausmarke des Verstorbenen.

Anreise

Fähren der *Reederei Hiddensee*, die zur Weißen Flotte gehört, starten von **Schaprode** aus mehrmals täglich nach Neuendorf, Vitte und Kloster (im Sommer etwa 16-mal täglich, im Winter 10-mal). Wegen der engen Fahrrille durch den Bodden dauert der „Katzensprung“ auf die Insel jedoch zwischen einer halben Stunde (nach Neuendorf) und 45 Minuten (nach Kloster bzw. 90 Min. mit Stopps in Neuendorf und Vitte). Da die Fähren aber fast nie alle drei Häfen anlaufen, muss man zuweilen umsteigen, die nächste Fähre einplanen oder auf dem Landweg weiterreisen, um ans Ziel zu kommen.

Fahrradfahrer sollten beachten, dass nicht jede Fähre die Mitnahme des Zweirads garantiert. Alle Fähren nehmen grundsätzlich **Fahrräder** mit, aber wenn viel los ist, kann es passieren, dass das Rad an der Anlegestelle zurückgelassen werden muss. Auf der *MS Vitte* ist dagegen immer Platz, denn sie besitzt als einziges Schiff der Reederei einen großen Frachtraum. Wann sie wohin fährt, ist im Fahrplan

Auf der Fähre nach Kloster

der Reederei Hiddensee gekennzeichnet. Wie in jedem öffentlichen Nahverkehr können sich die Fahrpläne im Jahreszeiten-Takt ändern, den aktuellen Plan erhält man entweder vor Ort an der Fahrkartenausgabe oder bei der Reederei Hiddensee.

Zudem steuert die *Reederei Hiddensee* von April bis Okt. 3-mal täglich die Insel von **Stralsund** aus an (sowie vom 20.12. bis 4.1. 2-mal täglich). Im Winter ersetzt 2-mal täglich ein Bus auf der Strecke Stralsund–Schaprode die Direktverbindung (ansonsten über Bergen nach Schaprode).

Reederei Hiddensee, Achtern Diek 4, 18565 Vitte, www.reederei-hiddensee.de; oder **Weiße Flotte**, Fährstr. 16, 18439 Stralsund, ✆ 03831-268138 oder ✆ 0180-3212150 (9 ct/Min.), ✆ 268130, www.weisse-flotte.com. Weitere Infos in den jeweiligen Ortskapiteln. In den Bordcafés der Hiddenseer Flotte herrschen übrigens im Gegensatz zu manch anderen Schiffen faire Preise. Bier und andere Kaltgetränke sowie Kaffee oder Kuchen gibt's für 1,80 €, die Currywurst mit Brötchen für 2,55 €.

Im Sommer steuern außerdem Ausflugsschiffe der *Weißen Flotte* die Insel 3-mal täglich von **Wiek** aus an (natürlich mit Landgang auf Hiddensee, Einzelfahrt möglich). Zudem gewährleistet die *Personenschifffahrt Kipp* eine Fährverbindung von **Breege** und **Ralswiek** aus (April–Okt. und über Neujahr zwischen 1- und 3-mal täglich von und nach **Breege** sowie werktags 1-mal tägl. ab Ralswiek, Mai–Sept.). Und schließlich verkehrt die Reederei Zingst zwischen dem gleichnamigen Ort und Hiddensee (Mai–Sept. 1-mal tägl. außer Mo, April nur Di und Do, Okt. nur Di–Sa).

Information zur Weißen Flotte und Reederei Hiddensee → oben. **Personenschifffahrt Kipp**, Dorfstr. 101, 18556 Breege, ✆ 038391-12306 oder 0171-1218333, ✆ 12307, www.reederei-kipp.de. **Reederei Zingst** (gehört wie Reederei Hiddensee zur Weißen Flotte) www.reederei-zingst.de.

Eine weitere, schnellere, aber nicht gerade günstige Möglichkeit auf die Insel zu gelangen, besteht durch die **Wassertaxis** der Reederei Hiddensee. Die drei Schiffe des *Hiddenseer Taxirings* fahren ganzjährig, liegen entweder im Hafen oder kommen,

Hiddensee Karten S. 249 und S. 253

wie es sich für Taxis gehört, bei telefonischer Bestellung. Die Überfahrt von Schaprode nach Hiddensee kostet 58 €, was sich rechnen kann, wenn man mit sieben Personen unterwegs ist, von und nach Stralsund oder Ralswiek wird es hingegen recht kostenintensiv (185 €). Bei Nachtfahrten wird ein deutlicher Aufschlag erhoben.

Ein Taxi ordern kann man beim Hiddenseer Taxiring in Vitte (Achtern Diek 4, ✆ 038300/ 210) oder direkt an Bord: Die *Pirat* ist mobil unter ✆ 0171-7457713 zu erreichen, die *Störtebeker* unter ✆ 0171-7457710, die *Anna Maria* unter ✆ 0171-6428021. Weitere Infos unter www.reederei-hiddensee.de.

Unterwegs auf der Insel

Da die Insel autofrei ist, müssen sich nicht nur Lauffaule und Pkw-Freunde umorientieren. Auch Reisende mit Gepäck sollten bedenken, dass kein Taxi zur Verfügung steht, in dessen Kofferraum Rucksack oder *Samsonite* einfach verstaut werden können. Man ist auf Fahrräder mit Anhängern, Handwagen oder auf Kutschen angewiesen.

Wundern Sie sich nicht, wenn sich die Preise verschiedener Fahrradverleiher oder Kutscher wie abgesprochen gleichen: Die Preise *sind* abgesprochen. Diverse Insel-Logistiker bieten Gepäcktransport, Kremser- und Kutschfahrten, manche auch Ausritte an. Einzelfahrt in der Kutsche ca. 3 €, Rundfahrt um die 10 €. Bollerwagen ca. 2,50 €.

Unterwegs auf Hiddensee

Fahrräder gibt es zuhauf zu mieten, die Preise sind fast überall identisch: Tourenrad (3- bis 7-Gang) 5–6 €/Tag, ab 3 Tagen 4–5 €/Tag, ab 5 Tagen 3–4 €/Tag; Kinderräder ca. 3–4 €/Tag, Anhänger ca. 4 €, Kindersitz 1 €. Adressen in den Ortskapiteln.

Zwischen Kloster, Vitte und Neuendorf pendelt auch ein kleiner *Inselbus*, der gleichzeitig als Schulbus fungiert. Mo–Fr von morgens bis abends etwa stündlich, Tageskarte 3,90 € (Kinder 6–14 Jahre 1,70 €), halber Tag 2,90 €.

Übernachten, Essen und Trinken

Die meisten Gäste Hiddensees sind Tagesbesucher. Dieser Umstand ist auch der im Grunde erfreulichen Weigerung der Insel geschuldet, sich mit Feriendörfern und Touristenghettos zupflastern zu lassen (auf Hiddensee bestehen strengste Bauvorschriften). Lediglich eine einzige Hotelanlage samt Feriensiedlung befindet sich in der Dünenheide; ein dreiteiliger Hotelgroßbau steht in Vitte. Letzterer ist allerdings verwaist und wirkt trotz (oder gerade wegen) der riesigen Rohrdächer ein wenig wie das Prora Hiddensees. **Camping** ist auf der Insel nicht möglich. Es gibt weder einen offiziellen Zeltplatz, noch ist wildes Campen erlaubt.

Fuhrpark im Hafen von Vitte

Das Angebot für Übernachtungsgäste beschränkt sich zum einen auf eine Hand voll **Hotels** und **Pensionen**, die meisten familiengeführt, sowie privat angebotene **Fremdenzimmer**. Aber die Bettenanzahl reicht kaum aus, um im Sommer die Nachfrage zu decken. Wer also während der Saison längere Zeit auf Hiddensee verbringen will, ist gut beraten, sich frühzeitig um eine Unterkunft zu kümmern.

Die Zahl der zur Verfügung stehenden **Ferienwohnungen** auf der Insel ist hingegen beachtlich. Man könnte meinen, dass in jedem Haus eine Ferienwohnung untergebracht ist und in jedem noch so kleinen Garten ein kleines Ferienhäuschen steht. Die meisten Unterkünfte sind standardmäßig (Küche, Bad, WC) eingerichtet, viele in traditionellen Fischerhäusern, und strandnah ist ohnehin jedes Haus auf Hiddensee.

Information Einige Zimmer- und Appartementvermittlungen: www.hiddenseeservice.de (Hartwig Klotz, Kirchweg 24, Kloster ✆ 038300-60860). Oder www.hiddensee-touristik.de (HT&S, Wiesenweg 32, Vitte, ✆ 038300-60497, 📠 60498). Oder Insel Information Hiddensee: www.seebad-insel-hiddensee.de.

Das **kulinarische Angebot** auf Hiddensee reicht vom Fischbrötchen am Hafen über den Sanddornkuchen zum Kaffee bis zu Fischspezialitäten auf gehobenem Niveau. In jedem Ort stehen ausreichend Lokale zur Verfügung. Neigt sich allerdings die Saison dem Ende zu, kann das ein oder andere Restaurant bereits geschlossen sein, so dass sich die Auswahlmöglichkeiten einschränken. Zwischen den Jahren dagegen ist wieder alles offen.

Ein **Nachtleben** gibt es auf Hiddensee eigentlich nicht, keine Discos in Hotelanlagen, keine trendigen Szenebars. Wer sich abends auf ein Bier unter Leute mischen will, findet sich im *Godewind* in Vitte oder im *Wieseneck* in Kloster ein. Dass außerhalb der Hauptsaison das spärliche „Nachtleben“ auch mal gegen 22 Uhr erlahmen kann, stört auf der Insel niemanden.

Baden

An Hiddensees Westküste erstrecken sich vom Gellen im Süden bis zum Enddorn an der Nordspitze 13 Kilometer herrlichster Ostseestrand. Von der DLRG überwacht wird der Strand jeweils auf der Höhe der Inselorte (Mitte Mai bis Mitte September). Je nach Wetterlage kann zuweilen etwas Seegras angeschwemmt werden und sich an den Stränden ablagern (dazwischen verirrt sich aber auch mal ein kleiner Bernstein oder ein Donnerkeil). Die überwachten Strandabschnitte (hier auch Strandkorbverleih) werden den Sommer über gereinigt, alle anderen als Naturstrand belassen. An den Ortsstränden sind Hunde nicht erlaubt. Die Unterscheidung von Textil- und FKK-Strand ist zwar vorhanden, wird aber im Normalfall nicht so eng gesehen wie in einigen Bereichen von Rügen.

Information und Allgemeines

• *Information* **Insel Information Hiddensee** und Kurverwaltung im Rathaus in Vitte, vom Hafen aus rechter Hand, gegenüber von der Blauen Scheune. Mai–Sept. Mo–Fr 8.30–17 Uhr, Sa 10–12 Uhr; April und Okt. Mo–Fr 8.30–16 Uhr; Nov.–März Mo–Fr 9–15 Uhr. Norderende 162, 18565 Vitte, Insel Hiddensee, ☏ 038300-64226 oder 64227, 📠 64225, www.seebad-insel-hiddensee.de.

Infos auch im Hafengebäude von Kloster. Mai–Sept. Mo–Fr 10–12.30 und 13.30–17 Uhr und Sa 10–12.30 Uhr; April und Okt. Mo–Fr 9.30–12 Uhr und 13–17 Uhr, im Winter siehe Anschlag, Hafenweg 15, 18565 Kloster, Insel Hiddensee, ☏ 038300-60654.

Hiddensee – Inselnachrichten

Die monatlich erscheinende Inselzeitung berichtet über Neuigkeiten und informiert über Veranstaltungen. Zu beziehen nur auf der Insel oder im Abo. Seglerhafen 19, 18565 Vitte, ☏/📠 038300-401, inselnachrichten@t-online.de.

• *Postleitzahl* für die ganze Insel 18565.

• *Ärztliche Versorgung* Ein **Allgemeinarzt** praktiziert in Vitte (Süderende 57, ☏ 038300-287), ein **Zahnarzt** in Kloster (Am Bau 1, ☏ 038300-375). **Apotheken** gibt es keine auf Hiddensee, nur eine Rezeptsammel- und Medikamentenausgabestelle in Vitte (Süderende 154, ☏ 038300-50110 oder 50565).

• *Angeln* nur mit Berechtigungsschein, erhältlich in der Insel Information in Vitte (unter Vorlage eines Angelscheins).

• *Bank* Sparkassenfiliale mit Geldautomaten in Vitte, Süderende 59, zwei Häuser nach dem Hotel Godewind.

• *Häfen* **Hafenmeister** (in Vitte), ☏ 038300-64263. **Sportboothäfen** in Neuendorf (Wasserwanderrastplatz), ☏ 0170-9849720; in Vitte (Seglerhafen), ☏ 038300-608768, Näheres in den Ortskapiteln.

• *Karten* Zwei Karten im Maßstab 1:30.000 bieten sich an (Preis jeweils ca. 3–5 €, erhältlich im Buchhandel und vor Ort): *Rad- und Wanderkarte Hiddensee, Ummanz*, Verlag *grünes herz* (Ilmenau); sowie *Hiddensee* aus dem Nordland Kartenverlag (Schwerin).

• *Kurtaxe* Ganz Hiddensee ist ein Seebad, auch wenn die großen Kurhotels fehlen, eine Kurtaxe muss gezahlt werden. Sie fällt allerdings mit täglich 1,50 €/Person (Mai–Sept.) bzw. 1 € (Okt.–April) recht mäßig aus (Jahreskurkarte 42 €).

• *Parken* Hiddensee ist autofrei, parken muss man daher in Schaprode (bewachter Parkplatz am Hafen oder am Ortseingang links, ca. 2 €/Tag) oder in Stralsund.

• *Polizei* Die Station des Inselpolizisten befindet sich im Rathaus Vittes, Sprechstunden nach Vereinbarung (☏ 038300-50131), in Notfällen (wenngleich auf der friedlichen Insel kaum vorstellbar) auch über Bergen (☏ 038338-8100) oder den Notruf 110 erreichbar.

• *Veranstaltungen* Es findet sich immer ein Grund zu feiern, sei es ein sportlicher wie der **Hiddenseer Halbmarathon** (zuletzt Ende April) oder das **Inselschwimmen** von Neuendorf nach Schaprode (Ende Juli), ein literarischer wie die **Gerhart-Hauptmann-Festtage** (Anfang Juni), oder aber diverse „Wochen": z. B. **Jazz-und-Meehr-Woche** (Ende Juli), **Asta-Nielsen-Woche** (Anfang/Mitte Sept.) oder die **Sanddornwochen** (Mitte Sept.).

In Kloster

Kloster

Pferdekutschen klappern über ungepflasterte Wege, Familien spazieren an blühenden Gärten entlang, in denen hübsche, teils schilfgedeckte Häuser stehen, Gäste und Hiddenseer sitzen ruhig und gelassen am Hafen oder in den Biergärten.

Kloster im Norden Hiddensees ist ein kleines Inselidyll. Lang gezogenes „Zentrum" des Dorfes ist der Kirchweg, der etwas oberhalb vom Hafen beginnt und sich bis zum Heimatmuseum und dem dahinter liegenden wunderschönen Weststrand zieht. An dieser Achse befinden sich auch das Gerhart-Hauptmann-Haus, die Inselkirche, Restaurants und Cafés, Supermarkt, Buch- und Souvenirläden sowie der Friseursalon der Insel mit dem pragmatischen Namen *Die Bö*. Nördlich vom Kirchweg erstreckt sich das Dorf bis in die Ausläufer des Dornbuschs.

Einen Geheimtipp kann man Kloster natürlich längst nicht mehr nennen. In der Hochsaison ist einiges los auf den sandigen Wegen. Dennoch kommt selten Hektik auf (ausgenommen vielleicht in den Küchen der Restaurants zur Mittagszeit). Wer Kloster aber in Ruhe erleben möchte, sollte sich hier einmieten und warten, bis die letzte Fähre die Tagesbesucher zurück nach Rügen oder Stralsund geschippert hat, oder man wählt gleich Herbst und Winter für einen Aufenthalt.

Die Entstehung des Dorfes geht, der Name trügt nicht, auf die Zisterzienser zurück. Der Orden gründete 1296 hier eine (angesichts der abseitigen Lage) relativ stattliche Abtei, die wohl einen Großteil des heutigen Ortsgebietes umfasste. Das Kloster wurde im Zuge der Säkularisierung aufgelöst, und auf dem Abteigelände entstand ein kleines Fischerdorf. Anfang des 20. Jh. sollen hier gerade einmal neun Häuser gestanden haben: die vier Häuser des Gutshofs, Pfarrei, Schule, Strandvog-

Karten S. 249 und S. 253

tei, das Haus des Amtsvorstehers und ein Gasthaus. Heute ist Kloster das kulturelle Zentrum der Insel, nicht nur, weil sich hier Inselmuseum und -kirche befinden, im Gerhart-Hauptmann-Haus finden auch regelmäßig klassische Konzerte, Sonderausstellungen und Dichterlesungen statt.

• *Verbindungen* Mit der Reederei Hiddensee nach **Schaprode** Mai–Sept. 8-mal tägl. hin zurück, Okt. und April 8-mal tägl., im Winter 5-mal tägl. (mit Busanschluss nach Stralsund). Achtung: Bei mancher Verbindung muss man in Vitte umsteigen. Hin- und Rückfahrt 15,30 € (einfach 9,30 €), Kinder 4–11 Jahre 8,90 € (5,50 €), Kinder unter 4 Jahren frei, Familienkarte 43,90 €, Hund 8,90 € (5,50 €), Fahrrad 6,70 € (Achtung: unterschiedliche Saisonfahrpläne).

Nach **Stralsund** 3-mal tägl. (nicht Nov.–März, Sonderfahrten zwischen den Jahren, April bis Mitte Mai 2-mal tägl.). Hin- und Rückfahrt 17,20 € (einfach 10,90 €), Kinder 4–11 Jahre 9,40 € (6 €), Kinder unter 4 Jahren frei, Familienkarte 48,50 €, Hund 9,40 € (6 €), Fahrrad 7,70 €. Infos unter ✆ 0180-3212150, www.reederei-hiddensee.de.

Wassertaxis → oben, Anreise

• *Übernachten/Essen* **Hotel Hitthim**, eines der besten Häuser der Insel, verfügt über viel gastronomische Tradition (schon 1910 warb man mit „elektrischem Licht", „gut gepflegten Bieren" und „streng solide gehaltenen Preisen"). Im Saal hängt eine Bildergalerie berühmter Hiddensee-Gäste, hervorragendes Restaurant (köstlicher Pfefferhering mit Bratkartoffeln, nicht minder schmackhaft: der warme Apfelstrudel), ab 12 Uhr durchgängig warme Küche, die Zimmerpreise variieren stark nach Saison und Ausstattung (Balkon, Badewanne, Hafenblick). Ganzjährig geöffnet. DZ mit Bad, TV und Frühstück 75–140 €, EZ 50–65 €, auch Ferienwohnungen. Direkt am Hafen. Hafenweg 8, 18565 Kloster, Insel Hiddensee, ✆ 038300-6660, 📠 66618, www.hitthim.de.

Wieseneck, Restaurant, Café und Pension in einem alten und schön renovierten Haus, klasse Kneipe, in der sich vor allem jüngeres Publikum trifft, vom Garten aus hat man einen herrlichen Blick über den Inselsüden, 14 liebevoll eingerichtete Zimmer. Ganzjährig geöffnet. DZ mit Bad, TV und Frühstücksbuffet 68–92 €, EZ 35 €. Kirchweg 18, 18565 Kloster, Insel Hiddensee, ✆ 038300-316, 📠 68024, www.wieseneck-hiddensee.de.

Zum kleinen Inselblick, urgemütliches Café, gutes Restaurant und origineller Trödelladen in einem, ob auf einen guten Kaffee, eine schmackhafte (und dabei) günstige Hiddenseer Mahlzeit oder zum Stöbern (Bilder, Emailschilder, Bücher, Porzellan und Möbel), der Besuch lohnt sich, schöner Biergarten. Etwas abseits am Ortsrand Richtung Dornbusch gelegen (am einfachsten vom Hafen oder entlang des Kirchwegs zum querenden Mühlberg und diesen rechts hinauf und geradewegs bis zum Ortsausgang). Birkenweg 2, ✆ 038300-234. Zum „Kleinen Inselblick" gehört die **Pension Inselidyll**. Neun hübsche Doppelzimmer, hier soll schon Einstein genächtigt haben. Im Nov. geschl., Reservierungen schon im Frühjahr empfehlenswert. DZ mit Bad, TV und Frühstücksbuffet 90 €, Hund 5 €. Siedlung 23, 18565 Kloster, Insel Hiddensee, ✆ 038300-50163, Reservierung ✆ 038300-234, 📠 60612, www.inselidyll-hiddensee.de.

Pension Haus Hiddensee, in der „Ortsmitte" nahe der Kirche, mit bodenständigem Restaurant (tägl. 11–22 Uhr), DZ mit Bad, TV und Frühstück je nach Größe 70–90 €, EZ 35–45 €, ganzjährig. Kirchweg 29, 18565 Kloster, Insel Hiddensee, ✆ 038300-335, 📠 691218, www.haus-hiddensee.de.

Apartment-Haus Dornbusch, das weitgehend neue und etwas nüchtern eingerichtete Gebäude am Südrand des Ortes beherbergt 28 Appartements sowie Hallenbad, Sauna, Fitnessraum, Kegelbahn und das Restaurant/Café Inselstube (große Karte). Ganzjährig geöffnet. App. für 2–4 Pers. je nach Größe 123–153 €, in der Hochsaison nur für mehrere Nächte zu mieten, keine Tiere. Weißer Weg 2/3, 18565 Kloster, Insel Hiddensee, ✆ 038300-60400, 📠 6040140, www.hiddensee-dornbusch.de.

Imbiss: Fischbrötchen (2–3 €) frisch vom Kutter, (natürlich) am Hafen.

• *Einkaufen* **Buchladen**, schräg gegenüber vom Hotel Wieseneck, gut sortiert, in einem reetgedeckten, allein stehenden Häuschen im Kirchweg, Mitte März bis Ende November und über Weihnachten/Silvester geöffnet. Kirchweg 19, ✆ 038300-465.

Strandkiste, netter Souvenirladen, der alles führt, was man sich an Inselsouvenirs denken kann: Bernstein (großes, schönes Angebot), Land- und Ansichtskarten, Klamotten, Sanddornprodukte, Buddelschiffe etc., direkt am Hafen.

Das Hotel Hitthim in Kloster

Ein **Supermarkt** liegt am Hafenweg, ein weiterer nahe der Kirche (beide mit Café), die **Bernsteinwerkstatt** und **Souvenirs Nautic** (müßig zu erwähnen, was die Läden führen) befinden sich am Kirchweg.

• *Fahrradverleih* u. a. **Barbara Pehl**, auch Tandems und Gokarts, kostenloser Pannenservice (in Vitte beim Fahrradverleih Kula, in Neuendorf im Freizeitladen Leschner, dort kann man die Fahrräder auch abgeben, 2,50 € Aufschlag), auch *Pension* (DZ mit Bad/TV 55 €). Hafenweg 4, ✆/℻ 038300-437, www.hiddensee-pension.de.

Corrigan & Engels, Kirchweg 24, ✆ 038300-60571.

• *Fuhrunternehmen/Kutschfahrten* **Fuhrmannshof Neubauer**, auch Wander- und Ponyreiten. Hafenweg 10, ✆ 038300-487 oder 1280, www.hiddensee-kutschfahrten.de.

Kremser- und Transportfahrten Jörg Weirauch, auch Fahrradverleih, gegenüber vom Hotel Hitthim. Hafenweg 7, ✆ 038300-68082, 404 oder 0171-8377124.

Fuhrunternehmen Willi Berg, Am Reedsal 24, ✆ 038300-50155 oder 0171-8377124.

Inselkirche: Mitten im Ort steht das hübsche, unspektakuläre Gotteshaus, umgeben vom alten, baumbestandenen Friedhof. Die spätgotische Kirche ist in ihrer Bausubstanz das älteste Bauwerk der Insel und das letzte Überbleibsel des ehemaligen Zisterzienserklosters, das um 1300 hier entstanden war. Mehrfach umgebaut, präsentiert sich das Backsteingebäude heute weiß getüncht. Seit der Renovierung gegen Ende des 18. Jh. erhebt sich über dem Innenraum ein hölzernes, blaues Tonnengewölbe. Auf dem dazugehörigen Friedhof stehen einige uralte Grabsteine herum, manche namenlos, nur mit Hausmarke und Todesjahr versehen. Das Grabmal Gerhart Hauptmanns gibt sich übrigens genauso wenig bescheiden wie der Schriftsteller zu Lebzeiten, der größte Stein auf dem Friedhof ist unübersehbar.

Gerhart-Hauptmann-Haus: Als *Gerhart Hauptmann* das „Haus Seedorn" 1930 kaufte, war er längst dem Zauber der Insel verfallen. Das Sommerdomizil, das der Schriftsteller bis zu seinem Lebensende fast jährlich für einige Wochen, manchmal Monate bewohnte, war aber viel zu klein für seine Bedürfnisse. Also ließ er anbauen: ein geräumiges, etwas abseitig stehendes Arbeitszimmer (samt Bibliothek), das durch eine Art Kreuzgang mit dem „alten" Haus (von 1920) verbunden ist. 1954

Karten S. 249 und S. 253

In Hiddensees Inselmuseum

wurde das Haus in ein Museum umgewandelt. Die Einrichtung ist weitgehend in originalem Zustand, als sei Hauptmann erst kürzlich nach Berlin abgereist. Über die Veranda (hier eine kleine Dokumentation zum Leben des Nobelpreisträgers) betritt man das Haus und gelangt über den Kreuzgang zunächst ins so genannte Abendzimmer (wo auch Thomas Mann den ein oder anderen Schoppen Wein geleert haben soll) und dann ins ungleich größere Arbeitszimmer. Hier steht ein Teil der beachtlichen Bibliothek Hauptmanns. Im oberen Geschoss sind die Schlafgemächer der Hauptmanns zu besichtigen.

Das Haus Seedorn ist auch der Sitz der Gehart-Hauptmann-Stiftung, die sich um das Anwesen kümmert. Hier werden zudem regelmäßig Konzerte, Sonderausstellungen und Lesungen veranstaltet (teils lesen bekannte Schriftsteller eigene, teils Werke von Hauptmann), die zweifelsohne zu den kulturellen Highlights der Region gezählt werden können.

April–Sept. (und zwischen den Jahren) tägl. 10–17 Uhr, März und Okt./Nov. 11–16 Uhr, (im Nov. Sa und mo geschlossen), Dez.–Febr. nach Voranmeldung, Führungen nach tel. Voranmeldung um 14 Uhr oder nach Vereinbarung (ca. 10 €). Eintritt 2 €, erm. 1 €. Mit Buchverkauf (Werke über Hiddensee und natürlich von Hauptmann). Gerhart-Hauptmann-Haus (Haus Seedorn), Kirchweg 13, ✆ 038300-397, ℻ 60565, www.gerhart-hauptmann.org.

Hiddenseer Inselmuseum: Das kleine Museum hält, was man sich von einem Heimatmuseum verspricht. In der ehemaligen Seenotrettung sind allerlei Exponate zu Flora und Fauna der Region, zur Geschichte des Zisterzienserklosters, der Fischerei und der Insel als Seebad sowie natürlich jede Menge Bernstein ausgestellt. Eine kleine Abteilung informiert (der Unterkunft des Museums entsprechend) auch über diverse Havarien an Hiddensees Küste und über die Geschichte der Seerettung, schließlich war das hiesige Ufer *litus multis naufragiis famosum* (eine Küste durch viele Schiffbrüche berüchtigt), wie ein Reisender 1608 vermerkt. Interessant sind auch die Schautafeln zu „Biographien" berühmter Gebäude Hiddensees (z. B.

Gerhart Hauptmanns Sommerdomizil „Haus Seedorn") und v. a. der berühmte Hiddenseer Goldschatz, der hier (als Kopie) ganz aus der Nähe bewundert werden kann.

Das Museum wurde zuletzt umgebaut, Änderungen in punkto Ausstellung und Öffnungszeiten sind möglich. Zuletzt galten diese Zeiten: Mai–Okt. tägl. 10–16 Uhr, Nov.–April Fr/Sa 11–15 Uhr. Eintritt mit Kurkarte 1,50 € (erm. 1 €), ohne Kurkarte 2,50 €. Kirchweg 1 (am westlichen Ende von Kloster), ✆ 038300-363, ℻ 64225. Kleiner Museumsladen.

Der Hiddenseer Goldschatz

Nachdem sich der schwere Sturm vom 12./13. Nov. 1872 ausgetobt hatte, gab das Wasser nicht nur das Dorf Neuendorf/Plogshagen langsam wieder frei, sondern auch einen Schatz von unermesslichem Wert. Strandräuber, die den havarierten schwedischen Schoner *Klara Karl* plünderten, fanden filigranes Geschmeide im Dünensand. Anfangs mutmaßte man, dass der Schmuck von Bord des gestrandeten Schiffes gespült worden war, aber das erwies sich bald als unwahrscheinlich. Bei einer weiteren Suche im folgenden Frühjahr sowie nach einem erneuten Sturm im Februar 1874 wurden wieder Stücke des bald als *Hiddenseer Goldschatz* bekannten Wikingerfunds entdeckt. Ob die Schmuckstücke aber aus dem Meer an den Strand geworfen, vom Sturm aus dem Dünensand gegraben oder mit dem Flutwasser aus dem Inselinneren herausgewaschen wurden, ist bis heute nicht geklärt, wobei die letztere die wahrscheinlichste Variante ist.

Die insgesamt sechzehn Teile stellen den bedeutendsten Fund aus Wikingerzeit auf deutschem Boden dar. Es handelt sich um einen geflochtenen Halsreif, eine Scheibenfibel und Teile einer prachtvollen Kette: sechs große sowie vier kleine Kreuze und vier Zwischenglieder mit Ösen. Das Geschmeide wurde um das Jahr 950 von einem ungemein fähigen Goldschmied gearbeitet, wahrscheinlich für den ersten getauften Wikingerkönig *Harald Blauzahn* und möglicherweise sogar in Haithabu (nahe dem heutigen Schleswig) gefertigt. Vor allem die Kreuze spiegeln eine Zeit im Umbruch wider. Sie vereinen die Form des christlichen Kreuzes mit der heidnischen Darstellung Mjölmirs, dem Hammer Thors, und geben anschaulich den Kampf des neuen Glaubens mit dem alten wieder. Der mutmaßliche Besitzer des Schmucks fiel genau diesem Kampf zum Opfer, denn Blauzahn musste vor seinen Gegnern, allen voran sein Sohn *Sven Gabelbart*, die sich vehement gegen den neuen Glauben wehrten, nach Hiddensee fliehen. Möglicherweise vergrub er hier den Schatz. Das Original befindet sich heute im Kulturhistorischen Museum von Stralsund.

Nördlich von Kloster

▸ **Dornbusch, Grieben und Enddorn**: Nördlich von Kloster erstreckt sich ein zauberhaftes Hügelland: der **Dornbusch**. Das Hiddenseer „Hochland" bricht im Westen am Steilufer bis zu 60 Meter tief ab. Der Hochuferweg führt anfangs noch durch einen Wald, in dem sich nicht nur eine bekannte Gaststätte befindet, sondern auch Deutschlands prominenteste „Wetterfrösche": das Wetterstudio Nord, das 1998 vom gestenreichen Jörg Kachelmann eingerichtet wurde. Hinter dem Leuchtturm zieht sich dichtes Sanddorngehölz entlang der Hügelkuppen. So genannte Windflüchter, vom Wind bizarr verformte Bäume, krallen sich in die Steilküste. Zur Boddenseite hin dominieren sanft gewellte Wiesen und Weiden, zum Teil von Sanddornhecken gesäumt und mit Ginsterbüschen bestanden. Hier befindet sich auch

Hiddensee
Karten S. 249 und S. 253

die älteste Siedlung Hiddensees: **Grieben** hat zwar Tradition, aber kaum Einwohner, nur eine Hand voll Häuser stehen malerisch in Ufernähe. Der Endpunkt des Dornbuschs bildet gleichzeitig auch das Ende von Hiddensee. Er trägt den passenden Namen **Enddorn**. Unterhalb der nördlichen Inselspitze ragen zwei lange Haken in den Bodden: *Altbessin* und *Neubessin*. Der Name des Ersteren trügt ein wenig, denn die Landzunge ist mit kaum 400 Jahren ein geologisch gesehen junges Stück Insel. Noch jünger ist der Neubessin, der sich erst um 1900 herauszubilden begann. Während der Altbessin nicht mehr an Land gewinnt, wächst der jüngere Bruder weiter. Er kann jährlich bis zu 30 Meter zulegen, so dass die Kartographen Mühe haben, mit der Landzunge mitzuhalten. Der Neubessin gehört zusammen mit dem gegenüberliegenden, von der Halbinsel Wittow abzweigenden Bug zur Kernzone des Nationalparks Vorpommersche Boddenlandschaft, Brutgebiet und Rastplatz unzähliger, teils bedrohter Vogelarten. Betreten ist also verboten. Auf dem Altbessin verläuft ein kleiner Weg bis zum Aussichtspunkt an der Spitze.

• *Übernachten/Essen* **Zum Klausner**, Pension und beliebte Ausflugsgaststätte mitten im Dornbuschwald, sehr sympathischer Familienbetrieb (seit 1906). Außer Zimmern werden noch Appartements sowie nette kleine Holzhäuser vermietet (das Haus Klaus z. B. spektakulär über der Steilküste gelegen). Tägl. 10–22 Uhr (warme Küche bis 21 Uhr), im Winter sehr eingeschränkt. DZ mit Bad, TV und Frühstück 60–72 € (als EZ 53 €), Appartements (je nach Ausstattung) 72–90 €, Ferienhaus (2–4 Pers.) 94–115 €. Im Dornbuschwald 1, 18565 Kloster, Insel Hiddensee, ✆ 038300-6610, ✆ 66120, www.klausner-hiddensee.de.

Malerisch: Blick auf den Bodden

Hotel Enddorn, in Grieben, gemütliche, geschmackvoll eingerichtete Zimmer, im Erdgeschoss die *Bilderkneipe*, die ihrem Namen alle Ehre macht, hier gibt es auch gutes und deftiges Essen, schöner Garten, mittleres Preisniveau. Übernachtung frühzeitig buchen. Geöffnet Ostern bis Ende Okt. und über Silvester. DZ mit Bad/TV und Frühstücksbuffet 70–100 €, EZ 45–55 €, in der Nebensaison deutlich günstiger. Dorfstr. 6, 18565 Kloster, OT Grieben, Insel Hiddensee, ✆ 038300-304 (Kneipe) oder 460 (Hotel), ✆ 68094, www.enddorn.de.

Altes Gasthaus zum Enddorn, (ehemals Schwedenschänke) gleich nebenan, urgemütlich, ebenfalls mit hübschem Biergarten, Leser waren vor allem von den Fischgerichten begeistert. Dorfstr. 8, Grieben, ✆ 038300-60833.

• *Fahrradverleih* **Der Laden**, auch (wie der Name schon sagt) kleiner Dorfladen, in dem es alles gibt, was man so braucht: von der Wanderkarte bis zum Pflaster, Essen, Eis und Souvenirs. Außerdem: Zimmervermittlung. Zurück zu den Fahrrädern: 3-Gang-Rad 5,50 €, 7-Gang 6 €, Kinderrad 4,50 €, in der Hochsaison (v. a. am Wochenende) reservieren. Mai–Okt. tägl. 8–10 Uhr und 17–18 Uhr, Mi nur 8–9 Uhr und 17.30–18 Uhr (im Sommer bis 19 Uhr), im Winter nur Di, Do und So 17–18 Uhr. Dorfstr. 12, 18565 Kloster, OT Grieben, Insel Hiddensee, ✆ 038300-277, ✆ 439.

Das „Leuchtfeuer Dornbusch“

Der Leuchtturm: Das „Leuchtfeuer Dornbusch“ steht auf der höchsten Erhebung Hiddensees, dem Bakenberg (72 m). Wie der Name des Ortes verrät, gab es hier seit Urzeiten Baken, also Signalfeuer, die den Ostseeschiffern die Richtung wiesen. Der Leuchtturm wurde aber erst 1887/1888 erbaut. Ursprünglich aus Ziegeln errichtet, musste der Turm verstärkt werden, nachdem der Boden nachgab und das Gebäude Risse zeigte. So wurde dem Turm Ende der 1920er Jahre eine Art zwölfeckiger Stützstrumpf aus Eisen und Beton übergezogen. Der Leuchtturm ist begehbar, wer Lust auf noch mehr Fernblick hat, kann über 102 Stufen auf eine Höhe von knapp 28 Metern klettern.

April–Okt. tägl. 10.30–16 Uhr (im April nur Di–Sa), sonst nur an Feiertagen, Zutritt für maximal 15 Pers., nicht gestattet für Kinder unter 6 Jahren, keine Hunde. Eintritt ohne Kurkarte 4 €, mit Kurkarte 2 €, Kinder von 6 bis 14 Jahren 1,50 € bzw. 1 €.

Wanderung 10: Von Kloster zum Enddorn und über den Dornbusch

Charakteristik: Die schöne, aussichtsreiche Wanderung führt über das „Hochland“ Hiddensees, auf teils befestigten, teils sandigen Wegen und Trampelpfaden, und schließlich den geradezu steilen Swantiberg (65 m) hinauf. **Länge/Dauer**: knapp 8 km, ca. 2½ Std. reine Gehzeit (ohne Abstecher). **Wanderzeit**: ganzjährig möglich, am schönsten sicherlich im Frühling. **Start/Anfahrt**: am Hafen von Kloster, Fährverbindungen → oben.

Wegbeschreibung: Vom Bootsanleger in Kloster (WP 01) geht es am Geschäft „Sandkiste“ vorbei und links den Weg hoch, das *Hitthim* passieren, Abzweigung ins Dorf ignorieren und weiter geradeaus am kleinen Supermarkt vorbei. An der folgenden Wegkreuzung mit einer großen roten Boje als Wegweiser (WP 02) hart rechts abbiegen Richtung Grieben. Man läuft auf einem gepflasterten Weg, anfangs eine Allee, bis man nach insgesamt einem knappen Kilometer den winzigen Weiler Grieben erreicht (WP 03), rechts zwei Gasthöfe,

Hiddensee
Karten S. 249 und S. 253

links „Der Laden“. Dem Weg weiter geradeaus folgend hat man schließlich einen herrlichen Blick: auf der einen Seite die sanften Hügel des Dornbusch mit dem Leuchtturm, auf der anderen Seite der malerische Nordausläufer des Vitter Bodden und die Altbessiner Landzunge. Bald nach Grieben wird der gepflasterte Weg zur Platte. Kurz darauf zweigt ein Plattenweg zum Leuchtturm ab (WP 04), hier besteht die Möglichkeit, die Wanderung zu verkürzen (durch eine Niederung mit dem schönen Namen *Honiggrund* immer auf den Leuchtturm zu, weiter mit WP 08), ansonsten Abzweigung ignorieren, genauso wie die nächste Abzweigung, dieses Mal nach rechts. Wer genug Zeit mitgebracht hat, kann sich hier einen Abstecher auf den Altbessin gönnen.

Der Plattenweg beschreibt nun eine leichte Biegung und endet in einem sich gabelnden Feldweg (WP 05). Hier lohnt ein kurzer Abstecher geradeaus zum Enddorn. Auf einem enger werdenden Wanderweg erreicht man nach etwa 300 m einen Fahrradparkplatz und dahinter den herrlichen Sandstrand (zum Wasser hin Kies, im Wasser steinig). Auf manchen Karten ist ein Wanderweg eingezeichnet, der von hier zum Swantiberg führt. Völlig verwachsen und eigentlich auch gesperrt, sollte dieser Pfad gemieden werden, daher zurück zu WP 05.

Bei der Weggabelung also nach Westen wenden. Es geht weiter an Weidegrund vorbei, leicht ansteigend. Der Feldweg ist bald nur noch ein Wanderpfad über Wiesen, der nach einer leichten Biegung steil ansteigt. Der Aufstieg wird belohnt durch einen herrlichen Ausblick (WP 06) vom 65 m hohen Swantiberg (der Ausblick wird noch schöner, wenn man einen kurzen Abstecher rechter Hand unternimmt). Weiter geht es geradeaus auf einem schmalen, kurvigen Trampelpfad bergab. Auch wenn es wegen des Ginster- und Sanddorngestrüpps nicht immer erkennbar ist, geht man nun auf dem Hochuferweg entlang, oberhalb des *Toten Kerls*, ein Steilküstenabschnitt, der seinen drastischen Namen einem schiffbrüchigen (und ertrunkenen) Seemann verdanken soll, der hier an Land gespült wurde. Nach kurzer Zeit erreicht man eine Lichtung mit Fahrradparkplatz und Aussichtspunkt (WP 07) hoch über dem Ufer, von dem aus man an schönen Tagen bis Dänemark sehen kann. Hier gehen mehrere Wege ab, diese Wanderung führt einfach geradeaus weiter den Hochuferweg entlang. Bald an Höhe gewinnend verläuft der sandige Pfad teils direkt an der Abbruchkante des Hochufers. Schließlich verlässt der Weg das Ufer und wendet sich direkt auf den Leuchtturm zu (Öffnungszeiten s. o.). Unnötig zu erwähnen, dass man hier auf dem Bakenberg (WP 08), mit 72 m die höchste Erhebung Hiddensees, auch ohne Leuchtturmbesteigung eine herrliche Aussicht über die Insel und die Westküste Rügens hat.

Nun geht es um den Leuchtturm herum und über Treppen hinunter auf den Dornbuschwald zu. Am Waldrand an der Weggabelung (WP 09) mit dem kleinen Türmchen führt rechts der Weg zur Gaststätte „Zum Klausner“ (WP 10). Hier kann man eine Pause einlegen oder über die Klausnertreppe zum Strand absteigen. Es gibt zwei Wege zurück nach Kloster: Der längere führt an der Seeseite weiter den Hochuferweg entlang (etwas mehr als 2 km, abschnittsweise kann man auch am Strand entlanglaufen). Für den kürzeren muss man ein Stück zurückgehen und sich im Wald auf dem Betonweg links halten (1½ km, hier immer wieder schöne Ausblicke auf den Süden der Insel), bis man schließlich bei der Kreuzung mit der roten Boje rauskommt (WP 02).

Wanderung 10: Von Kloster zum Enddorn und über den Dornbusch
Wanderung 11: Rundwanderung Vitte - Kloster
Toter Kerl
Enddorn
Swantiberg
Honig-grund
Dornbusch
Bakenberg 72,5m
Tietenufer
Zum Klausner
Grieben
Kloster
Start
Schwedenhagen
Altbessin
Neubessin
Kernzone Nationalpark Anlegen und Betreten verboten!
Lange Ort
Seglerhafen
Vitter
Vitte
Start
Hahnentief (Bessinsche Schaar) bei Niedrigwasser trocken
Bodden
Breege, Wiek
NSG Dünenheide
Anlegen und Betreten verboten!
Fähr-Insel
Heiderose
Schaprode, Stralsund
400 m
Hiddensee/Norden

Vitte

Das einstige Fischerdorf ist heute das Zentrum der Gemeinde Hiddensee und der größte Ort der Insel. Vitte ist für den Besucher der ideale Ausgangspunkt zur Erkundung der Insel. Knapp zwei Kilometer sind es nach Kloster und fünf nach Neuendorf – und zum langen Sandstrand sind es immer nur ein paar Schritte.

Harsch war das Urteil eines Reisenden vor 200 Jahren: „Elend gebaut" seien die meisten Häuser, „krüppelhafte Gestalten" mit „Bekleidungen von Seegras" und „Gemäuern aus Torf", kurzum ein Anblick von „rohen architektonischen Stümpereien". Nachdem aber zunächst die Flut von 1872 Vitte vollends ruinierte, in den folgenden Jahrzehnten jedoch immer mehr Besucher auf die Insel strömten, hat sich das elende Erscheinungsbild gründlich gewandelt. Ein Dorf ist Vitte geblieben, jedoch ein ziemlich schmuckes. Hat man vom Hafen aus den niedrigen Deichweg erklommen, führt der breite, gepflasterte Wallweg zwischen hellen, freundlichen Häusern hindurch. Von dem kleinen Dreieck Hafen, Einkaufszentrum und Blaue Scheune (bzw. Rathaus) abgesehen, erstreckt sich Vitte vor allem entlang des Verbindungsweges von Kloster nach Neuendorf. Der Weg Norderende gabelt sich beim Rathaus: der Wiesenweg führt am Hafen vorbei, während man parallel zum Westufer zum Weg Süderende gelangt, von dem aus immer wieder kleine Stichpfade zum herrlichen Sandstrand abgehen.

Die Ähnlichkeit trügt nicht: Der Name *Vitte* hat den gleichen Ursprung wie der des idyllischen Fischerdörfchens *Vitt* auf Wittow. Auch Vitte war einst aus einem provisorischen Handelsplatz für Hering entstanden. Hier kauften die Händler der Hanse den Fischern den Fang ab, der noch vor Ort in Salz eingelegt wurde (das so genannte *fitten*, Näheres im Kapitel Wittow S. 207).

Über Sehenswürdigkeiten verfügt Vitte nicht, allerdings über drei markante Gebäude, die allesamt auf die künstlerische Tradition der Insel hinweisen. Im Norden des Dorfes steht das Haus mit runden Ecken, **Karusel** (allen Rechtschreibreformen zum Trotz) genannt, das vom Architekten *Max Taut* entworfen wurde und dem Stummfilmstar *Asta Nielsen* als Sommerresidenz diente. Die Bausubstanz der **Blaue Scheune** stammt aus dem 19. Jh., das Gebäude wurde aber mehrfach umgebaut. Der namensgebende Anstrich wurde dem traditionellen Hallenhaus 1920 von der Malerin Henni Lehmann verpasst, die hier Ausstellungen des „Hiddenseer Künstlerbundes" veranstaltete. Schließlich befindet sich hinter dem Rathaus nahe am Strand eine flügellose Windmühle, in der heute ein Atelier eingerichtet ist (alle drei Häuser werden privat genutzt und sind der Öffentlichkeit nicht zugänglich).

Verbindungen/Diverses

• *Verbindungen* Mit der Reederei Hiddensee nach **Schaprode** Mai–Sept. 9-mal tägl. hin/zurück, im Winter 7-mal tägl. (mit Busanschluss nach Stralsund). Hin- und Rückfahrt 15,30 € (einfach 9,30 €), Kinder 4–11 Jahre 8,90 € (5,50 €), Kinder unter 4 Jahren frei, Familienkarte 43,90 €, Hund 8,90 € (5,50 €), Fahrrad 6,70 € (Achtung: unterschiedliche Saisonfahrpläne).

Nach **Stralsund** 2–3-mal tägl. und von Stralsund nach Vitte 3–5-mal tägl. (nicht Nov.–März, Sonderfahrten zwischen den Jahren). Hin- und Rückfahrt 17,20 € (einfach 10,90 €), Kinder 4–11 Jahre 9,40 € (6 €), Kinder unter 4 Jahren frei, Familienkarte 48,50 €, Hund 9,40 € (6 €), Fahrrad 7,70 €. Infos unter ✆ 0180-3212150, www.reederei-hiddensee.de.

Nach **Wiek** (nur Mai–Sept.): etwa 3-mal tägl. hin/zurück 14,50 € (einfach 8 €), Kinder

4–11 Jahre 8,50 € (5 €), Kinder unter 4 Jahren frei, Familienkarte 42 €, Hund 8,50 € (5 €), Fahrrad 6,70 €. Infos unter ✆ 0180-3212150, www.reederei-hiddensee.de.

Mit den Fähren der *Personenschifffahrt Kipp* von und nach **Breege**: zwischen 1- und 3-mal tägl. (März–Okt.) sowie 1-mal tägl. ab Ralswiek (Mai–Sept.). Achtung: manche Fähren nur werktags, manche tägl. außer Mi. Dauer ca. 1,5 Std. Hin- und Rückfahrt 15 € (einfach 8 €), Kinder 4–12 Jahre 8 € (5 €), Kinder unter 4 Jahren frei, Familienkarte 40 €, Hund 8 € (5 €), Fahrrad 6 € (4 €). Personenschifffahrt Kipp, Dorfstr. 101, 18556 Breege, ✆ 038391-12306, 📠 12307, www.reederei-kipp.de.

Wassertaxis → oben, Anreise.

• *Einkaufen* Ein kleines **Einkaufszentrum** befindet sich mitten im Ort. Souvenirs gibt es vor allem entlang des Norderendes, z. B. im **Eisbär** (vom Fischerhemd bis zum Buddelschiff) oder im **Bernsteinstübchen** (was es hier gibt, ist klar, Norderende 142) und nicht zuletzt den netten **Buchladen Koralle** (Norderende 202, ✆ 038300-218).

• *Fahrradverleih* **Fahrrad-Müller**, auch Fachgeschäft samt Reparaturservice, hafennah. Wallweg 1, ✆ 038300-464.

Christian Kula, kostenlose Pannenhilfe (in Kloster beim Fahrradverleih Pehl, in Neuendorf im Freizeitladen Leschner, dort kann man die Räder auch abgeben, 2,50 € Aufschlag), vom Hafen den Wallweg entlang, dann links. Süderende 6, ✆ 038300-472, 📠 50439.

• *Gepäcktransport, Kutschfahrten* **Hiddensee Logistik**, Gepäcktransport auch von und nach Schaprode. Achtern Diek 35, ✆ 038300-50300 oder mobil ✆ 0171-8264375, 📠 50343, www.hiddenseer-logistik.de.

• *Sportboothafen* neuer großer Seglerhafen, 200 Liegeplätze, 2,50 m Wassertiefe, mit Tankstelle. Zum Seglerhafen 28, ✆ 038300-50107 oder 603680.

• *Sport* **Surf und Segel Hiddensee**, Material und Unterricht, z. B. Grundkurs Katamaran 199 €/10 Std., wer nicht selbst segeln will, kann auch mitfahren (55 €/3–4 Std.), auch Surfkurse (ab 99 €/3 Std.); großer Materialverleih vom Surfbrett (5 €/Std., 17 €/Tag) über Kajak (10 €/Std., 45 €/Tag) und Jolle (20 €/Std., 70 €/Tag) bis zum Cat (25 €/Std., 80 €/Tag). Zudem Beachvolleyball-Turniere. Vom Hafen kommend nach dem Wallweg geradeaus Richtung Strand. Mai–Okt. tägl. 10–18 Uhr. Kay Petersen, In den Dünen 68, ✆ 038300-60525, www.surfundsegelhiddensee.de.

• *Veranstaltungen* **Zeltkino**, im Sommer läuft hier, was es auch in den Multiplex-Palästen der Großstädte zu sehen gibt, nachmittags Kindervorstellung, abends großes Kino. Mit etwas Glück bekommt man aber auch einen alten, auf Hiddensee gedrehten Streifen zu sehen: *Das Mädchen von Fanö*, mit Brigitte Horney in der Hauptrolle. Das aktuelle Kinoprogramm erhält man in der Touri-Info oder unter www.zeltkino-hiddensee.de. Norderende 150, ✆ 038300-60674.

Hiddensee
Karten S. 249 und S. 253

Übernachten/Essen

Hotel/Restaurant Godewind, sympathisches Haus mit beliebtem Restaurant/Kneipe (tägl. 12–24 Uhr), in dem man sich abends auf ein Bier trifft oder zum Essen geht. Die Zimmer sind gemütlich, das Frühstücksbuffet vielfältig und reichlich, zuvorkommender Service. Ganzjährig geöffnet. DZ mit Bad, TV und Frühstück 95–125 €, EZ 50–85 €, auch Appartements (95 €). Vom Hafen Richtung Weststrand, dann links, Süderende 53, 18565 Vitte, Insel Hiddensee, ✆ 038300-6600, 📠 660222, www.hotelgodewind.de.

Inselreif, pommersche Spezialitäten zwischen bodenständig und fein, vor allem natürlich Fisch. April–Okt. 12–21 Uhr. Süderende 9, ✆ 038300-263, www.hiddensee-inselreif.de.

Aparthotel Töwerland, helle, freundliche Zimmer und Appartements in Hafennähe, im Haus auch eine Sauna, das **Restaurant/ Café Sundevit** und die Boutique *outvit*. Der Boutique verpflichtet ist auch die Kategorisierung der Appartementgrößen in S (74 €, 2 Pers.), M (92 €, 2–4 Pers.), L (107 €, 4 Pers.) und XL (119 €, 4–6 Pers.); im Hotel: DZ mit Bad/TV und Frühstück 94 €, EZ 62 €. Ganzjährig geöffnet. Wiesenweg 8, 18565 Vitte, Insel Hiddensee, ✆ 038300-6070, 📠 60721, www.aparthotel-toewerland.de.

Hotel Post Hiddensee, stilvolles Ambiente in großzügig bemessenen Zimmern, Suiten und Appartements, manche mit Kamin. Ein Kamin steht auch in der Lounge, außerdem: großer Garten, Bibliothek und Fahrradverleih. DZ mit Bad, TV und Frühstücksbuffet ab 95–170 €. Vom Hafen aus links. Wiesenweg 26, 18565 Vitte, Insel Hiddensee, ✆ 038300-6430, 📠 64333.

Zum Hiddenseer, neben dem Hotel Post, hier gibt es gute Fischgerichte (z. B. Schmoraalpfanne) in rustikalem Ambiente, ganzjährig geöffnet, im Winter eingeschränkt. Wiesenweg 22, ✆ 038300-419, 📠 608900.

Mühlenhof, Restaurant in einem alten Hof am südlichen Ende des Mühlenwegs. Abwechslungsreiche Küche vom Puten-Curry bis zu Grünkohl mit Kassler, außerdem viel Fisch, ganzjährig geöffnet. Wiesenweg 58, ✆ 038300-217.

Pension Lachmöwe, das schöne Haus liegt ganz in der Nähe des Hafens, manche Zimmer mit Boddenblick, hier auch das **Café Kanne**. DZ mit Bad, TV und Frühstücksbuffet ab 72 €, EZ ab 40 €. Wallweg 5, 18565 Vitte, Insel Hiddensee, ✆ 038300-253, 📠 50405, www.lachmoewe.de.

Hiddensee Klause, beliebter Treffpunkt beim Hafen, Restaurant, Café und Kneipe in einem, das hübsche Holzhaus ist dank seines knallroten Anstrichs unübersehbar. Wallweg 2, ✆ 038300-50400.

Caprivi, die schwimmende Herberge liegt im Hafen von Vitte, ein Hotelschiff, ausgestattet wie eine Jugendherberge, aber mit viel Charme. An Bord auch die Bar *Blue Mayday* und (bei gutem Wetter) Cafébetrieb auf dem Sonnendeck. Bett in der Koje (mit Gemeinschaftsbad) 20 € pro Person und Tag (plus 4,50 € Endreinigung). Landadresse: Sprenge 39, 18565 Vitte, Insel Hiddensee, ✆ 038300-50162 oder mobil 0170-9823541, 📠 60647, www.hotelschiff-hiddensee.de.

Fischbistro, von der Fischereigenossenschaft betriebener Imbiss in der Fischhalle direkt am Hafen.

Wanderung 11: Rundwanderung von Vitte nach Kloster

Charakteristik: Kurzwanderung auf befestigten Wegen, auf der sich die beiden schönen Dörfer in aller Ruhe erkunden lassen. Natürlich auch mit dem Fahrrad möglich. **Länge/Dauer**: knapp 5 km, reine Gehzeit ca. 1½ Std. **Wanderzeit**: ganzjährig. **Start/Anfahrt**: am Hafen von Vitte. **Karte** S. 249.

Wegbeschreibung: Die Kurzwanderung beginnt am Hafen von Vitte auf dem Deichweg vor der Pension *Lachmöwe* (WP 01) und führt geradeaus auf dem Wallweg in den Ort hinein. Bei dem quer verlaufenden Weg (WP 02, Süderende/Norderende), ergibt sich bereits die erste Alternative: Entweder den Pfad geradeaus und 1 km Richtung Norden am Strand entlang, dann rechts auf den Hauptweg, oder gleich rechts abbiegen und durch den Ort an der Blauen Scheune (rechts) und dem Rathaus (links, WP 03) vorbei nach Norden.

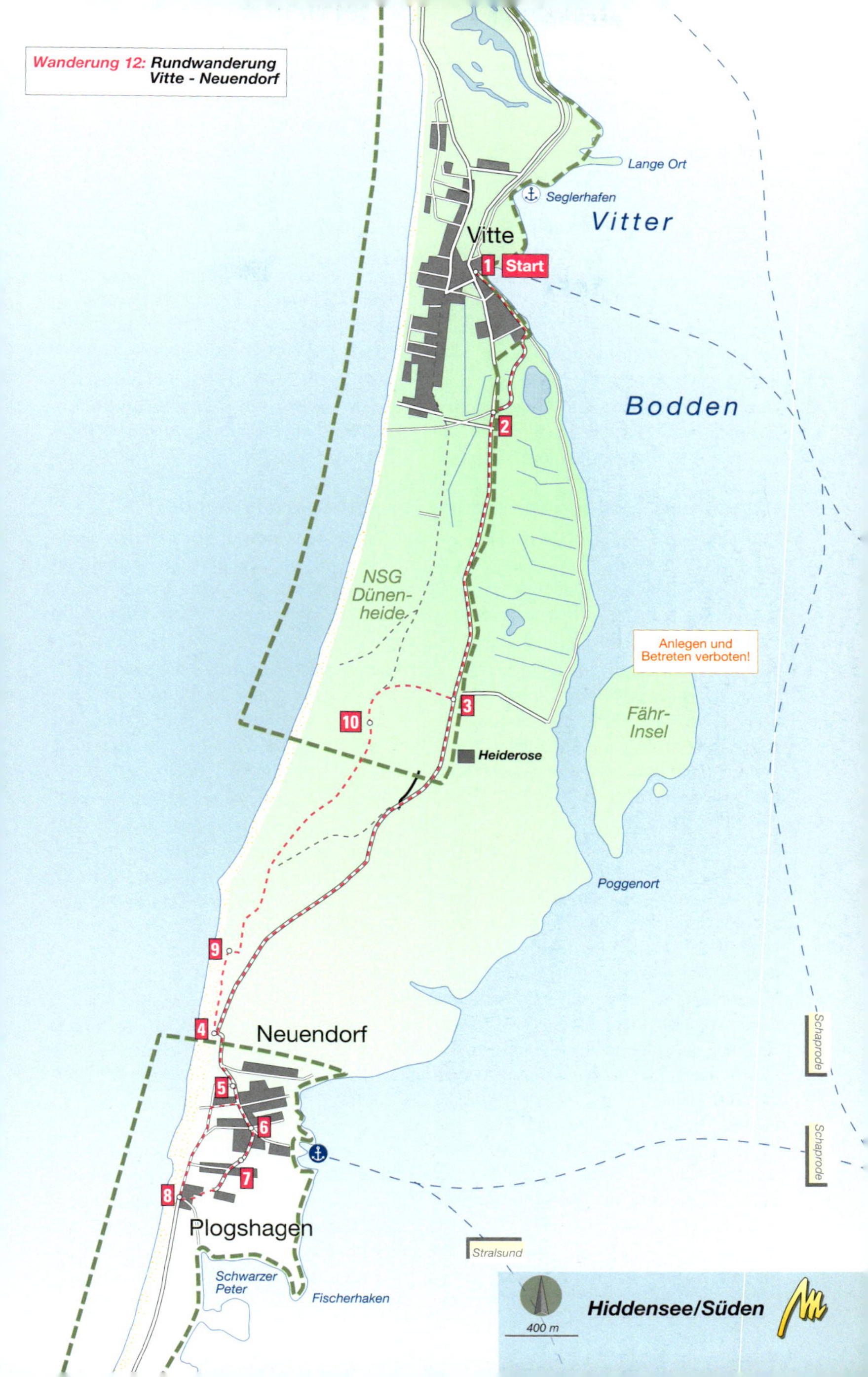

Wanderung 12: Rundwanderung
Vitte - Neuendorf
Lange Ort
Seglerhafen
Vitter
Vitte
1
Start
Bodden
2
NSG
Dünen-
heide
Anlegen und
Betreten verboten!
3
10
Fähr-
Insel
Heiderose
Poggenort
9
4
Neuendorf
5
6
7
8
Plogshagen
Schaprode
Schaprode
Stralsund
Schwarzer
Peter
Fischerhaken
400 m
Hiddensee/Süden

Bald verlässt man den Ort und läuft zwischen Pferdekoppeln und Schilfgürteln, wobei die Wegbeschaffenheit zwischen Pflasterstein, Betonplatten und Asphalt wechselt. Rechter Hand passiert man das allein stehende Nationalparkhaus. Nach knapp 2 km vom Start erreicht man kurz vor Kloster eine Weggabelung (WP 04; rechts zum Hafen), geradeaus gelangt man nach knapp 200 m (WP 05) zum Inselmuseum (Öffnungszeiten → oben, Kloster).

Der Weg beschreibt nun einen Rechtsknick und führt direkt in den Ort. Linker Hand liegt nach wenigen Metern das Gerhart-Hauptmann-Haus, es folgen Buchhandlung, Bäckerei und schließlich die Kirche mit dem alten Friedhof (WP 06), bis man an die Kreuzung mit der roten Boje als Wegweiser kommt (WP 07). Hier rechts und hinunter zum Hafen (WP 08). Hier wieder rechts halten und auf den befestigten Wallweg. Dieser führt auf etwas mehr als 2 km direkt nach Vitte, am Seglerhafen vorbei und zurück zum Ausgangspunkt.

Wer noch Lust und Luft hat, kann gleich weiter nach Neuendorf wandern, der Weg ist allerdings ein gutes Stück länger (→ unten).

Wanderung 12: Rundwanderung von Vitte nach Neuendorf

Charakteristik: einfache, etwas längere Wanderung, teils auf sandigen Wegen durch die Heide im Süden Hiddensees. Nur der erste Teil der Wanderung ist auch auf dem Fahrrad möglich, zurück dann auf dem gleichen Weg. **Länge/Dauer**: ca. 10 km, gut 3½ Std. Gehzeit. **Wanderzeit**: am schönsten im Sommer. **Start/Anfahrt**: am Hafen von Vitte, Fährverbindungen → oben.

Wegbeschreibung: Gleicher Start wie Wanderung 11 (WP 01), nun aber *auf* dem Deichweg Richtung Süden, am gelb-orangen Hotelschiff *Caprivi* vorbei, bis nach einem knappen Kilometer der Deichweg den Wiesenweg kreuzt (WP 02). Hier links abbiegen. Nach knapp 5 km durch die Heide und durch ein kleines Waldstückchen (hier befindet sich die Hotelanlage Heiderose (WP 03), dessen Appartementhausensemble ein wenig wie Schlumpfhausen unter Reet wirkt) gelangt man nach Neuendorf. Direkt am Ortseingang führt rechts ein Pfad zum Meer (WP 04), geradeaus kommt man in das kleine Dorf, das von wenigen Wegen durchzogen wird, die meisten Häuser stehen mehr oder weniger auf der Wiese. Auch hier dienen rote Bojen als Wegweiser: Bei der ersten (WP 05) geht es geradeaus, bei der zweiten (WP 06) kann man links einen Abstecher zum Hafen machen und dann geradeaus weiter an der dritten vorbei (WP 07). Nunmehr im Ortsteil Plogshagen passiert man die Gaststätte *Stranddistel* (oder kehrt ein) und erreicht schließlich bei den Dünen der Westküste das Ortsende Neuendorfs beim *Strandcafé* (WP 08).

Von hier lässt sich ein Abstecher zum 12 m hohen Süderleuchtturm auf dem Gellen unternehmen, entweder auf dem neuen Deichweg, durch den schmalen Waldstreifen oder am Strand entlang (einfach knapp 2 km).

> Wer mit dem Fahrrad unterwegs ist, muss den gleichen Weg zurück oder ab jetzt schieben: Weder der Strand noch die sandigen Pfade durch die Dünenheide sind durchgängig befahrbar.

Weiter geht es entweder quer durch das Dorf oder am Strand entlang nach Norden bis zu einem metallenen Steg (WP 04), der über die Dünen führt. Auf der anderen Seite der Düne gleich links auf einem Wanderpfad am Deich entlang. Bei einer T-Kreuzung (WP 09)

Boddenküste auf Hiddensee

rechts abbiegen (links zum Strand), durch einen schmalen Waldstreifen und danach gleich links. Der Wanderweg führt nun ein wenig vom Kiefernwäldchen weg und verläuft dann parallel zum Wald quer durch die Heide (teils ist der Weg recht sandig, dennoch besser nicht barfuß durch die Heide laufen: Kreuzottern!). Verschiedentlich kreuzen Wege oder zweigen ab, aber die meisten führen nach Vitte: Am besten immer auf dem Hauptweg bleiben und im Zweifelsfall zunächst links halten. Nachdem man die Heide durchquert hat, erreicht man ein kleines Wäldchen, in dem vereinzelt ein paar Häuser stehen. Bei einer größeren Wegkreuzung (WP 10) geradeaus in den lichten, sumpfigen Wald und an ein paar Holzhäusern im schwedischen Blockhausstil vorbei (alternativ: links und am Strand oder parallel zum Strand zurück nach Vitte). Nach einem winzigen, kreisrunden See, gelangt man auf eine kleine Lichtung und bald auf die Straße (WP 03), über die man anfangs Richtung Neuendorf gewandert ist. Von hier aus links zurück nach Vitte und zum Ausgangspunkt.

Dünenheide und Fährinsel

Zwischen Vitte und Neuendorf befindet sich ein ökologisches Kleinod: Auf zum Teil meterhohen Dünen und in vom Wind ausgeblasenen Mulden wachsen Besenweide (auch Heidekraut genannt), Wacholder und Krähenbeere zu einem buschigen, im Sommer blühenden Teppich über den Sand. In manchen Mulden bilden sich kleine Dünenmoore, in denen sich die Glockenheide und der seltene Rundblättrige Sonnentau finden. Vereinzelt stehen dazwischen verwachsene Baumgruppen, v. a. Kiefern und Birken. Die **Dünenheide** geht teils nahtlos in die Küstendünen über, hier greift das Wetter mit Sandüberwehungen und Windanrissen in die Heide ein, teils wird sie allerdings durch Kiefernwäldchen geschützt

Hiddensee
Karten S. 249 und S. 253

(Schutz vor den expandierenden Bäumen wiederum bieten die Schafe, die die Kiefernjährlinge verbeißen, Wacholder und Heide aber verschmähen). Dennoch verändern Wind und Wetter das Aussehen der Dünenheide ständig, sie ist eine Landschaft im Fluss.

• *Übernachten/Essen* **Hotelanlage Heiderose**, große Anlage mit vielfältigem Angebot im Waldstück inmitten der Dünenheide zwischen Vitte und Neuendorf: Hotel, Ferienwohnungen, Restaurant (auch für *non-residents*), Restaurant, Fischräucherei, Kinderspielplatz, Fahrradverleih, Sauna, Solarium, Wellness etc. DZ im Hotel mit Bad und TV 87–105 €. In den Dünen 127, 18565 Insel Hiddensee, ✆ 038300-630, 63124, www.heiderose-hiddensee.de.

Der Dünenheide ostwärts vorgelagert und nur durch den schmalen Boddenarm *Bäk* von Hiddensee getrennt, liegt die kleine **Fährinsel**. Wie die Dünenheide ist auch sie Teil des *Nationalparks Vorpommersche Boddenlandschaft*, mit dem einzigen Unterschied, dass das etwas mehr als einen Kilometer lange und einen halben Kilometer breite Eiland als Vogelschutzgebiet für Besucher gesperrt ist. Früher lebte hier, der Name trügt nicht, der Fährmann Hiddensees, der auch Postbote und im Winter Eislotse war, also die verantwortungsvolle Aufgabe innehatte, für die Bewohner einen bruchfreien Weg über den zugefrorenen Bodden zu finden. Wer dem Eislotsen folgte, hielt übrigens gebührenden Abstand, für alle Fälle ...

Neuendorf

Weitläufig verstreut stehen die weißen, schilfgedeckten Häuser auf einer Wiese, die sich über die ganze Breite der Insel erstreckt. Einige kaum befestigte Wege ziehen sich durch das Dorf, wo sie fehlen, geht man eben über das Gras zu den Eingangstüren der Häuser.

Nur scheinbar zufällig stehen die Gebäude über die Wiese verteilt, manche befinden sich auf leichten Bodenwellen (ein paar Zentimeter mehr Schutz bei Überflutung) und alle sind in West-Ost-Richtung ausgerichtet, so dass die Wohnräume nach Süden zeigen. Das gesamte Gebäudeensemble des Fischerdorfes steht unter Denkmalschutz.

Neuendorf besteht eigentlich aus zwei Ortsteilen: Neuendorf im Norden und das weit ältere Plogshagen im Süden. Für den Außenstehenden ist natürlich keinerlei Unterschied erkennbar, zumal die Ortsteile nahtlos und ohne Grenzmarkierung ineinander übergehen. Für die übrigen Hiddenseer ist diese Unterscheidung ebenfalls unerheblich. Diese nämlich nennen die Bewohner des Doppeldorfes einfach nur „de Süder".

Auf der anderen Seite der Dünen erstreckt sich der herrliche feinsandige Strand, der weit in den Süden reicht. Ob man hier in Bikini und Badehose oder textilfrei (sonnen-)badet, interessiert kaum jemanden. Zwei Kilometer weiter steht das südlichste Bauwerk der Insel: der 12 Meter hohe **Süderleuchtturm**. Schon Anfang des 14. Jh. betrieb das Kloster hier eine „Luchte", was ein Hinweis dafür ist, dass Hiddensee vor siebenhundert Jahren hier endete. Der **Gellen**, das Südende der Insel, ist nämlich eine vergleichsweise junge Verlandung, die sich auch heute noch stets verändert und jährlich um mehrere Meter wächst. Das Schwemmland wäre wohl längst mit der Insel Bock und dem Festland zusammengewachsen, würden Bagger nicht die Fahrrille freihalten. Dieser südliche Haken ist nicht zugänglich, er ist mit dem *Bock* und dem Osten von *Zingst* Teil der Schutzzone I des Nationalparks, heißt: Betreten des Biotops absolut verboten.

• *Verbindungen* Mit der Reederei Hiddensee nach **Schaprode** April–Okt. 6-mal tägl. hin und zurück, im Winter 4-mal tägl. (mit Busanschluss nach Stralsund). Hin- und Rückfahrt 13,20 € (einfach 7,70 €), Kinder 4–11 Jahre 7,90 € (4,50 €), Kinder unter 4 Jah-

Im Herbst am langen Strand

ren frei, Familienkarte 38,20 €, Hund 7,90 € (4,50 €), Fahrrad 6,70 € (Achtung: unterschiedliche Saisonfahrpläne).

Von und nach **Stralsund** 3-mal tägl. (nicht Nov.–März, Sonderfahrten zwischen den Jahren). Hin- und Rückfahrt 16,70 € (einfach 9,30 €), Kinder 4–11 Jahre 7,90 € (5 €), Kinder unter 4 Jahren frei, Hund 7,90 € (5 €), Fahrrad 7,70 €. Infos unter ✆ 0180-3212150, www.reederei-hiddensee.de.

Wassertaxis → oben, Anreise

• *Übernachten/Essen* **Stranddistel**, gute, günstige Hausmannskost in ungekünstelter Atmosphäre mit prasselndem Kaminfeuer in der Stube; v. a. Fisch, aber (zur Abwechslung von all den Kartoffeln) auch mal italienische Nudeln. Im Sommer hält der Wirt donnerstags Diavorträge und erzählt von Hausmarken, Land und Leuten, gestern und heute; freitags Tanzveranstaltungen. Von Vitte kommend Abzweigung zum Hafen ignorieren und weiter Richtung Süden; geöffnet April–Okt. Plogshagen 15, 18565 Neuendorf, Insel Hiddensee ✆/℻ 038300-393.

Gasthaus/Pension Up Westerend, ebenfalls im Ortsteil Plogshagen (Nr. 7, von der Stranddistel aus westwärts über die Wiese), regionale Küche, viel Fisch und Sanddornkuchen.Mai–Sept. ✆ 038300-50125, ℻ 60545.

Gasthaus/Pension Zur Boje, traditionelle Küche, natürlich viel Fisch, Preise o. k. DZ mit Bad und TV ab 70 €, als EZ 50 €. Wenn Neuendorf ein Zentrum hätte, wäre es hier, die *Boje* jedenfalls liegt genau in der Ortsmitte, ganzjährig geöffnet. Königsbarg 18, 18565 Neuendorf, Insel Hiddensee; ✆ 038300-6520, ℻ 65216, www.zur-boje-hiddensee.de.

Strandcafé, am Südende des Ortes direkt an den Dünen mit schönem, schattigem Garten, vor allem Café, auch Restaurant und Zimmer, DZ mit Bad und TV, aber ohne Frühstück 65 €. Grumkiel 1, 18565 Neuendorf, Insel Hiddensee ✆/℻ 038300-50188 oder ✆ 50188, gabi.witt@freenet.de.

• *Einkaufen* Die **Sanddornkiste**, ca. 50 m vom Hafen auf dem Weg nach Vitte, alles, was sich aus Sanddorn machen lässt, und andere Souvenirs.

• *Fahrradverleih* **Freizeitladen Leschner**, kostenlose Pannenhilfe (in Vitte beim *Fahrradverleih Kula*, in Kloster beim *Fahrradverleih Pehl*, dort kann man die Räder auch abgeben, 2,50 € Aufschlag); auch FeWo-Vermittlung (ab 70 €/Tag). Ganzjährig geöffnet, im Sommer Zweigstelle am Hafen. Schaulbarg 7, ✆ 038300-477, www.freizeitladen-hiddensee.de.

• *Sportboothafen* Hafenkontor des Seglerhafens Neuendorf (Wasserwanderrastplatz), 40 Liegeplätze, 2 m Wassertiefe, mit Tankstelle. Am Bollwerk 6, ✆ 0170-9849720.

Hiddensee
Karten S. 249 und S. 253

F 14

Verlagsprogramm

Ägypten

- Ägypten
- Sinai & Rotes Meer

Baltische Länder

- Baltische Länder

Belgien

- *MM-City* Brüssel

Bulgarien

- Schwarzmeerküste

Cuba

- Cuba

Dänemark

- *MM-City* Kopenhagen

Dominikanische Republik

- Dominikanische Republik

Deutschland

- Allgäu
- Altmühltal & Fränkisches Seenland
- Berlin & Umgebung
- *MM-City* Berlin
- Bodensee
- *MM-City* Dresden
- Franken
- Fränkische Schweiz
- *MM-City* Hamburg
- Mainfranken
- Mecklenburgische Seenplatte
- *MM-City* München
- Nürnberg, Fürth, Erlangen
- Oberbayerische Seen
- Ostfriesland und Ostfriesische Inseln
- Ostseeküste – von Lübeck bis Kiel
- Ostseeküste – Mecklenburg-Vorpommern
- Pfalz
- Südschwarzwald
- Rügen, Stralsund, Hiddensee
- Schwäbische Alb
- Usedom

Ecuador

- Ecuador

Frankreich

- Bretagne
- Côte d'Azur
- Elsass
- Haute-Provence
- Korsika
- Languedoc-Roussillon
- *MM-City* Paris
- Provence & Côte d'Azur
- Südfrankreich
- Südwestfrankreich

Griechenland

- Athen & Attika
- Chalkidiki
- Griechenland
- Griechische Inseln
- Karpathos
- Kefalonia & Ithaka
- Korfu
- Kos
- Kreta
- Kykladen
- Lesbos
- Naxos
- Nördl. Sporaden – Skiathos, Skopelos, Alonnisos, Skyros
- Nord- u. Mittelgriechenland
- Peloponnes
- Rhodos
- Samos
- Santorini
- Thassos, Samothraki
- Zakynthos

Großbritannien

- Cornwall & Devon
- England
- *MM-City* London
- Südengland
- Schottland

Irland

- Irland

Island

- Island

Italien

- Abruzzen
- Apulien
- Adriaküste
- Chianti – Florenz, Siena, San Gimignano
- Dolomiten – Südtirol Ost
- Elba
- Friaul-Julisch Venetien
- Gardasee
- Golf von Neapel
- Italien
- Kalabrien & Basilikata
- Lago Maggiore
- Ligurien – Italienische Riviera, Genua, Cinque Terre
- Liparische Inseln
- Marken
- Mittelitalien
- Oberitalien
- Oberitalienische Seen
- Piemont & Aostatal
- *MM-City* Rom

- Rom & Latium
- Sardinien
- Sizilien
- Südtirol
- Südtoscana
- Toscana
- Umbrien
- *MM-City* Venedig
- Venetien

Kanada

- Kanada – der Westen

Kroatien

- Istrien
- Kroatische Inseln & Küste
- Mittel- und Süddalmatien
- Nordkroatien – Kvarner Bucht

Malta

- Malta, Gozo, Comino

Marokko

- Südmarokko

Neuseeland

- Neuseeland

Niederlande

- *MM-City* Amsterdam
- Niederlande

Norwegen

- Norwegen
- Südnorwegen

Österreich

- *MM-City* Wien
- Wachau, Wald- u. Weinviertel
- Salzburg & Salzkammergut

Polen

- *MM-City* Krakau
- Polen
- Polnische Ostseeküste

Portugal

- Algarve
- Azoren
- *MM-City* Lissabon
- Lissabon & Umgebung
- Madeira
- Nordportugal
- Portugal

Schweden

- Südschweden

Schweiz

- Genferseeregion
- Graubünden
- Tessin

Serbien und Montenegro

- Montenegro

Slowakei

- Slowakei

Slowenien

- Slowenien

Spanien

- Andalusien
- *MM-City* Barcelona
- Costa Brava
- Costa de la Luz
- Gomera
- Gran Canaria
- *MM-Touring* Gran Canaria
- Ibiza
- Katalonien
- Lanzarote
- La Palma
- *MM-Touring* La Palma
- Madrid & Umgebung
- Mallorca
- Nordspanien
- Spanien – gesamt
- Teneriffa
- *MM-Touring* Teneriffa

Tschechien

- *MM-City* Prag
- Südböhmen
- Tschechien
- Westböhmen & Bäderdreieck

Tunesien

- Tunesien

Türkei

- *MM-City* Istanbul
- Türkei
- Türkei – Lykische Küste
- Türkei – Mittelmeerküste
- Türkei – Südägäis von İzmir bis Dalyan
- Türkische Riviera – Kappadokien

Ungarn

- *MM-City* Budapest
- Westungarn, Budapest, Pécs, Plattensee

Zypern

- Zypern

Aktuelle Informationen zu allen Reiseführern finden Sie im Internet unter
www.michael-mueller-verlag.de

Michael Müller Verlag GmbH, Gerberei 19, 91054 Erlangen

Tel. 0 91 31 / 81 28 08-0; Fax 0 91 31 / 20 75 41; E-Mail: info@michael-mueller-verlag.de

Register